Ralf Gréus

MIT DEM WOHNMOBIL IN DIE PFALZ

Die Anleitung für einen Erlebnisurlaub

WOMO®
DER WOHNMOBIL-VERLAG
D-36452 Kaltennordheim
OT Mittelsdorf

Die Deutsche Bibliothek – CIP-Einheitsaufnahme

Bibliografische Information der Deutschen Bibliothek

Die Deutsche Bibliothek verzeichnet diese Publikation in der Deutschen Nationalbibliografie.
Detaillierte bibliografische Daten sind im Internet über <http://dnb.ddb.de> abrufbar.

Titelbild: Burg Trifels bei Annweiler (Tour 7)
Bild in vorderer Klappe: Dom in Speyer - Westfassade (Tour 1)

Karten: Ralf Gréus
Fotos: Bildnachweise Seite 319

Herzlichen Dank an Florentine Zeun für die Ausdauer bei der Suche nach Fehlern

5. vollständig überarbeitete Auflage - 2021

Druck:
Louis Hofmann Druck- und Verlagshaus GmbH und Co KG, 96242 Sonnefeld

Vertrieb:
GeoCenter GmbH, 70794 Filderstadt

Herausgeber:
WOMO-Verlag, OT Mittelsdorf, 36452 Kaltennordheim
GPS: N 50°36'38.2" E 10°07'55.6"

Fon: 0049 (0) 36946-20691
Fax: 0049 (0) 36946-20692
eMail: verlag@womo.de
Internet: www.womo.de

Autoren-eMail: Greus@womo.de

ISBN 978-3-86903-135-4

EINLADUNG

Sie sind im Besitz vorliegenden Reiseführers, weil Sie Lust auf Pfalz-Touren verspürt und angenommen haben, hier zu finden, was Sie sich von dieser Region im Südwesten Deutschlands erwarten. Das Buch soll diese Ansprüche erfüllen, sie möglichst übertreffen. Etwas unbescheiden möchte ich behaupten, dass das jedenfalls dann gelingen wird, wenn Ihre Erwartungen dem Niveau der meisten Vorurteile entsprechen. Die Pfalz bietet nämlich wesentlich mehr als rentnergeeignete Wanderreviere und Weinseeligkeit.

Bevor ich zu diesem Buch recherchiert habe, hätte ich im Traum nicht geahnt, dass man in der Pfalz Badeferien verbringen und wie viele interessante Details man über ein Reisegebiet zusammentragen kann, das erst in den letzten Jahren in den Fokus der Wohnmobilreisenden getreten ist.

Lassen Sie sich auf bewährte Weise zu Touren beliebiger Länge motivieren. Sie werden dabei die Pfalz mit etwas anderen Augen sehen und hoffentlich als liebenswertes Wohnmobilrevier erleben.

Dabei wünsche ich Ihnen viel Freude

Ihr

Speyer

Der Dom ist die größte erhaltene romanische Kirche der Welt und steht schon seit 1981 auf der UNESCO-Liste des Weltkulturerbes. Kaum weniger sehenswert ist die Altstadt.

Tour 1, Seite 20

Neustadt an der Weinstraße

Neustadt ist das Zentrum des Pfälzischen Weinbaus und begeistert mit einer intakten historischen Innenstadt und einem geräumigen Stellplatz.

Tour 4, Seite 87

Haus der Nachhaltigkeit

Das Gebäude ist ein architektonisches Muster für nachhaltiges Bauen. Außerdem wird Ihnen hier kurzweilig und anschaulich die Bedeutung des Waldes erklärt.

Tour 5, Seite 102

St. Martin

In einem der schönsten Weinorte der Pfalz haben Sie die Auswahl unter drei offiziellen Stellplätzen, einem Campingplatz und mehreren Weinstuben.

Tour 6, Seite 119

Rietburg

Wenn wir Freunden die Pfalz von ihrer schönsten Seite zeigen, fahren wir im Sessellift hinauf zur Rietburg und können uns gemeinsam niemals sattsehen.

Tour 6, Seite 128

Orensfelsen

Die Pfalz ist mit Wanderstrecken zu wunderbaren Aussichtspunkten reich gesegnet. Der Orensfelsen mit seinem Trifelsblick ist nach unserem Geschmack der schönste.

Tour 7, Seite 147

Teufelstisch

Sie erreichen das Wahrzeichen der Pfalz in Hinterweidenthal nach einem sehr kurzen Fußweg, den Sie aber auch unterhaltsam ausdehnen können.

Tour 9, Seite 174

Altschlossfelsen

Die größte Felsformation der Pfalz mit einem wilden Spiel aus Farben und Formen lohnt die weiteste Anreise und ist nach einem Spaziergang vom Stellplatz aus zu sehen.

Tour 12, Seite 233

Burg Lichtenberg

Besuchen Sie die längste Burgruine Deutschlands. Die liegt nicht irgendwo, sondern im Musikantenland und bietet zusätzlich zwei interessante Museen und einen Stellplatz.

Tour 13, Seite 249

Meisenheim

Fast jedes Jahr besuchen wir ganz im Norden unserer Rundreise die reizende Kleinstadt am Glan mit großer Kirche und noch größerer Vergangenheit.

Tour 14, Seite 262

Inhaltsverzeichnis

Unsere persönlichen Top Ten 4

Gebrauchsanleitung 8

Tour 1: Speyer und die nördliche Rheinebene
Speyer - Hassloch - Waldsee - Altrip - Ludwigshafen
Lambsheim 18

Tour 2: Nördliche Weinstraße und Leininger Land
Bockenheim - Grünstadt - Neuleiningen - Altleiningen
Höningen - Freinsheim - Großkarlbach - Battenberg 37

Tour 3: Das Dürkheimer Land
Bad Dürkheim - Wachenheim - Lindenberg - Lambrecht
Neidenfels - Frankenstein 58

Tour 4: Von Wachenheim nach Neustadt
Wachenheim - Forst - Deidesheim - Neustadt........................ 76

Tour 5: Durch das Waldmeer
Kalmit - Elmstein - Johanniskreuz - Karlstal
Clausensee - Rodalben - Merzalben - Stilles Tal 96

Tour 6: Von Maikammer nach Rhodt
Maikammer - St. Martin - Edenkoben - Rhodt - Weyher....... 116

Tour 7: Das Trifelsland
Ramberg - Dernbach - Eußerthal - Annweiler
Böchingen 133

Tour 8: Von Burrweiler nach Klingenmünster
Burrweiler - Gleisweiler - Leinsweiler - Klingenmünster 150

Tour 9: Das Dahner Felsenland
Spirkelbach - Hermersbergerhof - Hauenstein
Hinterweidenthal - Dahn - Lindelbrunn - Silz 169

Tour 10: Die Weinstraße im Süden
Bad Bergzabern - Dörrenbach - Schweigen 192

Tour 11: Die südliche Rheinebene
Neuburg - Jockgrim - Herxheim - Germersheim
Landau 206

Tour 12: In den südlichen Wasgau
Erlenbach - Nothweiler - Fischbach
Pirmasens - Lemberg 220

Tour 13: Durch die Westpfalz
Zweibrücken - Hornbach - Landstuhl - Ohmbachsee
Kusel - Lauterecken - Wolfstein 236

Tour 14: Durch die Nordpfalz
Reipoltskirchen - Meisenheim - Bad Sobernheim
Obermoschel - Rockenhausen - Donnersberg
Eiswoog - Otterberg - Zellertal 259

Tipps und Infos
Campingplätze 294
Diebstahl 295
Freies Camping / Stellplätze 296
GPS / Navigation 299
Landkarten 301
Literatur 301
Rad fahren 302
Reisezeit / Klima / Weinfeste 302
Restaurants 305
Toiletten /Entsorgungsstationen / Wasser 306
Wanderungen 307
Wein 313
Winzerplätze 315

Wissenswertes (im beigen Kasten)
Französisch und Bayerisch – Geschichte für Pfalzanfänger 28
Pfälzer Teller 64
Das Hambacher Fest 92
Der Klapprad-Cup 98
Was versteht man unter Nachhaltigkeit? 103
Giftgas in der Pfalz 110
Der *Schoppe* im *Dubbeglas* 130
Die Wunderquelle bei Ranschbach 156
Der Pfälzische Erbfolgekrieg 181
Der Westwall 196
Der Mundatwald 202
2. British Rock Meeting 213
Hans Trapp – Unhold und Kinderschreck 222
Ein Polenkönig in Zweibrücken 240
Musikantenland 252
Herzöge in Meisenheim 264

Stichwortverzeichnis 316

Tourenübersicht .... hintere Umschlaginnenseite

Gebrauchsanleitung

Die Ausführungen auf den ersten Seiten verfolgen den Zweck, Ihnen Erläuterungen zum Verständnis des Buchs zu liefern, sozusagen das Grundwissen zur Funktion dieses WOMO-Führers. Einzelne Themen dieser Gebrauchsanleitung werden im hinteren Teil des Reiseführers, bei den Tipps und Infos, weiter vertieft, beispielsweise um Ihnen die anzutreffenden Stellplatzsituationen in diesem Teil der Welt zu erklären.

Reisegebiet, Reisezeit

Die **Pfalz** ist nicht identisch mit dem Bundesland **Rheinland-Pfalz**, das 1947 auf Anordnung der französischen Besatzungsmacht als Kunstprodukt aus dem südlichen Teil der ehemals preußischen Rheinprovinz, einem Teil von Hessen und dem **bayerischen Regierungsbezirk Pfalz** entstanden ist. Die Pfalz hat heute auch nichts mehr mit der **Oberpfalz** zu tun, einem Gebiet im Nordosten Bayerns an der tschechischen Grenze, das schon zum Beginn des Dreißigjährigen Krieges von Bayern annektiert worden ist, nachdem es vorher zur Kurpfalz gehört hatte. Diese **Kurpfalz** ist so etwas wie die Wiege der Pfalz. Sie war ein Kurfürstentum mit dem Herrschaftssitz in Heidelberg und später Mannheim, die beide heute nicht mehr in der Pfalz, vielmehr im Land Baden-Württemberg liegen.

Das schreibe ich Ihnen nicht, um Sie zu verwirren, sondern weil das **Gebiet der Pfalz** ebenfalls von Krieg und Politik geschaffen worden ist. Genau genommen vom berühmten Wiener Kongress im Jahre 1815, mit dem Europa nach der französischen Revolution, den napoleonischen Kriegen und der Niederlage Frankreichs neu geordnet worden ist. Dasjenige, was dem Königreich Bayern zugefallen (und bis zum Jahr 1947 der oben erwähnte bayerische Regierungsbezirk) war, bezeichnet man mit einer kleinen Korrektur heute als die Pfalz. Diese Korrektur betrifft den saarpfälzischen Teil, im Bereich der Städte Homburg und Blieskastel, die heute zum Saarland gehören, einem weiteren Kunstprodukt, das es damals noch nicht gab.

Das hilft Ihnen nicht wirklich weiter, weshalb ich am Anfang von Tour 1 die Grenzen zur Pfalz erläutern werde, und weshalb in der hinteren Klappe dieses Buches eine Übersichtskarte geliefert wird. Es ist mir aber daran gelegen, dass Sie erfahren, warum dieses Buch gerade den darin beschriebenen Teil Deutschlands behandelt. Dazu gibt es im Norden bei der 14. Tour eine kleine, aber feine Erweiterung, die unter touristischen Gesichtspunkten unumgänglich ist und sich historisch rechtfertigen lässt.

Die Pfalz gehört im Bereich der Weinstraße zu den wärmsten Gegenden Deutschlands und macht das ganze Jahr über Spaß, den größten natürlich im Sommer. Als es noch kälter in Deutschland war, konnte man hier und dort, vor allem am Donnersberg, auch mal Wintersport betreiben. Das wird in diesem Buch aber nicht behandelt.

Deutsche Weinstraße bei Frankweiler

Stellplätze

Selbstverständlich nenne ich Ihnen nicht alle in diesem Gebiet als Stellplatz infrage kommenden Flächen. Man könnte hier hunderte von weiteren Plätzen finden, die sich für die Nacht im Wohnmobil eignen, die Weinstraße ausgenommen.

Im Bereich der Weinstraße erwähne ich alle mir bekannten »**offiziellen**« **Stellplätze**. Fast alle neueren WOMO-Führer sehen dafür auf den Karten ein eigenes **Symbol** vor. Und ich vermittle Ihnen auf offiziellen Stellplätzen, also Plätzen, die von privater oder amtlicher Hand für Reisemobile – über eine Preisangabe oder ein Wohnmobilsymbol für das Parken – ausgewiesen sind, etwaige **Preise**. Fehlen Preisangaben, sind die Plätze kostenlos, nicht jedoch Wasser oder Strom. Falls zu Stellplätzen keine Öffnungszeiten angegeben werden, sind die Plätze ganzjährig zugänglich. Das sind die meisten, was allerdings nicht ausschließt, dass sie nicht doch irgendwann einmal für andere Zwecke, beispielsweise ein Volksfest, von dem ich nichts weiß, benötigt werden.

Zu den »offiziellen« Plätzen gehören die im Bereich der Weinstraße zahlreichen Plätze bei Weingütern, die wir

Winzerplätze nennen, die aber inzwischen so zahlreich sind, dass ich sie nicht alle aufführen kann (zumal die meisten Weingüter weniger als fünf Plätze anbieten).

»Freie« Stellplätze nenne ich in der Regel solche, die nach vorstehender Definition keine offiziellen sind, also Plätze, die eigentlich anderen Zwecken dienen und meistens Parkplätze sind.

Damit Sie die Stellplätze, ganz gleich ob »offiziell« oder »frei«, auf einen Blick erfassen können, sind diese in allen Büchern der WOMO-Reihe im Text **in einem Kasten farbig hervorgehoben** und, wie auf den Karten, fortlaufend durchnummeriert. Übernachtungsplätze mit Bademöglichkeit sind mit hellblauer Farbe unterlegt. Wanderparkplätze sind grün gekennzeichnet. Picknickplätze mit wenigstens einer Tischgruppe erkennen Sie an der violetten Farbe. Plätze bei Winzern, auf Bauernhöfen oder bei Gaststätten sind hellgelb unterlegt. Auf alle anderen Stellplätze, denen die gerade genannten Merkmale fehlen, weist die Farbe Orangegelb hin. Empfehlenswerte Campingplätze haben olivgrüne Kästchen.

Ich informiere Sie zu jedem Stellplatz über die **Koordinaten** und, wenn möglich, über die **Adresse**. Bei der **Zufahrtsbeschreibung** fasse ich mich meistens kurz, weil fast alle Leser inzwischen elektronisch navigieren.

Ich gebe unter »Max. WOMOs« die geschätzte **Kapazität von Stellplätzen** an, bei öffentlichen Parkplätzen die Anzahl, die man der einheimischen Bevölkerung noch zumuten kann oder die mutmaßlich Wohnmobilen mittlerer Größe zur Verfügung steht. Diese Angaben sind unzuverlässig und hängen häufig von der Größe anderer Wohnmobile, von der Größe Ihres eigenen Fahrzeuges und von dem Parkverhalten anderer Reisenden oder der Bewohner ab. Selbst auf den Plätzen, auf denen durch feste Einzeichnungen oder Buchten die Parzellen definiert sind, besteht bisweilen die Möglichkeit, mehr Fahrzeuge unterzubringen.

Längst nicht alle in diesem Buch erwähnten Stellplätze kommen für Wohnmobile im Lastwagenformat infrage, wenngleich ich auf die möglichen WOMO-Größen eingehe. Es ist allerdings schwierig, sich nur in der Vorstellung in ein Fahrzeug größerer Dimensionen zu setzen, da die Geeignetheit für große Reisemobile zum einen davon abhängt, ob schon andere Fahrzeuge dort parken, aber auch, ob man lange Kisten beispielsweise mit dem Heck über eine Grünfläche ragen lassen kann, was ebenfalls situations- und fahrzeugabhängig ist. Maßangaben sind daher nicht mehr als eine grobe Schätzung. Manche der Stellplatztipps sind Fahrzeugen mit einem Gesamtgewicht über 3,5 Tonnen nicht zugänglich, weil einige

Stellplatz Nr. 120 in Dörrenbach (Tour 10)

Strecken für Lkw verboten sind, zumeist um Lastwagen aus Wohngebieten fern zu halten. Ich weise nicht durchgehend auf diese eher seltenen Gewichtsbeschränkungen hin, weil ich sie nicht überall zweifelsfrei recherchieren konnte. Jedenfalls bei den Wohnmobilen bis 4,5 Tonnen wird nach meinen Erfahrungen nicht häufig eingeschritten, weil man das zulässige Gesamtgewicht nicht sofort von außen erkennen kann.

Umweltzonen gibt es im Zielgebiet bislang nicht.

Bitte beachten Sie, dass die Brauchbarkeit der Stellplatzempfehlungen in hohem Maße von der **Jahreszeit**, dem Wetter und verschiedenen anderen Randbedingungen abhängt. Es gibt typische Sommerplätze, auf denen man abends im Freien sitzt, wo Sie sich aber nicht im herbstlichen Regen oder zur kühlen Osterzeit aufhalten werden – im Gegensatz zu Plätzen für die Übergangsjahreszeiten, wo Sie niemals einen Klappstuhl vor die Tür stellen würden. Die Brauchbarkeit der Plätze hängt auch vom **Nutzungszweck** ab, ob Sie also nur übernachten oder sich hier auch tagsüber, möglicherweise sogar tagelang, aufhalten möchten. Ich versuche, Ihnen nähere Informationen über die Eignung der Plätze zu vermitteln.

Aus vielen Zuschriften haben wir Autoren des WOMO-Verlages erfahren, wie unterschiedlich die Gewohnheiten und Bedürfnisse der Leser sind. Wir können mit unseren Büchern nicht alle gleichermaßen ansprechen, und nicht jeder Tipp kommt für jeden in Frage.

Und bedenken Sie, dass sich die WOMO-Reihe nicht auf offizielle Plätze beschränkt, sondern auch solche veröffentlicht, die wir aufgespürt haben, auf die bisweilen nur wenige Fahrzeuge passen, die aber auch schnell mal wieder gesperrt und bebaut werden oder aus anderen Gründen nicht mehr da sind. Manche Leser wollen das nicht ganz wahrhaben und entwickeln mit meinen Büchern eine Stellplatz-Kasko-Mentalität, für die kein Anlass besteht.

Soweit ich über **Strom** auf Stellplätzen berichte, bedeutet das nicht, dass jeder Benutzer einen Steckdosenzugang findet (bisweilen ist dieser nur in einigen Bereichen der Stellplätze vorhanden) und dass der Strom kostenlos oder im Stellplatzpreis enthalten ist. Ich mache zum Strom (wie auch zum Wasser) bewusst nur ausnahmsweise Preisangaben, da sich diese häufig ändern und sich nur mühsam zuverlässig nachrecherchieren lassen.

Mit den Empfehlungen **einsamer Plätze** (die stets als einsam bezeichnet sind), spreche ich nicht nur die Hundehalter an oder die Unverzagten, sondern ich biete Ihnen damit zugleich Möglichkeiten, mit denen Sie den Tag auch mal auf dem Klappstuhl oder in Ruhe verbringen können. Sie müssen dort nicht unbedingt übernachten.

Auch in diesem Buch wird Ihnen verraten, wenn Plätze **klappstuhlgeeignet** sind, wenn Sie dort also außerhalb Ihres Fahrzeuges sitzen und essen können. Niemand zwingt Sie aber, dort Ihre Campingmöbel vor die Tür zu stellen, falls sich meine Einschätzung als zu unsensibel erweist, was ich nie ausschließen kann.

Kein Stellplatz in diesem Buch und in meinen anderen Büchern, wirklich keiner, ist dafür geeignet, sich tagelang wie auf einem Campingplatz aufzuhalten, mit Vordach, Möbeln, und Grill. So gut wie kein Stellplatz in meinen Büchern eignet sich dafür, Campingmöbel über Nacht vor der Tür zu belassen und nur wenige Stellplätze sind Grillplätze (wobei Verlag und ich niemals versprechen, dass man überhaupt irgendwo auf der Welt noch auf eigener Kohle grillen darf). Wegen weiterer Einzelheiten verweise ich auf die Tipps im hinteren Teil des Buches, namentlich auf die Stichworte *'Freies Camping / Stellplätze'*.

Campingplätze

Empfehlenswerte Campingplätze sind in einem olivgrünen Kasten hervorgehoben. Das angegebene Preisniveau ist nur eine Orientierung und bezieht sich auf einen Platz für ein WOMO mit zwei Erwachsenen in der preiswertesten und in der teuersten Zeit – ohne Strom (falls er nicht im Grundpreis enthalten ist; auch Duschen kostet bisweilen extra), Hund und Kurtaxe. Die genannten Öffnungszeiten variieren und haben sich in meinen Büchern in der Vergangenheit nicht als zuverlässig erwiesen. Falls Sie im Grenzbereich zu den angegebenen Zeiten unterwegs sind, sollten Sie vorher auf der Internetseite des Campingplatzes (die Sie einfacher über eine Suchmaschine als über Angaben in diesem Buch finden) die Öffnungszeiten anschauen.

Falls ausnahmsweise auf einem Campingplatz Hunde nicht zugelassen sind und mir das bekannt ist, werden Sie gewarnt.

Entsorgungsstationen, Wasserstellen, Toiletten

Fast alle Campingplätze verfügen über eine Entsorgungsstation, weshalb ich Sie nur informiere, wenn mir das Fehlen einer solchen Einrichtung geläufig ist.

Ich habe nicht überprüft, unter welchen konkreten Bedingungen Campingplätze und Bauernhofstellplätze nur zum Zweck des Ent- und Versorgens besucht werden können. Ich nehme an, dass das bei den meisten Campingplätzen möglich ist, bei Bauernhofstellplätzen eher nicht.

Entsorgungsstationen und **Wasserstellen** bei den Stellplätzen oder in der freien Landschaft werden auch auf den Tourenkarten mit Symbolen kenntlich gemacht. Aber Sie können nicht an jedem erwähnten Wasserhahn mit dem Schlauch Wasser fassen, sondern Sie benötigen teilweise eine Gießkanne oder ein anderes Hilfsmittel.

Wenn ich bei den Stellplätzen **Toiletten** erwähne, geschieht dies in erster Linie nicht als Möglichkeit zur Entleerung des Chemieklos (dessen Inhalt Sie nur ausnahmsweise und rücksichtsvoll einer öffentlichen Toilette überlassen sollten), sondern das dient mehr den Lesern mit Campingbusausbauten oder der Schonung des eigenen Tanks.

Sehenswürdigkeiten, Öffnungszeiten

Die zu Sehenswürdigkeiten angegebenen **Öffnungszeiten** und noch mehr die Eintrittspreise haben ein sehr kurzes Verfallsdatum, sie dienen hauptsächlich einer groben Orientierung.

Teufelstisch (Tour 9)

Weyher (Tour 6)

Ich erwähne in der Regel nur die nicht ermäßigten Preise. Bei den Öffnungszeiten gebe ich, soweit sie mir bekannt sind, die **Kassenöffnungszeiten** an.

Wanderungen

Ich nenne Ihnen die geeigneten Wanderapps mit Internetwegführung (häufig geht es auch ohne, weil die Markierungen erstaunlich präzise sind); ergänzend oder ersatzweise eine Wanderkarte und die Länge der Wanderung oder die von uns benötigte Gehzeit. Damit die gehfaulen Leser entspannt weiterlesen können, sind die Beschreibungen von Wanderstrecken grün unterlegt.

Restaurants

Ich habe die Erfahrung gemacht, dass viele Leser es als Zumutung empfinden, wenn ihnen gute, aber dann leider bisweilen nicht unbedingt preiswerte Restaurants genannt werden, weil gute Gaststätten nun mal meistens teurer sind. Trotzdem gehören in einen Reiseführer auch Restaurantempfehlungen, die sich auf Gasthäuser beziehen, die ich bezüglich der Essensqualität oder der Stimmung für überdurchschnittlich, nicht unbedingt außergewöhnlich halte und die mehr bieten als Durchschnitt. Sonst wäre die Empfehlung letztlich nur eine Warnung vor dem Reinfall anderswo. Aber die Restaurantempfehlungen erweisen sich leider als immer kurzlebiger. Sie müssen also die Augen und die Nase offenhalten. Angegebene Ruhetage gelten meistens nicht an Feiertagen, weil die Gastronomie in der Pfalz stark vom Kurzzeittourismus lebt.

CORONA, COVID-19

Die Hauptrecherchen und einige Nachrecherchen zu diesem Buch fanden überwiegend vor Ausbruch der Corona-Pandemie statt, die meisten Nachrecherchen im Sommer 2020 nach

Aufhebung eines ersten Lockdowns. Ein zweiter Lockdown hat diese Neuauflage auf den letzten Metern insoweit behindert, als einige Angaben, vor allem im Gastrobereich, nicht mehr zuverlässig überprüft werden konnten. Trotzdem sind die Auswirkungen der Pandemie wegen der Hoffnung auf eine medizinische Lösung im Text wenig berücksichtigt. Aber ich kann begreiflicherweise nicht in die Zukunft schauen und selbst bei günstiger Prognose nicht vorhersehen, welche Veränderungen eintreten werden. Nach den zuletzt gemachten Erfahrungen und nachdem der Wohnmobilurlaub in Deutschland eine nie gekannte Beliebtheit erfahren hat, ist anzunehmen, dass sich die Kontingente eher verbessern. Trotzdem rechne ich zumindest mit einem weiteren Rückgang an Gastronomieangeboten.

Navigation, Entfernungsangaben

Ich habe in diesem Reiseführer die Straßennamen aller Stell- und Campingplätze angegeben. Wo Straßennamen fehlen, kenne ich sie nicht oder es gibt keine. Obwohl ich davon ausgehe, dass nahezu jeder Leser mit einem Navigationsgerät unterwegs ist oder mit dem Smartphone navigiert, beschreibe ich zu allen Stell- und Campingplätzen grob die Zufahrt. Zum Verständnis dieser Angaben müssen Sie mit den Himmelsrichtungen vertraut sein, weil ich Sie mit den Befehlen *‚rechts'* oder *‚links'* nur so lange zum Ziel führen könnte, wie Sie sklavisch an den Tourenstrecken kleben. Weitere Einzelheiten zur Satellitennavigation finden Sie hinten bei den Tipps unter der Überschrift *GPS*.

Die **Kilometerangaben** neben den Tourenüberschriften erlauben verständlicherweise nur eine erste Orientierung über die Länge der jeweiligen Tour und betreffen die Entfernung ab dem letzten Stell- oder Campingplatz der vorhergehenden Tour, soweit diese an die beschriebene Tour unmittelbar angrenzt (ansonsten von dem im Text beschriebenen Touranfang), bis zum letzten Stell- oder Campingplatz der aktuellen Tour.

Tourenkarten, Straßenkarten, Übersichtskarte

Die den Touren vorangestellten Tourenkarten sollen Ihnen die Orientierung ermöglichen und vor allem den Lesern helfen, die Probleme mit den Himmelsrichtungen haben (wegen der Navigationsgeräte werden das bald alle sein). Sie ersetzen aber keinesfalls eine professionelle Straßenkarte im Maßstab 1: 200.000 (1 cm = 2 km), ohne die das vorliegende Buch keinen Spaß macht.

In der hinteren Umschlagklappe finden Sie eine **Übersichtskarte** der Touren dieses Buches, die Ihnen ein Verständnis darüber verschafft, in welchen Teilen des Reisegebietes die einzelnen Strecken verlaufen.

Top Ten

Mit den Seiten 4 und 5 dieses Reiseführers sollte Ihre Neugier geweckt werden. Dort habe ich aber nicht unbedingt die größten Sehenswürdigkeiten des Zielgebietes aufgezählt, sondern zehn Kleinode oder Knüller, die uns persönlich besonders gut gefallen haben und die ich nicht nach einem Ranking, sondern nach ihrer Reihenfolge in den Touren beziffert habe.

Tipps und Infos

Bei den Reisebeschreibungen würde sich vieles wiederholen, was man besser zusammenfasst. Ich habe daher den Touren einen weiteren, allgemeinen Teil hinzugefügt. Lesen Sie daher bitte zunächst die allgemeinen **Tipps** im hinteren Abschnitt des Buches, die Sie vielleicht schon lange nicht mehr hören wollen oder auswendig gelernt haben, wenn Sie meine anderen Bücher kennen. Aber Achtung, es ist dort nicht alles so identisch, wie es scheint!

Eine Bitte um Ihre Hilfe

Wie alle Reiseführer enthält auch dieses Buch Fehler, und es verliert an Aktualität. Es ist sehr schwer, bestimmte Angaben ständig aktuell zu halten. Beispielsweise kann man nicht alle Wanderstrecken auf Veränderungen absuchen und auch nur eingeschränkt in allen Gasthäusern Auflage für Auflage einkehren. Sie helfen mir sehr, wenn Sie mir schreiben und mir dabei auch Orte nennen, die in diesem Buch (noch) nicht vorkommen. Gehen Sie bitte nicht davon aus, dass mir von Ihren Erfahrungen schon ein anderer Leser berichtet hat. **Alle Autoren des WOMO-Verlages sind auf die Mithilfe der Leser angewiesen**. Sie unterstützen uns genauso, wenn Sie berichten, dass alles noch so ist, wie wir es beschrieben haben. Ich bitte Sie daher dringend um Ihre Zuschrift an den Verlag oder an

Dr. Ralf Gréus
Bahnhofanlage 18
D 68723 Schwetzingen
greus@womo.de

wobei nach einer E-Mail die Weiterverarbeitung Ihrer Informationen am leichtesten ist. Um Ihnen das Feedback zu erleichtern, befindet sich hinten im Buch eine vorbereitete Antwortkarte. Noch lieber ist mir, ehrlich gesagt, wenn Sie das Prinzip einer solchen Antwortkarte in einer E-Mail aufgreifen, weil ich damit Ihre Zuschriften besser sortieren kann. Leider ist der Verlag inzwischen aus Rechtsgründen gehindert, Ihre Mithilfe mit einem Infobonus bei Neubestellungen zu honorieren.

Bitte beschreiben Sie Selbstentdecktes, vor allem Stellplätze, möglichst genau, mit Koordinaten (!!) oder zumindest mit Himmelsrichtungen. Ich beantworte grundsätzlich alle an mich direkt gerichteten individuellen Schreiben, manchmal aber erst nach Monaten! Ich bitte um Nachsicht, wenn mir dennoch bisweilen auch mal ein Missgeschick unterläuft und ich die Antwort auf eine bestgemeinte Zuschrift vergesse. Denn meine Danksagungen sind bewusst nicht automatisiert.

Bedauerlicherweise ändern sich die Bedingungen, manchmal schon zwischen den Recherchen und dem Druck der Bücher. Wir können das leider nicht verhindern, so sehr wir uns auch um Aktualität bemühen.

Bitte informieren Sie sich unter www.forum.womoverlag.de über Stellplatzsperrungen und ähnliche Veränderungen und vermitteln Sie dort mit eigenen Beiträgen anderen Lesern aktuelle Informationen.

in Rhodt (Tour 6)

Tour 1: Speyer und die nördliche Rheinebene 95 km

Speyer – Haßloch – Waldsee – Altrip – Ludwigshafen Lambsheim

Stellplätze: in Speyer, in Haßloch, bei Iggelheim, in Schifferstadt, in Otterstadt, bei Waldsee, bei Lambsheim

Campingplätze: bei Otterstadt, bei Altrip

Besichtigen:	Speyer, Ludwigshafen
Essen:	Ausflugslokal *Alter Hammer* und Gaststätten *Clyne* oder *Petersilie* in Speyer

Unsere Rundreise beginnt westlich des Rheins und nicht am Heidelberger Schloss, der weltberühmten ehemaligen Behausung Pfälzischer Kurfürsten. Wir flanieren auch nicht durch deren Neubau in Mannheim, das größte Barockschloss in Deutschland, und ebenso wenig durch den fantastischen Garten der Kurfürstlichen Sommerresidenz in Schwetzingen (alles behandelt in Band 18 der WOMO-Reihe, der sich mit Baden-Württemberg beschäftigt). Denn die **Kurpfalz** und die **Pfalz** sind, wie Sie schon von der einleitenden Gebrauchsanleitung wissen, nach heutigem Verständnis nicht dasselbe. Zwar sind die Menschen auf der anderen, der östlichen Seite des Rheins, historisch gesehen und auch von ihrer Lebensart Pfälzer, würde ich diesen nordbadischen Landstrich aber zur Pfalz zählen, würde man mich des allzu heftigen Genusses Pfälzer Weines (oder nordbadischer Gewächse, die teilweise mithalten) verdächtigen. Die Pfalz endet also am Rhein.

Weniger deutlich ist die Westgrenze der Pfalz, weshalb ich selbst, aufgewachsen in Zweibrücken, häufig für einen Saarländer gehalten werde. Was weniger weltoffene Zweibrücker, ich möchte nicht behaupten, es wären die meisten, als ein Vergehen in der Grauzone zur Strafbarkeit ansehen, kaum schlimmer, als einen *Zweibrücker* einen *Zweibrückener* zu nennen. Denn gerade bei der Abgrenzung zum Saarland gelten in der Pfalz eigene Gesetze. So hält sich ein echter Pfälzer für berechtigt, auf der Autobahn A 6, gleich westlich der Raststätte Waldmohr, zu wenden, wenn ihn eine große Tafel mit ‚*Willkommen im Saarland*' begrüßt. Ich werde in diesem Buch also auch die Westgrenze penibel respektieren müssen.

Mit der Begrenzung im Süden gibt es schon deshalb keine Probleme, weil wir in den südlichen Gefilden ein Terrain berühren, in dem ich, fast hätte ich gesagt literarisch, schon vor dem Entstehen dieses Buches tätig war und als Autor im WOMO das Elsass und den Grenzbereich zu Lothringen bereist habe. Zweifellos endet die Pfalz im Süden an Frankreichs Nordgrenzen, auch wenn Sie diese heute erst auf den zweiten Blick oder auch gar nicht mehr erkennen.

Groß ist das Rätselraten im Norden der Pfalz, weil hier eine natürliche, ethnische oder nationale Grenze fehlt. Mainz, immerhin die Hauptstadt des Bundeslandes Rheinland-Pfalz, liegt unbestritten nicht mehr in der Pfalz. Hier ist die bei der Gebrauchsanweisung erwähnte Grenze des ehemaligen bayerischen Regierungsbezirks Pfalz (überwiegend) maßgebend.

Wenn wir also in **Speyer** (50.000 Einwohner), das die Hauptstadt der bayerischen Rheinpfalz war, so hieß der genannte Regierungsbezirk nämlich später, unsere Touren beginnen, starten wir zugleich an einem der westlichsten Punkte der Pfalz und in einer Stadt, die schon im Mittelalter eine der wichtigsten des Deutschen Reiches war. Sie ist heute historisch und touristisch zweifellos die bedeutendste Stadt der Pfalz – und ein Ort, an dem, wie die Speyerer behaupten, »*die Pfalz anfängt, Italien zu werden*«. Die Zahl der Hochsommertage mit über 25 Grad liegt im Jahresdurchschnitt bei 40, und die Menge kirchlicher Würdenträger kann durchaus den Zentren südlich der Alpen Paroli bieten. Kein Wunder, dass ein solcher Ort unsere persönlichen **Top Ten** anführt. Bei der Wohnmobilfreundlichkeit allerdings können die Speyerer Beamten von ihren italienischen Kollegen noch lernen, worauf gleich näher einzugehen sein wird.

Speyer - Kaiserdom

Der **Kaiser**– und **Mariendom** ist die größte erhaltene romanische Kirche der Welt und steht deshalb schon seit 1981 auf der UNESCO-Liste des Weltkulturerbes, obgleich einige Bauteile des Doms neuzeitlich sind. Nachdem der aus der Umgebung von Speyer stammende Salier Konrad II. im Jahre 1024 zum deutschen König gewählt worden war (die Kaiserwürde erhielt er vom Papst im Jahre 1027), und Speyer sich zu einem Zentrum des salischen Königtums entwickelte, ließ Konrad ab 1030 mit dem größten Kirchenbau seiner Zeit beginnen. Für den Holz- und Steintransport wurde extra ein Kanal vom Pfälzerwald an den Rhein gegraben. Bei der Weihe im Jahre 1061 lebten Konrad und sein Sohn Heinrich III. allerdings schon nicht mehr. Der dritte Kaiser der Salier-Dynastie, Heinrich IV. (das ist der Büßer von Canossa, er regierte fast 50 Jahre), ließ schon bald das meiste wieder einreißen. Die flache Holzdecke wurde durch ein damals in Deutschland neuartiges Kreuzgratgewölbe ersetzt, das höheren Druck auf die Wände ausübte, den die bisherigen Fundamente nicht tragen konnten. Bei Heinrichs Tod im Jahre 1106 war der gigantische neue Dom fast fertig – das größte Bauwerk seiner Zeit (später abgelöst durch die Abteikirche im burgundischen Cluny, mit der ich mich in Band 14 der WOMO-Reihe beschäftige).

Osttürme und Blick auf den Rhein

Der dritte Neubau stand nach 1689 an, nachdem französische Truppen im Pfälzischen Erbfolgekrieg (dazu siehe bei der 9. Tour) den Innenraum in Brand gesetzt hatten, wodurch das Gewölbe im Westteil infolge der Hitze eingestürzt war, während der zum Rhein zeigende Ostteil den Flammen standgehalten hatte. Wenn Sie die Außenmauern betrachten, erahnen Sie die geschwärzten Steine und erkennen gut, wo mit andersfarbigen Materialien im 18. Jahrhundert neu aufgebaut worden ist. Nach der Französischen Revolution wurden in den 1790er Jahren die gesamten linksrheinischen Gebiete und damit auch die heutige Pfalz von französischen Truppen besetzt, und beinahe wäre der Dom auf Napoleons Befehl abgerissen worden. Zum Glück diente er nur seinen Soldaten als Stall.

Ruhe kehrte ein, als die Pfalz beim Wiener Kongress an Bayern gefallen war: 1818 wurde der Dom eine Bischofskirche, und unter dem bayerischen König Ludwig I. entstand die heutige Westfassade. Ein wenig hat der Bayernherrscher dabei jedoch geknausert, denn die beiden neuen Türme sind deutlich dünner als ihre östlichen Vorbilder. Dafür durfte der Maler Schraudolph den Innenraum freskieren, was man später, in den Sechzigerjahren des 20. Jahrhunderts, für eine kunsthistorische Sünde hielt. So wurden bei der vorletzten Sanierung der Putz und die bunten Bilder wieder abgenommen (aber sie wurden auf Leinwand geklebt und aufbewahrt – dazu gleich mehr), und heute sehen Sie im jahrhundertealten Sandstein unzählige Kerben, die schlaue Handwerker hineingeschlagen hatten, um dem Verputz eine Haftbrücke zu spendieren. Bedenkenlos hatte man das Alte dem Zeitgeist geopfert.

Der Bau ist fraglos die größte Sehenswürdigkeit der Pfalz. Er wäre es auch ohne die **Gräber** der acht Kaiser und Könige sowie deren Gemahlinnen. Die heutigen Ruhestätten in der **Krypta** wurden erst 1906 geschaffen, um die bis dahin unspektakulär unter dem Kirchenboden verwahrten Gebeine angemessen und dem gewachsenen Nationalbewusstsein entsprechend präsentieren zu können. Der **Altbundeskanzler Kohl** jedoch wurde im Jahr 2017 nicht im Dom bei den Kaisern bestattet, sondern sinnigerweise im Adenauerpark (nördlich des Doms zwischen Wormser Landstraße und Bahnhofstraße) auf dem Friedhof der Domkapitulare (das sind die den Bischof unterstützenden geistlichen Verwaltungschefs eines Bistums).

Auch die monumentalen **Fresken** des Malers **Schraudolph** sind im Dom wieder zu sehen. Sie waren von dem Münchner Künstler in der Mitte des 19. Jahrhunderts im Auftrag des Königs an Wände des Doms gemalt worden, zeigen verschiedene Heilige und sehen deutlich weniger kitschig aus, als man sie sich in Verbindung mit dem Vornamen ihres Erschaffers – Johann Baptist – vorstellt. Die riesigen Bildwerke sind richtig sehenswert, zumal sie den Besuchern vom freundlichen Personal sogar erläutert werden. Ort der Galerie ist über der Eingangsvorhalle des Doms der sogenannte **Kaisersaal**, von dem aus eine Treppenkonstruktion in einen der Westtürme geschraubt worden ist, so dass man heute drei Fliegen mit einer Klappe schlägt: die Schraudolphschen Schinken, den **grandiosen Rundblick** über die Stadt und das technisch sowie gestalterisch anspruchsvolle Treppenbauwerk neuzeitlicher Ingenieure *(Dom: werktags 9 - 19 Uhr, So und Feiertage 11.30 - 17 Uhr; Krypta und Kaisergräber öffnen eine Viertelstunde nach dem Dom und schließen 15 Minuten vor diesem; Kaisersaal und Turm: Mo, Do, Fr, Sa 10 - 17 Uhr, So, Fei 12 - 17 Uhr bislang nur April bis Oktober zum Kaisersaal sind es 90 Stufen, auf die Plattform im Turm weitere 214; Krypta 3,80 €, Kaisersaal und Turm 6 €; wegen Corona ergeben sich womöglich Änderungen, siehe unter www.dom-zu-speyer.de/besuch-planen/oeffnungszeiten/)*.

Nach dem Verlassen des Doms streben Sie unweigerlich zum **Domnapf**, einer mittelalterlichen Steinschale unmittelbar vor dem Gebäude, die in früheren Zeiten jeder neue Bischof für seinen Einstand zweckentfremdet hat: Er ließ 1.450 Liter Wein einfüllen und an das Volk verteilen.

Am liebsten würden Sie vom Dom geradeaus durch die Maximilianstraße (umgekehrt ist die Blickachse in der vorderen Umschlagklappe) zum gotischen und 55 m hohen **Altpörtel** streben, dem westlichen Stadttor (1230 - 1250), das als eines der wenigen Bauwerke im Pfälzischen Erbfolgekrieg den großen Brand von 1689 überdauert hat. Heben Sie sich das Altpörtel noch auf und gehen Sie beim Dom erst einmal gleich rechts abwärts in den vorbildlich sanierten, sogenannten **Ha-**

senpfuhl, von den Bewohnern auch liebevoll »*Musebrot-Viertel*« (Marmeladenbrot-Viertel) genannt, in dem ehemals die armen Leute gewohnt haben. Die kleinen Häuser der einstigen Handwerker und Rheinfischer gehören inzwischen zu den bevorzugten Adressen, und der einstige Fischmarkt in ihrer Mitte ist das sehenswerte Zentrum der sogenannten Altstadt.

Speyer - Altpörtel

Jenseits des Altpörtels wenden Sie sich, das Stadttor im Rücken, nach links und fragen sich bald, wenn Sie staunend vor einem perfekten, 105 m hohen gotischen Kirchturm stehen, dem höchsten der ganzen Pfalz, ob Sie in der Schule oder bei der Reisevorbereitung unaufmerksam waren. Von einem Münster bzw. einem zweiten Dom war im Zusammenhang mit Speyer nämlich nicht die Rede. Das liegt daran, dass die Kirche kaum älter als 100 Jahre ist. Sie wurde erst 1904 eingeweiht, nachdem Kaiser Wilhelm II. ein Scherflein zu ihrem Bau beigetragen hatte. Die evangelische **Gedächtniskirche** sollte der Protestation des Jahres 1529 gedenken. Auf dem Speyerer Reichstag hatte damals die Mehrheit der deutschen Fürsten beschlossen, über Luther und seine Anhänger die so genannte *Reichsacht* zu verhängen, was bedeutete, dass der Ge-

Speyer - Gedächtniskirche

ächtete von jedermann hätte getötet werden dürfen. Das war für die evangelischen Fürsten gleichsam ein Verbot ihrer Religionszugehörigkeit, mit dem sie sich nicht abfinden wollten, weshalb sie ein *Protestschreiben* verfassten, das als Beginn der Kirchentrennung in Westeuropa angesehen wird. Fortan gab es neben den Katholiken die reformatorischen *Protestierenden (Protestanten)*. Speyer bekannte sich übrigens zu Luther, weshalb heute neben dem katholischen Bischof auch ein evangelischer seinen Amtssitz in Speyer hat; er nennt sich Kirchenpräsident.

Speyer - jüdisches Ritualbad

Zwischen 1084 und 1349 entwickelte sich in Speyer auch eine mehrere Hundert Menschen umfassende jüdische Gemeinde, die bis zum Ausbruch der Pest, für die man die Juden verantwortlich gemacht hat, von der Speyerer Bevölkerung akzeptiert worden war. Von der schon 1104 geweihten, im Laufe der Jahrhunderte aber zerstörten Synagoge steht nur noch eine Wand, die als der älteste aufrecht stehende jüdische Kulturbau in Europa bezeichnet wird. Sehenswert ist vor allem das **Ritualbad** daneben, die Mikwe, die der rituellen Reinigung durch Untertauchen in kaltem Wasser diente. Ihre romanischen Ornamente werden von einer künstlerischen und allein schon sehenswerten Glasüberdachung geschützt. Das als **Judenhof** bezeichnete Ensemble soll gemeinsam mit ähnlichen jüdischen Denkmälern in Worms und Mainz auf Antrag der sogenannten SCHUM-Städte (so wurden die drei Städte in hebräischen Quellen genannt) in die Liste des UNESCO-Welterbes aufgenommen werden. Vom Domplatz zweigt die Kleine Pfaffengasse ab (eine Parallelstraße zur Maximilianstraße), in welcher der Judenhof beschildert ist *(April - Oktober täglich 10 - 17 Uhr, Nov. - März Di - So 10 - 16 Uhr; 3 €)*.

Speyer - Judenhof

Etwas jünger als die Gedächtniskirche ist das Gebäude des **Historischen Museums der Pfalz**, das im Jahre 1911 eingeweiht worden ist. Das große Museum am Domplatz beherbergt auf einer Fläche von 6.000 m² verschiedene Sammlungen (Vorgeschichte, Römer und Franken, Mittelalter und Neuzeit, den Domschatz, das Weinmuseum und ein Kinder- und Jugendmuseum). Hinzu kommen wechselnde Sonderausstellungen, von denen der Ruhm des Museums besonders zehrt. Kenner nehmen an, dass Sie im Museum eine der kulturhistorisch bedeutsamsten Sammlungen Deutschlands sehen können, zu denen in der Domschatzkammer die Grabkrone der salischen Kaiser, das Prunkstück des Museums, zählt und im Weinmuseum der älteste flüssige Wein der Welt, vor 1.600 Jahren von den Römern auf die Flasche gezogen *(Di - So 10 - 18 Uhr, an Feiertagen und während der Ferien auch Mo, die Preise sind vom Angebot abhängig; bei Drucklegung waren alle Sammlungsausstellungen coronabedingt geschlossen; https://museum.speyer.de/).*

Historisches Museum

Die Besuchermassen aber strömen in zwei andere Speyerer Museen, in das **Technik-Museum** *(9 - 18 Uhr, Sa sowie an Sonn- und Feiertagen bis 19 Uhr; 17 €, Kinder 13 €; keine Hunde; https://speyer.technik-museum.de/)* und in das Sea Life. Zum Erstgenannten, zu dem auch das IMAX Filmtheater mit einer Projektionsfläche von fast 1.000 m² gehört, auf der im stündlichen Wechsel atemberaubende Filme gezeigt werden (die sich wirklich lohnen), muss Ihnen niemand den

Speyer - Technik-Museum

Weg erklären. Sie finden ihn schon wegen der aufgebockten Boeing 747 sowie diverser anderer Flugzeuge und Lokomotiven. Zu sehen sind außerdem ein U-Boot, zahlreiche Oldtimer, Feuerwehrfahrzeuge, das Hausboot der Kelly-Familie und unzählige andere technische Geräte und Fahrzeuge, die Ihre Frau keinesfalls sehen möchte.

Trennen Sie sich doch von ihr!

Gehen Sie zur Technik und Ihre Frau zu den Fischen. Beides zusammen ist an einem Tag zeitlich ohnehin kaum zu schaffen. Im **Sea Life** erleben Sie eine Reise durch die Unterwasserwelt des Rheins von der Quelle bis in den Ozean – und am Ende durch eine tropische Lagune mit Haien *(10 - 16 Uhr, an Wochenenden und Feiertagen bis 17 Uhr, Juli, August bis 19 Uhr; 16,50 €, Kinder 13,50 €, Preisermäßigungen nachmittags oder bei Online-Buchungen unter www.visitsealife.com/speyer/tickets/; nördlich des Doms in einem Hafenbecken, unübersehbar beschildert)*.

Das WOMO parken Sie derweil zwischen den Museen auf dem großen Parkplatz unterhalb des Doms und seitlich der B 39 (wenn nicht gerade am zweiten Wochenende im Juli der Jahrmarkt des *Brezelfestes* oder Anfang November die *Speyermess* aufgebaut sind). Wie wohnmobilfreundlich könnte sich die Stadt doch erweisen, würde sie hier einen offiziellen Stellplatz einrichten! Die Parkplatzregeln sind aber diffiziler: Sie dürfen hier nicht übernachten, jedenfalls wurden Leser auf das benachbarte Gelände hinter einem sogenannten Naturfreundehaus geschickt. Dort darf laut einem Schild das Wohnmobil nicht »mehrtägig parken«. Also darf man eine Nacht bleiben und währenddessen im Auto liegen, schlafen und wieder aufwachen... Das wurde jenen Lesern auch so erklärt. Wir selbst haben hier noch nicht übernachtet. Wer sich darauf nicht einlassen möchte, ist an einem der renommiertesten Touristenziele Deutschlands auf einen teuren privaten Betreiber angewiesen. Aber man muss einräumen, dass der exzellent gelegene private Wohnmobilstellplatz keine Strafe ist. Der Gesamtüberblick für Speyer wird nachfolgend zusammengestellt. Er ist gegenüber der Vorauflage geschrumpft. Leider war auch die Zufahrt zum Gelände auf einer Halbinsel am Rhein mit mobilen Schranken ab Sommer 2020 versperrt. Ich konnte nicht klären, ob das ein Dauerzustand ist.

(001) Offizieller WOMO-Stellplatz Speyer
(Caravan Park Technik Museum)

GPS: N 49°18'40" E 8°27'02", Am Technikmuseum 1. **Max. WOMOs**: 40.
Öffnungszeit: Vom 23. bis 27.12. geschlossen.
Ausstattung: Ver- und Entsorgung (keine Chemietoilette!!), Toilette, Strom, warme Duschen, Mülleimer.

Beschreibung: Das schattenlose, grasige Gelände ähnelt einem Campingplatz und ist klappstuhlgeeignet. Ein großes Hallenbad liegt schräg gegenüber, ein Freibad ganz in der Nähe. Im benachbarten Hotel kann man frühstücken. Zum Dom und in die Altstadt sind es 1,7 km.
Zufahrt: Fahren Sie in Speyer von der B 39 ab, Richtung *'Dom/Museen'*, und folgen Sie dann dem Piktogramm zum WOMO-Parkplatz (am Technik–Museum vorbei und dann rechts). Der Stellplatz liegt unweit des Rheins und südlich des Technik–Museums; fahren Sie nicht auf den Parkplatz des Technikmuseums.
Preis: 24 € / Nacht; beim Museumsbesuch werden 6 € / Person angerechnet.
Hinweis: Gelegentlich Lärm durch den unmittelbar benachbarten Flugplatz, auf dem aber fast nur Kleinflugzeuge und die Jets der SAP- und BASF-Chefs verkehren.

(002) WOMO-Stellplatz Speyer (Naturfreundehaus)

GPS: N 49°18'51" E 8°26'46"; Geibstraße. **Max. WOMOs**: 10.
Ausstattung: Toiletten, kleine Mülleimer.
Beschreibung: Der asphaltierte Platz liegt etwas laut, nicht lauschig, aber sehr günstig in Sichtweite des Doms und damit der Innenstadt.
Zufahrt: Fahren Sie wie zum vorherigen Stellplatz und zum Technik–Museum, biegen Sie aber beim Technik–Museum links auf den großen Parkplatz direkt unterhalb der B 39, dort allerdings auf den kleineren östlichen Teil hinter der Gaststätte Naturfreundehaus.
Preis: 3 €; von 18-8 Uhr kostenlos.
Hinweis: Offiziell sind »mehrtägiges Abstellen von Wohnmobilen sowie Campieren« verboten.

(003) WOMO-Stellplatz Speyer (Fritz-Ober-Straße)

GPS: N 49°19'26" E 8°26'18", Fritz-Ober-Straße. **Max. WOMOs**: 5.
Ausstattung: Keine.
Beschreibung: Das ist kein Stellplatz mit heutigem Verständnis, sondern eine Parkmöglichkeit für Wohnmobile bis etwa 7,50 m Länge, auf der man noch vor ein paar Jahren wie selbstverständlich über Nacht geblieben wäre. Beachten Sie, dass die rechte Seite des Parkplatzes nicht benutzt werden darf. Zu Fuß in die Stadt müssen Sie immer auf den Dom zielen; 1,1 km.
Zufahrt: Biegen Sie von der B 39 ab wie zum Platz 002 (Wegweiser *'Dom/Museen'*), fahren Sie nach dem Technik–Museum links unter der Brücke durch und weiter in Richtung Dom; immer geradeaus und unterhalb des Doms in Richtung Rhein; bleiben Sie zwischen Dom und Rhein weiter auf der Durchgangsstraße, die einen unbeschrankten Bahnübergang überquert und danach an neu erbauten Wohnblocks vorbeiführt; etwa am Ende dieser Wohnblocks zweigt nach links der *Ziegelofenweg* ab; Sie überqueren erneut ein unbeschranktes Bahngleis und sind nun auf der Fritz-Ober-Straße; rechts liegt ein Schulzentrum, danach folgt rechts der Parkplatz in der Nähe eines Sportplatzes.
Wenn Sie die Straße noch 200 m weiterfahren, biegt von links rechtwinklig die Straße *Eselsdamm* ab. Dort können Sie am Rande von großflächigen Wiesen, aber zugleich auch am Rand der Straße ebenfalls die Nacht verbringen, die Altstadt beginnt sofort jenseits dieser Wiesen.

Speyer - Rhein, Alter Hammer und Dom

An **Pfälzer Lokalen** herrscht in Speyer kein Mangel, ebenso wenig wie an schlechten. Dazu gehören leider auch einige, mit denen Sie womöglich liebäugeln. Bei mehreren gab es vor kurzer Zeit zudem einen Betreiberwechsel. Für einen heißen Hochsommerabend empfehlen wir den ***Alten Hammer***, direkt am Rhein, kulinarisch eher auf bescheidenem Niveau, aber unter einer gewaltigen Linde und mit einem Flair wie im Urlaub *(für eine Großgaststätte erstaunlich knackige Salate, nur als Biergarten zu empfehlen, in der Nähe von Platz 002, Leinpfad 1 c, Tel 06232 75539, Mo Ruhetag, Hauptgerichte ab 9,90 €; einen schönen Biergarten finden Sie auch im Domhof, gegenüber dem Dom).* Eines der besten Lokale ist das kleine ***Clyne***. Es hat den Nachteil, dass Sie spontan nur schwer einen Platz bekommen *(Große Greifengasse 5, Tel. 06262 1008285; Mi - Sa; 3-Gang-Menü 48 €).* Preiswerter, kreativ, aber ebenfalls relativ klein ist die ***Petersilie*** nahe dem Dom *(Maximilianstraße 96, Tel. 06232 8541640; Mi - So).*

Am Ende der 11. Tour verrate ich Ihnen noch eine Radtour zu einem südlich von Speyer gelegenen Badesee.

Französisch und Bayerisch – Geschichte für Pfalzanfänger

Bei der 9. Tour beschäftigen wir uns näher mit dem von den Franzosen angezettelten Pfälzischen Erbfolgekrieg (1688 – 1697), dem zahlreiche pfälzische Städte und die meisten Burgen zum Opfer gefallen sind, an dessen Ende Frankreich allerdings alle Ansprüche auf die Pfalz – bis auf Landau – aufgeben musste. Gleichwohl wäre ohne französischen Einfluss die heutige Pfalz nicht existent – und ebenso wenig die fast 150-jährige Zugehörigkeit zu Bayern, die damit begonnen hat, dass der Pfälzische Kurfürst Karl-Theodor im Jahre 1777 Bayern erbte, nachdem die altbayerische Linie der Wittelsbacher ausgestorben war. Der Kurfürst zog von seiner damaligen kurpfälzischen Hauptstadt Mannheim, wohin sein Vorgänger und Großonkel aus Heidelberg umgesiedelt war, nach München und vereinigte so Bayern mit der Kurpfalz. Dazu gehörten Teile links des Rheins, aber auch große Gebiete um Mannheim, Heidelberg, Weinheim und dem vorderen Odenwald. Karl-Theodor selbst verstarb 1799 ebenfalls ohne männlichen Nachkommen, so dass der vor der Französischen Revolution geflohene Herzog Maximilian IV., ein Wittelsbacher aus der pfälzischen Seitenlinie, die bayerische Krone übernahm (welche die Wittelsbacher bis zum Ende des Königtums in Bayern behielten) und zugleich auf diesem Weg das Herzogtum Pfalz-Zweibrücken (das kriegen wir später) seinem Bayern anfügte.

Die Herrschaft wurde aber neu verteilt, als nach der **Französischen Revolution** königstreue Truppen in der Pfalz eine Armee zusammenstellten, was die revolutionäre Pariser Nationalversammlung nicht dulden konnte. Französische Truppen besetzten die Pfalz, und im Frieden von Lunéville wurden 1801 alle Gebiete links des Rheins an Frankreich abgetreten, während die Gebiete auf dem rechten Rheinufer, vor allem Mannheim, Heidelberg und Schwetzingen, im Herzogtum Baden aufgingen. Die Kurpfalz war damit zerrissen.

Schon 14 Jahre später und nach Napoleons Niederlage in der Völkerschlacht bei Leipzig musste Europa beim **Wiener Kongress** abermals neu geordnet werden: Die linksrheinische Pfalz fiel als *Rheinkreis* zurück an Bayern, und Speyer wurde die Hauptstadt des später in *Rheinpfalz* umbenannten Gebiets – zur besseren Unterscheidung von der ebenfalls bayerischen *Oberpfalz* an der tschechischen Grenze, die zu diesem Zeitpunkt mit der Pfalz nichts mehr zu tun hatte.

Aber die Pfalz genoss stets eine – mehrfach angekratzte – Sonderstellung innerhalb des bayerischen Königreichs. Es galten weiterhin Gewerbefreiheit, das Zivilrecht des *Code Napoléon* (bis zum Inkrafttreten des BGB im Jahre 1900) und eine vollständige Trennung zwischen Justiz und Verwaltung mit unabhängigen Landgerichten. Die kurzzeitigen liberalen Errungenschaften der französischen Herrschaft ließen sich nämlich nur teilweise wieder abschaffen. Das Hambacher Fest von 1830 (Tour 4) war die Folge der trotzdem eingeführten Beschränkungen.

Die Pfalz blieb bayerisch, bis nach dem Zweiten Weltkrieg im **Jahr 1947** das französische Oberkommando die **Gründung des Landes Rheinland-Pfalz** anordnete – bestehend aus der Pfalz und Teilen des ehemals zu Hessen gehörenden Rheinhessen sowie aus preußischen Gebieten nördlich der heutigen Pfalz.

Noch immer sieht man häufig an behördlichen Bauten das bayerische Wappen, und falls

Sie in der Südpfalz wandern, erkennen Sie in großen Grenzsteinen auf der deutschen Seite ein *‚B'* für Bayern. Wenn Sie mit offenen Augen durch die Pfalz laufen, begegnen Ihnen ständig Überreste der langen Zugehörigkeit zu Bayern. Aber auch die französischen Einflüsse sind noch spürbar, zum Beispiel in der Umgangssprache (*die* Bach, *der* Schokolad', *Trottwar*, man bettet sich auf *das Schäslong* – und legt dabei die Betonung auf die erste Silbe).

Holiday Park - Donnerfluss

Zur touristischen Betrachtung Speyers gehört auch der **Holiday Park** bei **Haßloch**, einer der größten Freizeitparks Deutschlands, mit einer *Achterbahn*, bei der wir kaum hinschauen können, eine der höchsten und schnellsten der Welt, genau besehen aber ein Spiel mit der Todesangst. Der 70 m hohe *Free-Fall-Tower* steht dem in nichts nach. Gemessen daran beschaulich sind der *Donnerfluss*, das *Sturmschiff* und zahlreiche andere Attraktionen, die wir früher *Karussell* oder auf pfälzisch *Reitschul'* nannten und dafür heute milde belächelt werden. Sie müssen sich mehr als einen halben Tag Zeit nehmen, damit sich der Eintrittspreis lohnt *(ab 1,40 m Körpergröße 36,50 €, unter 0,85 m kostenlos, 0,85 - 1 m Größe 12,50 €, 1 m - 1,39 m 31,50 €, sogenannte »Senioren« ab 70 Jahren 12,50 €; Anfang April bis 31. Oktober, zeitweise an Wochentagen geschlossen, April und September, 10 - 18 Uhr, Einlass bis 16 Uhr; an manchen Tagen im Juli und August länger; Näheres unter www.holidaypark.de/; der Holiday Park ist südlich von Haßloch beschildert).*

Der derzeitige Parkbetreiber hat im Jahr 2012 das Unternehmen übernommen und erlaubt keine Nächte mehr auf dem Parkplatz. Aber in Haßloch selbst finden Sie einen Stellplatz:

(004) WOMO-Stellplatz: Haßloch (Badepark)

GPS: N 49°20'53" E 8°14'51", Lachener Weg 175. **Max. WOMOs**: 6.
Ausstattung: Keine.
Beschreibung: Der gepflasterte Rand des Schwimmbadparkplatzes am Rand von Bäumen ist am Abend klappstuhlgeeignet, liegt aber auch im Gewerbegebiet. Der *Badepark* ist ein interessantes Freizeitbad mit Außenbereich. Ein Einkaufszentrum grenzt fast an.
Zufahrt: Der Platz liegt im südlichen Ortsteil an der Straße Richtung Geinsheim.

Haßloch ist übrigens mit über 20.000 Einwohnern das größte Dorf Deutschlands. Ob Sie im wirklichen Leben hier genauso wie auf unserer 1. Buchtour umkehren, muss bezweifelt werden. Wahrscheinlich fahren Sie weiter nach Westen und bei Neustadt an die Weinstraße. Im Sommer werden Sie stattdessen vielleicht die Route über **Böhl-Iggelheim** wählen, um im Naherholungsgebiet **Niederwiesenweiher** unterzutauchen. Wir haben uns erneut die Mühe gemacht, mehrere der zahlreichen Seen im Großraum Ludwigshafen/Speyer abzuklappern, unter anderem an einem glutheißen Juli-Sonntagnachmittag, und uns in die Lage des badefreudigen Lesers versetzt. Bei allen Seen ist an einem solchen Tag schon während der Mittagszeit die Parkplatzsuche schwierig. Sie bewegen sich in diesem Teil der Rheinebene im Einzugsbereich von mehr als einer halben Million Menschen, von denen sich viele keinen größeren Urlaub leisten können und sonntags mit Sack und Pack an die Badeseen ziehen. Obwohl die Gewässer sich gleichen, plätschert der Niederwiesenweiher besonders einladend vor einer geräumigen Wiese. Theoretisch könnten Sie hier auch übernachten. Der Parkplatz liegt aber relativ offen im flachen Feld. Es gibt aber eine ortsnahe Alternative:

(005) WOMO-Badeplatz: Böhl-Iggelheim (Niederwiesenweiher)

GPS: N 49°22'33" E 8°20'05", L 454. **Max. WOMOs**: 5.
Ausstattung: Badesee (mit Nacktbadeteil), Gaststätte, tagsüber Toilette.
Beschreibung: Das grasige, abends klappstuhlgeeignete Gelände unter Bäumen direkt am See liegt einsam. Der Pächter hat mir gesagt, er dulde WOMOs, solange sich die Nutzer benehmen und die Fahrzeuge nicht zu groß seien. Es gibt jedenfalls kein Verbot, und nach Ende des Badebetriebes sitzt auch niemand mehr an der Einfahrt, um die Parkgebühr zu kassieren. Man hört die Autobahn.

Zufahrt: An der L 454 zweigt zwischen Iggelheim und Schifferstadt auf halber Strecke zwischen Autobahnbrücke und nächster Straßengabelung ein Sträßchen ab; der Platz liegt südlich der Abfahrt 62 der A 61. Wenn der Parkplatz voll ist, stellen Sie sich bitte nicht auf den Wirtschaftsweg, sondern parken Sie in Iggelheim (Strafzettel droht).
Preis: Tagsüber 2 €.

(006) Offizieller WOMO-Stellplatz: Schifferstadt

GPS: N 49°22'13" E 8°22'24", Am Sportzentrum 6.
Max. WOMOs: 20.
Ausstattung: Strom, Mülleimer.
Beschreibung: Das grasige, klappstuhlgeeignete, aber schattenlose Gelände liegt in Schwimmbadnähe gegenüber einer Pizzeria am Ortsrand und ist überraschend schön.
Zufahrt: Der Platz liegt an der Umgehungsstraße südwestlich von Schifferstadt, der L 454/Neustadter Straße.

Wir glauben nicht, dass Sie uns beim Abklappern der Badeseen hinterherfahren. Aber irgendwie müssen wir die Tour weiterführen und nehmen daher literarisch ein Stück die A 61, die wir nördlich von Speyer verlassen, um bei Otterstadt den am Wochenende stark überlaufenen **Binsfeldsee** (mit Nacktbadeteil) im Naherholungsgebiet **Binsfeld** anzusteuern. Man kann dort allerdings nicht übernachten, weil der eine von zwei Parkplätzen, auf dem man das dürfte, direkt unterhalb der Autobahn liegt. Biegen Sie zum Baden von der K 23, der Straße Otterstadt – Reffenthal, etwa 500 m südöstlich von Otterstadt beim Wegweiser zum Naherholungsgebiet ab (*Parkplatz N 49°21'51" E 8°27'38"* – der Badesee ist erst der zweite ab dem Parkplatz zu Fuß erreichbare See, nachdem Sie zwischen zwei anderen Seen hindurch gelaufen sind!).

Wenn es statt eines Sees auch der **Altrhein** oder eine Mischform zwischen Rhein und Baggersee sein darf, ist auf der Kollerinsel am Otterstädter Altrhein ein 2017 eröffneter Campingplatz die erste Adresse (wo in der Vorauflage noch ein freier Stellplatz war):

(007) WOMO-Campingplatz: Brühl *(Camping Kollersee)*

GPS: N 49°22'51" E 8°28'45". L 630, Tel. 06202 7601674.
Öffnungszeit: Mitte März bis Mitte Oktober; Mittagspause von 12.30 - 15 Uhr.
Ausstattung: Kleiner Laden, Kanuvermietung, SUP-Vermietung, Snack, Badestrand.
Beschreibung: Der noch schattenlose Platz liegt attraktiv im Landschaftsschutzgebiet sehr schön am Kollersee, der teilweise Altrhein, teilweise ein ehemaliger Baggersee ist, sich jedenfalls zum Baden eignet (deshalb

nennt man den *Otterstädter Altrhein* heute lieber *Kollersee*). Es gibt keine Dauercamper, aber nicht wenige Mietbehausungen (Häuschen, Zelte, Mobilhomes). Vermutlich bekommen Sie hier in der Hochsaison nicht mehr ohne weiteres einen Platz. Sie sollten unbedingt vorher anrufen.
Preise: 20,50 € - 28 €.
Zufahrt: Achtung: das Gelände liegt in Brühl, das zu Baden gehört, landschaftlich aber auf der pfälzischen, westlichen Rheinseite. Von Brühl (Schwetzingen) würde man mit einer nur zeitweise verkehrenden Fähre hierher gelangen. In diesem Reiseführer reisen Sie über Otterstadt an und finden den Platz dann nordöstlich des Ortes.

(008) Zur Not kann man vielleicht eine Nacht auf der anderen, südlichen Seite des Sees bei **Otterstadt** überbrücken, wenn dort nicht zu viele Fahrzeuge abgestellt sind: **GPS**: N 49°22'20" E 8°27'50".
Zufahrt: Nehmen Sie im nördlichen Teil von Otterstadt die L 535 Richtung Brühl, Kollerfähre und Campingplatz. Kurz nach den letzten Häusern sehen Sie links der Straße einen Campingplatz für Dauercamper (nicht zu verwechseln mit unserer obigen Empfehlung) und seitlich davon eine Zufahrt zum Altrhein mit einigen Parkplätzen.

(009) Und kurz davor, noch in **Otterstadt**, gibt es bei einer kleinen Festhalle oder gegenüber von dieser zwei weitere Notbehelfe:
GPS: **N 49°22'**19" E 8°27'27"; Otterstadt, Kollerstraße.

Nördlich von Otterstadt wie auch andernorts nördlich von Speyer, sieht man noch gut die Windungen des ehemaligen Flussbettes des Rheins aus der Zeit vor seiner Begradigung zwischen 1817 und 1865. Die Kollerinsel, auf welcher der vorgenannte Campingplatz liegt, ist durch einen schmalen Landstreifen mit Otterstadt verbunden, lag aber vor der Rheinbegradigung und zur Zeit des Wiener Kongresses östlich des Rheins und gehört deshalb heute noch zu Baden.

Die fast stehenden Gewässer werden für Freizeitaktivitäten, teils zum Angeln und teils als Bootshafen, benutzt. Erwarten Sie nicht überall Badeseen. Ein paar Kilometer weiter im Norden, nordwestlich von Waldsee, führt die K 13 im **Naherholungsgebiet Auf der Au** an einem klassischen Baggersee vorbei, der unmittelbar an den Otterstädter Altrhein angrenzt. Auch hier werden Sie von mehreren Campingplätzen für reine Dauercamper abgeschreckt (siehe Stichwort *Campingplätze*), wobei hier noch Endzeitstimmung hinzukommt, weil das Gelände verändert werden soll. Auch wenn Sie sich nicht in die an Schrebergärten erinnernde Wohnwagenkolonie einreihen dürfen, was Sie sowieso auch gar nicht wollen, können Sie an zwei Stellen einen Badetag verbringen und vermutlich auch übernachten. Ich erwähne die Stelle im Anschluss an den folgenden Tipp. Denn südlich benachbart von diesem Naherholungsgebiet stehen Sie wesentlich freier und luftiger:

(010) WOMO-Stellplatz: Waldsee

GPS: N 49°23'46" E 8°28'19", Altrheinstraße.
Max. WOMOs: 5.
Ausstattung: Keine.
Beschreibung: Das Parkplatzgelände unter Bäumen auf gewachsenem Boden grenzt fast an den Altrhein. Seitlich gibt es ein Campingplatz für Dauercamper, in der Nähe die Gaststätte *Altrheinklause*. Der Strand ist im Prinzip sehr schön, jedoch ist hier das Wasser definitiv kein Badegewässer, sondern Rheinwasser. Genau genommen stehen Sie im Landschaftsschutzgebiet. Ich glaube nicht, dass sich daran jemand stört, weil hier immer diverse Fahrzeuge parken oder abgestellt sind.
Zufahrt: Verlassen Sie die K 13, die Straße von Waldsee nach Altrip, beim Wegweiser zur **Gaststätte *Altrheinklause***.

(011) Ein **Badesee** hingegen ist das Gewässer an dem schon erwähnten Freizeitgelände, vor dem Sie stehen können, nach unserem Geschmack nicht sehr schön, aber ruhig und in freier Natur:
GPS: N 49°23'56" E 8°28'51".
Zufahrt: Verlassen Sie dazu die K 13, die Straße von Waldsee nach Altrip, nordöstlich von Altrip bei der ersten Abfahrt nördlich des Weges zur *Altrheinklause*; nach etwa 200 m stoßen Sie hinter dem Hochwasserschutzdamm auf einen Parkplatz, wenn Sie dann noch 300 m weitergehen, gelangen Sie auf öffentlichem Weg am Rand des Dauercampingplatzes an das Seeufer.

Für **Altrip** (7.800 Einwohner) hatte die Rheinbegradigung durch Johann Gottfried Tulla besonders einschneidende Folgen: Der Ort lag nach den Arbeiten ab etwa 1870 unmittelbar am Rheinufer, doch der Rhein floss nicht mehr westlich an Altrip vorbei, sondern im Osten, und das Dorf gehörte, da der Rhein die Landesgrenze bildete, von da an zur Pfalz und folglich zu Bayern.

Westlich von Altrip denkt man an das Wunder, als Wasser zu Wein wurde, denn dort verwandelt sich der Altrhein in die **Blaue Adria**. Eines von mehreren Gewässern dient als Badesee vor einem richtigen Sandstrand, an dem es bei unserer Testfahrt genauso voll war, wie wir das von Postkarten aus Rimini kennen. An der Blauen Adria sind die Parkplätze von 22 bis 7 Uhr gesperrt, in dieser Zeit können Sie auch nicht auf den einzigen frei buchbaren Campingplatz gelangen, der aber schön direkt hinter Strand und See liegt, wie Sie sich das im Urlaub vorstellen:

(012) WOMO-Campingplatz-Tipp: Altrip *(Blaue Adria)*

GPS: N 49°25'31" E 8°28'06", Adriastraße. Tel. 06236 3831.
Öffnungszeit: 1.4. - 30.9.; Mittagspause von 12 - 14 Uhr; Anreise bis spätestens 20 Uhr. **Ausstattung**: Badesee mit Sandstrand.
Beschreibung: Das ist ein kleiner Platz ohne Dauercamper in schöner Lage, leider auch mit begrenztem Platzangebot und bescheidenen Sanitäranlagen. Der Ort ist etwa 2 km entfernt.
Zufahrt: Der Platz ist westlich von Altrip an der K 13, der Straße nach Waldsee, beschildert; kurz vor Ende der Seezufahrt müssen Sie nach links über den (von 22-7 Uhr geschlossenen) Parkplatz. **Preis**: 15 €.

Bevor wir mit unserer Betrachtung der Badeseen fortfahren, müssen wir noch etwas erledigen, was Sie im wirklichen Urlaubsleben auch eher auslassen, den Abstecher nach **Ludwigshafen**. Aber immerhin ist das mit 163.000 Einwohnern die größte Stadt der Pfalz und nach Mainz die zweitgrößte in Rheinland-Pfalz. Ursprünglich war die Ansiedlung nur ein Brückenkopf der Festung Mannheim, wo bis zum Wiener Kongress die Hauptstadt der Pfalz lag. Aber dann fielen die linksrheinischen Gebiete zu Bayern, und es entstand auf diesem Ufer ein Gegenpol zu Mannheim, benannt nach dem bayrischen König Ludwig I. Die Gemeinde wurde erst 1853 gegründet, aber schon 1920 war sie eine Großstadt. Grund war die BASF, 1865 hier und nicht in Mannheim errichtet, wo sie eigentlich hingehört, aber keine Genehmigung bekommen hat *('Badische Anilin und Soda-Fabrik')*. Die Industrie war kriegswichtig, weshalb Ludwigshafen im 2. Weltkrieg besonders stark zerbombt wurde. Angeblich planten die Amerikaner sogar, hier und über Mannheim ihre erste Atombombe abzuwerfen. Der Wiederaufbau war schleppend und schlicht. Die größte Sehenswürdigkeit und die einzige, die wir erwähnen, ist deshalb die **Miró-Wand** am **Wilhelm-Hack-Museum**, 55 Meter lang, 10

Ludwigshafen - Mosaik von Miró

Meter hoch und im Jahr 1978 mit 7.200 Keramikfliesen nach Entwürfen des katalanischen Künstlers Miró verkleidet. Leider verändern sich die Farben wegen der starken Luftverschmutzung zunehmend, nachdem die stark überschuldete Stadt aus Kostengründen die regelmäßige Reinigung eingestellt hat. Schwerpunkt des aus einer privaten Sammlung hervorgegangenen Museums ist zeitgenössische Kunst *(Berliner Str. 23, 11 - 18, Do bis 20 Uhr, Mo geschlossen; 7 €; bei Drucklegung Brandschutzsanierungspause).* Gehört es zwangsläufig in jeden Pfalzführer, zu erwähnen, dass Helmut Kohl im Stadtteil Friesenheim geboren wurde, zuletzt im Stadtteil Oggersheim gewohnt hat und inzwischen in Speyer (nein, nicht im Dom) beerdigt ist? Und wer eigentlich Helmut Kohl war?

Das nahe liegende **Frankenthal** (47.000 Einwohner) wurde ähnlich stark zerstört und ähnlich gesichtslos wieder aufgebaut. Die Stadt war mit einer bedeutenden Porzellanmanufaktur im 18. Jahrhundert die dritte Hauptstadt der Kurpfalz. Später wurden hier hauptsächlich metallverarbeitende und chemische Industriebetriebe ansässig, was ja meist nicht dem touristischen Reiz einer Stadt zugutekommt, der allerdings im Mai während des **Strohhutfestes**, dem größten Straßenfest der Pfalz, mehr als 250.000 Besucher lockt. Auch das Strandbad, südöstlich der Innenstadt, ist wegen seines **Badeweihers** lohnend, obwohl der dazu gehörende Parkplatz wegen der Nähe zur stark befahrenen B 9 entgegen der Auffassung der örtlichen Wirtschaftsförderung nicht als Stellplatz taugt *(Meergartenweg).*

Wir interessieren uns mehr für den zwischen Flomersheim und **Lambsheim** gelegenen Badesee:

(013) WOMO-Badeplatz: Nachtweideweiher

GPS: N 49°31'06" E 8°18'12". **Max. WOMOs**: 10. **Ausstattung**: Keine.
Beschreibung: Sie stehen auf dem nachts einsamen Parkplatz des Strandbades, entweder auf einem herkömmlichen, schattig unter Bäumen auf gewachsenem Untergrund, oder auf einem neueren Gelände, einer schattenlosen großen Wiese. Beide Grenzen an: Strandbar, Kiosk, Restaurant, Badeweiher mit schöner Liegewiese und weitläufigem Gelände.
Zufahrt: Es gibt nur eine Zufahrt von der L 524/K 4 zwischen Flomersheim und Lambsheim; der Weg zweigt etwa auf halber Strecke zwischen der Autobahnunterführung und den ersten Häusern von Lambsheim nach Norden zum See hin ab (Wegweiser *'Fischerhütte'*); **Preis**: 3 € für 13 Stunden.
Hinweise: Der See wird sehr schnell tief und ist für Kinder, die nicht schwimmen können, nicht geeignet. Keine Hunde im See!
Das Parken am Stück ist auf 13 Stunden begrenzt.

Tour 2: Nördliche Weinstraße und Leiningerland — 90 km

**Bockenheim – Grünstadt – Neuleiningen – Altleiningen
Höningen – Freinsheim – Großkarlbach – Battenberg**

Stellplätze:	in Bockenheim, in Neuleiningen, in Altleiningen, beim Forsthaus Lindemannsruhe, in Kallstadt; in Freinsheim, in Großkarlbach, in Weisenheim a. B., in Herxheim a. B.
Besichtigen:	Neuleiningen, Freinsheim, römisches Kelterhaus bei Ungstein, Burgruine Battenberg
Wandern:	Leininger Burgenweg, vom Forsthaus Lindemannsruhe zum Bismarckturm, von der Weilach zum Kriemhildenstuhl, Stadtmauerweg Freinsheim, Mühlenweg in Großkarlbach
Essen:	Restaurant *H'manns* in Neuleiningen, Gasthaus *Klosterschänke* in Höningen, *Weinhaus Henninger*, *Weinschänke Henninger* oder *Weinkontor Fleischmann* in Kallstadt, Restaurants *Weinreich* in Freinsheim, *Admiral* in Weisenheim am Berg, *Gutsausschank Petri* in Herxheim am Berg

Schon bei unserer 2. Tour stoßen wir auf die **Deutsche Weinstraße**, das Herzstück des pfälzischen Tourismus und demnach auch unseres Buches. Sie ist 85 Kilometer lang und verläuft in nordsüdlicher Richtung. Und sie ist deutschlandweit, wahrscheinlich sogar europaweit, ein Vorbild für viele weitere Touristenstraßen. Vermutlich gibt es wenige, die ähnlich erfolgreich sind. Dabei war sie ursprünglich eine fast kostenlose Maßnahme der Nazis zur Förderung der Wirtschaft, begünstigt durch die damalige Zeit und – das ist das Wesentliche – durch eine der begnadetsten Landschaften Deutschlands.

Im Jahr 1935 hatten die pfälzischen Winzer erhebliche Absatzprobleme. Die Weinernte des Herbstes 1934 war nämlich ungewöhnlich gut ausgefallen (zweieinhalbmal so viel wie sonst; es gab damals noch keine behördlich angeordneten Mengenbeschränkungen), und der Export deutschen Weins vor allem nach Frankreich war durch den Versailler Vertrag beeinträchtigt. Zudem wurde der Wein damals überwiegend durch Händler vermarktet, und das waren in der Mehrzahl Juden, die seit 1933 allenfalls noch eingeschränkt arbeiten durften. So entschied man im Frühjahr 1935 einfach, dass die Ortsdurchfahrtsstraßen, welche die Weinanbaugemeinden unterhalb der Haardt verbanden, jeweils den Namen *Weinstraße* tragen mussten. Das kostete nur neue Straßenschilder. Am 10. Oktober 1935 wurde auf der Strecke eine Inspektionsfahrt durchgeführt, um den Straßenzustand zu erkunden. Die schlimmsten Löcher wurden dabei sofort geflickt, denn bereits am 19. Oktober 1935 eröffneten die Nazis in Bad Dürkheim die Deutsche Weinstraße mit großem Festakt, und am 20. Oktober führte der Gauleiter die Eröffnungsfahrt von Schweigen nach Bockenheim mit 300 Fahrzeugen an. Das Weintor in Schweigen war noch eine Holzattrappe, und in Grünstadt stand ein Tor aus Pappmaschee. Dass die nationalsozialistische Großtat einen ideologischen Hintergrund hatte, sieht man noch heute am Deutschen Weintor, erbaut 1936 am südlichen Ende der Weinstraße, unmittelbar an der Grenze zum französischen »Erbfeind«, im Stil neoklassizistischer Naziarchitektur und Gegenstand unserer Betrachtungen auf Tour 10. 1937 erfand Hitler sogar den Aufruf *»An jedem Haus eine Rebe«*, von denen auch heute noch viele zu sehen sind.

Die Deutsche Weinstraße hat in ihrer langen Geschichte gute und schlechte Zeiten erlebt, abhängig von der Vermarktung und dem Ruf des Weines. Seit dessen Qualität ab etwa dem Ende der neunziger Jahre immer mehr gestiegen ist, hat der Tourismus rapide zugenommen.

Während das Tor im Süden schon kurz nach der Eröffnung eingeweiht werden konnte, benötigte man 60 Jahre, um auch

Bockenheim - Haus der Deutschen Weinstraße

an das andere Ende ein bauliches Wahrzeichen zu setzen, das man seither *Haus der Deutschen Weinstraße* nennt. Während das *Deutsche Weintor* an der Grenze zum elsässischen Weinanbaugebiet steht, erfüllt das Gebäude im Norden dieselbe Funktion in Bezug auf Rhein-Hessen. Architektonische Meisterleistungen sind beide nicht. Der Bau im Norden, am Rande von Bockenheim, erinnert eher an eine französische Autobahnraststätte.

Das Dorf **Bockenheim** (2.200 Einwohner) würden wir vielleicht nicht erwähnen, wenn es nicht das nördlichste Dorf der Deutschen Weinstraße wäre. Es ist schöner als sein Ruf – besonders das Quartier östlich der Kirche offenbart einen guten Einblick in die alte Struktur des Dorfes, welches ursprünglich aus zwei Dörfern – Ober- und Unterbockenheim – bestand, die etwas unvollständig zusammengewachsen sind, weil sich früher zwischen ihnen ein großer merowingischer Königshof befunden hat.

Der Stellplatz ist zwar mittlerweile nicht mehr offiziell ausgeschildert, aber trotzdem weiterhin mit Einschränkungen empfehlenswert:

Bockenheim

(014) WOMO-Stellplatz: Bockenheim

GPS: N 49°36'32" E 8°10'57". **Max. WOMOs**: 20.
Ausstattung: Mülleimer.
Beschreibung: Das asphaltierte Gelände im Ort bietet keinen Schatten. Auf einer angrenzenden Wiese kann man zumindest abends auf Klappstühlen sitzen. Fußläufig sind Gaststätte, Geschäfte erreichbar.
Zufahrt: Der Platz liegt an der Weinstraße direkt beim *Haus der Deutschen Weinstraße.*
Hinweis: Der Platz ist während eines Weinfestes ab Anfang Oktober nicht nutzbar.

Ab etwa dem 8. Oktober ist der Platz vorübergehend nicht mehr benutzbar, weil ab dann auf dem gesamten Gelände einer der größten pfälzischen Jahrmärkte aufgebaut wird und das berühmte **Bockenheimer Winzerfest** (am Wochenende um den 20.10.) mit einem Mundart-Dichterwettbewerb stattfindet.

Seit Jahren nutzen die Winzer europaweit den WOMO-Boom und richten kleine, bisweilen sogar richtig feine, teilweise auch größere Stellplätze ein, die oft am Ortsrand liegen und vom Wingert umgeben sind. Meistens bieten diese Stellplätze einen guten Einstieg zum Kennenlernen der Region und ihres namengebenden Produktes. So auch in Bockenheim:

(015) WOMO-Winzerplatz: Bockenheim *(Weingut Kohl)*

GPS: N 49°35'57" E 8°10'45", Am Sonnenberg 3, Tel. 06359 4319, Reservierung ist sinnvoll. **Max. WOMOs**: 6.
Ausstattung: Wasser (keine Entsorgung!), Toilette, Dusche, Strom.
Beschreibung: Die klappstuhlgeeignete Wiese hat nur den Nachteil, dass Sie fast an die Bundesstraße angrenzt. Ein Bäcker im Zentrum ist 1 km entfernt.
Zufahrt: Biegen Sie am südlichen Ortsausgang nach Westen ab, das Weingut ist beschildert. **Preis**: 10 €.

Sie könnten nun von Bockenheim auf der Weinstraße einfach nach Süden fahren. Ich vermute, die meisten Leser tun genau das. Und ich fürchte, Sie nehmen mir sogar übel, dass unser Reiseführer das so nicht unterstützt. Der führt Sie nämlich in Schlingen immer wieder von der Weinstraße weg; auf dieser Tour am Ende in die Ebene und zuerst durch das bergige Hinterland, das **Leiningerland**.

Dabei fahren wir zuerst durch **Grünstadt** (13.000 Einwohner), das im Übergang zwischen der überwiegend landwirtschaftlich genutzten Nordpfalz und der Weingegend gewachsen ist aber für den Tourismus zu wenig tut und noch nicht mal einen Stellplatz anbietet. Dabei könnte man die Stadt sehr gut als Ausgangspunkt für Wandertouren oder Spaziergänge entlang der Weinhänge auswählen. Wir haben für diese Auflage nochmals nachgesehen und unsere frühere Erinnerung aufgefrischt: Wo es schön wird, ist das Befahren verboten.

Neuleiningen - Blick von der Burgterrasse

Der historische Mittelpunkt der Gegend lag auch nicht hier, sondern bei Bad Dürkheim und auf weiteren Burgen, wo das Geschlecht derer zu Leiningen seit dem 8. Jahrhundert ansässig war, bevor im Jahr 1794 der Einfall französischer Truppen beim berüchtigten Erbfolgekrieg den Fürsten Carl Friedrich Wilhelm zu Leiningen zur Aufgabe seiner Herrschaft zwang. Die Familie floh nach Amorbach im Odenwald und lebt dort noch heute.

Fährt man von Grünstadt über Sausenheim bergan, tauchen plötzlich die Mauern einer ihrer Burgen und Silhouette **Neuleiningens** (770 Einwohner) auf, das sich im 13. Jahrhundert, wie sehr viele Orte, um eine Burg entwickelt hat. Bleiben Sie 200 Meter vor dem Dorfeingang auf einem Parkplatz mit Notstellplatzqualitäten. Alternativen oder Möglichkeiten zum Befahren des Dorfes gibt es nämlich nicht:

(016) WOMO-Stellplatz: Neuleiningen

GPS: N 49°32'36" E 8°08'08", Berghohl. **Max. WOMOs**: 15.
Ausstattung: Toilette, Wasser.
Beschreibung: Das ist im Prinzip ein guter Parkplatz auf Asphalt, wenn er nicht den entscheidenden Nachteil hätte, dass die Autobahn unweit oberhalb des Geländes vorbeiführt. Wir haben hier noch nie selbst übernachtet, vermuten aber, dass das nur bei geschlossenen Dachöffnungen einigermaßen geruhsam sein kann. Es ist aber kein unruhiger Autobahnrastplatz. Ein Wanderweg führt unmittelbar vorbei. Sie finden im nahen Ort Gaststätten, aber keinen Laden.
Zufahrt: Fahren Sie, wenn Sie von der Rheinebene kommen, an der ins Dorf führenden Abzweigung 200 m geradeaus, und biegen Sie dann ausgeschildert rechts ab.

Ich möchte gar nicht behaupten, das Beste in Neuleiningen selbst sei die Sicht vom Platz vor der Burg in die Rheinebene. Denn diese Sicht genießen Sie in ähnlicher Form in diesem Reiseführer noch häufig, besser sogar am Ende dieser Tour. Die Faszination des Ortes geht vielmehr davon aus, dass man vor dem Erreichen des Aussichtspunktes ein kleines mittelalter-

Neuleiningen - Spitzenhäuser

liches Zentrum durchquert, wie es malerischer nicht sein könnte. Das in Verbindung mit der Lage ist in diesem Teil Deutschlands einmalig! Der **Burgturm** ist heute ein begehbarer Aussichtspunkt, weil ihn nämlich der Graf Ende des 19. Jahrhunderts hat wieder aufbauen lassen, um bei Besuchen in der Heimat seiner Vorfahren darin zu wohnen. Einen Rundgang gestalten Sie am besten in der Weise, dass Sie nach dem Stadttor die linke, obere Straße, die Kirchengasse, wählen und ab der Burg seitlich der Kirche durch die mittlere Gasse zurückgehen. Die

Neuleiningen

unterste Gasse dürfen Sie aber ebenfalls nicht versäumen. Im Burgturm können Sie an jedem 2. und 4. Sonntag im Monat ein **Heimatmuseum** besuchen und in der Kirchgasse an jedem 1. und 3. Sonntag das **Museum an der Münze** (jeweils von 13 bis 17 Uhr). Hier ist ein kleines Fachwerkhaus behutsam restauriert worden. Das Gebäude selbst ist sein wichtigstes Exponat geworden. Zahlreiche Schautafeln erklären die historische Entwicklung und die Bautechniken der jeweiligen Epoche in einer Sprache, die auch der Unkundige versteht. Es kann vermutet werden, dass hier sachkundige Architekten am Werk waren, die auch in der Entwicklung museumspädagogischer Konzepte Erfahrung besitzen. Man hat den Eindruck, es habe sich um Ortsansässige gehandelt.

Falls Sie in Neuleiningen übernachten und sich vorher ein überdurchschnittlich gutes Essen gönnen möchten, gibt es zu der von Michelin besternten *Alten Pfarrey* (wobei Sie hier auch die außerordentliche Lage mitbezahlen, aber ab 80 Euro für das Menü investieren müssen) Alternativen: Gehen Sie auf der Zufahrtsstraße nach Neuleiningen ein Stück zurück Richtung Sausenheim, liegt links das **Restaurant *H'manns***, das mit besserer Stellplatzanbindung die Qualität zu einem Lieblingslokal für gehobene Ansprüche haben könnte *(Am Goldberg 2, Tel.*

06359 5341; Do - So; 4-Gangmenü 59 €; ebenfalls mit Terrasse und Talblick).

Der Stellplatz taugt auf jeden Fall als Ausgangspunkt für eine klassische Wanderung, einen Premiumwanderweg:

Leininger Burgenweg

Der **Leininger Burgenweg** startet in **Neuleiningen** am Stadttor und führt auf unglaublich schönen 22,5 Kilometer über **Altleiningen** und **Battenberg** wieder zurück in das Hangdorf. Auf ihm erlebt man das Leiningerland in seiner ganzen Pracht. Ich beschreibe ihn hier nicht, weil Sie ihn auf der *NaturNavi*-Karte *Pfälzerwald 4* finden, weil er mit einem gelb-schwarzen Wanderzeichen mit einer Burg bestens markiert ist und weil er auf diversen Publikationen, beispielsweise auf der App *Südliche Weinstraße* oder unter www.wanderinstitut.de/premiumwege/rheinland-pfalz/leininger-burgenweg/, dargestellt ist.

Burg Altleiningen mit Freibad

Man kann das Leiningerland auch mit dem WOMO erkunden. Am besten kurven Sie dazu wieder ein Stück zurück Richtung Grünstadt und biegen vor dem Ortseingang von Sausenheim nach rechts in Richtung Altleiningen ab. Entlang des kleinen Eckbachs gelangen Sie nach **Altleiningen** (1.900 Einwohner). Am Ortseingang folgen Sie dem Wegweiser *'Jugendherberge Burg Altleiningen'*. Entlang des noch kleineren Amselbachs führt Sie eine Straße hinauf zur **Burg Altleiningen**, die zu einer Jugendherberge mit öffentlichem Freibad, Restaurant und Spielplätzen umgestaltet worden ist. Hier kann man parken, einkehren, eine Wanderung einleiten und auch (eingeschränkt) übernachten:

(017) WOMO-Stellplatz: Altleiningen

GPS: N 49°30'42" E 8°04'50", Burgstraße. **Max. WOMOs**: höchstens 5.
Ausstattung: Keine.
Beschreibung: Unterhalb der Jugendherberge und des Freibades gibt es zwei kleine Parkplätze, einer auf Asphalt, einer auf Schotter, die für Schwimmbadbenutzer vorgesehen sind. Aber ohne Freibad würden Sie hier ohnehin nicht übernachten und nachts stören Sie niemanden. Der Platz eignet sich aber nur für Fahrzeuge bis allenfalls 7 m Länge.
Es gibt außer dem Freibad einen Kiosk, einen Bolzplatz, Restaurants in der Burg und im Ort, dort auch ein Dorfladen.

Zufahrt: Fahren Sie vor dem Ortseingang rechts Richtung *‚Jugendherberge'*, ca. 800 m bergauf (ausgeschildert).

(018) Alternativ und zweifellos legal auch mit großem Fahrzeug übernachten Sie unten im Ort auf dem zentralen Platz vor dem ehemaligen Bahnhof; **GPS**: N 49°30'27" E 8°04'32", Bahnhofstraße.

Der Stellplatz vor dem ehemaligen Bahnhof leiste auch nach einem Abend in **Höningen** (Ortsteil von Altleiningen und 2 Kilometer entfernt) beste Dienste. Die kleine Siedlung ist aus dem Augustiner-Chorherrenstift St. Peter entstanden. Vom Stift sind noch die von den Zerstörungen des 30-jährigen Kriegs übrig gebliebenen Fragmente zu erkennen. Hier ruhten einst die Gebeine der Leininger Grafen. Heute ruhen die Gebeine weniger Berühmter auf dem niedlichen Friedhof der romanischen Kirche St. Jakob, die dem Reisenden leider nicht immer offensteht. Der Besuch dieses friedlichen, kleinen Ortes ist wegen des auf 2,80 x 2,80 m beschränkten Stadttors für große Fahrzeuge unmöglich. Wer hier nicht durchpasst, kann ab Platz 018 spazieren oder vor dem Tor nach rechts Richtung *‚Wanderparkplatz An der Eich'* fahren, auf dem allerdings nur ausgesprochene Einsamkeitsliebhaber übernachten [**019** – GPS: N 49°29'21" E 8°04'19", Schindthalstraße]. Oder man biegt von der Schindthalstraße kurz vor Erreichen dieses Parkplatzes in einer Spitzkehre scharf nach links ab, fährt beim Auftreffen auf die L 518 erneut links, um sich in der Ortsmitte vor dem Gasthaus *Zum Jagdschloß* zu installieren, wo man mit nicht zu großen Fahrzeugen seitlich des Lokals durchaus sein Haupt betten, jedenfalls während des Essen parken kann. Das genießt man in der benachbarten, bodenständigen und preiswerten ***Klosterschänke*** *(Höninger Hauptstr. 27, Tel. 06356 989938; Mo und Do geschlossen; Haupt-*

in Höningen

Höningen - Klosterschänke

gerichte ab 11,90 €, pfälzische und anspruchsvolle Speisen, Mi gibt's zusätzlich Dampfnudeln, Sa Flammkuchen, Freisitz).

In den Vorauflagen mussten wir Ihnen an dieser Stelle hinter vorgehaltener Hand Ratschläge anvertrauen, mit deren Hilfe Sie die ab 2,8 Tonnen gesperrte Straße Richtung Bad Dürkheim und Forsthaus Lindemannsruhe gewagt haben. Die Obrigkeit hat Ihnen dieses Problem abgenommen. Sie hat zur Verbesserung der Tourenführung in diesem Buch nicht etwa die Straße verbreitert, sondern nur die schon immer überflüssigen Schilder entfernt. Danke!

Viel befahren war und ist diese Strecke nicht. Man hat den Eindruck der Hauptsinn bestehe in der Anbindung des bewirtschafteten **Forsthauses Lindemannsruhe** *(Tel. 06322 6208292, Mi - So von 11 - 17.30 Uhr)*. Gegenüber wurde dem Wald ein geräumiger Wanderparkplatz abgetrotzt, an dessen hinterem Ende man ungestört übernachten kann, was nur die mutigsten Einsamkeitsfanatiker tatsächlich tun:

(020) WOMO-Wanderparkplatz: Lindemannsruhe

GPS: N 49°28'47" E 8°07'11", L 518. **Max. WOMOs**: 5.
Ausstattung: Picknickbank, Mülleimer.
Beschreibung: Der typische Wanderparkplatz auf gewachsenem Boden ist nicht so düster wie viele andere und vor der Picknickbank sogar eher hell und sonnig, aber trotzdem sehr einsam. Mehrere Wanderwege sind hier beschildert. Das Gasthaus schließt am späten Nachmittag.
Zufahrt: Der Platz liegt gegenüber dem Gasthaus *Lindemannsruhe*.
Hinweis: Während des Wohnmobil-Booms in der Corona Pandemie des Sommers 2020 hat die Polizei zeitweise Benutzer solcher Waldparkplätze vertrieben, und es ist die Frage der Legalität entstanden. Dazu äußere ich mich hinten bei den Tipps unter dem Stichwort *Freies Übernachten*.

Für einen kurzen Spaziergang ist der **Bismarckturm** ein ideales Ziel, weil man ihn ohne Mühe innerhalb einer knappen halben Stunde erreichen kann. An Sommerwochenenden ermöglicht eine halbimprovisierte Bewirtschaftung die Besteigung des Turms für einen Euro. Der Wanderparkplatz taugt aber auch für eine respektable **Wanderung**, vorbei am schroffen Heidenfels, der Frankenthaler Hütte, dem Rahnfels nach Höningen und auf kürzerem Weg zurück (etwa 4 Stunden, alles auf der Kompasskarte und App dargestellt und *NaturNavi*).

Bismarckturm

Ab dem südlich bald folgenden Wanderparkplatz **An der Weilach** beschreibe ich eine größere Wanderung. Auch hier könnten Sie, wie auf vielleicht weiteren 50 Wanderparkplätzen im Pfälzerwald, einsam in Ihrem WOMO die Knackgeräusche des Waldes erlauschen [**021** – GPS: N 49°28'34" E 8°08'52", K 3; eine am Wochenende bewirtschaftete Hütte und ein weiteres Gasthaus liegen in der Nähe]:

Vom Forsthaus Weilach zum Kriemhildenstuhl

Sie parken beim **Forsthaus an der Weilach** (von allen Zufahrten beschildert) und nehmen den mit der Zahl 6 und blauem Strich ausgeschilderten Weg nach Süden. Nach einer halben Stunde erreichen Sie auf bequemem Weg, zeitweise von den Resten eines keltischen Ringwalls begleitet, auf der **Kaiser-Wilhelm-Höhe** einen kleinen Aussichtsturm, den man in patriotischer Wallung Kaiser Wilhelm gewidmet hat.

Weniger als eine weitere halbe Stunde später steigen Sie in den oberhalb Bad Dürkheims liegenden römischen **Steinbruch Kriemhildenstuhl** hinab, dessen Wände von zahlreichen Zeichnungen und plastischen Ausarbeitungen geschmückt sind, die Auskunft über die Kunstfertigkeit der Steinbrecher geben, deren Arbeitsergebnisse nach Worms und Mainz

ehemaliger Steinbruch Kriemhildenstuhl

verbracht worden sind. Rote Dreiecks-Markierungen erleichtern das Auffinden der Artefakte. Die Ausstrahlung der Szene ist so beeindruckend, dass sie trotz des Fehlens jeder Absperrung völlig ungraffitisiert geblieben ist. Dieser Steinbruch ist ein **sensationelles Kleinod**. Zum Kriemhildenstuhl können Sie auch gut vom Stellplatz in Bad Dürkheim spazieren (Tour 3).

Der **Rückweg** führt östlich vom Hinweg, immer noch beschildert mit der 6 und kurz nach dem Steinbruch rot-weiß markiert, zurück zum Forsthaus (insgesamt etwa **5 Kilometer**, Karte *NaturNavi, Pfälzerwald 4*)

Mit einigem detektivischem Geschick werden Sie westlich des Weges (und südlich der Gaststätte *Schützenhaus*) die Reste der Bergstation einer Seilbahn finden, die bis 1990 Kurgäste und Wanderer aus Bad Dürkheim hinauf in den Wald befördert hat, bevor sie abgebrannt wurde. Mit noch größerem Geschick finden Sie dann auch den Teufelsstein und entdecken darauf die Fingerabdrücke des Leibhaftigen, die er hinterlassen hat, als er den Brocken auf die am Gegenhang liegende Limburg werfen wollte.

Wenn Ihre Zeit nur einen kleinen Spaziergang erlaubt, können Sie vom Forsthaus an der Wanderhütte vorbei am Rande der Lichtung nach Westen bis zum Talschluss und einer im 18. Jahrhundert aufgegebenen Siedlung hinaufgehen.

Nun geht es hinunter an die alte Weinstraße zwischen Leistadt und Bad Dürkheim, die wir überqueren, um geradeaus in die Weinberge hineinzufahren. Dieser schmale Wirtschaftsweg führt nämlich zu den Relikten der **römischen Kelter** und **Villa Weilberg**, welche hier bis zum 4. Jahrhundert in bester Hanglage bewirtschaftet wurde. Die Anlage ist erst 1981 im Zusammenhang mit einer Flurbereinigung wiederentdeckt und restauriert worden. Vom römischen Weingut sind noch nennenswerte Bauteile erhalten, deren Kern mit gutem Geschmack eingehaust und so vor Verfall geschützt worden ist. Sorgfältige zeichnerische Dokumentationen ermöglichen die gedankliche Rekonstruktion des Verfallenen. Ein schöner Fuß-

Fundamente des römischen Weingutes Weilberg

weg führt durch die Weinberge zum ehemaligen Kelterhaus. Eine Zeile des Wingerts ist zusammengesetzt aus allerlei Rebsorten der Vergangenheit und der Gegenwart.

Sie fahren vom römischen Weingut einige Meter bergab und zweigen nach links in die B 271 nach **Kallstadt** (1.200 Einwohner) ein, das sich zu einem gastronomischen Zentrum entwickelt hat. Wir führen das nicht auf Donald Trumps Großvater zurück, der hier geboren worden ist (weiß man eigentlich noch, wer Donald T. ist?), schon eher auf Henry John Heinz, dessen Vater ebenfalls aus Kallstadt stammt. Henry John ist der Begründer des heute marktführenden Unternehmens für Ketchup. Heinz Großmutter war übrigens eine geborene Trump. Veranlasser des heutigen Runs ist vielmehr das Geld eines deutschen Milliardärs. Sohn und Schwiegertochter von Reinfried Pohl, zu Lebzeiten Gründer und Chef der Deutschen Vermögensberatung, DVAG, übernahmen das *Weingut am Nil*, bauten es aufwendig aus und ergänzten es mit einem Gaststättenbetrieb, auf dessen Karte man kleine Gerichte ohne jeden pfälzischen Einschlag findet. Das hat die Schickeria so sehr elektrisiert, dass wir bei unzähligen Reservierungsversuchen mit teils tagelangem Vorlauf noch nie Platz gefunden haben, und das scheint vielen anderen Interessierten ähnlich zu ergehen. Denn die Konkurrenzbetriebe sind am Wochenende allesamt rappelvoll. Da uns zu Unrecht geraten wurde, statt wochenlanger Vorbestellung auf gut Glück selbiges bei den Pohls herauszufordern, kennen wir Wettbewerber mit schönen Innenhöfen:

Das ***Weinhaus Henninger*** ist ebenfalls häufig ausgebucht. Wir waren jedoch zuletzt von den Küchenleistungen enttäuscht, obwohl man drinnen wie draußen sehr schön sitzt *(Weinstraße 93, unterhalb der Kirche, Tel. 06322 2277, Mo geschlossen, Hauptgerichte ab 18 €)*. Die ***Weinschänke Henninger*** wenige Häuser oberhalb des Namensvetters erfüllt die Erwartungen, die man bezüglich einer pfälzischen Weinschänke mit Speisen hat, in vollem Umfang. Alles, auch der Innenhof, ist schlichter, pfälzischer, preiswerter und trotzdem eindeutig besser *(Weinstraße 101,*

Kallstadt - die beiden Henningers

Tel. 06322 9549488, Di und Mi geschlossen; Hauptgerichte ab 10,90 €). Das ***Weinkabinett Fleischmann***, weiter nördlich an der Weinstraße, erfüllt die Erwartungen an eine pfälzische Weinstube am besten. Hier steht der Wein im Vordergrund. Außer Pfälzer Gerichte werden hauptsächlich ein paar saisonale Speisen oder Steaks gereicht *(Weinstraße 123, Tel. 06322 2644; Mi und Do geschlossen; Hauptgerichte ab 11,20 €).* Glauben Sie nicht, damit wäre das gastronomische Angebot von Kallstadt vollständig beschrieben. Es fehlt unter anderem die michelinbesternte Lokalität.

Bei derlei Angeboten wünscht man sich einen Stellplatz und findet einen der besten dieser Gegend, in der Nähe des *Nils* und noch näher am Friedhof, wo wir viele Grabsteine mit dem Namen Heinz, aber keine der verblichenen Trumps entdeckt haben. Ähnlich schön ist der Winzerstellplatz einer Familie Henninger, deren verwandtschaftliche Beziehungen zu den Trumps, den Heinzens und den Gaststätten-Henningers von Ihnen selbst eruiert werden müssen:

(022) WOMO-Stellplatz: Kallstadt (Friedhof)

GPS: N 49°29'44" E 8°10'38", Weinstraße. **Max. WOMOs**: 10.
Ausstattung: Keine.
Beschreibung: Das grasige, schattige und klappstuhlgeeignete Gelände ist eigentlich ein normaler Parkplatz (und nicht der bei Google ausgewiesene offizielle Stellplatz), es wird aber seit einiger Zeit vor allem am Wochenende so intensiv als Wohnmobilstellplatz genutzt, dass ich mir beim letzten Besuch um die Zukunft Sorgen gemacht habe. Bitte gehen Sie behutsam mit diesem Juwel um!
Alle beschriebenen Gaststätten sind weniger als 500 m entfernt. Einen Bäcker finden Sie an der Weinstraße unterhalb der *Henningers* nach 500 m.
Zufahrt: Der Platz liegt am nördlichen Ortsrand, östlich der Weinstraße seitlich des Friedhofes und ist mit ‚P' beschildert.

(023) WOMO-Winzerplatz *(Weingut Henninger)*

GPS: N 49°29'11" E 8°10'47", Weinstraße. **Max. WOMOs**: 10.
Ausstattung: Wasser, Dusche, Toilette, Strom.
Beschreibung: Das ist ein überdurchschnittlich schöner Winzerstellplatz.

Sie parken auf grasigem, wenn auch schattenlosem Gelände, was selbstverständlich klappstuhlgeeignet ist. Zum vorerwähnten Bäcker sind es 550 m, zu den Gaststätten kaum mehr.
Zufahrt: Der Platz liegt am <u>südlichen</u> Ortsrand, östlich und oberhalb der Weinstraße.

Am Stellplatz beim Friedhof beginnt ein ausgedehnter Spaziergang durch ein liebliches Naturschutzgebiet, in dem im Mai die Nachtigallen trällern:

Von Kallstadt durch das Berntal nach Leistadt

Wir überqueren etwa 150 m westlich des Stellplatzes neben dem **Friedhof von Kallstadt** die Weinstraße, hier die B 271 nach Herxheim, halten uns sofort rechts, wir spazieren entlang der Straße, wenden uns bei erster Gelegenheit links und gleich wieder rechts und entdecken bald schräg rechts unter uns ein kleines Tal, auf das ein Weg zuläuft. Wir steigen auf einem unmarkierten Grasweg in das Tälchen und gehen auf einen langen, schmalen Weinberg zu, an dem wir uns rechts entlangschlängeln (nicht davor rechts bergauf abbiegen). Wir überqueren rechts eine kleine Brücke und gelangen im **Berntal**, das ist der Name dieses kleinen Paradieses, nach mehreren hundert Metern auf einen breiteren Weg, der nach einem Rechtsknick an der Straße nördlich von Leistadt bei einem Weinverkauf mit Gartenwirtschaft endet.

im Berntal

Hier erfrischen wir uns mit Traubensaft, gehen ein paar Meter zurück, um nach rechts ein kurzes Stück durch **Leistadt** zu spazieren, das wir schon an den ersten Häusern scharf links und bergauf auf der Freinsheimer Straße wieder verlassen. Auf der Höhe gehen wir solange wie möglich geradeaus, halten uns links und steigen auf Sicht in einem Bogen schräg nach rechts wieder zur Weinstraße ab.

Auf der gänzlich unmarkierten Strecke sind Sie etwa **<u>zwei Stunden</u>** unterwegs und benötigen keine Karte.

Längst nicht so gut wie in Kallstadt sind die Stellplatzbedingungen in **Freinsheim** (5.000 Einwohner) das aber mitten in den Weinbergen liegt und von einer wehrhaften Stadtmauer

Freinsheim - Historisches Rathaus

mit sieben Türmen umgeben ist, was die Kleinstadt zu einem der beliebtesten Ziele in diesem Teil der Pfalz macht. Es gibt aber nur einen einzigen, einigermaßen brauchbaren Stellplatz, der zugleich der Parkplatz für die reine Stadtbesichtigung ist:

(024) WOMO-Stellplatz Freinsheim:

GPS: N 49°30'34" E 8°13.01", Großkarlbacher Straße. **Max. WOMOs**: 5-6.

Ausstattung: Keine.

Beschreibung: Der an sich geräumige Parkplatz auf gewachsenem Boden unter Bäumen sieht offiziell vier Parkbuchten für größere Fahrzeuge vor und geht im Übrigen davon aus, dass an den meisten Stellen Pkw schräg einparken. Tagsüber ist er bisweilen auch mal belegt. Am Abend können Wohnmobile hier sehr gut stehen. Bis etwa 6,50 m Länge kann man die schrägen Buchten benutzen, größere Fahrzeuge finden einige Stellen, an denen sie längs einparken können. Irgendwo steht ein Schild, das vermuten lässt, dass zumindest ein Teil nur für Pkw freigegeben ist. Wir haben hier schon mehrere Nächte zu unterschiedlichen Zeiten verbracht, und es gab keinerlei Probleme. Auch haben Leser davon nicht berichtet. Das Ortszentrum mit Gaststätten und Bäcker ist nach 350 m erreicht. Einen Netto-Markt finden Sie gegenüber.

Zufahrt: Der Platz liegt in der Nähe der östlichen Umgehungsstraße. Fahren Sie an Freinsheim östlich vorbei, auf der Straße von Großkarlbach nach Erpolzheim; Sie kommen dann an der Einmündung der Weisenheimer Straße und gegenüber einer Saftfabrik an einem beschilderten Parkplatz für Busse und Pkw vorbei.

Wenn Sie nicht unter Zeitdruck stehen, können Sie die Stadt zweimal umrunden: Vom Stellplatz aus erreichen Sie das **Eisentor** in weniger als fünf Minuten. Dabei passieren Sie, wenn Sie sich bei erster Gelegenheit links halten, einen öffentlichen Stadtgarten, der sehr anmutig ein wieder aufgebautes barockes Gartenhaus umgibt. Am Stadttor nehmen Sie zuerst einen **Rundweg** in Angriff, welcher die Stadtmauer im Gegenuhrzeigersinn an ihrer Außenseite begleitet und Sie an kleinen Gärten vorbeiführt. Nach 30 Minuten erreichen Sie wieder den Ausgangspunkt. Zur vollen Stunde erklingt im Eisentor ein Läutwerk, ein Fenster öffnet sich und die historischen Handwerker des Mittelalters ziehen an Ihnen vorbei. Sie durchqueren das Stadttor und erforschen den ausgeschilderten Stadtmauerweg, der innenseitig geführt ist.

Freinsheim - Rundweg

Das alles führt Sie ein zweites Mal zum Ausgangspunkt Ihrer kreiselnden Begehung, weshalb Sie nun in das Zentrum vorstoßen, wo Straßencafés, zwei Kirchen und Gaststätten ihre unterschiedlichen Dienste feilbieten. Die Hauptattraktion, eine richtig große Sehenswürdigkeit, ist das **Spielzeugmuseum** (mit Eiscafé). Hier sehen Sie 1.500 Exponate, hauptsächlich Spielzeug der Firma *Bing* aus der Zeit bis 1932, die größte Bing-Sammlung weltweit, und Bing war seinerzeit der weltgrößte Spielwarenhersteller mit bis zu 18.000 Mitarbeitern. Nicht nur allerlei Eisenbahnteile aus Blech, darunter wunderschöne Bahnhöfe, sind ausgestellt, sondern auch Mädchenspielsachen mit unglaublich hübschen Puppenherden. Wir haben uns das Museum, das wir freiwillig möglicherweise gar nicht besucht hätten, nicht so interessant vorgestellt *(14 - 18 Uhr, Mi geschlossen; 3,50 €)*.

Freinsheim - Spielzeugmuseum

Am dritten Wochenende im Juli steigt das berühmte **Stadtmauerfest**, eines der großen pfälzischen Weinfeste.

Zur abendlichen Einkehr empfehlen wir die hellen Räume des **Restaurants *Weinreich***, wo Ihnen von jungen Betreibern moderne, leckere Gerichte jenseits des Sauerkraut- und Saumagenniveaus angeboten werden *(Hauptstr. 25, Tel. 06353 9598640; So und Mo geschlossen; Hauptgerichte ab 18,50 €).*

Wenn Sie sich an den krummen Gassen und Häusern satt gesehen oder an lukullischen Versuchungen ebenso satt gegessen haben, dann steht ein weiterer Spaziergang an, dessen Länge Sie selbst bestimmen können. Fahren Sie dazu über die L 455 nach **Großkarlbach** (1.100 Einwohner) und parken Sie vorsichtshalber am alten Bahnhofsgebäude.

in Großkarlbach

Hier können Sie in wenigen Minuten den Eckbach erreichen, an dessen Ufern sich der **Mühlenwanderweg** entlang zieht, der allerdings nicht ganz so romantisch ist, wie man ihn vermutet. Ob Sie nach Westen oder nach Osten gehen: Nach teilweise größeren, nicht perfekt beschilderten Streckenabschnitten taucht ein mehr oder weniger mächtiges Mühlengebäude am Wegrand auf, verfallen, bewohnt oder bewirtschaftet. Bronzene Tafeln erklären Näheres. Wählen Sie für den Rückweg den Hinweg. Auf jeden Fall sollten Sie in der Ortsmitte die **Dorfmühle** bestaunen. Sie war die einzige Mühle, die innerhalb der Tore von Großkarlbach lag.

In Großkarlbach wurde Ihnen seit der ersten Auflage ein Gasthaus empfohlen, bei dem allerdings zum Zeitpunkt der Drucklegung ein neuer Eigentümer gerade aufrüstet, um das ganz große Rad zu drehen. Ich weiß nicht, ob der Stellplatz so überhaupt noch einen Zweck erfüllt:

(025) WOMO-Stellplatz: Großkarlbach

GPS: N 49°32'11" E 8°13'27", Friedhofsweg. **Max. WOMOs**: 3-4.
Ausstattung: Wasser in geringen Mengen (an der Wand der Kapelle).

Beschreibung: Der Parkplatz des Friedhofs taugt zweifellos nicht für Wohnmobil-Riesen, eignet sich aber nach unserer Einschätzung bis etwa 7,50 m Länge. Leser haben sich darüber beklagt, dass ein paar Äste über das Dach streichen. Ich habe daraufhin noch einmal nachgesehen und empfand das bei unserem Fahrzeug als überhaupt nicht störend. Am

Abend ist das Gelände klappstuhlgeeignet. Einen Bäcker erreichen Sie im nördlichen Teil der Hauptstraße nach etwa 750 m. Diverse Gaststätten liegen deutlich näher.
Zufahrt: Biegen Sie von der Hauptstraße südlich (also oberhalb) des Ortes an der Gabelung der L 455 (von Freinsheim kommend) und der L 520 (Richtung Weinstraße) rechts schräg bergauf Richtung *'Friedhof'* ab, danach fahren Sie links auf einem schmalen, gepflasterten Weg erneut bergauf bis zu einem grasigen Parkplatz hinter dem Friedhof.

Großkarlbach - Dorfmühle

Unsere Tour dreht sich nun fast im Kreis, denn wir müssen, wie oben beschrieben, an die Weinstraße zurück, auf die wir bei Kleinkarlbach stoßen. Dort wählen wir nach einem knappen Kilometer einen kurzen Ausflug nach **Battenberg** (395 Einwohner). Kurz vor Erreichen des hoch gelegenen Dorfes sehen Sie rechts der Straße eine sonderbare Gesteinsformation, die so genannten **Blitzröhren**. Zu Recht haben Sie noch nie gehört, Blitze hätten Derartiges verursacht. Es handelt sich vielmehr um einen Versinterungs- und Erosionsprozess eisenhaltiger Mineralien. Schräg gegenüber können Sie bei einer Müllsammelstelle anhalten.

Battenberg - Blitzröhren

Die **Burg** darüber gehörte einst ebenfalls den Grafen von Leiningen und steht weiterhin in

Dubbeglas in Battenberg

Privateigentum. Der Blick von der frei zugänglichen Terrasse eines gastronomischen Betriebes ist großartig. Sie können sich dort mit einem Getränk erfrischen und sich dabei vorstellen, wie hier am 22. Mai 1693 Marschall Tallard und General Melac anlässlich eines Abendessens von Weitem das brennende Heidelberg betrachtet haben, das sie zuvor im Erbfolgekrieg selbst hatten anzünden lassen.

Früher hatte ich Ihnen im Innern der Burganlage das Restaurant empfohlen und den Parkplatz vor der Mauer als Stellplatz. Offenbar ging das bei der starken Nachfrage im Corona-Sommer 2020 nicht mehr gut, und zu viele Menschen haben hier mit zu vielen und zu großen Wohnmobilen gestanden, ohne das gastronomische Angebot in Anspruch zu nehmen. Das Verbotsschild war eine verständliche Folge.

Es gibt deshalb drei Möglichkeiten: Sie fahren gar nicht mehr nach Battenberg, Sie suchen nur einen Parkplatz für den erwähnten Blick und die Blitzröhren oder Sie behelfen sich. Nach meiner Meinung muss man nicht in Battenberg übernachten, auf jeden Fall muss man zur Besichtigung ein Stück zu Fuß gehen. Sie parken entweder in der Nähe der L 517, der Straße nach Bobenheim, [**026** – N 49°31'50" E 8°08'56"; genau 500 m, nachdem von der L 517 die Zufahrt nach Battenberg abgegangen ist, biegen Sie südlich davon zu einem kleinen Gelände beim Wasserwerk ab; 1,2 km bergauf zur Burg]. Oder Sie suchen oben im Ort eine Gelegenheit, zum Beispiel am Ende der Hauptstraße rechts [**027** – N 49°31'51" E 8°07'58", 1,0 km zur Burg, aber eben].

Unsere nächste Tour beginnt in Bad Dürkheim. Auf dem Weg dahin liegen noch drei Weinorte mit klangvollen Namen: Bobenheim am Berg, Weisenheim am Berg und Leistadt. Kurz hinter Weisenheim, Richtung Leistadt hat sich seitlich der Weinstraße ein Parkplatz als WOMO-Stellplatz entwickelt:

(028) WOMO-Stellplatz: Weisenheim am Berg

GPS: N 49°30'31" E 8°09'24", L 517. **Max. WOMOs**: 5.
Ausstattung: Keine.
Beschreibung: Der klappstuhlgeeignete Parkplatz auf gewachsenem Untergrund liegt zwar direkt neben der nachts wenig befahrenen Landstraße, zur anderen Seite hin hat man aber einen sehr schönen Blick über die Weinberge. Zur Landstraße hin wachsen hohe Büsche. Die nächstgelegenen Häuser sind 200 m entfernt, das **sehr gute, traditionsreiche Restaurant *Admiral*** 550m, ein Bäcker 650 m.
Zufahrt: Biegen Sie von der Straße nach Bad Dürkheim 200 m südlich der letzten Häuser von Weisenheim auf den Parkplatz P 4 ab.

Im benachbarten Herxheim am Berg können Sie bei einem Autohaus auf einen Inspektionstermin warten oder auch nur übernachten. Sie kennen den Gaststättenplatz, den Winzerplatz, und den Bauernhofplatz, hier zeigen wir Ihnen eine neue Gattung, den Autohausplatz:

(029) Offizieller WOMO-Stellplatz: Herxheim am Berg *(Autohaus Schmidt)*

GPS: N 49°30'49" E 8°10'48", Weinstraße 80, Tel. 06353 989157.
Max. WOMOs: 7-9.
Ausstattung: Ver- und Entsorgung, Toilette, Dusche, Strom, Mülleimer, Brötchendienst.
Beschreibung: Hier hat der Betreiber eines Autohauses einen privaten Stellplatz eingerichtet. Hinter der Werkstatt steht man ruhig und mit wunderbarem Blick von der höchsten Stelle der Weinstraße hinunter in die Ebene. Es gibt aber auch Ausweichplätze auf der anderen Seite, zwischen Straße und Werkstatt, die teilweise ebenfalls einen Blick ermöglichen, aber nicht ganz so schön sind. Überall kann man Klappstühle benutzen. Das bekannte Restaurant des ***Gutsausschanks Petri*** liegt schräg gegenüber.
Zufahrt: Platz liegt nördlich von Herxheim der Straße nach Kirchheim.
Preise: 15 € - 23 €. **Hinweis**: Sie sollten reservieren.

Tour 3: Das Dürkheimer Land 48 km

Bad Dürkheim – Wachenheim – Lindenberg
Lambrecht – Neidenfels – Frankenstein

Stellplätze: in Bad Dürkheim, bei Ungstein, in Lambrecht, am Isenachweiher

Campingplatz: bei Ungstein

Besichtigen: Bad Dürkheim, Kurpfalzpark, Kapelle St. Cyriacus, Burgruinen Neidenfels und Lichtenstein, Frankenstein, Hardenburg, Limburg

Wandern: von Bad Dürkheim zum Forsthaus Weilach und zum Kriemhildenstuhl, von Bad Dürkheim zur Limburg und Hardenburg, von Bad Dürkheim zum Flaggenturm, von Neidenfels zu den Ruinen Lichtenstein und Neidenfels, von Frankenstein zur Ruine Frankenstein, vom Isenachweiher zum Forsthaus Saupferch

Essen: Restaurant *Marktschänke* oder Weinstube *Bach-Mayer* in Bad Dürkheim

Zur Einstimmung auf Bad Dürkheim und den Wurstmarkt zitieren wir August Becker (siehe bei *Literatur*), der 1857 in einem seiner Reiseberichte über die Pfalz geschrieben hat:

*Wer die Pfälzer in ihrer lautesten Heiterkeit und Jovialität, in ihrem Witzreichtum und ihrer Brüderlichkeit, in ihrer Zungenfertigkeit und **Kehlenkraft**, in ihrem wirklich erstaunlichen **Wurstappetit** und noch erstaunlicheren **Trinkvermögen** kennen lernen will, der besuche den Dürkheimer Wurstmarkt.*

Ob Anfang/Mitte September, die Zeit des Wurstmarktes, eines der größten Volksfeste Deutschlands, für einen Besuch von **Bad Dürkheim** (19.000 Einwohner) günstig ist, wissen wir nicht. Vielleicht ist es gerade dann dort am schönsten. Das haben wir aber selbst noch nicht ausprobiert. Wir haben auch noch nicht versucht, beim Wurstappetit mitzuhalten, und bei der Kehlenkraft und dem Trinkvermögen hätten wir ohnehin keine Chance. Getrunken wird nämlich aus Halblitergläsern – Wein, unverdünnt!

Der Stellplatz läge allerdings goldrichtig, etwas oberhalb des Ortes, und wurde einst wahrscheinlich nur deswegen möglich, weil die Stadt die große Fläche für den Wurstmarkt unbedingt benötigt und das restliche Jahr über nicht anders verwenden kann:

(030) Offizieller WOMO-Stellplatz: Bad Dürkheim

GPS: N 49°28'10" E 8°10'02", Leistadter Straße. **Max. WOMOs**: über 150.
Ausstattung: Ver- und Entsorgung (Frischwasser an der Säule für die Toiletten), Strom, Mülleimer.
Beschreibung: Das riesige Gelände auf geschottertem Untergrund bietet viel Schatten. Sie können überall auf Klappstühlen sitzen, im hinteren Teil bei den Weinbergen sehr schön und ruhig, im vorderen Bereich seitlich der Straße weniger lauschig und zu laut.
Ich hätte nie gedacht, dass dieser Platz einmal voll sein würde. Aber im Spätsommer 2020 (Corona!) war sogar das eingetreten. In dieser Zeit standen aber auch viele Riesenwohnmobile auf dem Gelände, die üblicherweise um diese Jahreszeit in südlicheren Gefilden überwintern. Viele der Nutzer hatten einen Anhänger dabei, auf den ein Pkw gehört, der nun neben dem Anhänger und dem Wohnmobil stand, das zudem mit einer Markise ausgestattet war. Auf diese Weise haben manche Wohnmobile, von ihrer Größe ganz abgesehen, Platz von vier bis fünf Fahrzeugen beansprucht. Zu dieser Zeit sollte man nicht zu spät anreisen.

In das Ortszentrum sind es 1,1 km, der nächste Bäcker ist 650 m entfernt, das Freibad rechts der Saline 680 m. Zu Wanderungen startet man auf der anderen Straßenseite.
Zufahrt: Biegen Sie in Bad Dürkheim beim Kreisverkehr am Großparkplatz vor dem Riesenfass von der B 37 nach Norden auf die L 517 ab, Richtung Weisenheim/Leistadt. Der Platz ist schon dort mit *‚P'* und als WOMO-Stellplatz beschildert und liegt unübersehbar an der L 517 zwischen Bad Dürkheim und Leistadt.
Preis: 8 € / 24 Std. (Münzen und Kreditkarten).

Der Stellplatz ist für alle Aktivitäten geeignet, für den Bummel durch Bad Dürkheim, für Radtouren und erst recht für vielfältige Wanderstrecken. Bei Bad Dürkheim finden Sie auch einen Campingplatz, vor dem Sie ebenfalls frei stehen, von dem Sie aber nur noch mit Mühe zu Fuß in die Stadt gehen können.

(031) Offizieller WOMO-Stellplatz: Ungstein *(Knaus Reisemobilhafen)*

GPS: N 49°28'28" E 8°.11'29", In den Almen. **Max. WOMOs**: 15.
Ausstattung: Ver- und Entsorgung, Strom, Badesee im angrenzenden Campingplatzgelände, Duschen und Sanitärräume können gegen Entgelt benutzt werden, kleiner Laden und Gaststätte auf dem Campingplatz **Beschreibung**: Das ist ein teilweise schattiger, klappstuhlgeeigneter Schotterparkplatz, der nicht die Erwartungen an einen *Reisemobilhafen* erfüllt. Sie stehen unmittelbar vor dem Campingplatz auf einem kleinen Platz, der bei weitem nicht mit dem großen Stellplatz in Bad Dürkheim konkurrieren kann. In das Zentrum von Bad Dürkheim sind es 2,6 km.
Zufahrt: Biegen Sie von der B 37 nordöstlich von Bad Dürkheim nach Ungstein ab, und zwar auf der östlichen der beiden Zufahrten, die für Lkw beschildert ist, wenn Sie von Dürkheim kommen, an der zweiten Ampel nach links (nicht zu verwechseln mit der anderen Zufahrt nach Ungstein, einer Parallelstraße weiter westlich); nach dem Abbiegen von der B 37 ist der Campingplatz beschildert.
Preis: 15 € ohne Sanitärraumbenutzung oder Dusche.

Der **Campingplatz** direkt dahinter liegt an einem See, und viele Dauercamper sind davon begeistert.

Wenn Ihnen ein langer Weg in das Zentrum nicht zu beschwerlich ist, kommt ein beliebter Winzerplatz infrage, der mir von Lesern empfohlen worden ist:

(032) WOMO-Winzerplatz: Bad Dürkheim *(Katharinenhof-Weingut Hauer)*

GPS: N 49°27'58" E 8°12'04", In den Kornwiesen 1, Tel. 06322 63375; http://katharinenhof-hauer.de/.
Max. WOMOs: 10.
Ausstattung: Etwas improvisierte Ver- und Entsorgung (Grauwasser nur mit Schlauch), Toilette, Dusche, Strom, Mülleimer, Gaststätte.
Beschreibung: Der klapp-

stuhlgeeignete Schotterparkplatz unter Bäumen seitlich eines Weinguts ist für Fahrzeuge mit einer Gesamtlänge von etwa 8 m geeignet. Das Essen im angeschlossenen Restaurant wird von Lesern gelobt, ebenso wie der Wein. Hunde sind gern gesehen. Sie sollten sich vorher anmelden, weil der Platz viele Liebhaber hat. Von der nahen Bundesstraße sind leichte Geräusche zu hören.
Der Weg ins Zentrum beträgt 3 km, ein Lidl-Markt grenzt fast an.
Zufahrt: Fahren Sie von der B 37 oder der B 271 in ein kleines Gewerbegebiet, umfahren Sie dort McDonalds und folgen Sie der Beschilderung zum *Katharinenhof*. Die Plätze werden nach Anmeldung vor Ort vergeben.
Preise: 14 €, bei Sanitärraumbenutzung 22 € / 2 Personen, beim Kauf von 24 Flaschen Wein werden 2 Tage auf den Grundpreis angerechnet.

Am nördlichen Stadteingang von Bad Dürkheim nehmen Sie erstaunt zur Kenntnis, dass das riesengroße Gelände vor der Stadt (nicht zu verwechseln mit dem Stellplatz Nr. 030) gelegentlich bis auf die letzte Lücke vollgeparkt ist. Wie schwierig muss die Parkplatzsuche sein, wenn auf der Fläche in der Größe mehrerer Fußballfelder der **Wurstmarkt** aufgebaut ist (jährlich am 2. und 3. Wochenende im September).

Bad Dürkheim - Gradierwerk, Flohmarkt und Michelsberg

Von hier, bzw. vom nahen Stellplatz Nr. 030, strebt jeder für ein bisschen Salzluft zum sogenannten **Gradierwerk**, einer merkwürdigen Holzkonstruktion, die Sie wahrscheinlich aus anderen Kurorten unter dem unkorrekten Begriff *Saline* kennen. Zum Zwecke des Gradierens, das heißt der Erhöhung des Grades des Salzgehaltes in der Luft, wird über vom Schwarzdorn stammende Reisigbündel (hier wurden 250.000 Bündel auf 158 Lkw aus Polen herangekarrt) Salzwasser geleitet. Das ersetzt bei verschiedenen Krankheiten einen Nordsee-Aufenthalt und

erlaubt Dürkheim seit dem Jahre 1904 den Zusatz *Bad*. Im April 2007 war mit dem Gradieren zunächst Schluss. Vier Jugendliche fackelten in einer besoffenen Nacht das über 300 Meter lange Bauwerk ab und wurden gefasst, weil sie ihre Beteiligung an der glorreichen Tat im Kreise ihrer Freunde herausposaunt hatten. Im Oktober 2010 ist die wiederhergestellte *Saline* auf's Neue eröffnet worden, vor der übrigens an jedem Samstag ein beachtlicher **Flohmarkt** abgehalten wird. Nur noch die 160 Sandsteinsockel konnten weiterverwendet werden (werden aber im Lauf von 20 Jahren saniert), alles andere ist neu gebaut worden.

Sie könnten dort direkt weiter in den Kurpark wandeln. Wahrscheinlich werden Sie aber von dem baulichen Wahrzeichen des Ortes auf der anderen Seite des Wurstmarktgeländes angelockt, dem größten **Fass** der Welt: mit einem Volumen von ca. 1.700.000 Litern Inhalt und im Jahre 1934 von einem Küfermeister aus nahezu 200 Tannen als Weinstube gezimmert. Jedoch orthografisch wie Sie unserem Foto entnehmen, noch nicht ganz auf der Höhe der Zeit, aber ein beliebtes Fotomotiv und Treffpunkt einer jeden Pfalzfahrt auf dem »*Moppedd*«, wie in der Pfalz und möglicherweise auch anderswo der männliche Verkehrsteilnehmer sein Kraftrad mit wenigstens 900 Kubikzentimeter Hubraum nennt.

Vor einigen Jahren hat Bad Dürkheim seinen Kurpark mit viel Geld und einfallsreicher Planung aufgewertet und die bis dahin verdolte Isenach freigelegt. Was verschämt und unterirdisch die Stadt durchquert hat (und immer noch durchquert, wie Sie bemerken, wenn Sie von Platz Nr. 030 ins Zentrum spazieren), ist eine städte- und landschaftsbauliche Attraktion, weil sich nun ein kleiner Fluss durch den Park schlängelt.

Vom Festplatz führt rechts neben der Tankstelle ein **Spazierweg** hinauf auf den **Michelsberg**, auf dessen Rücken unsere nächste Wanderung nach Norden verläuft. Man erlebt einen hübschen Blick über die Stadt und das Gradierwerk.

Bad Dürkheim -Kurhaus

Damit hätten Sie bereits die größten Sehenswürdigkeiten der Stadt abgearbeitet, zu denen häufig noch die **Spielbank** gezählt, dabei jedoch die gotische, evangelische **Schlosskirche** meist vergessen wird (1300-1335, Westturm von 1865, bedeutende Renaissance-Grabkapelle von 1504). Dazu kommen noch zwei hochberühmte Burgruinen, die wir uns weiter unten (oder bei einer Wanderung) ansehen.

Wir finden Bad Dürkheim vor allem als Ganzes lohnend, als schönes Beispiel einer pfälzischen Mittelstadt, wenn auch mit zu hoher Kneipendichte und, allerdings nur am Wochenende im Herbst, etwas zu vielen Touristen. Aber die Verbindung von Stellplatz, Stadt, Weinbergen und Wald ist derart reizvoll, dass wir hier immer wieder Station machen werden.

in Bad Dürkheim

Sie werden auch in einem der Gasthäuser einkehren und nach Leberknödel oder dem berühmten Saumagen fragen. Sie werden sich daran gewöhnen müssen, in diesem Buch vor jenen Köstlichkeiten samt dem sie begleitenden Sauerkraut immer wieder gewarnt zu werden. Aber wir werden Sie schon in Bad Dürkheim nicht davon abbringen können. Wir versuchen es trotzdem mit einer Grundsatzbetrachtung:

Pfälzer Teller

Manche Fehler wiederholt man ein Leben lang. Schon in jungen Jahren reift die Vermutung, Sauerkraut werde selten gut schmecken. Später wird man so vermessen, anzunehmen, mit mehr Lebenserfahrung gelinge es, die gute Küche und damit auch ein geschmackintensives und bekömmliches Kraut herauszufinden. Aber erst im Alter steht man zu seinen Fehltritten und gestattet sich einen *Pfälzer Teller*, obgleich man schon bei der Bestellung weiß, er werde ähnlich schlecht schmecken wie alle anderen *Pfälzer Teller*, in die man ein Leben lang alle Hoffnung gesetzt hatte und die einem doch stets heftig und anhaltend aufgestoßen sind. Einmal müsste er doch munden; ein einziges Mal wenigstens. Er tut es nie! Wie oft gaben wir unseren Entschluss, die risikoarmen Produkte der Speisekarte zu wählen, in letzter Minute auf, als die Kellnerin verlockend duftende Platten an den Nachbartisch trug. Der *Pfälzer Teller* ist nämlich ein Blender, der appetitlich riecht, beim ersten Gaumenkontakt sogar gefällig schmeichelt und Ihnen noch nichts von dem stechenden Durst verrät, der Sie spätestens neunzig Minuten nach dem Moment befällt, in dem Sie daran dachten, den Metzger, den Koch und vielleicht sogar mich, der ich Ihnen ein bestimmtes Lokal empfohlen hatte, auf Schmerzensgeld zu verklagen.

Ein solcher Teller befolgt nur die ungeschriebenen, aber umso strengeren Regeln des Echtheitsgebotes, das fünf Bestandteile vorschreibt: Bratwurst, Leberknödel, Saumagen, Sauerkraut und Phosphat. Traditionalisten halten als sechsten Grundstoff auch den Geschmacksverstärker für unverzichtbar.

Genau genommen ist das Kraut das einzige Naturprodukt. Der Saumagen hingegen, wenn man ihn mit Liebe herstellt, eine Delikatesse, ist auf der weit verbreiteten klassischen Variante des *Pfälzer Tellers* ein Mittel zur Resteverwertung, ein rosa aufgefrischtes Gemenge aus Fleisch und Fett mit wenigen Kartoffelstückchen, die beim traditionellen Saumagen – ohne Spaß – den Hauptbestandteil bilden. Wahrscheinlich lassen sich aber heute Fleischreste rentabler verarbeiten als Kartoffeln.

Sie ahnen, dass der daneben in brauner Tütensoße ruhende Leberkloß seinen Namen zu Unrecht trägt – seinen Vornamen. Mit ihm als Waffe hätte der Erbfolgekrieg früher geendet. Wahrscheinlich wären die Franzosen schreiend nach Westen zurückgewichen, bevor der multifunktionale Knödel als Projektil hätte eingesetzt werden können.

Zur Bratwurst müssen wir nichts schreiben; die beste gibt's beim eigenen Metzger. Das ist in der Pfalz nicht anders.

In Wirklichkeit ist der *Pfälzer Teller*, der sich bisweilen hinter einem Pseudonym (z.B. *Dreierlei*) verbirgt, eine Beleidigung der Pfalz. Zu Unrecht suggeriert die Bezeichnung, er sei des Pfälzers Leibgericht. Weit ehrlicher ist da doch die Abwandlung dieser Speise, wie sie immer öfter auf der Karte steht: *Schiefer Sack*, mit einer Wurst, einem Knödel und ohne Saumagen.

Wir hatten in einer Vorauflage einen Wettbewerb gestartet: Gesucht wurden nicht diejenige oder derjenige, die uns jene Anspielung erläutern, sondern die uns zu einem *Pfälzer Teller* führen, der seinem Namen Ehre macht. Bedingung war ein Saumagen, der einen hohen Kartoffelanteil besitzt. Wir haben nur wenige Vorschläge bekommen, wissen aber inzwischen, dass der beste Saumagenmetzger Klaus Hambel heißt und seine Metzgerei (und ein von uns noch nicht getestetes Lokal) in Wachenheim betreibt, dass er den Saumagen für Helmut Kohl und dessen Staatsgäste hergestellt hat und dass er sich inzwischen mit einem Online-Shop an seinem Ruhm erfreut (www.metzgerei-hambel.de/). Wir haben das Produkt selbstverständlich probiert und gestehen, dass vorstehender Schmähbeitrag nicht geschrieben worden wäre, wenn alle Saumägen in der Pfalz Hambelsches Niveau hätten. Und in dieser Auflage dürfen wir die in den letzten Jahren deutlich gestiegenen Küchenleistungen loben, ohne so vermessen zu sein, das auf unsere segensreiche Kritik zurückzuführen. Das liegt vor allem daran, dass Herr Hambel inzwischen einen großen Teil der Gastronomie beliefert.

Auch die ***Marktschänke*** wird für die Abteilung *Pfälzer Spezialitäten* von Hambel beliefert und nennt vorbeschriebenes Gericht *Pfälzer Platte*. Das suggeriert zurecht eine große Portion. Aber wenn Sie dieses Lokal erstmals im Sommer ohne Vorwarnung besuchen und im Innenhof zwischen Kunstblumenkästen Platz nehmen, werden Sie sich wehmütig an die Zeiten erinnern, in denen ich Ihnen viele Sternelokale empfohlen habe. Wenn jedoch der routinierte Kellner aufgetischt hat, werden Sie mich verstehen *(Marktgasse 1, bei der Burgkirche oberhalb des Römerplatzes, Tel. 06322 95260; täglich geöffnet; Hauptgerichte ab 13,90 € mehrere vegetarische Alternativen).*

Lecker essen neben Plastikblumen

Das totale Gegenteil bietet die **Weinstube *Bach-Mayer***, die sich traut, auf die Pfälzer Klassiker zu verzichten und eine gerade noch tolerabel kleine Karte auflegt. Das Essen ist le-

cker und der Rahmen gemütlich *(Gerberstr. 13, gehen Sie westlich der Schlosskirche bergab; Tel. 06322 92120; Di und Mi geschlossen; Hauptgerichte ab 15,70 €).*

Der Stellplatz Nr. 030 ist der Ausgangspunkt einer Wanderung, die sich als Ergänzung unseres Fußweges auf Tour 2 eignet. Sie können auch beide Strecken kombinieren, zumal der absolut sehenswerte **römische Steinbruch Kriemhildenstuhl** meistens von Bad Dürkheim aus angegangen wird (siehe bei der 2.Tour mit Fotos):

Von Bad Dürkheim zum Forsthaus Weilach und zum Kriemhildenstuhl

Am Stellplatz von Bad Dürkheim (Nr. 030) gehen Sie ein paar Meter nach Süden, Richtung Stadt, und nehmen bei den ersten Häusern die nach links (Osten) führende *Michelsbergstraße*. Hier spazieren Sie geradeaus auf den Hang zu und wenden sich auf dem Kamm nach links zum Aussichtspunkt *Spielberg* (Markierung Wanderweg Deutsche Weinstraße mit einer Traube). Sie überqueren die L 517, gehen vor dem Gasthaus *Annaberg* nach Norden, umrunden einen ehemaligen Steinbruch und laufen entspannt in **Leistadt** ein.

Nun gehen Sie durch das Dorf, bis Sie auf die rote Markierung stoßen, um im Ort wieder nach Süden umzukehren. Oder Sie wählen schon gleich am Ortseingang den Weg mit der Weintraube, der Sie bald auf die Asphaltstraße mit der roten Markierung führt. Jedenfalls überqueren Sie die L 518 und verschnaufen beim **Forsthaus Weilach**, bzw. in der nahen Hütte.

Wer den **Steinbruch Kriemhildenstuhl** noch nicht kennt, geht auf Rot-Weiß nach Süden. Die anderen entscheiden sich für den parallel verlaufenden Weg mit dem roten Strich, wandern am bewirtschafteten *Schützenhaus* vorbei (dessen Frittierfettgeruch schon im Wald kein Verlangen nach dem schönen Ausblick von der Terrasse zulässt) und stehen nach gut **2 ½ Stunden** reiner Gehzeit wieder vor dem WOMO (über den Kriemhildenstuhl dauert es etwa 40 Minuten länger).

Auch die beiden architektonisch größten Sehenswürdigkeiten, zwei Ruinen, können Sie in eine klassische Wanderung einbauen:

Von Bad Dürkheim zum Kloster Limburg und zur Hardenburg

Sie starten in Bad Dürkheim auf dem **Römerplatz**, dem zentralen Platz bei Brunnen und Eiscafé, und gehen dort kerzengerade nach Westen auf die Berge zu. Anfangs wandern Sie durch die Römerstraße und danach durch die Kaiserslauterer Straße, wo Sie bald den Wegweiser zum Friedhof finden und ihm leicht bergauf folgen. An der Friedhofsmauer entdecken Sie endlich eine blaue Markierung, die Sie in den Ortsteil Grethen leitet und dort hinter der schönen Kirche im Zickzack bergauf zum ersten Höhepunkt unserer Wanderung, der Ruine des **Klosters Limburg**, die wir Ihnen im nachfolgenden Tourtext näher vorstellen werden.

Ab dem Kloster folgen Sie weiter dem blauen Strich, der Sie auf die Zufahrtsstraße schickt und in deren erster scharfer Kurve nach rechts bergab auf den Talgrund. Dort gehen Sie kurz links und vor dem ersten Weiher wieder rechts, nun von einer grün-weißen Markierung geleitet, bergauf durch den Wald bis zu einer der eindrucksvollsten Pfälzer Burgruinen, der **Hardenburg** (Beschreibung ebenfalls unten).

Kloster Limburg - Mittelschiff

Kampfwanderer wählen den Heimweg »oben herum«: zunächst weiter mit dem blauen Strich bis runter zur B 37, danach blau-weiß bergauf und dann mit der roten Scheibe über die Hütte *An der Weilach* und den Teufelsstein (Tour 2) zurück in den Ort. Sie sind dann aber auch **gut 5 Stunden** auf den Beinen.

Wir sind »unten herum« gegangen, geleitet von der Markierung mit schwarzem Punkt auf weißem Untergrund und haben in Grethen die B 37 überquert. Auf der nördlichen Talseite sind wir gemütlich nach Dürkheim zurückspaziert (und haben etwa **3 Stunden** benötigt).

Wer jedoch die beiden Ruinen nicht erwandern kann, bekommt am Ende dieser Tour die Möglichkeit, sich ihnen mit dem Wohnmobil anzunähern.

Das Topziel jeglichen Fußweges in Bad Dürkheim ist der römische Steinbruch. Vielleicht möchten Sie aber einen Spaziergang unternehmen, der Sie durch sonniges Gelände in die Weinberge führt. Dann ist der **Flaggenturm** als Ziel die erste Wahl:

Von Bad Dürkheim zum Flaggenturm (und nach Wachenheim)

Spazieren Sie in Bad Dürkheim auf dem **Römerplatz**, dem zentralen Platz bei Brunnen und Eiscafé, nach links durch die Einkaufsstraße, die Weinstraße Süd, bergauf. Bei einer ehemaligen, zur Pizzeria umfunktionierten Tankstelle. Biegen Sie schräg rechts ab, lassen das Amtsgericht rechts liegen und gehen geradeaus in der Schenkenböhlstraße bergauf.

Nach dem letzten Haus biegen Sie bei erster Gelegenheit nach rechts in die Weinberge ab und wählen bei einer Markierung und prinzipiell der ersten Gelegenheit, einen Pfad nach rechts bergauf zum **Flaggenturm**. Der neugotische, 10 Meter hohe Turm wurde 1854 als Aussichtsturm und weitere Attraktion zur Ankurbelung des Kurbetriebs gebaut. Von

Bad Dürkheim - Flaggenturm

hier aus sind sowohl die Wachtenburg wie auch die Ruine des Klosters Limburg zu sehen. Der Fahnenmast wird heute noch bei besonderen Anlässen, zum Beispiel beim Wurstmarkt, bestimmungsgemäß verwendet. Im Volksmund nennt man das Gebäude *,Kaffeemühlchen'*, was nur noch die Älteren unter den Lesern verstehen.

Hier können Sie über **Seebach** mithilfe der rot-weißen Markierung zum Ausgangspunkt zurück gehen und benötigen auf diese Weise bis zur Stadtmitte **weniger als 2 Stunden**.

Sie können aber auch westlich des Flaggenturms bei einer asphaltierten Straßenkreuzung (nicht geradeaus nach Seebach) mit dem roten Punkt links bergauf gehen und so nach **Wachenheim** gelangen. Dort nehmen Sie die Wachtenburg mit, oder Sie spazieren gleich im Tal mit rotem Strich oder Weintraubenmarkierung, jedenfalls westlich der Weinstraße, nach Bad Dürkheim zurück. Alles geht ohne Karte, alles ist auf der Kompass App zu sehen.

Wir gehen davon aus, dass Sie auf dem oben erwähnten Stellplatz Nr. 030 übernachtet haben. Zwar sind die beiden berühmten Burgen Bad Dürkheims fast schon in Sichtweite, aber wir werden sie erst am Ende dieser Tour mit dem WOMO besuchen können. Am Kreisel unterhalb des Stellplatzes fahren Sie Richtung Ludwigshafen, biegen nach dem Passieren der *Saline* nach rechts ab, halten sich dann an der übernächsten Ampel wieder rechts und fahren auf der L 516 in Richtung Wachenheim an der Weinstraße, das Sie auf unserer 4. Tour näher kennen lernen werden. Fürs erste verlassen Sie Wachenheim, das Zentrum pfälzischer Sektkultur, an der ersten Kreuzung und wenden sich nach Westen, den Beschilderungen *,Lambrecht'* bzw. *,Kurpfalzpark'* folgend. Die Straße ist nur in dieser Richtung für Fahrzeuge über 2 m Breite frei gegeben!

Am Ortsausgang liegt ein Campingplatz, gegen den wegen vieler Dauercamper mehr spricht als für ihn.

Nach drei Kilometern erreichen Sie den **Kurpfalzpark**, den Sie nur besuchen werden, wenn Sie Kindern oder Enkeln ein Großerlebnis versprochen haben. Jene dürfen aber noch nicht in einem Alter sein, in dem die Mitschüler montags vom Europa-Park oder Holliday-Park berichten. Und bisweilen frage ich mich, wenn ich mit meinen Enkeln unterwegs bin, ob Tiergehege, zudem mit kleinem Nachwuchs, nicht hauptsächlich die Alten erfreut. Im Kurpfalzpark jedenfalls wird dazu viel geboten: Greifvögel bei Flugschauen, Luchse, Mufflons und, damit Ihr Nachwuchs am Montag doch etwas zu erzählen hat,

Rotwild bei der Brunft. Was daneben unter dem Oberbegriff *Spaß und Action* angeboten wird, hat den großen Vorteil, dass es die Kleinen alleine erleben können, Sie sich also nicht mit in eine Gondel zur Todesfahrt setzen müssen *(Anfang April bis 1.11. von 9 - 16 Uhr; 16 €, Kinder von 4 - 14 12 €; Hunde sind erlaubt).*

Nach einem halben Tag im Kurpfalzpark muss man Hunger und Durst stillen. Davon lebt das **Forsthaus Silbertal** einen Kilometer weiter südlich *(Tel. 06325 8492, Di - So ab 10 Uhr geöffnet).* Ich möchte nur darauf hinweisen.

Unsere Tour führt weiter nach Lambrecht. Vor Erreichen des Dorfes Lindenberg sehen Sie oberhalb der Häuser eine rätselhafte Kapelle in exponierter Lage. Sie ist nur zu Fuß zu erreichen. Stellen Sie Ihr Fahrzeug dazu auf dem großen Parkplatz ab, welcher an der rechten Seite der hinab führenden Landstraße liegt. Von hier aus müssen Sie an der Stirnseite des Parkplatzes – und ausdrücklich nicht im Eck desselben – einen unauffälligen Weg (Markierung weißer Punkt/schwarzes C) hinab in den Wald nehmen, der Sie nach 10 Minuten zur **Kapelle St. Cyriacus** bringt. Hier stand bis Mitte des 14. Jahrhunderts die Lindenburg, in deren Burggraben man etwa 150 Jahre nach ihrem Abriss aus den Trümmern eine Kapelle errichtet hat, die dem Schutzgott der Winzer gewidmet ist. Der Blick von der kleinen Aussichtsebene nach Süden ist spektakulär.

Kapelle St. Cyriacus

Im ansonsten uninteressanten **Lambrecht** (4.000 Einwohner) finden Sie einen Stellplatz:

(033) Offizieller WOMO-Stellplatz: Lambrecht

GPS: N 49°22'12" E 8°04'26", Blainviller Str.
Max. WOMOs: 6-7.
Ausstattung: Ver- und Entsorgung, Strom, Mülleimer.
Beschreibung: Der kleine, geschotterte Platz liegt innerhalb der Bebauung und ist von Bäumen eingerahmt.

Für sehr große Fahrzeuge ist dieses Gelände nicht geeignet. Ich würde die Grenze schon bei deutlich unter 8 m sehen. Wenn er nicht voll belegt ist, kann man gut auf Klappstühlen sitzen, andernfalls ist der Platz zu eng. Mehrere Supermärkte sind zu Fuß erreichbar. Erfahrungen mit Gaststätten haben wir nicht.
Zufahrt: Der Platz ist südlich der B 39 beschildert.

Neidenfels - Papierfabrik

Durch **Neidenfels** (900 Einwohner), das fast nur aus einer Papierfabrik zu bestehen scheint und deshalb *‚Papiermacherdorf‘* genannt wird, würde man am liebsten durchfahren. Meistens tut man es auch, wenn einen nicht die Neugier in den Wald treibt:

Von Neidenfels zu den Ruinen Lichtenstein und Neidenfels

Ruine Neidenfels

Es ist nicht mehr als ein ausgedehnter Spaziergang, zunächst zur *Lichtensteinhütte*, einer Hütte des Pfälzerwaldvereins (ich weiß nicht, ob sie derzeit betrieben wird) aufzusteigen. Von hier ist es nicht weit zur **Ruine Lichtenstein**. Außer zwei rudimentären Wänden gibt es allerdings nichts zu sehen.

Sie gehen daher zurück ins Tal und halten sich links, um am Gegenhang den Weg zur **Ruine Neidenfels** zu wählen, die bedeutend besser erhalten ist und sehr viel schöner liegt. Die Burg Neidenfels ist, wie vieles in der Pfalz, ein Recycling-Bauwerk. Aus unbekannten Gründen wurde im 14. Jahrhundert die Burg Lichtenstein aufgegeben, und das Baumaterial bei der Burg Neidenfels verwendet, die ihrerseits im Erbfolgekrieg von den Franzosen gesprengt worden ist.

Danach wollte der Forstmeister Glöckle die Steine abermals wiederverwenden und errichtete damit Terrassen zum Weinbau. Daraus konnte nichts werden, weil der Pfälzerwald auch schon im 18. Jahrhundert kein Weinanbaugebiet war. Für den Spaziergang benötigen Sie etwa **2 Stunden**. Auf der Karte von *NaturNavi* ist alles eingezeichnet, vor Ort ist alles beschildert.

Frankenstein

Wir fahren weiter nach **Frankenstein** (960 Einwohner, nicht zu verwechseln mit dem kleineren, weiter südlich gelegenen Frankeneck!), wo Sie meistens erst am westlichen Ortsausgang, seitlich der B 37, einen Parkplatz finden, um zur Burg aufzusteigen:

Zur Ruine Frankenstein, einer Ganerbenburg

Gehen Sie zunächst entlang der B 37 in östlicher Richtung fast durch das ganze Dorf, bis Sie zu einem kleinen Parkplatz bei einer **Unterführung** gelangen. Hier beginnt, zwischen Kirche und Friedhof, ein schöner **Baumlehrpfad**, der etwa eine Stunde in Anspruch nimmt. Nach ungefähr 5 Minuten wendet sich der Aufstieg an einem Gittermasten nach rechts. Gehen Sie hier mal geradeaus. Sie erreichen nach weiteren 10 Minuten über einen Trampelpfad einen kleinen aufgelassenen Steinbruch.

Der Baumlehrpfad, auch der Vogelwelt gewidmet, streift alsbald die **Ruine Frankenstein**, deren Westfassade außerordentlich feine spätgotische Maßwerke aufweist. Die Burg ist schon um 1525 in den Bauernkriegen zerstört worden. Seitdem ist der Eintritt frei und die Aussicht ebenso. Es gibt hier keinen Kiosk und keinen *Pfälzer Teller*, entsprechend ungestört

Sicht von der Burg auf Frankenstein

ist der Aufenthalt. Der quadratische, aus Buckelquadermauerwerk hergestellte Wachturm am Eingang der Burg ist ihr ältester Bestandteil. Er wird um 1150 zum ersten Mal als Besitz fränkischer Fürsten erwähnt. Zu Beginn des 13. Jahrhunderts übernahmen die Leininger Fürsten den Turm und legten Erweiterungsbauten an. Mehrfacher Besitzwechsel löste neuerliche bauliche Ergänzungen aus.

Durch Erbteilung wurde aus der Burg eine so genannte **Ganerbenburg**: Sie beherbergte ab 1416 gleichzeitig die Familien des Emich VI., des Dieter von Einselthum und des Philipp von Nassau-Saarbrücken. Das erinnert an eine heutige Wohnungseigentümergemeinschaft, geteilt nach Wohnungseigentumsgesetz mit einer Teilungserklärung und einer Gemeinschaftsordnung, und war dieser gar nicht so unähnlich. Man kannte sogar einen Vorläufer der Wohnungseigentümerversammlung. Problematisch war die Vorgehensweise bei einer Fehde, weil der Feind nur das Eigentum seines Gegner belagern durfte.

Der Weg führt Sie, die Ruine fast umrundend und vorbei an zur Landschaftspflege eingesetzten Ziegen, bergab zur Durchgangsstraße zurück.

Die Fahrt verläuft nun auf der B 37 nach Nordosten in Richtung Bad Dürkheim und damit zurück zur Weinstraße. Nach etwa sechs Kilometern kurvenreicher Fahrt erreichen Sie links eine kleine Sensation des Wasserbaus, nämlich den ältesten Stausee Deutschlands: den **Isenach-Weiher**. Der große Parkplatz und das rustikale **Gasthaus** *(Tel. 06329 8147, Di - So 11 - 18.30 Uhr)* laden zu einer Übernachtung ein:

Isenach-Weiher

(034) WOMO-Wanderparkplatz: Isenach-Weiher

GPS: N 49°27'20" E 8°02'09". **Max. WOMOs**: 5.
Ausstattung: Keine.
Beschreibung: Der Parkplatz auf Naturboden oder Schotter ist dann klappstuhlgeeignet, wenn man den Gaststättenbetrieb oder einen sonntäglichen Ansturm nicht stört. Der Platz liegt, vom Gasthaus abgesehen, das abends geschlossen ist, sehr einsam; Wanderwege beginnen hier.
Zufahrt: Biegen Sie von der B 37 nach Norden auf einen Schotterweg ab und fahren Sie noch 400 m bis zum Parkplatz.

Der kleine Stausee wurde 1737 vom Freiherrn von Beust angelegt, um die Gradierwerke und Sudhäuser in Bad Dürkheim gleichmäßig mit Wasser versorgen zu können. Nach Hinweisen in der Literatur gab es seinerzeit noch zwei weitere Stauseen mit dem gleichen Zweck. Einen davon kann man noch erkennen:

Zum Saupferch

Überqueren Sie vom Gasthaus *Isenach-Weiher* kommend die Landstraße und wählen Sie danach den linken Weg (schwarz-weiße Markierung). Sie erreichen nach etwa 500 m einen großen Parkplatz, von dem ein Wanderweg mit dem Zeichen blau-roter Strich nach Süden abgeht. Nach etwa 300 Metern können Sie links des Wegs, im Dickicht schwer auszumachen, die Staumauer entdecken, die bei näherer Betrachtung ganz ansehnliche Ausmaße hat und aus großem Quadermauerwerk ausgeführt worden ist. Der See oberhalb der Staumauer ist seit langem verlandet, seine Kontur aber noch gut zu erkennen.

Der Weg führt weiter zu einer Waldgaststätte mit dem erstaunlichen Namen **Zum Saupferch** *(Tel. 06329 989021; Nov. - Febr. mittwochs, samstags und sonntags von 11 - 17 Uhr, März - Mai mittwochs bis sonntags von 11 - 17 Uhr, Juni - Okt. 11 - 19 Uhr; 2. -4. Septemberwoche und montags geschlossen)*, der einen jedoch nicht mehr weiter verwundert, wenn man hinter dem Wirtshaus eine beachtliche Rotte gestreifter Frischlinge entdeckt hat, die hier in einem **Saupferch** Kost und Logis genießt. Der Spaziergang dauert höchstens **2 Stunden** und benötigt keine Karte.

Es fehlen noch die oben schon erwähnten Burgen bei Bad Dürkheim: Wer am westlichen Ortseingang des Ortsteils **Hardenburg** auf dem großen Parkplatz keine Einkehr findet,

Ruine Hardenburg - auch auf dem unteren Bild

bekommt auf dem Parkplatz an der Turnhalle (Ortsmitte, ausgeschildert) seine zweite Chance. Von beiden Parkplätzen benötigen Sie nur steile 10 Minuten, um die **Schloss- und Festungsruine Hardenburg** zu erklimmen *(1.2. - 14.3. Sa, So und Feiertage 10 - 16.15 Uhr, 15.3. - 31.10. Di - So 10 - 18 Uhr; keine Hunde; 4,50 €; am letzten Septemberwochenende wird in der Ruine ein mittelalterlicher Markt veranstaltet)*.

Die Hardenburg mit ihren bis zu 7 m starken Mauern zählt zu den größten Burganlagen in Rheinland-Pfalz, sie gehörte von ihrer Gründung bis zur Französischen Revolution den Grafen von Leiningen. Das heutige Aussehen des befestigten Wohnschlosses entstand erst im 16. Jahrhundert während der Renaissance (wie das Heidelberger Schloss). Es ist deshalb noch überraschend viel zu sehen, weil die Burg nicht schon im Erbfolgekrieg, sondern erst relativ spät, nämlich 1794, durch französische Revolutionstruppen (siehe Tour 7) zerstört worden ist. Im Unterschied zu anderen Burgen war sie vorher nach der Erfindung der Feuerwaffen nicht verlassen, sondern als Residenzschloss weiterverwendet worden und wurde erst 1725 zu Gunsten eines neueren Schlosses in Bad Dürkheim (im Bereich der heutigen Spielbank) aufgegeben.

Klosterruine Limburg

Die **Klosterruine Limburg** liegt ganz in der Nähe: Fahren Sie weiter in Richtung Bad Dürkheim und folgen Sie an der ersten Ampel einem Wegweiser nach rechts zur Limburg (entgegen dem ersten Eindruck ist die Straße bis 3,5 t frei, wenn Sie die Zufahrt wählen, auf der auch der Bus verkehrt – versuchen Sie es notfalls an einem Kreisverkehr weiter südlich; Nutzer größerer WOMOs biegen auf der B 37 schon weiter westlich vor einem Weiher rechts ab, parken und nehmen zu Fuß einen braun-gelb beschilderten Weg – etwa 20 Minuten). Sie erreichen einen kleinen Parkplatz direkt an der Ruine. Bedauerlicherweise darf man auf dem Platz mit der grandiosen Fernsicht nicht über Nacht bleiben, die Straße wird mit einer Schranke abgesperrt. Bei hohem Verkehrsaufkommen muss man möglicherweise schon auf einem Parkplatz an der Zufahrt parken.

Die Ruine des Klosters Limburg thront 120 Meter über dem Flüsschen Isenach und ist allein schon wegen des fantastischen Blicks bis zum Odenwald ein Topziel. Dazu ist das ehemalige Benediktinerkloster ein berühmtes Zeugnis des salischen (romanischen) Baustils, wie der Speyerer Dom. Man kann an überraschend gut erhaltenen Ruinenteilen die ab 1024 zu einer Benediktiner-Abtei gehörende dreischiffige Basilika erkennen. Vorübergehend waren hier von 1034 bis 1065 sogar die berühmten Reichskleinodien (Näheres bei Tour 7) aufbewahrt, und angeblich wurden im Kloster sogar die Adventssonntage festgelegt. Zur Geschichte des Klosters verweisen wir auf die Beschreibung am Eingang des Geländes. Jedenfalls war es im Jahre 1449 der Abt des Klosters, der ein Regelwerk für den Markt von Bad Dürkheim erließ, und ein Kirchweihfest einführte, aus dem dann angeblich der Wurstmarkt entstanden ist. Bei der Zerstörung waren ausnahmsweise nicht die Franzosen beteiligt. Das Klostergebäude brannte nämlich schon vor der Reformation im Jahre 1504 aus und wurde fortan als Steinbruch benutzt. Heute finden hier von Juni bis Ende August Freilichtveranstaltungen statt *(die Besichtigung ist kostenlos, Besichtigungszeiten kenne ich nicht).*

Im Jugendstil-Anbau der Ruine hatte man ein ehedem bescheidenes Ausflugslokal hochgerüstet, in dem es allerdings im Sommer 2017 so sehr gebrannt hat, dass dabei auch der damalige Betreiber ums Leben gekommen ist. Im Neubau wurde 2020 ein Lokal unter der Bezeichnung KONRAD2 wiedereröffnet, das wir noch nicht kennen.

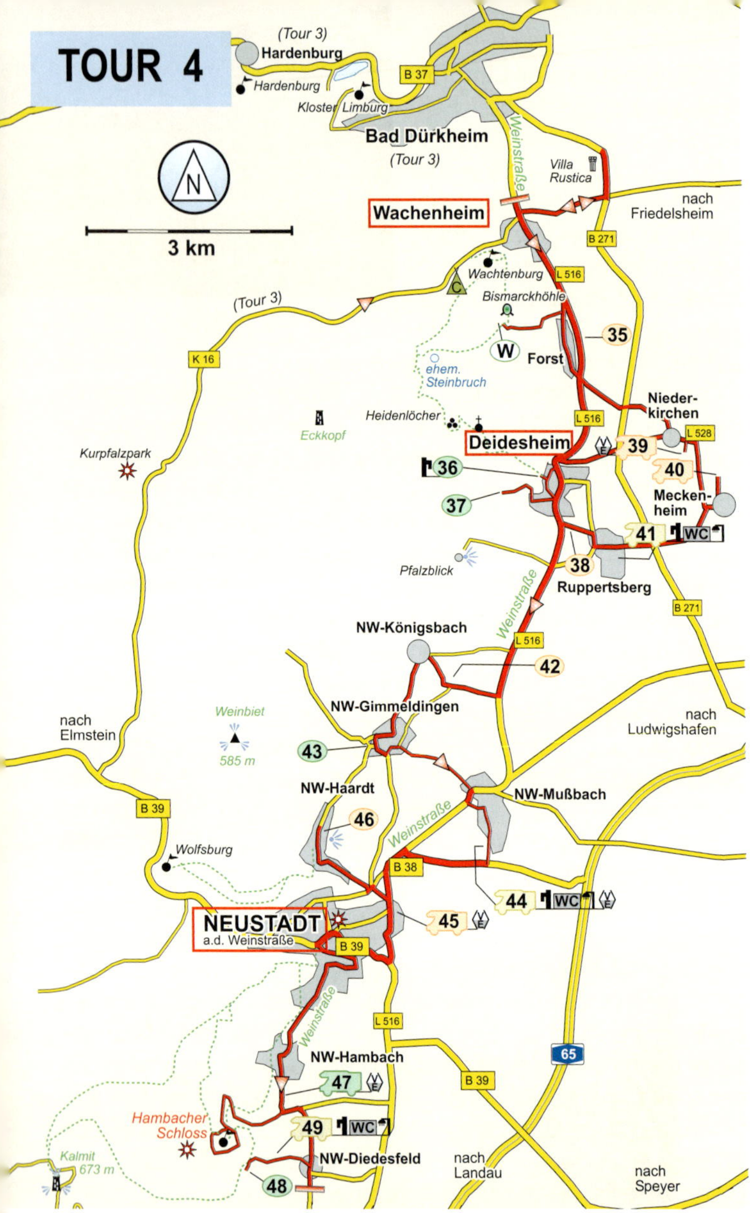

Tour 4: Von Wachenheim nach Neustadt 60 km

Wachenheim – Forst – Deidesheim – Neustadt

Stellplätze: in Forst, in und bei Deidesheim, in Niederkirchen, in Meckenheim, in Ruppertsberg, in Königsbach, in Gimmeldingen, in Mußbach, in und bei Neustadt, in Diedesfeld

Besichtigen: römische Villa bei Wachenheim, Ruine Wachtenburg, Forst, Deidesheim, Heidenlöcher bei Deidesheim, Neustadt, Hambacher Schloss

Wandern:	von Forst zum ehemaligen Steinbruch und zur Wachtenburg, von Deidesheim zum Forsthaus Silbertal und zu den Heidenlöchern, von Neustadt zum Hambacher Schloss und zur Kalmit, von Neustadt-Haardt zur Wolfsburg
Essen:	Weinstube *Acham-Magin* in Forst, Restaurants *Leopold,* Weinstube *Kirchenstübl* in Deidesheim und *Hofgut Ruppertsberg* in Ruppertsberg, Weinstuben *Eselsburg* in NW-Mußbach und *Herberge* in Neustadt, *Ristorante La Cucina* in NW-Haardt

Mit **Wachenheim an der Weinstraße** (4.700 Einwohner, nicht zu verwechseln mit Wachenheim im Zellertal, nördlich von Grünstadt) bringen Sie die größte Sektkellerei der Welt in Verbindung oder den Kurpfalzpark, einen rustikalen Freizeitpark, den Sie von der 3.Tour kennen. Der Rundgang im ehrwürdigen Weinstädtchen scheitert häufig an den schlechten Parkmöglichkeiten. Wachenheim hätte das Zeug zu einem Lieblingsort, wenn es einen Stellplatz anbieten würde. Die römische **Villa Rustica** hingegen kann östlich des Ortes an der B 271, Richtung Friedelsheim, unschwer angefahren werden. Die Reste eines römischen Gutshofes aus dem 2. Jahrhundert nach Chr. wurden 1980 bei Flurbereinigungsmaßnahmen zufällig entdeckt *(jederzeit für Besucher zugänglich, kostenlos, nicht zu verwechseln mit der Kelteranlage Weilberg nördlich von Bad Dürkheim – siehe Tour 2).*

Wachenheim und die Rheinebene - von der Wachtenburg

Ob Sie die **Ruine Wachtenburg** vom offiziellen Parkplatz an der K 16, der Straße zum Kurpfalzpark, angehen, hängt davon ab, ob auf dem beengten Gelände Ihr WOMO noch Parkraum findet. Sinnvoller, aber etwas weiter, ist der nachstehend genannte Wanderparkplatz bei Forst. Wenn die Fahne auf dem Turm der 1689 zerstörten Burg weht, ist dort die Weinstube ge-

Ruine Wachtenburg

öffnet. Falls nicht, darf man sich trotzdem an der guten Fernsicht erfreuen und aus dem Rucksack vespern. Der größte Teil des hohen Turmes mit fünf Geschossen ist noch erhalten und kann dank einer neuzeitlichen, aber leider nicht stilechten Treppenkonstruktion bestiegen werden. Die Sicht von der Burg in die Rheinebene können Sie zu jeder Zeit genießen, sie lohnt sich besonders. Die Wachtenburg liegt auf dem Weg einer Wanderung:

Von Forst zum ehemaligen Steinbruch und zur Wachtenburg

Parken Sie auf dem **Wanderparkplatz** am Hang oberhalb von Forst (bei den ersten Häusern am nördlichen Ortseingang von Forst kerzengerade bergauf, kurz links und wieder rechts über zwei Pflasterrinnen an den Waldrand; *N 49°25'40" E 8°10'38"*). Von hier gehen Sie die ansteigende breite Waldstraße durch das Margarethental bergauf (die Absperrung darf legal umgangen werden).

Nach knapp einer halben Stunde tauchen rechts des Weges die ersten Artefakte eines aufgelassenen **Steinbruchs** auf und danach ein tiefer Krater, wo Sie noch die Reste des Gesteinsabbaus erkennen können (der Krater ist aus Sicherheits- und Naturschutzgründen nicht zu besichtigen). Hier wurde bis in die sechziger Jahre Basalt gewonnen, der hauptsächlich im Straßenbau Verwendung findet. Läuft man auf besagter Waldstraße noch etwa 100 m weiter, zweigt nach links ein befestigter Weg ab, der auf eine große Freifläche führt (ehemaliger Sportplatz), an der Sie vorne rechts vorbei zum Berg hingehen.

Nun öffnet sich ein weiterer Trichter eines von der Natur wieder überwucherten, schon viel früher aufgegebenen Steinbruchs. Regen- und Quellwasser haben hier einen **See** gebildet, in dem wir früher gerne gebadet haben, der aber inzwischen zunehmend verschilft.

Wir empfehlen Ihnen, vom See zurück auf besagte Waldstraße und dort etwa 200 m weiter bergauf zu spazieren, um an der nächsten grö-

Blick auf Deidesheim

ßeren Waldkreuzung nach rechts den Wegweisern mit rotem Punkt und rotem Dreieck zu folgen. Am restaurierten Haus und Weingut *Odinstal* (exquisite, aber teure Weine) wandern Sie vorbei bis zur **Wachtenburg**, von dort hinunter nach **Wachenheim** und von dort zwischen Wald und Weinbergen auf dem Weg mit dem roten Strich zurück zum Parkplatz. Kurz vor dem Ziel liegt nach einem Waldgasthaus und oberhalb der Strecke noch die so genannte **Bismarckhöhle**, eine nicht sehr tiefe Grotte (reine Gehzeit **2 Stunden**, eine Karte ist nicht erforderlich).

An der Umgehungsstraße von **Forst** (850 Einwohner) kennen wir einen ordentlichen Stellplatz vor der Mehrzweckhalle. Wir beschreiben ihn nachstehend zusammen mit den Stellplätzen von Deidesheim. Und schon in Forst finden Sie eine traditionelle **Weinstube**, urgemütlich, seit Jahrzehnten in aller Munde und trotzdem noch preiswert. Auch hier, beim ***Gutsausschank Acham-Magin***, muss es nicht die *Pfälzer Platte* sein, wir raten eher zum Pfälzer Rumpsteak *(Weinstraße 67, unbedingt reservieren: Tel. 06326 315; Mo und Di geschlossen, Hauptgerichte ab 15,80 €)*. Auf jeden Fall erleben Sie auf der langgezogenen Hauptstraße, das ist hier die Deutsche Weinstraße, alles, was ein vorderpfälzisches Dorf der angenehmen Sorte auszeichnet: viel Fachwerk, unübersehbarer Kitsch, vor fast jedem Haus eine Rebe – und dahinter die pfälzische Weinseligkeit. Ein Historienschaustück, das **Hansel-Fingerhut-Spiel**, hat es 2016 in die Liste des immateriellen Kulturgutes der UNESCO geschafft und wird am Sonntag Laetare, drei Wochen vor Ostern, aufgeführt.

Das benachbarte **Deidesheim** (3.600 Einwohner), auf halber Strecke zwischen Bad Dürkheim und Neustadt, würde uns noch besser gefallen, hätte dieser malerische Weinort einen ordentlichen Wohnmobilstellplatz. Wir haben aber Möglichkeiten entdeckt, die einzelne Fahrzeuge vertragen, ich bange aber inzwischen wieder um deren Zukunft. Es ist mir unverständlich,

dass eine Gemeinde wie die Stadt Deidesheim nicht in der Lage ist, einen offiziellen Wohnmobilstellplatz einzurichten, der hier wirklich fehlt. Zwar wird viel Gelände für den Weinanbau benötigt, mit gutem Willen ließe sich dennoch eine Fläche herauskitzeln. Ich fasse alle Plätze von Deidesheim und Umgebung zusammen:

(035) WOMO Stellplatz: Forst (Mehrzweckhalle)

GPS: N 49°25'34" E 8°11'30", Im Stift. **Max. WOMOs**: 5-7.
Ausstattung: Mülleimer.

Beschreibung: Sie stehen am Ortsrand auf schottrig grasigem Untergrund im Halbschatten. Am Abend sind situationsabhängig Klappstühle möglich. Zu den Gaststätten im Ort sind es nur wenige Schritte. Ob der Bäckerwagen noch kommt, der uns einst erfreut hat, wissen wir nicht. Von hier aus können Sie loswandern.
Zufahrt: Die L 516 führt östlich an dem langgestreckten Dorf vorbei; genau in der Mitte der Umfahrung sehen Sie die Mehrzweckhalle, davor und seitlich davon einen geräumigen Parkplatz.

(036) WOMO Stellplatz: Deidesheim (Weinberg)

GPS: N 49°24'34" E 8°10'55", Leinhöhlweg.
Max. WOMOs: 2-3.
Ausstattung: Wasser in geringen Mengen (im nahen Friedhof), Toilette (durch den unterhalb des Stellplatzes liegenden Friedhof links oder im Alten Rathaus).

Beschreibung: Der kleine, asphaltierte Parkplatz am Ortsrand dient häufig dem Personal bei Weinbergarbeiten und ist tagsüber im Herbst gerade deshalb bisweilen belegt. Wohnmobile dürfen nicht länger als 7,50 m sein. Am Abend kann man hier auf Klappstühlen sitzen. Die Umgebung ist unerwartet schön. Bei jedem meiner Besuche in Deidesheim schaue ich mit Sorge nach, ob es den Platz noch gibt, oder ob er inzwischen wegen unsachgemäßer Überforderung gesperrt worden ist.

Wanderwege beginnen hier. Das Zentrum ist nach 5 Minuten zu Fuß erreicht.
Zufahrt: Verlassen Sie im Norden von Deidesheim die L 516, die Weinstraße, beim Weingut *von Winning* in Richtung der Berge, also nach Westen; nach etwa 120 m und bevor die Straße steil bergauf führt, fahren Sie links auf der Ebene bis kurz vor den Friedhofsweg und dort schräg halbrechts bergauf; der Stellplatz liegt sofort nach dem *Durchfahrt verboten – Schild* am Rande von Weinbergen.

An der Weinstraße etwa 300 m weiter nördlich können Sie **alternativ** beim **Weingut** *Herbert Giessen Erben* nächtigen (beschildert).

(037) WOMO Stellplatz: Deidesheim (Freibad)

GPS: N 49°24'22" E 8°10'30", Schwimmbadstraße. **Max. WOMOs**: 3-4.
Ausstattung: Freibad.
Beschreibung: Das ist definitiv kein Stellplatz im eigentlichen Sinn, sondern die Möglichkeit, Fahrzeuge bis allenfalls 6,50 m Länge in einigermaßen schöner Umgebung über Nacht zu parken, wenn man zu einer Zeit anreist, in der das Schwimmbad nicht besucht wird. Das Zentrum mit Gaststätten und Bäcker ist 950 m entfernt.
Zufahrt: Biegen Sie am südlichen Ende von Deidesheim bei den letzten Häusern auf einer weitläufigen Kreuzung von der Weinstraße zu den Bergen hin ab, Wegweiser *‚Freibad'*, der Sie bis zum Freibad leitet. Dort können Sie seitlich und eingeschränkt auch hinter dem Badbereich in einigermaßen schöner Umgebung stehen.

(038) WOMO Stellplatz: Deidesheim (Im Diedel)

GPS: N 49°24'09" E 8°11'14", Im Diedel.
Max. WOMOs: 6-8.
Ausstattung: Keine.
Beschreibung: Die grasige Fläche am Rand der Bebauung auf Schotter neben einem Pkw-Stellplatz war jahrelang ein Geheimtipp. Inzwischen wurde dort aber ein Gastronomieobjekt gebaut, weshalb der Bereich kleiner geworden ist und möglicherweise schon beim Erscheinen dieses Buches gar nicht mehr zur Verfügung steht. Bei Drucklegung konnte man dort aber noch übernachten.
Ich halte es für möglich, dass man auf dem Parkplatz daneben, der eigentlich nur für Pkw freigegeben ist, über Nacht toleriert wird. Zeitweise konnte man auch noch auf der anderen Straßenseite stehen.
Das Zentrum ist 750 m entfernt. Etwa 200 m weiter Richtung Ruppertsberg liegt das sehr zu empfehlende *Hofgut Ruppertsberg* mit ausgezeichneter Küche, Weinverkauf und Hofladen – mit Schriftzug *Bürklin-Wolf* auf dem Dach.

Zufahrt: Der Platz liegt direkt seitlich der Weinstraße südlich von Deidesheim an der Abzweigung nach Ruppertsberg, die bei letzten Häusern von Deidesheim einmündet (nicht weiter südlich!). Wählen Sie die Freifläche links eines Pkw-Parkplatzes zwischen Weinberg und Straße.

(039) Offizieller WOMO Stellplatz: Niederkirchen

GPS: N 49°24'37" E 8°13'12", am Sportgelände. **Max. WOMOs**: 10.
Ausstattung: Entsorgung nach 300 m beim Sportzentrum (wir haben nicht getestet, ob das noch funktioniert), Strom.
Beschreibung: Das klappstuhlgeeignete Gelände auf Schotter liegt außerhalb der Bebauung und ist inzwischen stets besucht. Bis in das Zentrum von Deidesheim sind es 3 km.
Zufahrt: Biegen Sie etwa 3 km östlich von Deidesheim und westlich von Niederkirchen von der L 528, das ist die Landstraße von Deidesheim nach Speyer, beim Wegweiser zum Sportgelände ab.

(040) Offizieller WOMO Stellplatz: Meckenheim

GPS: N 49°24'43" E 8°14'27", Rodersheimer Straße. **Max. WOMOs**: 10.
Ausstattung: Strom, Mülleimer.
Beschreibung: Das geschotterte Gelände am Ortsrand ist klappstuhlgeeignet und bietet sogar Schatten. Nach Deidesheim sind es mehr als 4 km.

Dafür gibt es vor Ort mehrere Gaststätten und eine Bäckereiverkaufsstelle.
Zufahrt: Biegen Sie in Meckenheim von der Hauptstraße, der L 530, nach Norden ab, die Zufahrt zum Platz neben der Mehrzweckhalle und beim Sportgelände ist beschildert.

(041) WOMO Winzerplatz: Ruppertsberg *(Im Linsenbusch – Weingut Köhr)*

GPS: N 49°23'53" E 8°12'01", Hauptstr. 70, Tel. 06326 5960, https://im-linsenbusch.de/. **Max. WOMOs**: 4.
Ausstattung: Toilette, Dusche, Strom, Mülleimer, Gaststätte.
Beschreibung: Das grasige, klappstuhlgeeignete Gelände liegt fast in der Ortsmitte. In das Zentrum von Deidesheim sind es 1,8 km. Dafür gibt es vor Ort mehrere Gaststätten und eine Bäckereiverkaufsstelle.
Zufahrt: Fahren Sie geradeaus durch Ruppertsberg, Richtung Meckenheim. Das Weingut liegt vor dem Ortsende rechts.

Deidesheim erlebte touristisch einen steilen Aufstieg, als Helmut Kohl Bundeskanzler war, im nahen Oggersheim wohnte und im *Deidesheimer Hof* Staatsgästen aus aller Welt, darunter Gorbatschow, Chirac, Jelzin, Thatcher und Bush sen., Saumagen und sogar einen veredelten *Pfälzer Teller* servieren ließ. Einigen Gästen hat es angeblich geschmeckt, aber der Grund, weshalb der französische Präsident Mitterand auf Zuflüstern von Kohl hastig seinen Teller leer gegessen hat, wird von heimattreuen Pfälzern in einem Witz berichtet, den kein Saarländer hören möchte.

Von diesem Ruhm zehrt das Städtchen immer noch – und von dem Ruf eines Michelin besternten Tempels. Wir empfehlen Ihnen stattdessen eine der besten pfälzischen Weinstuben. Sie sollten aber im ***Kirchenstübl*** rechtzeitig reservieren. Die Preise sind überraschend niedrig, und der Leberknödel in der *Pälzer Pann* (der *Pfälzer Teller* ist hier eine Pfanne) hat sogar Gourmet-Niveau. Unser Lieblingsgericht jedoch sind die Saumagen-Maultaschen unter leichter Senfsauce *(Kirchgasse 8, in der Ortsmitte direkt neben der Kirche; Tel. 06326 8268; Di, Mi und im August geschlossen; Hauptgerichte ab unter 10 €, es gibt auch Außenplätze)*. Deidesheim ist trotz der eingeschränkten Stellplatzbedingungen ein Ort, in dem wir bisweilen auch ohne WOMO einkehren (wir wohnen 42 Kilometer entfernt), weshalb wir Ihnen mit dem ***Leopold*** ein Haus empfehlen, wo man im Sommer schön im großen Innenhof sitzt, ganz in der Nähe des Stellplatzes am

Hofgut Ruppertsberg

Weinberg. Die Gaststätte gehört zum **Weingut *von Winning*** und ist ein typisches Sommerlokal mit gehobenem Anspruch *(der berüchtigte Teller nennt sich hier Pfälzer Trilogie und ist mit 18,50 € das preiswerteste Hauptgericht; Tel. 06326 9668888, kein Ruhetag).* Unser Lieblingssommerlokal ist allerdings das hochpreisige ***Hofgut Ruppertsberg*** in Ruppertsberg, das Sie von allen Stellplätzen in Deidesheim gut zu Fuß erreichen (vom Stellplatz in Niederkirchen 2,8 km). Das Bio-Restaurant bietet hervorragende Qualität, zur Zeit leider nur als Menü, und eine riesige Weinauswahl in einem romantischen Freisitz *(Obergasse 2, Ruppertsberg, Tel. 06326 982097; Mi - Sa, 2 Menüs ab 59 €, keine normale Karte, es gibt aber Picknickpakete, um im Garten bei Wein zu entspannen).*

in Deidesheim

Sie werden keines dieser Lokale besuchen, falls es Sie am 2. oder 3. Augustwochenende nach Deidesheim verschlägt. Eigentlich sollten Sie genau diesen Termin einplanen, um die **Deidesheimer Weinkerwe** zu besuchen, ein legendäres Großereignis, das wir uns bei den Recherchen für die Vorauflage gleich an zwei Abenden hintereinander gegönnt haben.

Im Ortskern von Deidesheim entdecken Sie die Häuser, ohne die der touristische Aufstieg nicht möglich gewesen wä-

Deidesheim - Rathaus

re, darunter das gotische **Rathaus** aus dem 15. Jahrhundert (an der Weinstraße nicht zu übersehen) und die spätgotische Pfarrkirche St. Ulrich mit einem leicht schiefen Turm. Das **Museum für Weinkultur** *(am Marktplatz; Mittwoch bis Sonntag 16 - 18 Uhr; kostenlos)* drängt sich im Zentrum des deutschen Weinanbaus derart auf, dass fast niemand hineingeht. Die größere Attraktion ist gegenüber das **Deutsche Film- und Fototechnikmuseum** mit der europaweit umfangreichsten Sammlung auf diesem Gebiet *(4 €; Do - So)*.

Die Hauptsehenswürdigkeit liegt etwa 2,5 Kilometer nordwestlich im Wald verborgen. Die Wissenschaft hielt die sogenannten **Heidenlöcher** lange für eine keltische Siedlung (daher der Name). Tatsächlich sind die noch sichtbaren Fundamente und Vertiefungen mehr als 1.000 Jahre jünger und die Reste einer Fliehburg aus dem 9. oder 10. Jahrhundert, in die sich die Bevölkerung zum Schutz vor den Normannen zurückziehen konnte. Mehr als 80 eingeschossige Gebäude mit nur einem

Deidesheim - Heidenlöcher

Raum waren damals von einer hohen Ringmauer umgeben. Man kann heute noch gut einen Weg entlang der Mauer erkennen. Gehen Sie von Deidesheim mit der Markierung zur am Waldrand sichtbaren Michaelskapelle, beispielsweise auf der Weinbergstraße parallel oberhalb unseres Stellplatzes Nr. 036. Bald nach Michaels-Kapelle folgen die beschilderten Heidenlöcher (zweigen Sie auf den Weg mit der roten Scheibe ab). Wenn Sie weitergehen (das Gelände der Heidenlöcher durchqueren), stoßen Sie auf die oben im Zusammenhang mit Wachenheim beschriebene Wanderung. Wir gehen meistens bis zum **Eckkopf** (am Wochenende bewirtschaftet). Eine gute Alternative ist auch die Wanderstrecke durch das Kupferbrunnental im Süden von Deidesheim (blau-weiß markiert) zum **Forsthaus Silbertal** und von dort zurück über den Aussichtsturm Eckkopf und die Heidenlöcher nach Deidesheim. Das ist aber schon eine richtig stramme Wanderung von wenigstens fünf Stunden (siehe auch Tour 3).

Eckkopf

Auf einer dieser Strecken sollten Sie den **Bildstock im Grain** beachten, eines der seltenen spätgotischen Flurdenkmäler in der Pfalz aus dem Jahr 1431 *(an der Strecke zu Platz Nr. 036 rechts der Straße Kaisergarten bei N 49°24'38,5" E 8°11'07")*.

Deidesheim - Bildstock im Grain

In mehreren Vorauflagen hatte ich das Engagement der Winzergenossenschaft Königsbach gelobt, die ihr Gelände zur Nutzung durch Wohnmobile bereitgestellt hatte. Auf Dauer waren die mobilen Gäste aber dann doch zu schäbig (vielleicht auch zu knauserig), jedenfalls hat man inzwischen gastronomisch hochgerüstet, und wir mussten Ersatz suchen:

(042) WOMO-Stellplatz: NW-Königsbach

GPS: N 49°22'54" E 8°10'10", K 21. **Max. WOMOs**: 10.
Ausstattung: Keine.
Beschreibung: Sie stehen außerorts von der Straße abgeschirmt auf einem geschotterten Parkplatzgelände mit Bäumen und grünen Rändern, und können die Klappstühle benutzen. Der nutzbare Bereich liegt neben den Parkmöglichkeiten eines Sportzentrums. Ich vermute, dass es hier keine Berührungspunkte gibt. Gaststätten oder fußläufig erreichbare Einkaufsmöglichkeiten kenne ich nicht.
Zufahrt: Der Platz liegt seitlich der südlichen Verbindung zwischen NW-Königsbach und der B 271.

Am weiteren Weg nach Neustadt würden wir gerne auch den Vorort **Gimmeldingen** mehr als nur halbherzig empfehlen. Das Dorf gehört zu den schöneren der mittleren Weinstraße. Leider dürfen Sie an den Rand der Weinberge östlich des Ortes, also an den Übergang zur Rheinebene, wo Sie bis zum Odenwald schauen, nicht hinfahren und demgemäß auch nicht stehen. Der Parkplatz im Tal, hinter dem Fußballtor, macht das nicht wett. Der Platz ist aber ein idealer Ausgangspunkt für Wanderungen, wenn eine Lücke frei ist:

(043) WOMO-Wanderparkplatz: NW-Gimmeldingen

GPS: N 49°22'34" E 8°08'56", Talwiesenstraße. **Max. WOMOs**: 3-5.
Ausstattung: Keine.
Beschreibung: Der gut gelegene Parkplatz am Ortsrand leidet unter zwei Problemen, zum einen sind die Lücken zu kurz (überwiegend höchstens bis 7 m), zum zweiten zu stark von Pkw benutzt, weshalb bisweilen nichts frei ist. Wanderwege führen vorbei, Bäckerei und Gaststätten finden Sie ganz in der Nähe.
Zufahrt: Folgen Sie in Gimmeldingen dem blauen *‚P'* ins Tal und parken Sie vor dem Sportplatz oder auch seitlich davon.

Einen unserer Lieblingswinzerplätze finden Sie im Ortsteil Mußbach:

(044) WOMO-Winzerstellplatz: NW-Mußbach *(Weingut Schäfer)*

GPS: N 49°21'48" E 8°10'15", An der Schießmauer 56, Tel. 06321 6447; www.weingutschaefer.com/reisemobile.html.
Öffnungszeit: März - Okt. **Max. WOMOs**: 6.

Ausstattung: Ver- und Entsorgung, gepflegte Sanitärräume, Strom.
Beschreibung: Sie stehen am Ortsrand schattenlos und klappstuhlgeeignet auf schön in den Reben gelegenen Parzellen.
Zufahrt: Fahren Sie von Mußbach Richtung Neustadt. Kurz vor dem südlichen Ende von Mußbach biegen Sie nach Osten auf die Straße *An der Bleiche* (L 516) ab, nach ca. 150 Metern fahren Sie nach rechts in die *Hermann-Löns-Straße*, nach weiteren ca. 150 Metern nach halbrechts in die Straße *An der Schießmauer*. Das Weingut liegt am Ende der Bebauung.
Preis: 15 € / 2 Personen inkl. Strom und Benutzung der Sanitärräume.

Von hier aus führt ein Spaziergang in 15 Minuten zu einem originellen Restaurant, der ***Eselsburg*** im Ortskern von Mußbach: einer Traditionsweinstube mit enormer Ausstrahlung und kleiner Karte *(Kurpfalzstraße 62, Tel. 06321 66984, gehen Sie vom Weingut Schäfer ein Stück zurück in Richtung des Dorfes, biegen Sie bald nach links in die Schlesierstraße ein, Sie treffen auf den Scheidweg und laufen nach rechts durch Weinberge in den Ort hinein; am Dorfbrunnen stoßen Sie auf die Kurpfalzstraße, die Sie nach links über die Bahngleise führt; nach 300 Metern haben Sie an der Straße nach Gimmeldingen die Eselsburg erreicht; Mo bis Fr ab 17.00 Uhr, Samstag auf Anfrage; es gibt einfache, preiswerte Gerichte; keine Hunde).*

Weinstube Eselsburg

Neustadt an der Weinstraße (53.000 Einwohner) ist zweifellos der Hauptort der Weinstraße, wenn nicht sogar des deutschen Weinbaus, nach Speyer die vielleicht lohnendste Stadt in diesem Buch und deshalb Bestandteil unserer persönlichen **Top Ten**. Vor allem, weil Neustadt im Zweiten Weltkrieg nur

in Neustadt an der Weinstraße

mäßig zerstört worden ist. Durch den Wein entwickelte sich zum Beginn des 20. Jahrhunderts ein Wohlstand, der bis heute die Stadt prägt. Nirgends in der Pfalz sehen Sie ähnlich viele exponierte Gründerzeit-Villen.

Wesentlich jünger, aber eine der größten Sehenswürdigkeiten ist der **Elwedritsche-Brunnen** von Gernot Rumpf, im östlichen Teil der Altstadt, zu dem alle Wege führen und der Ihnen Skulpturen von Elwedritsche zeigt, überaus scheuen, hühnerähnlichen Kreaturen, die sich vorzugsweise im Unterholz und unter Rebstöcken verbergen. Ihre Vorkommen beschränken sich auf die Pfalz, weshalb sie sich ausschließlich rückwärts laufend bewegen und sie waidmännisch nur mit einem Sack, einer Öllampe und einem Stock eingefangen werden dürfen. Diese Technik und das Aussehen der Lebewesen ist den meisten Zeitgenossen nicht mehr geläufig, so dass man sich fragen muss, wie Herrn Rumpf eine solche Detailgenauigkeit bei der Darstellung der verschiedenen Rassen gelingen konnte.

Neustadt - Elwedritsche-Brunnen

Neustadt - Stiftskirche und Marktplatz

Die große **Stiftskirche** ist eine der bedeutendsten Kirchen der Pfalz, und wegen ihrer unterschiedlichen Türme das Wahrzeichen der Stadt. Zwischen Chor und Kirchenschiff ist um 1714 eine Trennwand gemauert worden, damit das Gotteshaus von Katholiken und Protestanten gleichermaßen und sogar gleichzeitig genutzt werden kann. Grund genug, um im Turm die größte Gussstahlglocke der Welt aufzuhängen, mit einem Durchmesser von 3,20 m und einem Gewicht von 14.000 kg.

Neustadt - Stiftskirche

Für kurze Zeit war Neustadt von 1578 bis 1583 sogar Universitätsstadt, als diejenigen Professoren und Studenten Heidelberg verlassen mussten, die nicht das Lutherische Bekenntnis annehmen wollten. Der Pfalzgraf Johann Casimir, ein Bruder des Heidelberger Kurfürsten, gründete deshalb das nach ihm benannte **Casimirianum**. Das Gebäude der casimistischen Hochschule können Sie in der Nähe

der Marienkirche noch sehen, es wird als Gymnasium genutzt. Auch den **Saalbau** am Bahnhof müssen Sie sich anschauen, ein 1873 errichtetes gigantisches Jugendstilgebäude, das 1.000 Zuschauer fasst und in dem häufig die Deutsche Weinkönigin gekrönt wird. Eisenbahnfreaks bereisen Neustadt nur wegen eines der beiden **Eisenbahnmuseen** der Deutschen Gesellschaft für Eisenbahngeschichte, das in einem historischen Lokschuppen nahe dem Bahnhof untergebracht ist. In der Nähe startet auch das berühmte **Kuckucksbähnel**, ein historischer Dampfzug von Neustadt über Lambrecht nach Elmstein (siehe bei 5. Tour mit Stellplätzen in der Nähe).

Neustadt leistet sich einen offiziellen WOMO-Stellplatz, groß, stadtnah, leicht zu finden, aber nicht lauschig und seit dem Deutschland-Boom häufig belegt, weshalb wir zwei weitere Tipps zur Auswahl stellen:

(045) Offizieller WOMO-Stellplatz: Neustadt an der Weinstraße (Martin Luther Kirche)

GPS: N 49°21'17" E 8°09'10", Martin-Luther-Straße 63. **Max. WOMOs**: 30. **Ausstattung**: Ver- und Entsorgung, Strom, Mülleimer.

Beschreibung: Der geräumige Asphaltplatz liegt sehr günstig. Gegenüber finden Sie eine empfehlenswerte Bäckereiverkaufsstelle, im direkten Umkreis mehrere Supermärkte. In das Zentrum sind es 15 Minuten zu Fuß (die B 38 überqueren, dann immer geradeaus). Es gibt sogar Urlauber, die hier ihren Klappstuhl auf den Asphalt stellen, was fraglos möglich, aber nicht schön ist.
Zufahrt: Der Platz liegt im östlichen Teil von Neustadt an der östlichen Stadtumgehung (Straße von Bad Dürkheim nach Landau), zwischen B 38 und B 39 unübersehbar beschildert, Sie erkennen leicht die hohe Kirche und den Parkplatz daneben. **Preis**: 6 €.

(046) WOMO-Stellplatz: NW-Haardt

GPS: N 49°22'02" E 8°08'22", Mandelring. **Max. WOMOs**: 4-6.
Ausstattung: Keine.
Beschreibung: Der asphaltierte Platz ist so etwas wie der Schulhof (ich weiß aber nicht, ob er dafür überhaupt noch verwendet wird), auf dem den Kindern Verkehrsunterricht erteilt wird. Möglicherweise kommt daher eine Übernachtung an Werktagen mit Schulbetrieb nicht oder nur eingeschränkt infrage. Sonst steht man oberhalb der Rheinebene mit Blick in dieselbe. Wenn man verschämt zwischen seinem Wohnmobil und der Talseite sitzt, stört man auch mit Klappstühlen niemanden. Unterhalb gibt es auf der einen Seite einen guten Spielplatz und auf der anderen ein Wiesengelände, auf dem man picknicken kann, mit Bolzplatz.

In Neustadt-Haardt gibt es mehrere Gaststätten (siehe im folgenden Text), aber kein Geschäft. Bis zum Marktplatz von Neustadt sind es zu Fuß 1,8 km. Man kann hier schön loswandern.

Zufahrt: Biegen Sie im Norden von Neustadt an der ersten nennenswerten Kreuzung der Hauptdurchgangsstraße (B 38) schräg nach Nordwesten, leicht bergauf, ab, Wegweiser zum Ortsteil Haardt. Fahren Sie durch den Ortsteil Haardt erst geradeaus bergauf, bis Sie vor einer Gaststätte nach rechts Richtung *,Gimmeldingen'* abbiegen. Nun befinden Sie sich auf dem Mandelring, den Sie nach etwa 900 m direkt hinter dem rechts der Straße deutlich sichtbaren Schulhaus auf den unterhalb der Straße gelegenen Schulhof verlassen, der zugleich Parkplatz ist (blau/weißes *,P'* für *,Bus'*).

(047) Offizieller WOMO-Wanderparkplatz: NW-Hambach

GPS: N 49°19'53" E 8°07'54", Dammstraße. **Max. WOMOs**: 20.
Ausstattung: Ver- und Entsorgung nach etwa 300 m; (fahren Sie einmal nördlich um das Schwimmbad zur Feuerwehr auf den Diedesfelder Weg bei einem Strommast; N 49°19'51" E 8°08'07"), Strom, Mülleimer.

Beschreibung: Das ist eigentlich der teilweise schattige, etwas holprige Parkplatz des Schwimmbades, der sich im Laufe der Zeit zu einem offiziellen Stellplatz entwickelt hat. Sie können hier auf Klappstühlen sitzen, aber unterhalb einer relativ stark befahrenen Straße ist es zeitweise etwas laut. Das Schwimmbad grenzt direkt an.
Hier beginnt der klassische Fußweg zum Hambacher Schloss., an dem die traditionsreiche **Weinstube *Mohre-Jule*** (Schlossstraße 58) liegt.

Zufahrt: Fahren Sie im südlichen Ortsteil von Neustadt auf der *Deutschen Weinstraße* nach Süden Richtung *,Hambacher Schloss'* (falls Sie auf der Hauptdurchgangsstraße, der L 516, unterwegs sind, gibt es etwas weiter im Süden eine Verbindungsstraße zu der westlich gelegenen *Weinstraße*, Sie müssen dann allerdings ein paar Meter nach Norden zurück fahren); da Sie auf einen offiziellen Wanderparkplatz für das Hambacher Schloss geleitet werden, kann eigentlich nichts schief gehen, zumal es sich gleichzeitig um den Parkplatz für das Schwimmbad von Hambach handelt.

Hinweis: Nicht verwechseln mit dem Parkplatz direkt beim Hambacher Schloss!!

In Neustadt empfehle ich Ihnen die älteste Weinstube am Ort, ***Zur Herberge***, weil es hier genau so aussieht, wie es in einer Weinstube auszusehen hat, und weil auch das Angebot dem entspricht, ohne zu schmal zu sein *(Mittelgasse 3, Tel. 06321 7688; Mi - Sa; Hauptgerichte ab 8,90 €)*. Wenn Sie im Ortsteil Haardt übernachten, könnte Sie ***La Cucina*** im ***Haardter Winzer***, ausnahmsweise auch mal ein italienisches Lokal, ansprechen; weniger wegen Pizza und den Klassikern, sondern wegen der ausgezeichneten Fischgerichte und der weiß gedeckten Terrasse *(Mandelring 7, Tel. 06321 9545008, kein Ruhetag)*.

Hambacher Schloss

Das **Hambacher Schloss**, eines der historisch bedeutsamsten Bauwerke der Pfalz, werden Sie in jedem Falle anpeilen. Sie dürfen mit dem Wohnmobil bis fast vor die Tür fahren (etwa 300 m Fußweg), Sie können aber auch von unserem zuletzt genannten Stellplatz im Ortsteil Hambach gemütlich und noch erträglich bergauf hinspazieren oder mit uns auf der gleich beschriebenen Strecke zum »Denkmal der Deutschen Demokratie« wandern und wie die Teilnehmer des **Hambacher Festes von 1832** vom Neustadter Marktplatz zur Schlossruine ziehen.

Das Hambacher Fest

Auf dem Wiener Kongress von 1815 war die Pfalz Bayern zugeteilt worden (siehe Tour 1), worauf der bayerische König viele aus der Französischen Revolution herrührende Freiheiten massiv einschränken ließ. Im Jahre 1830 wurden die Rechte der ohnehin schon unzufriedenen Menschen durch eine scharfe Zensur weiter geschmälert. Andererseits hatte sich im Zuge der französischen Juli-Revolution von 1830 auch außerhalb der Pfalz eine starke demokratische Bewegung gebildet. So zogen aus Anlass des Hambacher Festes vom 27. bis 30. **Mai 1832** rund 30.000 Menschen aus allen Bevölkerungsschichten, vornehmlich aber Studenten, zur Hambacher Schlossruine, die ursprünglich Kästenburg hieß, jedoch zu Ehren (das sagt man so) des bayrischen Monarchen Maximilian I. Maxburg genannt werden musste.

Die Forderungen des ersten großen demokratischen Demonstrationszuges in Deutschland waren die Rechte auf Versammlungsfreiheit, auf Pressefreiheit sowie auf Meinungsfreiheit, die nationale Einheit, eine Neuordnung Europas auf der Grundlage gleichberechtigter Nationen und religiöse Toleranz. Der bunte Zug führte erstmals schwarz-rot-goldene Fahnen mit sich, das Symbol für Freiheit und deutsche Einheit. Die Urfahne von 1832 kann heute im Heimatmuseum von Neustadt besichtigt werden.

Schon zum 150-jährigen Jubiläum des Festes war das Schloss für viel Geld restauriert worden, zum 175-jährigen Jubiläum hat man erneut touristisch aufgerüstet und zuletzt wurde ein hässlicher Gaststättenpavillon durch einen nüchtern gestylten Sandsteinanbau ersetzt, den waschechte Pfälzer mit Verachtung strafen. Man munkelt, der Einheimische würde lieber verdursten als hier einen Schoppen zu trinken *(Besuch des Schlosses täglich 11 - 17, April - Oktober 10 - 18 Uhr; öffentliche Führungen meistens nur am Wochenende stündlich ab 11 Uhr, im Winter bis 14 Uhr, im Sommer bis 16 Uhr; im Innern keine Hunde; 5,50 €)*. Das Interessanteste an dieser stark (zer-)restaurierten Burg ist zweifellos die historische Bedeutung – und dass sie nachts so nachhaltig illuminiert wird. Man sieht das Hambacher Schloss von weitem, es liegt ziemlich in der Mitte der Haardt und ist schon deshalb für uns das Wahrzeichen der Pfalz. Entsprechend schön ist auch der Blick von dort, und bedauerlich ist eigentlich nur, dass man die geschichtliche Entwicklung bis zum Hambacher Fest und das Scheitern der demokratischen Bewegung nicht einfach mit der Lektüre eines Prospektes, einer Gedenktafel oder mit unserem Buch erfassen kann. Leider können auch wir nichts Eingängiges empfehlen. Womöglich ist die Geschichte der Demokratie nicht einfach und schon gar nicht eingängig.

Umso leichter ist die Beschreibung des Wanderweges, bei dem Sie sich nur entscheiden müssen, ob Sie beim Anmarsch das Schloss im Blick haben wollen oder ob Sie die schattige Variante bevorzugen, bei der Sie die Wiege der Demokratie erst zu Gesicht bekommen, wenn Sie davorstehen:

Von Neustadt zum Hambacher Schloss und zur Kalmit

Ausgangspunkt für beide Strecken ist Neustadt, wo Sie westlich des Bahnhofs die Bahngleise auf einer Brücke überqueren, ein Stück bergauf gehen, bevor Sie etwa 200 m nach der Eisenbahnbrücke die Weinstraße auf einer innerörtlichen Nebenstraße, der Waldstraße, mit lockerer Einfamilienhaus-Bebauung nach rechts verlassen. Wir sind nicht ganz sicher, ob hier schon die erste Markierung zu sehen ist. Jedenfalls gehen Sie auf dieser Straße geradeaus nach Westen.

Für die Variante, bei der Sie das Hambacher Schloss schon frühzeitig im Blick haben, halten Sie sich danach vor dem Erreichen des Waldes links. Hier müssten Sie jetzt die Markierung mit der Traube finden, der Sie folgen, bis Sie unterhalb der Burg durch weitere Wegweiser bergauf geleitet werden.

Auf der waldigen Variante biegen Sie in Neustadt in der Waldstraße nicht auf den Weg mit der Traube ab, sondern Sie pilgern noch ein Stück weiter, bis der Wald beginnt, gehen in wenigen Windungen bergauf und folgen nun der Markierung mit dem roten Balken (anfänglich auch roter Punkt, aber achten Sie später auf die Abzweigung) auf diversen Windungen durch den Forst, bis Sie sich dem **Hambacher Schloss** von hinten genähert haben.

Nach der Besichtigung der Burg wandern Sie mit dem roten Balken ein Stück nach Süden, biegen dann aber, geleitet von der blauen Scheibe, zur Klausentalhütte nach Westen ab und steigen zur 672 m hohen **Kalmit** auf (Näheres Tour 5). Es gibt dazu verschiedene Möglichkeiten, am einfachsten ist der Weg mit der roten Scheibe. Das **Kalmithaus** ist die höchste Hütte im Pfälzerwald und samstags, sonntags, feiertags, vom 1.5. - 31.10. auch mittwochs, bewirtschaftet.

Dort nehmen Sie den Weg mit der roten Scheibe und wandern über die **Hohe Loog** (618 m) zurück nach Neustadt, **4,5 Stunden reine Gehzeit**.

Einen Fußweg zum Hambacher Schloss wählt fast jeder, den Spazierweg vom Ortsteil Haardt zur **Ruine Wolfsburg** mit schönem Blick auf Neustadt erwähnt fast niemand, er ist das Richtige für einen ruhigen Sonntagnachmittag:

in der Wolfsburg

Von NW-Haardt zur Ruine Wolfsburg

Wählen Sie an der Hauptkreuzung im südlichen Teil von Haardt bei der Gaststätte *La Cucina im Haardter Winzer* nach rechts (Westen) die Markierung mit der roten Scheibe, mit der Sie am Hang entlang durch den Wald bis zur **Wolfsburg** laufen, die über das Tal des Speyerbachs wacht. Auch sie war einst Ziel der Freiheitsbewegung, als nämlich im Jahr 1848 Neustadter Bürger ein Nationalfest feierten, bei dem sie die Fahne des Hambacher Festes von 1832 auf der Ruine der Wolfsburg hissten *(die Burgschänke ist von April*

Blick vom Hambacher Schloss auf herbstliche Weinberge bei Diedesfeld

bis Oktober samstags und sonntags von 10-18 Uhr geöffnet). Für den Rückweg empfehlen wir Ihnen, sich gleich nach wenigen Metern bergab zu orientieren, um auf einem nicht markierten Sträßchen vor dem Wald, aber über dem Tal, nach Hause zu gehen. Sie spazieren dabei oberhalb von Gärten und haben hier den erwähnten prächtigen Blick auf die Stadt *(Gehlänge ohne Pausen ca.* ***1 Stunde und 15 Minuten****).*

Leider hat im Ortsteil Diedesfeld eines unserer Lieblingslokale, das *Grünwedels*, aufgegeben. Die folgenden Stellplätze hatten wir unter anderem seinetwegen gesucht:

(048) WOMO-Wanderparkplatz: NW-Diedesfeld

GPS: N 49°19'13" E 8°07'19", Andergasse.
Max. WOMOs: 5.
Ausstattung: Keine.
Beschreibung: Das ist ein schattenloser, geschotterter Parkplatz am Ortsrand in den Reben. Im Internet wird die Legalität diskutiert. Ich habe keine Verbotszeichen entdeckt. Wanderwege beginnen hier (direkter Aufstieg zum Hambacher Schloss).
Zufahrt: Biegen Sie mitten in NW-Diedesfeld von der L 512 (Weinstraße) zum Berg hin in die Heerstraße ab und fahren Sie geradeaus, am Ende links an den südlichen Rand der Bebauung, die direkt unterhalb des Hambacher Schlosses liegt (mit ‚*P*' beschildert).
Hinweis: Benachbart bieten die Weingüter *Disson* und *Rebenhof* Müller alternativ Stellplätze an.

(049) WOMO-Winzerplatz: NW-Diedesfeld *(Weingut Müller-Kern)*

GPS: N 49°19'23" E 8°07'40", Andergasse 38. Tel. 06321 80251.
Max. WOMOs: 8.
Ausstattung: Wasser (keine Entsorgung), Toilette, Dusche, Strom.
Beschreibung: Sie stehen innerorts auf einem grasigen, von der Hauptstraße durch eine Hecke abgeschirmten, schattenlosen und klappstuhlgeeigneten Platz neben dem Weingut. Sie können hier loswandern. Geschäfte und Gaststätten im Ort kennen wir nicht.
Zufahrt: Biegen Sie mitten in NW-Diedesfeld von der L 512 (Weinstraße) zum Berg hin in die Heerstraße ab und fahren Sie geradeaus bis nach etwa 400 m das Weingut rechts der Straße liegt. **Preis**: 18 €.

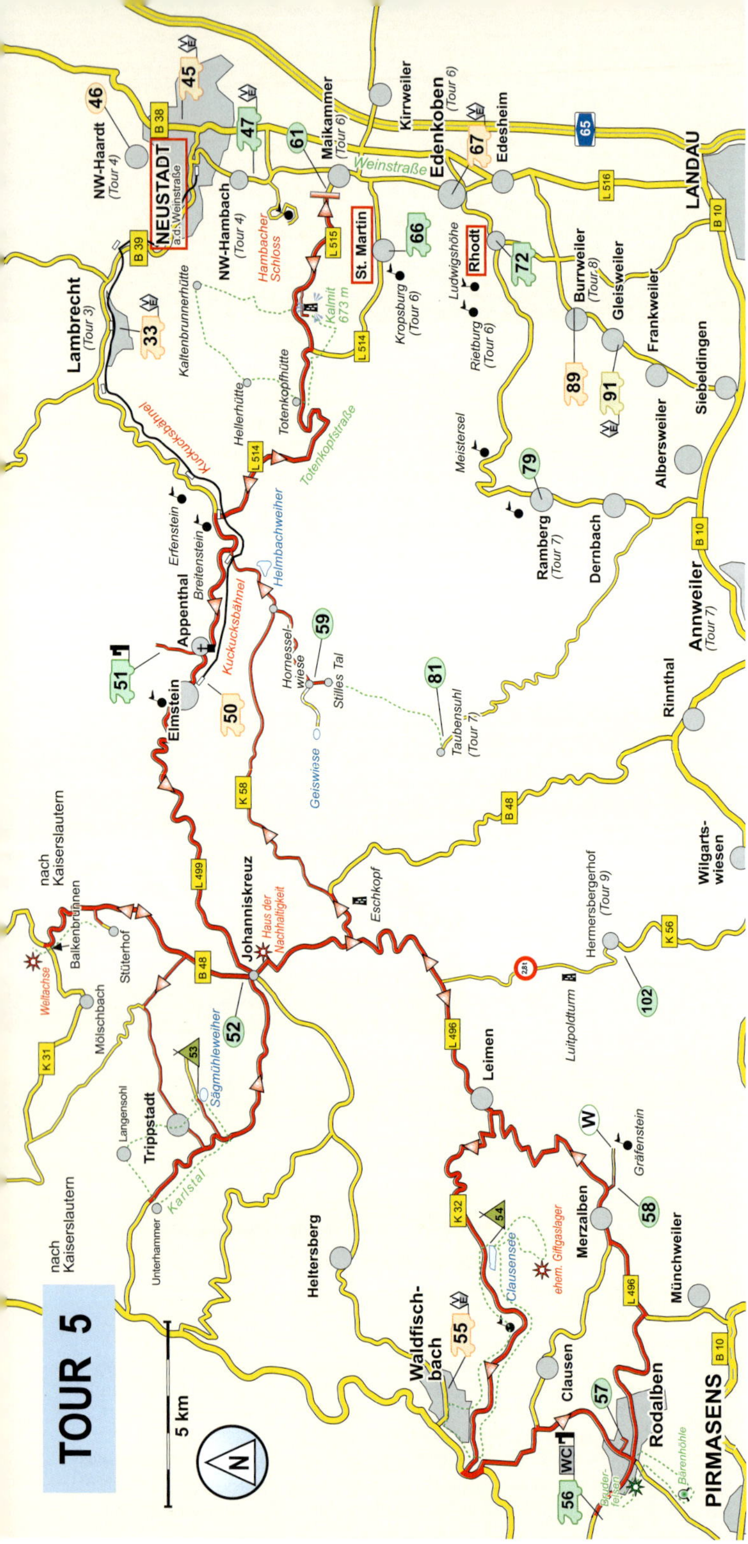
TOUR 5
5 km
N
NEUSTADT
a.d. Weinstraße
NW-Haardt
(Tour 4)
NW-Hambach
(Tour 4)
Hambacher Schloss
Lambrecht
(Tour 3)
Maikammer
(Tour 6)
Kirrweiler
Edenkoben
(Tour 6)
Edesheim
Weinstraße
St. Martin
Kropsburg
(Tour 6)
Ludwigshöhe
Rhodt
Rietburg
(Tour 6)
Burrweiler
(Tour 8)
Gleisweiler
Frankweiler
Siebeldingen
Albersweiler
LANDAU
Kalmit
673 m
Kaltenbrunnerhütte
Hellerhütte
Totenkopfhütte
Totenkopfstraße
Kuckucksbähnel
Erfenstein
Breitenstein
Appenthal
Elmstein
Helmbachweiher
Hornessel-wiese
Stilles Tal
Geiswiese
Taubensuhl
(Tour 7)
Meistersel
Ramberg
(Tour 7)
Dernbach
Annweiler
(Tour 7)
Rinnthal
Wilgarts-wiesen
Hermersbergerhof
(Tour 9)
Luitpoldturm
Eschkopf
Johanniskreuz
Haus der Nachhaltigkeit
nach Kaiserslautern
Balkenbrunnen
Stüterhof
Weltachse
Mölschbach
Sägmühleweiher
Trippstadt
Langensohl
Karlstal
Unterhammer
nach Kaiserslautern
Heltersberg
Leimen
Gräfenstein
Merzalben
Clausensee
ehem. Giftgaslager
Münchweiler
Waldfisch-bach
Clausen
Rodalben
Bruderfelsen
Bärenhöhle
PIRMASENS
B 38
B 39
B 10
B 48
L 516
L 515
L 514
K 58
L 499
L 496
K 56
K 32
K 31
65
46
45
47
61
67
33
66
72
89
91
79
59
81
51
50
52
53
54
55
56
57
58
102
W
WC

Tour 5: Durch das Waldmeer 130 km

Kalmit – Elmstein – Johanniskreuz – Karlstal
Clausensee – Rodalben – Merzalben – Stilles Tal

Stellplätze: in und bei Elmstein, am Johanniskreuz, in Waldfischbach, in Rodalben, bei Merzalben, im Stillen Tal

Campingplätze: am Sägmühleweiher bei Trippstadt, am Clausensee

Besichtigen: Kuckucksbähnel, Waldarbeitermuseum in Elmstein, Haus der Nachhaltigkeit am Johanniskreuz, die *Weltachs* in der Nähe, Burg Gräfenstein bei Merzalben

Wandern: von der Kalmit zur Hellerhütte, vom Sägmühleweiher nach Trippstadt und durch das Karlstal, auf dem Felsenwanderweg in Rodalben

Diese Tour führt Sie auf schmalen Straßen bis an den westlichen Rand des **Pfälzerwaldes**, der bekanntlich das größte zusammenhängende Waldgebiet Deutschlands ist, weshalb August Becker bereits 1857 einen »grünen Ocean von Wäldern« beschrieben hat.

Schon unten in Maikammer weist ein braunes Schild den Weg zum **Kalmitgipfel**, der mit 673 m höchsten Erhebung des Pfälzerwaldes, die den zuletzt in Mannheim ansässigen Pfälzischen Kurfürsten veranlasst hat, seine Sommerresidenz, das Schwetzinger Schloss, genau an der Achse zwischen der Kalmit und dem Königstuhl im Odenwald auszurichten (was Sie übrigens in Schwetzingen noch hervorragend erkennen, wenn Sie mit Band 18 der WOMO-Reihe, *Mit dem Wohnmobil nach Baden-Württemberg*, unterwegs sind). Die Terrasse des bewirtschafteten *Kalmithauses* direkt unterhalb des Gipfels bietet eine fantastische Aussicht über die Rheinebene. Bei schönem Wetter werden Sie zudem neidisch beobachten, wie ein Radfahrer nach dem anderen hier oben eintrudelt *(Januar, Februar*

Kalmithaus

Mi, Sa, So, Fei von 11 bis 17 Uhr, März bis Dezember Mi - So, Fei von 11 bis 17 Uhr, Tel. 06321 5424).

Die Kalmit genießt seit Jahren den Ruf als *‚Mont Ventoux der Pfalz'*. Regelmäßig führen ernsthafte Radrennen über den Gipfel, und jedes Jahr wird seit 1992 am ersten Samstag im September auch der legendäre **Klapprad-Cup** ausgetragen (www.kalmit-klapprad-cup.de):

Der Klapprad-Cup

Schauen Sie sich die Homepage des Veranstalters an, des Pfälzer Klappvereins e.V., einem *Verein zur Förderung des Klappradsports und der Völkerverständigung*. Das allein wird Sie nachhaltig amüsieren. Sie erfahren dort, dass nur *sittlich gereifte Personen* berechtigt sind, beim alljährlichen Klapprad-Cup auf der 6,5 Kilometer langen Strecke zu starten, um 500 Höhenmeter zu überwinden, wenn sie folgende Teilnahmebedingungen erfüllen:

Den Kalmit-Klapprad-Cup bestreitet man mit einem richtigen klassischen Klapprad aus Eisen und Stahl. Scharnier- und Steck-Klappräder sind erlaubt. Radgrößen können variieren – die Profis jedoch fahren 20 Zoll.
Moderne Falträder genügen dem ästhetischen Anspruch nicht und müssen unserem Gipfel fern bleiben.
Gutes Aussehen auf dem Klapprad ist ein absolutes Muss. Das KKC-Motto sollte bis zum Start immer im Mittelpunkt deiner täglichen Gedanken sein.
Wir fordern ein klares Bekenntnis zur Schaltungsfreiheit. Noch nie wurde ein Klapprad mit einem Schaltwerk an der Kalmit gesichtet. Klappradfahrer sind schaltfaul und lieben die Schaltungsfreiheit.

Neben der Fahrleistung zählt die Kostümierung der Sportler, die dem jährlichen Motto entsprechen muss; zum Beispiel: »Deutschland sucht den Klapprad-Star«, »Wähl mich, Du Sau«, »Germanys next Klapprad Model« »Menschen, Tiere & Scharniere« oder 2018 »Rotkäppchen strampelt sich einen bösen Wolf«. Wenn Sie sich auf der Internetseite zu den jährlichen Rennen die Fotos ansehen (auf das Motto klicken), werden Sie bei nächster Gelegenheit zumindest als Besucher an der Strecke stehen und am abschließenden Siegerehrungsfest – unten beim Start – teilnehmen. 2018 hat dort beispielsweise die *Jimmy Hänsel und Gretel Experience* aufgespielt.

Parken Sie in gebührendem Abstand. Der Parkplatz an der Kalmit wird gesperrt.

Im Corona-Sommer 2020 versuchte man lange, unter rein sportlichen Gesichtspunkten das Ereignis mit dem Slogan zu retten *»Keine Abstriche beim Kalmit Klapprad Cup«*. Man musste aber dann doch verkünden: *»In diesem Jahr lassen wir keinen fahren«*. Hoffen wir, dass 2021 wieder Klappradspitzensport geboten wird.

Die überwiegend in Handarbeit gebaute und erst im Jahr 1937 fertig gestellte Kalmitstraße (L 515) wurde übrigens aus der Not der Erwerbslosigkeit geboren, nachdem in Maikammer durch eine Fabrikschließung 400 Menschen arbeitslos geworden waren.

Vor der Weiterfahrt bedarf es einer kurzen juristischen Erörterung der Anliegerschaft eines Fahrzeugführers. Sie kennen diese unangenehmen Schilder: roter Kreis auf weißem Grund, schwarzer Eintrag: 1,5 t. Hier dürfen Sie nicht weiterfahren und riskieren nach dem aktuellen Bußgeldkatalog 55 Euro. Es sei denn, ein zweites Schild darunter signalisiert: »Anlieger frei«. Anlieger ist nicht nur wer an der Strecke *wohnt*, sondern auch, wer berechtigt und ernsthaft ein an der Strecke liegendes Ziel aufsuchen möchte, z.B. ein Ausflugslokal. So kann jeder ohne Unrechtsbewusstsein und nach nur leiser Diskussion mit der Beifahrerin ab der Kalmit das prekäre Doppelschild passieren und in Richtung *'Elmsteiner Tal'* auf die L 514, die sogenannte Totenkopfstraße (die im Tal in St. Martin endet), abbiegen, um dann an der Totenkopfhütte mit einer Knackwurst belohnt zu werden.

An der Einmündung dieser beiden Straßen sucht man die Relikte einer römischen Wachstube und findet nur einen Gedenkstein. Reste der historischen Straße findet man etwa 4 Kilometer weiter unterhalb der *Totenkopfhütte* als Hochdamm am linken Wegrand.

Die **Totenkopfhütte** ist besonders am Wochenende sehr gut frequentiert und verfügt über große Parkflächen *(Sa, So, Feier- und Brückentage 11 - 18 Uhr, Nov. bis Feb. bis 17 Uhr; während der Sommerferien von Rheinland-Pfalz nur Mo geschlossen).* Wer wandern will, ist hier gut aufgehoben, wobei wir schon an der Kalmit starten:

Von der Kalmit zur Hellerhütte

Am hinteren, linken Teil des Parkplatzes an der **Kalmit** wählen wir den Weg mit der grün-weißen Markierung, der uns durch das sehenswerte **Felsenmeer** führt und nach 50 Minuten bei der ehemaligen römischen Wachstube an die Straße stößt.

Wir überqueren die Totenkopfstraße und werden von der grün-weißen Markierung nach rechts bis zur **Totenkopfhütte** geführt. Ab hier leitet uns der blau-gelbe Strich zur **Hellerhütte**, an der wir etwa 70 Minuten nach der Wachstube eintreffen *(Mi - So 10 - 18 Uhr; die Hellerhütte ist von der Schließung bedroht).* Beachten Sie hier den **Gedenkstein** für den

im Felsenmeer bei der Kalmit

Hüttenwirt Karl Wertz, der in der Silvesternacht 1960/61 von der Kimmel-Bande erschossen worden ist, deren Anführer über eine längere Zeit als »Al Capone von der Pfalz« gerade diesen Teil des Pfälzer Waldes mit über 180 Straftaten unsicher gemacht hat.

Auf Rot-Weiß wandern wir in einer weiteren Stunde ins Tal zur **Kaltenbrunnerhütte**, um hier den letzten Anstieg über den Hahnenschritt wieder hinauf zur Kalmit in Angriff zu nehmen. Wegen der Steigung benötigen wir für diesen Teil etwa 75 Minuten.

Die ganze Strecke beansprucht also **4 Stunden und 15 Minuten** und hat eine Länge von knapp 15 km; eine Karte ist nicht erforderlich.

Sie erreichen **Breitenstein** mit der **Burgruine Breitenstein**, die man von einem Parkplatz an der nördlichen Straßenseite aus in 20 Minuten erwandern kann. Wer mehr Bewegung braucht, kann eine Drei-Burgen Tour von 6,5 km Länge antreten: Breitenstein – Erfenstein – Burg Spangenberg. Die Route erklärt ein großes Schild am Wanderparkplatz.

Ihr Ziel ist aber meistens Elmstein, weil Sie Ihrer Frau eine Fahrt unter Dampf im Museumszug versprochen haben. Auf dem Weg werden Sie am Turm der **Klosterruine in Appenthal** anhalten, der die Schleifung durch französische Truppen überstanden hat. Aber Sie werden nur durch das Gitter einer verschlossenen Tür ein Modell der ursprünglichen Anlage betrachten.

»Kuckucksbähnel«

In **Elmstein** befindet sich die Endstation des **»Kuckucksbähnel«**. Für 16 Euro pro Nase können Sie von Mai bis Oktober an Wochenenden zwei- bis viermal im Monat, beispielsweise um 13.45 Uhr, auf normal breiter Spur nach Lambrecht dampfen (und mit der S-Bahn weiter nach Neustadt gelangen) und von dort um 14.55 Uhr wieder nach Elmstein zurückfahren, wo Sie nach einem Fotoaufenthalt in Helmbach um 15.46 Uhr wieder Ihr WOMO besteigen können (Fahrplan unter www.eisenbahnmuseum-neustadt.de/k_preis.html, wo Sie auch die wenigen Fahrtage erfahren; Hunde benötigen keine Fahrkarte). Der Zug mit historischem Speisewagen wird von einer Dampflok gezogen. In einem weiteren altertümlichen Waggon ist am Bahnhof in Elmstein eine Museumsschänke eingerichtet.

Wenn Sie schon so weit in den abgelegenen Pfälzerwald vorgedrungen sind, lohnt sich auch das ehemalige Waldarbeitermuseum, das in **Alte Samenklenge** umbenannt worden ist *(Alte Hauptstraße 52, zuletzt nur an Fahrtagen der Museumsbahn geöffnet)*. Dort wird Ihnen das ärmliche Leben der Waldarbeiter vor Augen geführt, vor allem mittels originaler Geräte die aufwändige Gewinnung von Samen für die Land- und Forstwirtschaft. Zur Waldarbeit gehörte auch das Triften, also der Holztransport in Bächen, mit dem die holzarme Vorderpfalz mit Brenn- und Bauholz aus dem Pfälzerwald versorgt worden ist. Die Darstellungen lassen sich ansatzweise vor Ort nachvollziehen, wenn Sie den Weiher westlich des Dorfes umrunden und einen Teil einer alten Triftanlage betrachten (leider darf man hier nicht mehr im WOMO übernachten).

Oberhalb liegt die ausgeleuchtete Ruine der **Burg Elmstein**, die Sie nach einem kurzen Aufstieg erforschen.

Nach einem derart ausgefüllten Tag werden Sie vielleicht auf einem geschotterten Parkplatz direkt am Lokschuppen Nachtruhe finden, weil dann ja keine Züge mehr fahren:

(050) Offizieller WOMO-Stellplatz: Elmstein

GPS: N 49°20'55" E 7°56'36", Am Rainacker.
Max. WOMOs: 5.
Ausstattung: Strom, Mülleimer.
Beschreibung: Sie stehen schattenlos auf Schotter bei Häusern, einer Gaststätte und dem Museumsbahnhof und können Klappstühle benutzen. Störend sind einige abgestellte Fahrzeuge / Ortsrand.
Zufahrt: Biegen Sie am östlichen Ortseingang von Elmstein von der L 499 nach links in Richtung *‚Bahnhof'* ab und fahren Sie auf den Parkplatz beim Bahnhof.

Eine brauchbare Alternative ist eine Wiese unterhalb des Naturfreundehauses:

(051) Offizieller WOMO-Wanderparkplatz: Naturfreundehaus Elmstein

GPS: N 49°21'41" E 7°57'04", Esthaler Str. 65. **Max. WOMOs**: 5.
Ausstattung: Wasser, Strom, Duschen, Mülleimer.
Beschreibung: Sie stehen auf einer klappstuhlgeeigneten Wiese unter-

halb des Naturfreundehauses, wo Sie gegen Entgelt duschen dürfen; dort können Sie auch einkehren; www.naturfreundehaus-elmstein.de. Ein Wanderweg führt vorbei. In den Ort sind es durch den Wald 2 km.
Zufahrt: Der Stellplatz ist ab dem deutlich sichtbaren alten Turm in Appenthal, östlich von Elmstein, ausgeschildert. **Preis**: 3 €.

Unser nächstes Ziel ist **Johanniskreuz**, seit alter Zeit ein zentraler Kreuzungspunkt des Verkehrs durch den Wald und außerdem historischer Schnittpunkt mehrerer Gebietsgrenzen. Hiervon zeugen noch historische Sandsteinkreuze am Wegrand. Zum Ende des 18. Jahrhunderts haben die französischen Revolutionstruppen in erbitterten Kämpfen preußische Schanzen erobert (siehe dazu am Anfang von Tour 7). Johanniskreuz gilt als Geburtsort des Pfälzerwaldes, da hier im August 1843 anlässlich einer Tagung von Forstbeamten für den nördlichen Ausläufer der Vogesen (oder Wasgenwald) der Begriff ***Pfälzerwald*** erfunden worden ist.

Im Laufe der Jahre hat sich das Konvolut von Forsthaus, Gastwirtschaft, Nebengebäuden und Andachtskapelle wegen der hier kreuzenden kurvenreichen Straßen und des riesigen Parkplatzes zu einem Motorrad-Mekka gewandelt. Nach zahlreichen schweren Unfällen wurde die Hauptzufahrt, die L 499, zwischen der B 39 (Frankeneck) und der B 48 (Johanniskreuz) vom 1. April bis 31. Oktober eines jeden Jahres für Motorräder an Samstagen, Sonn- und Feiertagen gesperrt, weshalb nach unsren Beobachtungen ein sonniger erster November den Wald erbeben lässt, weil dann alles Versäumte nachgeholt wird.

Johanniskreuz - Haus der Nachhaltigkeit

Gegenüber lädt seit 2005 das **Haus der Nachhaltigkeit** zur Nachdenklichkeit ein. Ziel dieser Institution ist es, das Konzept der Nachhaltigkeit an seine Besucher zu vermitteln. Um das zu verstehen, muss man erst einmal kapieren, was der Begriff Nachhaltigkeit eigentlich bedeutet:

Was versteht man unter Nachhaltigkeit?

Das Prinzip der Nachhaltigkeit ist für die Benutzer der deutschen Sprache deshalb schwer zu verstehen, weil die umgangssprachliche Benutzung des Begriffs verwaschen und mehrdeutig ist (nach dem Genuss von Wein hatte ich *nachhaltige* Kopfschmerzen) oder sogar zum Gegenteil dessen führt, was man unter *Nachhaltigkeit* versteht: Wer *nachhaltig* seinen Weinvorrat trinkt, verringert die Menge, im schlimmsten Fall, bis nichts mehr da ist. Mit anderen Worten: Nach diesem sprachlichen Verständnis führt die ungeregelte Nutzung der Ressourcen zum Verlust der Ressourcen. Unter Nachhaltigkeit versteht man aber richtigerweise das genaue Gegenteil: Die Nutzung der Ressourcen zum Zwecke dauerhafter Bedürfnisbefriedigung geschieht unter Berücksichtigung und Bewahrung der natürlichen Regenerationsfähigkeit des betroffenen Ökosystems.

Es gibt kaum ein besseres Beispiel für Nachhaltigkeit als den Wald. Deshalb taucht der Begriff erstmals 1713 in einer Publikation von Hans Carl von Carlowitz im Zusammenhang mit der Forstwirtschaft auf.

Heute versteht man unter Nachhaltigkeit auch *Generationengerechtigkeit* und eine *enkelgerechte Zukunft*. Es war im Übrigen noch nie sinnvoll, seinen Wein für die Enkel aufzuheben.

Im Haus der Nachhaltigkeit, einer Institution des Landes Rheinland-Pfalz, werden Ihnen das alles sowie die wirtschaftliche und gesellschaftliche Bedeutung des Waldes erklärt. Das ist wesentlich interessanter und kurzweiliger als man befürchtet. Und unter architektonischen Gesichtspunkten ist das Haus der Nachhaltigkeit im Pfälzerwald ein Ziel, dass man nicht auslassen darf und das demnach zu unseren persönlichen **Top-Ten** gehört. Das Gebäude ist als Beispiel für nachhaltiges Bauen (Wohnen) aus heimischem Holz und Lehm erstellt, Strom liefert eine Fotovoltaikanlage Wärme eine Pelletsheizung. Den Wasserbedarf befriedigt überwiegend der Regen. Und das alles sieht richtig gut aus, Architektur in Höchstform! Das Haus der Nachhaltigkeit ist von März bis Oktober außer samstags geöffnet von 10 bis 17 Uhr; der Eintritt ist frei. Der Besuch der Internetseite www.hdn-pfalz.de/, mit deren Inhalten man ein halbes Buch füllen könnte, lohnt sich sehr; dort sind auch alle weiteren Angebote, wie Führungen, dargestellt.

Das Haus der Nachhaltigkeit entwickelt sich beständig weiter. Längst hat sich (vor Corona) ein wunderbarer Weihnachtsmarkt mit Christbaumverkauf etabliert, und seit 2006 findet alljährlich in den ersten Novembertagen ein Wandermarathon statt, der am Johanniskreuz startet und am Biosphärenhaus in Fischbach (dazu Näheres in Tour 12) endet. Man hat uns schon nach einer Vorauflage schriftlich gebeten, den Parkplatz nicht als Stellplatz zu empfehlen. So müssen Sie gegenüber oder schräg gegenüber die Nacht verbringen oder an den nahen Sägmühleweiher weiterfahren, was eindeutig die bessere Idee ist:

(052) WOMO-Wanderparkplatz: Johanniskreuz

GPS: N 49°2'20" E 7°49'26", B 48. **Max. WOMOs**: 15.
Ausstattung: Mülleimer.
Beschreibung: Das ist eher ein Wanderparkplatz außerhalb der Bebauung als ein Übernachtungsplatz. Neben dem Haus der Nachhaltigkeit, darf man nicht übernachten, und ob es sinnvoll ist, das dadurch zu umgehen, die andere Seite eines Großparkplatzes zu benutzen, sollte man hinterfragen. Jedenfalls gibt es Gaststätten und Wanderwege.
Zufahrt: Fahren Sie von Elmstein kommend auf der L 499 an der Kreuzung auf der B 48 etwa 500 m nach Norden und benutzen Sie einen der beiden fast nebeneinanderliegenden Großparkplätze.

die Weltachse

Fahren Sie nun von hier auf der B 48 weiter nach Norden, um den Ort kennenzulernen, an dem die **Weltachse** aus dem Fels ragt. Wer gehfaul ist, parkt am **Balkenbrunnen**, das ist die Einmündung der B 48 zur K 49, und folgt in zehn Minuten der Beschilderung (Achtung, im Wald gleich links bergauf gehen). Am Ziel lesen Sie, was der Heimatdichter Paul Münch im Jahr 1909 in seiner *‚Die Pälzisch Weltgeschicht‘* geschrieben hat:

»Do werd *die Weltachs ingeschmeert un ufgebasst, dass nix passeert«.*

Ein Forstbeamter hat dieses Denkmal im Jahr 1964 geschaffen und dafür gesorgt, dass einmal im Jahr in einer feuchtfröhlichen Atmosphäre nachgeschmiert wird – erstaunlicherweise mit Öl und nicht mit Rieslingschorle.

Wir haben das Ziel in eine Wanderung eingebaut, die wir auf dem Parkplatz vor **Stüterhof**, wo man einsam übernachten kann, mit Hilfe der Markierung des weißen Punktes starten (40 Minuten einfache Strecke).

Wir kehren hier um und fahren nach **Trippstadt** (3.000 Einwohner), in dessen Nähe ein Kleinod auf den Wander- und Wasserfreund wartet, das **Karlstal**. Parken Sie dazu bei der *Klug'schen Mühle* oder, noch besser, ein Stück weiter beim ***Café Unterhammer*** *(Mi - Sa 12 - 18 Uhr, So 10 - 18 Uhr, im Sommer ohne Ruhetag, Tel. 06306 701460)*. Hier verkostet man Rotweinkuchen und/oder Selbstgebrautes. Im Park neben der schönen Terrasse stehen Schautafeln, die besser erläutern, als wir es können, wie die eigentümlichen Namen der Liegenschaften und Bauwerke in diesem Tal zustande kommen – Oberhammer, Mittelhammer, Unterhammer, Eisenschmelz, Hammertal: Sie beschreiben nämlich die Arbeitsschritte der Gewinnung und Verhüttung von Erzen durch Herrn von Gienanth, dessen Herrenhaus seitlich der Straße von außen noch zu sehen ist.

Café Unterhammer

Herrenhaus

Von beiden Gasthäusern spaziert man (die Straße im Rücken nach links) in das wunderbare **Karlstal**, das wir Ihnen bei der nächsten Wanderung näher erläutern. Der kürzeste Ausflug dauert ab der *Klug'schen Mühle* mit Rückweg etwa eine Stunde.

Wir starten die Wanderung am Badesee des Campingplatzes *Sägmühle*, bei dem Sie alle Vorurteile über Dauercamper vergessen dürfen. Kurzzeitcamper stehen nämlich weitgehend separiert im schönsten Teil, dem unmittelbaren Seeufer – und dabei nicht einmal besonders eng:

(053) WOMO-Campingplatz: Trippstadt *(Sägmühle)*

GPS: N 49°21'06" E 7°46'51", Tel. 06306 92190; www.saegmuehle.de/.
Öffnungszeit: Ganzjährig.

Ausstattung: Badesee, Laden (zeitweise), Campinghändler, ordentliches Restaurant mit Biergarten, Liegewiese, Bootsvermietung, Kinderspielplatz.

Beschreibung: Das angenehme, schöne Gelände liegt in einer Entfernung von 3 km von Trippstadt teilweise schattig am Badesee. Dauercamper stören hier nicht.
Zufahrt: Der Weg ist ab Trippstadt ausgeschildert. **Preis**: 28 €.

Camping Sägmühle

Vom Sägmühleweiher nach Trippstadt und durch das Karlstal

Wir verlassen den **Campingplatz** auf der Straße nach links und biegen nach etwa 300 m mit dem grün-gelben Kreuz nach rechts in Richtung **Trippstadt**, zu dem wir aufsteigen.

In **Trippstadt** wandern wir mit dem blaugelben Strich geradeaus weiter. Der Weg geht durch die Siedlung am Rande der Ortschaft nach Norden, begleitet dann etwa 400 m lang die Straße bis zu einem Kreisverkehr, an dem man die Landstraße verlässt und nach **Langensohl** gelangt.

Mitten in Langensohl zweigt ein mit grünem Strich gekennzeichneter Wanderweg nach links ab und führt nach Südwesten. Auf einer historischen Straße aus großformatigem Sandsteinpflaster geht es hinab in das **Karlstal** zum Unterhammer. Wer Lust auf mehr hat, kann in Lang-

im Karlstal

ensohl weiter geradeaus auf dem blaugelben Strich wandern und erst in der Ortsmitte von Stelzenberg auf der Querverbindung nach Süden in das Karlstal gehen. Er passiert dabei einen interessanten Skulpturenweg und kommt an der Eisenschmelz ins Tal hinab. Dieser Umweg nimmt bis zum Unterhammer eine gute Stunde in Anspruch.

Am Unterhammer ist die schon erwähnte Einkehr angesagt, danach das **Karlstal**. Zunächst scheint es, als würde man an irgendeinem beliebigen Bach entlangwandern und ein historisches Mühlengebäude passieren. Dann zieht sich das Tal zu und wird zur Schlucht: Hochromantisch windet sich ein Weg über ungezählte Brücken durch die **Klamm der Moosalbe**, den im Jahre 1780 der kurfürstliche Architekt des Schwetzinger Schlossgartens und spätere Schöpfer des Münchner Englischen Gartens, Friedrich Ludwig Sckell, im Privatauftrag des Edelmanns Karl-Josef von Hacke erschaffen hat, um die Tradition der englischen spätbarocken Landschaftsgestaltung in der pfälzischen Naturlandschaft zu verwirklichen.

Sie übersteigen auf Holzstegen immer wieder die Bachläufe, Sie erkennen Gedenksteine, die von der Anwesenheit der Mächtigen berichten und erreichen schließlich auf halber Strecke eine achteckige Pagode (Foto Seite 106). Bald hat aber der Spuk ein Ende, und Sie sind wieder in die Wirklichkeit zurückgekehrt.

Am Oberhammer verlassen wir das Tal, stoßen auf die L 550 und passieren den See, an dessen schmalem Ende wir nach links auf einen als Mountainbike-Strecke markierten Weg einbiegen, der uns – an der ersten Gabelung links – zum Weiher an der *Sägmühle* zurückführt. Veranschlagen Sie eine reine Gehzeit von **4 Stunden**, eine Karte dürfte entbehrlich sein; die Wege sind aber auf der *Kompass* App dargestellt.

Im **Trippstadter Schloss** residiert das Landesforstamt, wo die Wiedereingliederung des Luchses in den Pfälzer Wald organisiert wird. Das imposante Gebäude kann nur äußerlich besichtigt werden, ein Gang in den hangabwärts gelegenen Park lohnt sich trotzdem, weil man von hier die barocke Nordwestfassade bewundern kann.

Das **Eisenhüttenmuseum**, etwa 200 Meter davon entfernt, mit einer ehemaligen Schmiede, war schon vor Corona nur selten geöffnet und ist bei Drucklegung wegen der Pandemie geschlossen.

Zurück in Johanniskreuz, wohin wir ein kleines Sträßchen nahe der Moosalbe benutzen, wenden wir uns nach Süden in Richtung Annweiler, nach etwa vier Kilometern rechts in Richtung Leimen auf die L 496. In allen Vorauflagen sind wir von dort nach Süden zum **Hermersbergerhof** abgebogen. Wir haben uns dabei von einem Verkehrsschild, das uns nur mit einem Gesamtgewicht von 2,8 Tonnen durchgelassen hat, nicht ausbremsen lassen. Vielleicht hat uns der neue Bußgeldkatalog (55 Euro) vorsichtiger werden lassen. Wahrscheinlich war die alte Tourführung einfach nur schlecht durchdacht. Hermersbergerhof erreichen wir nun, wie der Pfälzer sagt, »unnerum« auf der 9. Tour – und ganz legal. Hier machen wir im Schwarzbachtal weiter, wo sich der Schwarzbach zu einem Stausee erweitert. Dort erleben Sie abermals, dass Dauercamper nicht jeden Campingplatz vermiesen:

(054) WOMO-Campingplatz: Waldfischbach-Burgalben *(Clausensee)*

GPS: N 49°16'31" E 7°43'14", Tel. 06333 5744, www.campingclausensee.de/. **Öffnungszeit**: Ganzjährig.
Ausstattung: Badesee, Laden, Restaurant mit Biergarten, Liegewiese, Bootsvermietung, Kinderspielplatz.
Beschreibung: Das ist ein familienfreundlicher Platz am See, auf welchem die Dauercamper und die Mietunterkünfte separiert sind. Die Parzellen sind nicht sehr groß. Das Gelände ist von kleinen Wasserläufen durchzogen. Der nächste Ort ist etwa 5 km entfernt. Selbstverständlich kann man hier auch wandern.
Zufahrt: Am östlichen Ende des Sees. **Preise**: 24 € - 30 €.

Direkt vom Campingplatz kann man in etwa 2 Stunden auf einem schönen Pfad südlich des Schwarzbaches auf einem Zuweg des Jakobsweges nach Waldfischbach laufen. Wenn man nach etwa halber Strecke die Bachseite wechselt, kommt man an den Rudimenten der **Heidelsburg** und interessanten Sandsteinformationen vorbei. Für den Rückweg kann man die jeweils andere Bachseite wählen (siehe Kompass App).

Waldfischbach-Burgalben (3.900 Einwohner) wartet mit einem unerwartet schönen Stadtpark und einem kostenlosen **Heimatmuseum** auf, welches leider nur donnerstags von 17 bis 19 Uhr und an jedem zweiten Sonntag des Monats von 14 bis 16 Uhr geöffnet ist. Es gibt auch einen offiziellen Stellplatz:

(055) Offizieller WOMO-Stellplatz: Waldfischbach

GPS: N 49°16'55" E 7°38'45", Carentaner Platz. **Max. WOMOs**: 4.
Ausstattung: Ver- und Entsorgung, Strom.
Beschreibung: Das innerörtlichen Gelände ist gepflastert und trotzdem klappstuhlgeeignet. Sie stehen direkt am Hallenbad, in der Nähe eines Restaurants und bei einem Spielplatz.
Zufahrt: Der Platz ist in Waldfischbach an der B 270 ausgeschildert.

In dieser eher einsamen, waldigen Gegend lagerte einst Giftgas, mit dem man auf einen Schlag mehr als die Bevölkerung der Bundesrepublik hätte umbringen können:

Giftgas in der Pfalz

Nachdem 1983 das amerikanische Verteidigungsministerium offiziell hat einräumen müssen, dass in Deutschland in größerem Umfang chemische Waffen gebunkert werden, hat man schnell ein Lager in der Pfalz vermutet, in der Nähe des Militärflughafens Ramstein und der Stützpunkte in und bei Kaiserslautern. Lange ist man davon ausgegangen, dass die Waffen in Fischbach (12. Tour) untergebracht waren. Wie es zu dieser Annahme kam, lässt sich heute nicht mehr ohne weiteres recherchieren. Möglicherweise hat man Waldfischbach mit Fischbach verwechselt – und dort mehrfach am falschen Ort demonstriert. Bei Waldfischbach, genau genommen im Bereich der Gemeinde Clausen und genau südlich des Clausensees, war das Zeug tatsächlich versteckt, insgesamt 102.000 Giftgasgranaten, darunter 400 Tonnen der Nervengifte VX und Sarin. Das Ausmaß der Bedrohung wird deutlich, wenn man weiß, dass eine (!!) Tankwagenfüllung VX ausgereicht hätten, um die gesamte (!!) deutsche Bevölkerung zu töten.

Angesichts dieses Potenzials ist wahrscheinlich, dass die deutsche Verwaltung zusammen mit den Amerikanern ganz bewusst Falschinformationen über den Lagerort gestreut hat, denn noch größer als das Risiko der Aufbewahrung waren die mit dem Abtransport entstehenden Gefahren, über die man die Bevölkerung im Unklaren lassen wollte – ebenso wie über den Transportweg im September 1990. Der Weg führte nämlich über Straße und Bahn zum niedersächsischen Hafen Nordenham, von wo das Gift auf das Johnston Atoll im Pazifik verschifft worden ist. Dort wurden die Kampfstoffe verbrannt, über Rückstände weiß ich nichts. Der Transport ist unter der Bezeichnung Operation Lindwurm in die deutsche Geschichte eingegangen, für ihn hat man sogar eine im Bau befindliche Autobahn mit einem behelfsmäßigen Belag versehen.

Wer sich das Lager heute ansehen möchte, sollte einen Blick auf Google Earth werfen, wo man südlich des Sees eine große

Fotovoltaikanlage erkennt, aber auch die früheren Bunkeranlagen und die Straßenanbindung. Östlich davon, Richtung Röderkopf, sieht man bei genauer Betrachtung die Reste weiterer militärischer Einrichtungen.

Zum ehemaligen Giftgaslager, also zum heutigen Fotovoltaikpark, können Sie ab dem Clausensee leicht spazieren. Es beginnen dort Wanderwege mit den Nummern 9 oder 10, und mit der *NaturNavi* oder *Kompass* Karte oder App findet man unschwer zum Ziel. Auf dem Weg mit der Nummer 10 müsste man auch zu den östlichen Anlagen finden. Wir haben das aber noch nicht ausprobiert.

Die Fahrt geht etwas weiter nach **Rodalben** (7.000 Einwohner).

Die Gemeinde hat im Jahr 2005 den **Felsenwanderweg** erschlossen, der auf insgesamt 44 Kilometer Länge das Städtchen umrundet, aber deshalb nicht gleich in einem Zug abgearbeitet werden muss.

Nach Streckenabschnitten von jeweils etwa 10 Kilometer Länge führt nämlich ein kurzer Zuweg hinab in die Zivilisation. Der Felsenwanderweg ist leicht zu begehen und führt an zahlreichen Sandsteinformationen vorbei, darunter an der bekannten **Bärenhöhle**. Am besten steigen Sie in den Weg ein, nachdem Sie am Bahnhof von Rodalben Umgehungsstraße

Bärenhöhle

Bruderfelsen

und Bahngleis auf einer Brücke überquert haben, hinter der Sie sich rechts halten, um nach links auf die Bergstraße einzubiegen, an der Sie eine Markierung finden, die Sie zunächst zur grotesk erodierten Felsformation, die bildhaft *Der Bruderfelsen* genannt wird, leitet und danach zur Bärenhöhle. Dort steigen Sie in ein nahes Tal und spazieren in die Innenstadt von Rodalben zurück *(ab der Innenstadt 2,5 Stunden).*

Der Rückgang der Leder- und Schuhwarenindustrie (hierzu mehr bei unserer 9. Tour) führte zum ersten Niedergang der Region, der Abzug der amerikanischen Streitkräfte aus der Westpfalz mit einem enormen Kaufkraftverlust stellte die Ökonomie vor noch größere Probleme. Auf dem Stellplatz merkt man davon nichts:

(056) Offizieller WOMO-Wanderparkplatz: Rodalben *(Vereinsheim Spielmannszug)*

GPS: N 49°14'36" E 7°37'12", Am Entenstein 6. **Max. WOMOs**: 10
Ausstattung: Wasser, Toilette (keine Entsorgung), Strom.
Beschreibung: Sie sitzen auf der etwas schattigen Wiese vor dem Vereinsheim in einem stillen Waldtal auf Ihren Klappstühlen. Sie können direkt hier in den markierten Felsenwanderweg einsteigen und stoßen weiter südöstlich nach etwa 2,6 km auf die oben beschriebene Strecke. Der direkte Weg ins Zentrum misst 1,7 km.
Zufahrt: Fahren Sie auf der Umgehungsstraße südlich des Bachs Richtung A 62 und biegen Sie bei erster Gelegenheit nordwestlich der Brücke nach links (bergwärts) ab und danach bei erster Gelegenheit links.
Preis: 7 €. **Hinweise**: Sie stehen unter einer Hochspannungsleitung. Keine Fahrzeuge deutlich über 8 m.

(057) Mit einem Fahrzeug unter 6,50 m können Sie auch mal beim Wanderheim *Hilschbachhaus* nördlich der Innenstadt nachsehen;
GPS: N 49°14'26" E 7°38'45", Fichtenstraße 1.

Rodalben ist der westlichste Punkt dieser Tour. Es wird Zeit zur Rückkehr an die touristisch renommiertere Weinstraße. Auf dem Weg dahin durchfahren wir **Merzalben**, um am Ortsausgang dem Wegweiser *'Zur Burg'* zu folgen. Nach etwa 300 Metern zweigt ein unbefestigter Weg nach rechts zur **Gräfensteinhütte** des Pfälzerwald-Vereins ab. Hier kann man besser stehen als auf dem Wanderparkplatz unterhalb der Burg, wo im Corona-Sommer bisweilen nachts der Platz geräumt worden ist:

(058) WOMO-Wanderparkplatz: Merzalben *(Gräfensteinhütte)*

GPS: N 49°14'31" E 7°44'46", K 52.
Max. WOMOs: 5.
Ausstattung: Gaststätte *(sonn- und feiertags 10 - 19 Uhr, Tel. 06395 7845)*, Mülleimer, Picknickbank, kleiner Kinderspielplatz.
Beschreibung: Sie stehen auf einer Wiese in einem etwas schattigen Tal. Gaststätten und Geschäfte haben wir in Merzalben selbst nicht gesehen. Vermutlich kann man auch Klappstühle benutzen. Jedenfalls kann man hier loswandern.
Zufahrt: Biegen Sie am Ortsausgang von Merzalben nach rechts Richtung *‚Leimen'* auf die K 52 ab und folgen Sie den Schildern *‚Ruine Gräfenstein'*, nach 160 m müssen Sie erneut rechts abbiegen und nach 230 m parken.

Ruine Gräfenstein

Sie können hier loswandern oder noch bis zum eigentlichen Wanderparkplatz unterhalb der Burgruine weiterfahren. Von dort erreichen Sie mit dem grünen Kreuz nach 10 Minuten die mächtige **Ruine Gräfenstein**, ein wahres Juwel der Stauferzeit. Sie gehörte ursprünglich zum Besitz der Leininger Grafen, wurde auf einem ovalen Felsplateau errichtet und besitzt als einzige romanische Festung Deutschlands einen siebeneckigen Bergfried. Sie wurde einmal im Bauernkrieg (1525) und ein zweites Mal im Dreißigjährigen Krieg geschleift. Der Bergfried kann bestiegen werden – ohne Taschenlampe allerdings nur gefahrvoll – und bietet prachtvolle Aussicht über das weite Waldland an. Wer Zeit und gute Schuhe hat, kann die Ruine auf einer von uns beschriebenen Tageswanderung ab Hinterweidenthal (siehe 9. Tour) erobern.

Jetzt erreichen wir nach fünf in Leimen einen Abschnitt des Hinwegs und biegen an der B 48 nach rechts, also nach Osten, ab. Wir gurken auf einer schmalen Straße bergab, durchqueren Iggelbach und stoßen nach weiteren 3,5 Kilometern auf den animierenden Wegweiser: ***'Stilles Tal'***. Wer möchte auf seiner Wohnmobilreise in der Pfalz nicht in ein stilles Tal? Nach drei Kilometern erreichen Sie die *'Hornesselwiese'*. Früher haben wir Sie hier geradeaus (!) zum **Badeweiher Geiswiese** geschickt und Ihnen dort sogar das Übernachten empfohlen. Aber am Weiher ist ein sogenanntes Biosphärencamp unter der Aufsicht des Hauses der Nachhaltigkeit aufgebaut, mit Schutzhütte, Zeltwiese und WOMO-Verbot. Das ist nicht der Ort für eine illegale Wohnmobilübernachtung, aber Sie können tagsüber im Natursee wunderbar baden, wenn Sie vom nacherwähnten Stellplatz auf 1,5 Kilometer hingelaufen sind.

Hornesselwiese mit Waldschänke

Die ***Waldschänke Hornesselwiese***, im Jahr 2002 abgebrannt, danach aber wieder aufgebaut, wurde Ihnen in den Vorauflagen wärmstens empfohlen. Das hat während der Covid-19-Pandemie gerade noch dafür gereicht, das Lokal mit ganz kleiner Karte und Kuchen am Samstag und Sonntag bis 17 Uhr offen zu halten. Warten wir ab, wie es weitergeht. Der benachbarte Waldparkplatz hat damit einen Teil seines Zwecks verloren. Aber an uns soll der Aufschwung nicht scheitern, außerdem dient der Platz als Ausgangspunkt einer kleinen Badewanderung zum See auf der Geiswiese. Vielleicht lohnt sich das Essen im fast benachbarten Haus jenseits der kleinen Brücke. Wir haben das ***Waldgasthaus Stilles Tal*** seit Jahren nicht mehr getestet *(11 - 20 Uhr, möglicherweise nur Mo und Fr Ruhetag; Tel 06328 9849266)*:

(059) WOMO-Wanderparkplatz: Hornesselwiese

GPS: N 49°19'14" E 7°56'15". **Max. WOMOs**: 3-4.
Ausstattung: Mülleimer.
Beschreibung: Der Waldparkplatz an einem Tümpel ist romantisch, aber auch einsam. Hier kann man auf Klappstühlen den Geräuschen des Waldes lauschen oder sich leicht fröstelnd frühzeitig zurückziehen. Wanderwege beginnen hier. Zum Badeweiher Geiswiese sind es 1,5 km.
Zufahrt: Biegen Sie von Iggelbach kommend am Forsthaus *Frechental* nach rechts ab und fahren Sie nach ca. 3,5 km am Schild *'Hornesselwiese'* nach links, Einfahrt zum Parkplatz nach etwa weiteren 100 m links.
Hinweis: Ich kann nicht ausschließen, dass man hier aufgrund gesetzlicher Regelungen nicht übernachten darf.

Von hier aus kann man eine besonders schöne Wanderung angehen und am Taubensuhl umkehren. Oder man wandert eben umgekehrt. Wie das funktioniert, müssen Sie bei der 7. Tour nachlesen.

Wenn Sie mit dem WOMO das Stille Tal verlassen haben, müssen Sie ganz tapfer sein, denn unsere Tour führt an einem Badesee vorbei, wie er schöner eigentlich nicht sein könnte. Leider haben die Betreiber des **Helmbachweihers** dem WOMO-Fahrer jede Möglichkeit genommen, sein rollendes Eigenheim irgendwo abzustellen.

Also geht's weiter in Richtung Elmsteiner Tal und dort auf der von der Herfahrt bekannten Strecke Richtung Neustadt. In Breitenstein biegen Sie wieder auf die Totenkopfstraße ein, entschließen sich zur nächsten Anliegerknackwurst und fahren weiter nach St. Martin. Vorher passieren Sie einen kleinen See rechts der Straße. Hier können Sie zwar baden, aber nicht übernachten, weil der Wirt der Grillhütte Wohnmobilen nicht wohl gesonnen ist. In St. Martin tauchen Sie ein in den brodelnden Tourismus an der Weinstraße und in unsere 6. Tour.

TOUR 6

Tour 6: Von Maikammer nach Rhodt 55 km

Maikammer – St. Martin – Edenkoben – Rhodt – Weyher

Stellplätze: in Maikammer, in und bei St. Martin, in Edenkoben, in Rhodt, in Weyher

Campingplatz: in St. Martin

Besichtigen: Altarbild in der Alsterweiler-Kapelle in Maikammer, St. Martin, Rhodt, Villa Ludwigshöhe, Rietburg

Wandern: von St. Martin auf die Kalmit, Skulpturenpfad bei Rhodt, bei der Rietburg, von Rhodt zum Friedensdenkmal

Essen: *Waldhaus Wilhelm* bei und Weinstube *Dorfchronik* in Maikammer, Weinstube *Kirchstübel* in St. Martin, Gasthaus *Zur Sonne* in Rhodt

Maikammer (4.000 Einwohner) gehört zu den größeren Orten an der Weinstraße. Die Anzahl der Fachwerkhäuser würde es aber kaum rechtfertigen, die sogenannte Ortsgemeinde hier ausführlich zu erwähnen. Es sei denn, wir müssten alle Ortschaften mit zur Schau getragener Weinseligkeit in schöner Umgebung niederschreiben. Dann hätten wir zwischen Rhein und Haardt viel zu tun, und Sie müssten viel anschauen, viel trinken und sich am Ende sogar ein wenig langweilen.

Maikammer

Wenn wir Maikammer trotzdem einflechten, liegt das nicht am beheizten Freibad, sondern an den Brüdern Franz und Anton Ullrich, den bekanntesten Söhnen des Ortes. Die genialen Erfinder durften im Jahre 1889 ihr Patent sogar auf der Weltausstellung in Paris präsentieren, den Gelenkmaßstab mit Federsperre, den weltberühmten Zollstock, der heute unverzichtbare Zwei-Meter-Stab, mit Firmennamen bedruckt in der Hosenbeintasche eines jeden Handwerkers – und zerbrochen in nahezu jedem deutschen Werkzeugkasten. Der Clou war die Möglichkeit, vereinfacht in der Senkrechten zu messen, jene Tätigkeit auszuführen, bei der dem unbedarften Bastler so oft das hölzerne Handwerkszeug zerbricht. Das **Klappmeter-Denkmal** von Maikammer stand früher in einem Weinberg und hat das Schicksal eines jeden Zollstocks erlitten: Es war abgebrochen. Da kam der neue Kreisverkehr westlich des Ortes, an der Straße nach St. Martin, gerade recht, wo Sie nun einen neuen, riesigen und farbenfrohen Meterstab umrunden.

Klappmeterdenkmal

Völlig intakt und im (1980) restaurierten Zustand präsentiert sich unweit davon in der **Alsterweiler-Kapelle** das schöne gotische **Altarbild** von 1445 (die Kapelle wurde erst in der Mitte des 19. Jahrhunderts gebaut und ist Richtung *,Kalmit'* beschildert).

In der Nähe, also im oberen, westlichen Ortsteil von Maikammer (Alsterweiler), liegen zwei Stellplätze, und wer lieber beim Winzer schläft, findet auch eine Bleibe:

(060) Offizieller WOMO-Wanderparkplatz: Maikammer (Alsterweiler)

GPS: N 49°18'28" E 8°06'52", Alsterweiler Hauptstraße. **Max. WOMOs**: 3-5.
Ausstattung: Mülleimer.
Beschreibung: Offiziell sind drei Plätze für Wohnmobile ausgewiesen. Es werden in der Regel mehr benutzt. Das ist eigentlich ein schöner Parkplatz am Ortsrand in der Nähe von Häusern, von dem aus Gaststätten, Bäcker und Metzger zu Fuß erreichbar sind. Man kann auf Rasenflächen auch Tische und Klappstühle aufstellen. Der Nachteil ist die starke Benutzung. Am Wochenende, besonders sonntags, findet man tagsüber nur schwer eine Lücke, weil der Platz vielen Wanderern als Ausgangspunkt dient.
Zufahrt: Der Platz liegt an der Straße zur Kalmit der L 515, Wegweiser *‚Kalmit – Elmstein'*, oberhalb der Alsterweiler-Kapelle und etwa 150 m nach den letzten Häusern.
Hinweis: Der Platz ist bisweilen freitags von 15-18 Uhr nicht oder nur eingeschränkt nutzbar.

(061) WOMO-Wanderparkplatz: Maikammer (Weinberg)

GPS: N 49°18'33" E 8°06'34", Kalmithöhenstraße.
Max. WOMOs: 4-6.
Ausstattung: Keine.
Beschreibung: Das ist ein geschotterter, klappstuhlgeeigneter, leicht einsamer Wanderparkplatz mit einer Wiesenfläche am Rand, der allerdings überwiegend schräg ist und ohne leistungsfähige Keile kaum genutzt werden kann. Die ebensten Bereiche liegen am oberen Rand. Landschaftlich ist das einer der schönsten Plätze im südlichen Teil der Weinstraße. Eine Gaststätte finden Sie etwa 450 m weiter bergauf (*Waldhaus Wilhelm*, siehe im nachfolgenden Text).
Zufahrt: Der Platz liegt an der Straße zur Kalmit der L 515, Wegweiser *‚Kalmit – Elmstein'*, etwa 550 m oberhalb der letzten Häuser und ist mit *‚P'* rechts der Straße beschildert.

(062) WOMO-Stellplatz: Maikammer (Schwimmbad)

GPS: N 49°18'05" E 8°07'56", Schwimmbadstraße. **Max. WOMOs**: 3-4.
Ausstattung: Keine.
Beschreibung: Im gesamten Innerortsbereich von Maikammer darf man nur kurzzeitig parken. Davon ausgenommen ist der Parkplatz vor dem Freibad (möglicherweise wurde er bei der Regulierung vergessen, was sich nach dem Erscheinen dieser Auflage ändern könnte). An dessen Rand dürfen Wohnmobile innerhalb der Bebauung sehr gut stehen. Das funktioniert aber nur außerhalb der Badesaison. Die Pizzeria gegenüber haben wir nicht getestet. Die anderen Lokale, ein Bäcker und ein Supermarkt sind bequem zu Fuß erreichbar.
Zufahrt: Der Platz liegt im westlichen Ortsteil vor dem Freibad.

(063) WOMO-Winzerplatz: Maikammer *(Weingut Schädler)*

GPS: N 49°18'30" E 8°07'31", Hartmannstr. 62. Tel. 06321 5425.
Max. WOMOs: 3. **Ausstattung**: Wasser, Strom.
Beschreibung: Sie stehen innerorts klappstuhlgeeignet, auf grasigem Unter-

grund mit schönem Blick auf die Weinberge und das Hambacher Schloss. **Zufahrt**: Das Weingut liegt noch unten in Maikammer an der Straße zur Kalmit und ist beschildert. Zufahrt erfolgt aber über die Dieterwiesenstraße. **Preis**: 7 € inkl. eine Flasche Wein.

(064) Weiter unten im Ort stellt das ***Weingut Hubert Müller*** in der Bahnhofstraße 3 ebenfalls 3 Stellplätze für jeweils 13 € zur Verfügung; **GPS**: N 49°18'28" E 8°08'10".

Die Auswahl eines Restaurants hängt von Ihrem Domizil ab, denn in das ***Waldhaus Wilhelm***, ein Hotel am Wald ohne Weinstubenfolklore und seitlich der Straße zur Kalmit, das Sie ohne unseren Tipp nie besuchen würden, spaziert man nicht aus der Ortsmitte. Von unseren beiden erstgenannten Plätzen ist es aber nur ein Katzensprung. Die Küche, die man geringschätzig, jedoch irreführend, auch als »bürgerlich« bezeichnen könnte, gehört schon wegen der redlichen Preise in die engere Auswahl *(Kalmithöhenstraße 6, das ist die L 515, Tel. 06321 58044; Mo Ruhetag, Terrasse; Hauptgerichte ab 11,90 €; in Maikammer immer geradeaus und bergauf)*. Die Alternative mitten im Ort, die ***Dorfchronik***, ist von den oberen Stellplätzen ebenfalls noch gut zu erreichen und bietet Weinstubenküche auf so hohem Niveau, dass Sie rechtzeitig reservieren sollten; hier hat uns sogar der Saumagen überzeugt *(Marktstraße 7, am Marktplatz die Gasse runter, Tel. 06321 582 40; Mi und Do geschlossen, was sich aber möglicherweise wieder ändert; Hauptgerichte ab 18,50 €, kleine Karte, günstige Weinpreise)*.

Zu beiden Lokalen sind wir auch schon vom benachbarten **St. Martin** (1.800 Einwohner) spaziert, das touristisch bedeutsamer ist, mit noch besseren Stellplätzen brilliert und deshalb zu unseren persönlichen **Top Ten** gehört. Das Dorf liegt zudem deutlich schöner am Ausgang eines Tals sowie am Fuß einer Burg, und der gesamte Ortskern steht unter Denkmalschutz. Richtige Sehenswürdigkeiten finden Sie allerdings auch hier nicht, wenn man vom sogenannten **Briefmarkeneck** absieht, dem Erker eines Winzerhauses, der kurz nach dem Krieg einmal eine Briefmarke geziert haben

St. Martin - Briefmarkeneck

in Sankt Martin

soll. Das interessiert zwar niemanden wirklich, aber es schafft Renommée. Dabei hat St. Martin das gar nicht nötig. Sie laufen einmal durch den Ort, lassen sich zu Riesling und *Pfälzer Teller* verleiten (und behalten nur den Wein in guter Erinnerung) und versäumen nicht, zur Kirche aufzusteigen, um dort am Standbild des Heiligen Martin in der preiswerten, urgemütlichen **Weinstube *Kirchstübel*** das dem Ort gebührende Lokal zu entdecken *(Tel. 0632 949131; zuletzt nur Fr - So, Freisitz mit Bierbänken; Hauptgerichte 10,90 €, auch Flammkuchen)*.

St. Martin wird trotzdem einer Ihrer pfälzischen Lieblingsorte werden, weil es geradezu der Prototyp eines touristisch ambitionierten Weinstraßendorfes ist, gefällig, mit einer großen gastronomischen Breite, mehreren Stellplätzen und einem angenehmen Campingplatz, der uns deshalb anspricht, weil er direkt westlich des Orts liegt, man also bequem zu Fuß das Dorf erreichen kann, und weil die Dauercamper hier so nachhaltig separiert sind, dass man sie auf dem für Touristen reservierten Platzteil nicht einmal erahnt:

in Sankt Martin

(065) WOMO-Campingplatz: St. Martin *(Wappenschmiede)*

GPS: N 49°18'05" E 8°05'26", Talstr. 60. Tel. 06323 6435.
Öffnungszeit: 1. 4. - 1.11.
Ausstattung: Restaurant (zuletzt mangels Betreiber geschlossen). **Beschreibung**: Der schöne Campingplatz bietet nicht grenzenlos Platz, weshalb sehr große Wohnmobile ungeeignet sind. Wanderwege führen direkt vorbei. In den Ort sind es 500 m.
Zufahrt: Der Platz liegt westlich des Ortes im Tal, an der Zufahrt zur Totenkopfstraße, beschildert. **Preis**: 25€, die nur bar angenommen werden.

Stattdessen können Sie unter mehreren guten Stellplätzen auswählen:

(066) Offizieller WOMO-Wanderparkplatz: St. Martin (Edenkobener Straße)

GPS: N 49°17'49" E 8°06'32", Edenkobener Straße.
Max. WOMOs: 15.
Ausstattung: Ver- und Entsorgung, Toilette (alles neben dem nächstgenannten Stellplatz zu Fuß erreichbar), Mülleimer.

Beschreibung: Sie stehen am Ortsrand teilweise schattig, klappstuhlgeeignet, aber etwas eng und auf Asphalt. Der Blick ist stellenweise ungewöhnlich schön. Selbstverständlich gibt es Wanderwege. In das Ortszentrum mit Gaststätten und Bäcker sind es 550 m.

Zufahrt: Der Platz liegt an der L 514, der Straße nach Edenkoben, fast auf der Höhe eines Hügels als oberster von weiteren Parkplätzen. Der Wegweiser ist irreführend. **Preis**: 6 €.
Hinweis: Der Platz ist stets gut besucht, etwas eng und leicht schräg.

(067) WOMO-Winzerplatz: St. Martin *(Consulat des Weins)*

GPS: N 49°17'53" E 8°06'30", Riedweg. Tel. 06323 8040.
Max. WOMOs: 10.
Ausstattung: Wie vorerwähnter Platz, Picknickbank.
Beschreibung: Das ist ein innerörtlicher, ebener, schön gelegener und klappstuhlgeeigneter Platz, der sehr beliebt und nachmittags oft belegt ist.
Sie sollten Wein kaufen, werden aber nicht kontrolliert, gesellige Weinproben, Wanderwege / im Ort.

Zufahrt: Der Platz liegt an der L 514, der Straße nach Edenkoben noch fast im Tal; biegen Sie beim Wegweiser zu Wasser und Entsorgungsstation ab, der Stellplatz liegt in Sichtweite des vorgenannten drei Etagen tiefer.
Preis: 2 € / Person Kurtaxe.

(068) WOMO-Winzerplatz: St. Martin *(Weingut Schreieck)*
GPS: N 49°18'02" E 8°06'21", Friedhofstr. 8. Tel. 06323 5415.
Max. WOMOs: 17. **Ausstattung**: Ver- und Entsorgung, Strom, Mülleimer.
Beschreibung: Der innerörtliche Platz ähnelt einem Campingplatz, ist aber eng und stets gut besucht; der schönste Platz in St. Martin.
Gaststätten, Geschäfte, Wanderwege / im Ort. Auf seiner Internetseite verkündet das Weingut, man dürfe keine Campingmöbel und Markisen benutzen (zeigt aber Menschen die auf Klappstühlen sitzen). Hintergrund ist ein Rechtsstreit, in dem ein Konkurrent dem Weingut den Betrieb des Stellplatzes ohne Baugenehmigung für einen Campingplatz untersagen lassen wollte.
Zufahrt: Der Platz ist an der Straße zum Campingplatz (L 514), der Totenkopfstraße, beschildert. **Preis**: 15 €.

In St. Martin empfehlen wir Ihnen eine wunderbare Rundwanderung, die mit allen landschaftlichen Schönheiten der Haardt gesegnet ist:

Kropsburg - von Süden

Von St. Martin zur Kropsburg und zur Kalmit

Sie gehen in **St. Martin** durch die Hauptstraße (sie heißt Maikammerer Straße) taleinwärts, Sie halten sich nach der platzartigen Ausbuchtung halblinks, suchen bei einer Eckbäckerei die Markierung mit dem roten Balken und biegen nach kurzem Anstieg nach links ab. Durch Weinberge steigen Sie vom malerischen Weindorf in südlicher Richtung ein kurzes Stück steil und danach auf bequemem Fahrweg zur **Kropsburg** auf. Auf der Internetseite wird das in Privatbesitz stehende Gemäuer *Schloss* genannt. Das macht sich besser im Vermietungsgeschäft (und nur bei privaten Veranstaltungen können Sie die im 18. Jahrhundert wieder aufgebaute Oberburg besichtigen). Den schönsten Anblick haben Sie auf der Wanderstrecke, wenn Sie sich von Süden nähern. Aber auch der Innenhof ist sehenswert, vor allem wenn man sich hier an heißen Tagen eine erste **Erfrischung** gönnt *(schöner Biergarten; dienstags Ruhetag)*.

Am Ausgang der Kropsburg nehmen Sie nur für wenige Meter die Fahrstraße und biegen bald auf dem mit roter Scheibe markierten Weg nach rechts in den Wald ab. Nach einiger Zeit gelangen Sie ins Tal und überqueren beim Campingplatz (siehe oben) den Bach, um auf der anderen Seite des Tals immer noch mit der roten Scheibe beständig anzusteigen bis zur 673 m hohen **Kalmit**, der höchsten Erhebung des Pfälzer Waldes (Näheres Tour 5). Sie werden dort eine längere Pause brauchen.

an der Hütte Zeter Berghaus

Auf dem Rückweg nehmen Sie noch ein kurzes Stück den Pfad mit der roten Scheibe und zweigen dann auf den grün-weiß markierten Weg ab, auf dem Sie erst zweimal und später noch ein drittes Mal die Straße überqueren. Nach dem Verlassen des Waldes stoßen Sie unten am Rand der Weinberge auf den von Norden vorbeiführenden Wanderweg Deutsche Weinstraße, um nach gut **drei Stunden** reiner Gehzeit wieder in St. Martin einzutreffen.

Der auf jeder Karte eingezeichnete und bestens markierte Wanderweg lässt sich gut **ausdehnen**, wenn Sie von der Kalmit in einem weiter nördlichen Bogen zum Hambacher Schloss marschieren und von dort durch die Weinberge zurück nach St. Martin. Das Vergnügen dürfte dann um **bis zu zwei Stunden länger** dauern. An schönen Tagen sollten Sie unbedingt in der **Hütte *Zeter Berghaus*** einkehren, die Sicht ist prächtig, der Ansturm leider entsprechend *(zwischen Hambacher Schloss und Maikammer; Apr. - Okt. Mittwoch bis Sonntag, im Winter nur am Mi und am Wochenende, jeweils bis 19 Uhr)*.

Hätten Sie gedacht, dass St. Martin gar nicht an der Weinstraße liegt? Stattdessen aber **Edenkoben**, mit 6.700 Einwohnern eine richtige Kleinstadt und mit folgendem Text auf seiner amtlichen Internetseite: »Der hübsche Luftkurort Edenkoben an der Deutschen Weinstraße mit 500 ha Rebfläche und einer perfekten Infrastruktur ist für Wein- und Rebenfreunde unter den Reisemobilisten eine der ersten Adressen. Er ist einer der ältesten offiziellen Plätze, erstaunlich zentral und dennoch ruhig«. Wir ergänzen: groß, günstig an einem Weinberg gelegen und mit amtlicher Ermahnung, die Wohnmobilisten nicht im Schlaf zu stören. Das haben wir so noch nie gelesen! Stattdessen können Sie bei wenigstens fünf Winzern logieren, von denen hier drei wegen ihrer schönen Lage erwähnt werden:

Edenkoben - Platz Nr. 069

(069) Offizieller WOMO-Stellplatz: Edenkoben

GPS: N 49°16'57" E 8°07'53", Kirchberg. **Max. WOMOs**: 30.
Ausstattung: Ver- und Entsorgung, Strom, Mülleimer.
Beschreibung: Der schattenlose, asphaltierte Parkplatz liegt zentral wenige Schritte von der Ortsmitte entfernt. Sie können auf Klappstühlen sitzen, schön ist das nicht. Der gesamte Platz hat Gefälle.
Zufahrt: Fahren Sie zunächst Richtung Stadtmitte und Speyer, der Platz ist an der Ampel in der Ortsmitte mit einem Piktogramm unübersehbar bergab beschildert. **Preis**: 5 €. Foto: Seite 123

(070) WOMO-Winzerplatz: Edenkoben
(Weingut Edel-Brauch)

GPS: N 49°17'20" E 8°07'22", St. Martiner Str. 30. Tel. 06323 959222 (keine Reservierung). **Max. WOMOs**: 10.
Ausstattung: Ver- und Entsorgung, Strom, Mülleimer, Restaurant.
Beschreibung: Die grasigen, halbschattigen und klappstuhlgeeigneten Plätze liegen sehr schön am Ortsrand und am Weinberg, aber etwas schräg und eng; häufig belegt.
Zufahrt: Das Weingut liegt nördlich des Ortes an der L 514 nach St. Martin.
Preis: Weinkauf erwünscht.

(071) WOMO-Winzerplatz: Edenkoben
(Weingut H.J. Schreieck)

GPS: N 49°17'00" E 8°06'32", Klosterstr. 176. **Max. WOMOs**: 8.
Ausstattung: Ver- und Entsorgung, Strom, Mülleimer.
Beschreibung: Sie stehen klappstuhlgeeignet hinter dem Weingut auf Gras mit Blick über die Reben und die Rheinebene. In das Zentrum sind es aber 3,2 km.
Zufahrt: Das Weingut liegt westlich des Ortes an der Straße zum Hilschweiher. **Preis**: 10 €.

(072) WOMO-Winzerplatz: Edenkoben
(Weingut Fritz Schneider)

GPS: N 49°17'07" E 8°07'06", Klosterstr. 158, Tel. 06323 5210.
Max. WOMOs: 12. **Ausstattung**: Ver- und Entsorgung, Strom, Mülleimer.
Beschreibung: Auch hier stehen Sie mit sehr schönem Blick hinter dem Weingut außerhalb der Bebauung und können Klappstühle benutzen. In das Zentrum sind es 750 m.
Zufahrt: Das Weingut liegt ebenfalls westlich des Ortes an der Straße zum Hilschweiher. **Preis**: 14 €.

In Edenkoben selbst gibt es nicht viel zu sehen, eigentlich nur den **Lederstrumpfbrunnen** zum Gedenken an Johann Adam Hartmann, einen Edenkobener Auswanderer, der im Roman von Cooper als *Lederstrumpf* Weltruhm erlangt hat.

Normalerweise werden in einem Atemzug mit Edenkoben auch der Sessellift der Rietburgbahn und die Villa Ludwigshöhe genannt, sie liegen aber näher bei **Rhodt** (1.100 Einwohner), und das trägt den Zusatz *unter Rietburg* in seinem offiziellen Ortsnamen. Rhodt ist nicht nur einer unserer pfälzischen Lieblingsorte, was der Auftrieb an sonnigen Herbsttagen beweist. Der Stellplatz in den Weinbergen mit Blick zu jenem Schloss könnte schöner kaum sein; auch die Alternativen sind keine Notlösungen:

(073) Offizieller WOMO-Wanderparkplatz: Rhodt (Wiese)

GPS: N 49°16'14" E 8°06'55", Straßburger Straße.
Max. WOMOs: 30.
Ausstattung: Keine.
Beschreibung: Der Stellplatz ist eine langgezogene Wiese, auf der man beidseits der Durchfahrt in Ortsnähe schattenlos und klappstuhlgeeignet stehen kann. Zum Bäcker mit gutem Kuchen sind es 540 m. Einen Laden gibt es nicht mehr. Sie können sehr gut hier loswandern.
Zufahrt: Biegen Sie von der L 506, der Straße nach Edesheim, noch östlich der Winzergenossenschaft auf ein Wiesengelände ab; wenn Sie von der L 512 (Weinstraße) nördlich des Ortes nach dem Ortsschild in die Wiese fahren, kommen Sie auch hin. **Preis**: 4 €.

(074) Offizieller WOMO- Wanderparkplatz: Rhodt (Weinberg)

GPS: N 49°16'30" E 8°05'57", Wintergasse. **Max. WOMOs**: 15.
Ausstattung: Mülleimer.
Beschreibung: Sie stehen auf gewachsenem, teilweise schrägem Untergrund klappstuhlgeeignet im Halbschatten zwischen den Reben mit sehr schönem Blick auf das Schloss Ludwigshöhe. Der Platz ist für Wohnmobile ab 8 m Länge nicht geeignet. Zum Bäcker mit gutem Kuchen sind es 800 m. Einen Laden gibt es nicht mehr. Sie können sehr gut hier loswandern.
Zufahrt: Fahren Sie in Rhodt durch die Theresienstraße, das ist die in der Ortsmitte bei dem Knick von der Weinstraße (L 512) zu den Bergen führende Straße, und biegen Sie kurz vor dem Ortsende beim 2. Wegweiser mit *,P'* nach rechts bis zum beschilderten Parkplatz rechts der Straße (nach einem Pkw-Parkplatz).
Falls die Theresienstraße gesperrt ist, was an Sonntagen und in den Ferien öfter vorkommt, fahren Sie von Edenkoben Richtung *,Rietburg'* und biegen etwa 1,4 km nach der letzten Kreuzung von Edenkoben nach links in die erste erlaubte Asphaltstraße ein (schlecht sichtbarer Wegweiser *,Rhodt'*); der Platz liegt dann nach 450 m links.
Preis: 4 €. **Hinweise**: Höchstens 24 Stunden und gut besucht.

In Rhodt bieten außerdem wenigstens **fünf Winzer** empfehlenswerte Stellplätze an, nämlich *Gries, Nichterlein, Meyer, Fader* und

(075) WOMO-Winzerplatz: Rhodt *(Weingut Seitz-Schreiner)*
GPS: N 49°16'15" E 8°06'32", Weinstraße 2. Tel. 06323 989490.
Max. WOMOs: 4.
Ausstattung: Ver- und Toilettenentsorgung, Strom, Mülleimer. **Beschreibung**: Sie stehen im Ort klappstuhlgeeignet auf gekiestem Untergrund. Hier ist der Bäcker 180 m entfernt.
Zufahrt: Das Weingut liegt mitten im Ort seitlich eines zentralen Parkplatzes.
Preis: 12 €, die beim Weinkauf teilweise angerechnet werden.

Das Dorf hat mehrere Preise im Wettbewerb *Unser Dorf soll schöner werden* errungen, bzw. *Unser Dorf hat Zukunft,* wie man heute sagt. Angeblich stehen 80 Prozent der Häuser unter Denkmalschutz. Daran gemessen ist die Gesamtsehenswürdigkeit, fast schon einem Freilichtmuseum ähnlich, touristisch sensationell zurückhaltend. Ein paar kleine Ateliers und Verkaufstische mit Wein oder selbst gemachter Marmelade (zum Beispiel von Feigen) sind das Äußerste.

Dabei liegen zwei Hauptsehenswürdigkeiten der Pfalz auf dem Gemeindegebiet, die **Villa Ludwigshöhe** und direkt daneben der Sessellift zur Rietburg. Sie könnten mit dem Auto dorthin fahren. Die meisten Urlauber verkneifen sich das – sie laufen nicht, sie radeln nicht und sie fahren auch nicht hin. Sie schauen nur aus der Ferne und kämen niemals auf die Idee, dass es sich bei der Villa, eher einem Schloss, um die Sommerresidenz eines bayerischen Königs handelt. 1852 im Auftrag Ludwigs I. fertig gestellt, vier Jahre nach der Abdankung des Monarchen, die vordergründig wegen der Tänzerin Lola Montez, in Wirklichkeit infolge revolutionärer Umstände unvermeidlich war. Die Pfalz gehörte damals zu Bayern (siehe beiger Kasten auf Tour 1), und Ludwig I. weilte nur jedes zweite Jahr im Juli/August in seinem Ferienhaus. Sie dürfen mehrere Räume des zum Teil aus der Privatschatulle bezahlten Prachtbaus besichtigen, unter anderem eine historische Küche von

Villa Ludwigshöhe

1852, in der es schon damals fließend kaltes und warmes Wasser gab. Erwarten Sie keine Möbel aus dem Besitz des Exkönigs. Es gab nämlich niemals eine für das Schloss bestimmte Einrichtung. Der Monarch brachte bei seinen Besuchen den gesamten Hausstand (mit der Bahn) mit. Das kommt Ihnen als WOMO-Reisende bekannt vor. Auch Ludwig wollte stets im eigenen, gewohnten Bett schlafen (das Schloss ist wegen Sanierung bis Anfang 2022 geschlossen, weshalb ich keine näheren Angaben machen kann; siehe unter http://schloss-villa-ludwigshoehe.de/index.php?id=44350). Absolut sehenswert ist – nach Wiedereröffnung – im Obergeschoss die **Slevogt-Galerie**, eine Sammlung bedeutender Werke des pfälzischen Impressionisten (siehe auf der Internetseite nach Ende der Sanierung; zu Max Slevogt siehe bei Tour 8). Hoffen wir, dass nach der Sanierung auch das reizende Café wieder zugänglich sein wird.

Nachfolgend schildere ich eine Wanderung, von der Ihre **Kinder** oder **Enkel** noch den Kindern oder Enkeln berichten werden:

Wanderung auf dem Skulpturenpfad

Sie starten bei der **Villa Ludwigshöhe** und wählen am Waldrand den mit der Weintraube markierten Weg nach Süden. Auf diese Weise gelangen Sie zur bewirtschafteten ***Rietaniahütte***. Sie gehen unterhalb der Hütte geradeaus vorbei und wählen den Weg am Waldrand mit rotem Balken und Weintraube.

Nach kurzer Strecke verzweigen sich die Wege. Sie wählen den linken Pfad, der bergab führt und mit roter Scheibe sowie Weintraube markiert ist, während der Weg mit rotem Balken rechts bleibt. Nun müssten bald die ersten **Holzbildhauereien** auftauchen, bei denen aus Stümpfen von Bäumen Figuren und Tiere herausgesägt und teilweise sogar koloriert worden sind. Das allein ist für Kinder schon sehenswert. Das Beste aber sind die Installationen, die von den Besuchern hinzugefügt werden: Star-Wars-Figuren, Schlümpfe, Grüffelos und Gestalten, deren Namen Sie wahrscheinlich gar nicht kennen, im Gegensatz zu Ihren Kindern und Enkeln. Die Figürchen stehen einfach so herum. Die Kinder könnten sie einstecken, was vermutlich die wenigsten tun, man darf sie aber auch verstellen. Das ist die wahre Herausforderung. Ihr Nachwuchs wird neue Gruppen bilden und beim nächsten Besuch eigenes Material mitbringen. Im Volksmund heißt der ursprünglich von Georg Seiler entwickelte Weg ***P(o)ussierpäddel***.

Es gibt mehrere Möglichkeiten, den Ausflug zu Ende zu bringen, die von der Kondition ihrer Kleinen abhängen. Am einfachsten gehen Sie auf dem Hinweg zurück. Die zweite Alternative ist der Weg bis zur **Mariengrotte**, die Kinder ebenfalls beeindruckt, weil die Figuren ähnlich kitschig sind wie die des Skulpturenparks. Danach müssen Sie nach links abwärts einen Weg nach **Weyher** suchen. Oder Sie gehen noch bis zur **Burrweiler Mühle** und von dort nach Norden durch die Weinberge nach Weyher, von wo Sie beispielsweise mit der roten Scheibe schön auf einem Weinbergweg zum Schloss Ludwigshöhe zurückwandern können. Im Grunde kann man hier auf Sicht gehen, alle Wanderkarten und alle Apps zeigen brauchbare Wege.

Sessellift

Ein kurzes Stück oberhalb der Villa stoßen Sie auf die Talstation des **Sesselliftes** zur **Rietburg**, den Sie auch mit dem WOMO erreichen, weil Sie unterhalb gut parken können (5 €; mit Rückfahrt 7,50 €; März nur sonntags, April - Mitte Nov. täglich 9 - 17 Uhr oder bis 18 Uhr, letzte Fahrt 15 Minuten vor Schließung). Der Aushang an der Kasse: »Achtung Vorkommandos! Wir beraten Sie gerne bei der Vorbereitung Ihres Betriebs- oder Vereinsausflugs« verrät das Alter der Rietburgbahn, die schon 1954 in Betrieb genommen worden ist und in den ersten 40 Jahren über 6 Millionen Besucher befördert hat. Auf den historischen Holzsitzen werden Sie zu einer der höchsten und am schönsten gelegenen Burgen der Pfalz transportiert, wegen der prachtvollen Aussicht einer der **Topsehenswürdigkeiten** in diesem Buch und selbstverständlich bei unseren persönlichen **Top Ten**. Ich halte die Rietburg bei gutem Wetter für eine der größten Sehenswürdigkeiten in

Blick von der Rietburg

der Pfalz. Die Sicht genießen Sie auch von einer fantastischen Café-Terrasse, auf der Sie von 550 m über die Rheinebene bis zum Odenwald blicken können *(Höhengaststätte Rietburg, Karfreitag bis Anfang November täglich geöffnet, im Dezember geschlossen und von Januar bis Karfreitag nur Sa und So offen).* Die Fahrt scheint eine große Attraktion für Senioren zu sein, die sich im Holiday Park nichts trauen und hier oben auf dem Gipfel hinter der Burg in einem Wildgehege kleine Rehlein füttern (das Futter dort kaufen).

Der Durchschnittsurlauber fährt mit dem Ersatzkarussell hoch und geht zu Fuß zurück. Dass jener zwischendurch auf der Terrasse einen *Pfälzer Teller* verspeist, behaupten wir hier mal einfach, um beim Thema zu bleiben (das Essen in der Gaststätte ist aber wirklich nicht schlecht!). Diese Strategie ist aber falsch, weil die Bahn nämlich für jedes Alter geschaffen ist und eine besonderes Erlebnis verspricht, wenn man geräuschlos allmählich auf die Höhe gehoben wird – und dasselbe Erlebnis noch einmal, wenn man bei der Rückfahrt die Weite vor sich sieht. Sie können oben wandern, solange Sie wollen, aber fahren Sie mit der Bahn zurück! Und ersparen Sie sich den Ausflug bei diesigem Wetter.

Kulinarisch gibt es leider in Rhodt nur noch eine Kompromisslösung: Nicht den *Vinorant Fleischmann-Krieger*, der mehrere ihm gegebene Chancen nicht genutzt hat, sondern das

Rhodt - Theresienstraße

schlichte **Restaurant *Zur Sonne*** *(Weinstraße 39, Tel. 06323 9876270; Mi und Do geschlossen, Hauptgerichte ab 14,50 €).*

Auf dem Weg vom Stellplatz in den Weinbergen zu diesem Lokal und in den Ort spazieren Sie zwangsläufig durch die **Theresienstraße**. Das ist eine pittoreske Kastanienallee, benannt nach Therese, der Gattin des königlichen Pensionärs, die auf diesem Weg in der Kutsche zur evangelischen Kirche in Rhodt fuhr, während der Gatte die katholische Messe in Edenkoben besuchen musste. Therese, nach der die Theresienwiese in München benannt ist, wo zur Feier der Hochzeit ein Volksfest abgehalten wurde, das heutige Oktoberfest, weilte übrigens nur zweimal in Rhodt.

Im oberen Teil besagter Gasse sehen Sie (im ehemaligen Haus des Gründers des Pfälzerwaldvereins) einen gigantischen Mammutbaum und in dessen Nähe ein **Denkmal**. Gedacht wird nicht jener Dame, eines Helden oder gar eines Dichters, sondern eines schlichten Liter-Glases, des *Rhodter Piff*, erfunden von einem Gastwirt, der damit seinen weiblichen Gästen die kleinen 1/8 Liter-Gläser, genannt *Piff*, austreiben wollte. Da die weiblichen Kunden in der Öffentlichkeit am Wein nur nippen durften und deshalb ein *Piff* Wein meist mehrfach, bis zu achtmal hintereinander, bestellen mussten, brachte jener Wirt eines Tages im Jahr 1903 einen Literhumpen und erklärte den protestierenden Frauen, das sei in Rhodt ein *Piff*.

Das wirkliche Pfälzer Maß ist allerdings ein *Schoppe*, der meist im *Dubbeglas* serviert wird, und zu dessen Ehren ein Denkmal in der Ortsmitte von Maikammer errichtet ist:

Der *Schoppe* im *Dubbeglas*

Wenn der Autor dieser Zeilen zur Zeit seines Abiturs in der Westpfalz einen »Schoppe« bestellte, blieb es meist nicht bei dem einen, und der Wirt stellte einen halben Liter Bier auf den Tisch. Wein trank man damals in der Westpfalz selten, junge

Menschen konsumierten allenfalls *Lambrusco*. Es gab zu jener Zeit in der Stadt einen Wirt, der brachte eines Tages das Bier im 0,4 l-Glas. Der Preis war entsprechend niedriger, aber das Lokal stand bald vor der Pleite und musste wieder zu den gewohnten, größeren Gläsern zurückkehren. Wer einen »Schoppe« bestellt hatte, erwartete auch einen solchen.

Später, die Brauereien standen im Verdacht eines Kartells und hatten mit aller Macht flächendeckend eingegriffen, gab es »Schoppe« (0,4 l) und »Echte Schoppe« (0,5 l). Und als der Autor dieser Zeilen an seinem Studienort in Heidelberg arglos den ersten »Echten Schoppe« bestellte, musste die Messgröße erst erläutert werden, als hätte man einen »Klafter« Pommes frites bestellt. In der Kurpfalz gab es »Halbe« und »Echte Halbe«.

Der Pfälzische Weinpreisindex steht jährlich im September in allen Zeitungen, und der SWR berichtet darüber ähnlich wie der Bayerische Sender über den Bierpreis. Während dieser sich dafür interessiert, was auf dem Oktoberfest »die Maß«, ein Maß von einem Liter, das die Pfälzer nicht kennen, es allenfalls »Rhodter Piff« nennen, kostet, erfährt die Welt den Preis eines »Schoppen« auf dem Wurstmarkt, eines halben Liter Weins.

Man fragt sich, ob die Gäste wirklich einen halben Liter trinken – pro Kopf und vor der Heimfahrt. Die Frage schadet neuerlich dem Image der ganzen Region. Also lesen wir, was wir früher so nicht lasen: Der Pfälzer sei gesellig, und das Glas werde von Mund zu Mund weitergereicht (und die Autofahrer dürften nur daran riechen?). Alles natürlich vor Corona! Damit den Leuten beim Weitergeben der Kelch aus Pressglas nicht aus der Hand rutschen könne, seien Vertiefungen für die Fingerkuppen eingearbeitet, die »Dubbe«. Angeblich waren es Dürkheimer Metzger, die nach der Arbeit das zylindrische Trinkgefäß nicht in ihren fettigen Händen halten konnten und nach Einbuchtungen riefen.

Trinken Sie an einem heißen Sommerabend eine eiskalte Rieslingschorle, eine »große«, die manchmal sogar immer noch ein »Schoppe« ist. Und dann noch eine. Sie können so im Selbstversuch testen, welch sicheren Halt Ihre Finger am beschlagenen »Dubbeglas« finden, während Sie allmählich die Haltung verlieren und den Leuten am Nachbartisch zuprosten:

»De Dorscht, der macht erscht richtig Spaß, hoscht so e pälzer Dubbeglas!«

Und die dann antworten:

»Was annerschtwu e Blummevas, des is bei uns e Schoppeglas!«

Schoppen-Denkmal in Maikammer

Eine sehr schöne, relativ kurze Wanderung, die Sie, wie alles in dieser Gegend, ausdehnen können, führt von Rhodt zum so genannten Friedensdenkmal, wenn Sie die Heimfahrt in der Gondel schon kennen – oder bei diesigem Wetter:

Von Rhodt zum Friedensdenkmal

Sie starten in Rhodt, spazieren die Theresienstraße bergauf und gehen auf ihr, nun mit blau-gelber Markierung, geradeaus durch die Weinberge. Ein kurzes Stück tauchen Sie in den Wald ein, wo Sie auf den quer verlaufenden, mit rotem Balken markierten Weg treffen. Dort gehen Sie rechts (Sie können auch schon einen oder zwei Wege früher nach rechts abbiegen) und stoßen auf die Talstation der **Rietburgbahn**.

Je nach Lust und Zeit nehmen Sie den Sessellift oder verkneifen sich die Ruine Rietburg gänzlich (Einzelheiten siehe oben) und schauen sich stattdessen nur die **Villa Ludwigshöhe** an, die schräg gegenüber der Talstation liegt und die Sie nicht verfehlen können (auch dazu siehe oben). Jedenfalls entscheiden Sie sich an der Rietburgbahn weiterhin für den mit rotem Balken markierten Weg durch den Wald, bis dieser unweit der **Kropsburg** auf eine Asphaltstraße und den mit der Traube markierten Wanderweg Deutsche Weinstraße stößt. Hier gehen Sie auf der Straße nach rechts und bleiben an der Grenze zwischen Wald und Weinbergen. Bevor Sie auf eine Schutzhütte treffen, zweigt nach rechts ein nicht markierter Pfad bergauf zum **Friedensdenkmal** (Näheres dazu siehe am Anfang der nächsten Tour).

Mit Hilfe der Wanderkarte können Sie den kurzen Abstieg vom Friedensdenkmal hinunter auf den Wanderweg Deutsche Weinstraße etwas nach Süden ausdehnen über den so genannten **Straßburger Stein**, eine kleine Aussichtsbastion, von der man angeblich an klaren Tagen das Straßburger Münster sieht.

Am Ende überqueren Sie auf dem mit der Weintraube markierten Weg das Tal und suchen sich auf der anderen Seite einen Weg durch die Weinberge zurück nach Rhodt. Die Gehzeit habe ich leider nicht aufgeschrieben, sie liegt **unter drei Stunden**.

Für den unwahrscheinlichen Fall, dass Sie in Rhodt keinen freien Platz bekommen oder Sie in der sehr empfehlenswerten ***Winzerstube*** in **Weher** speisen *(Kirchgasse 19, Tel. 06323 987818; Di und Mi geschl., Hauptgerichte ab 18 €)*, könnte Sie der kleine Parkplatz am südwestlichen Ortsausgang als Stellplatz interessieren:

(076) WOMO-Picknickplatz: Weyher in der Pfalz

GPS: N 49°15'53" E 8°04'45", Modenbachstraße. **Max. WOMOs**: 3-4.
Ausstattung: Picknickbank.
Beschreibung: Sie stehen auf einem nicht sehr großen gepflasterten Platz in der Nähe eines Weinverkaufsstandes bei den letzten Häusern. Abends sitzen Sie eher auf der Picknickbank als auf Klappstühlen. Wanderwege führen hier vorbei. Zur Gaststätte im Ort sind es 350 m; einen Laden gibt es nicht.
Zufahrt: Der Platz liegt am südwestlichen Ortsende von Weher seitlich der L 506.
Hinweis: Am Wochenende tagsüber bisweilen zugeparkt.

Tour 7: Das Trifelsland 67 km

Ramberg – Dernbach – Eußerthal – Annweiler

Stellplätze: am Friedensdenkmal bei Edenkoben, in Ramberg, in Eußerthal, am Taubensuhl, in Annweiler, in Albersweiler-St. Johann

Campingplatz: in Annweiler

Besichtigen: Heldensteine oberhalb von Edenkoben, Bürstenbindermuseum in Ramberg, Wandmalereien in der Kirche von Dernbach, Klosterkirche Eußerthal, Burg Trifels und *Museum Unterm Trifels* in Annweiler, Koloss von Böchingen

Wandern: vom Forsthaus Heldenstein zum Schänzelturm, vom Taubensuhl zum Stillen Tal, von Albersweiler-St. Johan zum Orensfelsen und zur Ruine Neuscharfeneck

Essen: Gasthaus *Schneider* in Dernbach, Weinstube *Zur Alten Gerberei* in Annweiler

Unsere letzte Tour hat mit einer Wanderung zum Friedensdenkmal oberhalb von Edenkoben geendet. Für die Nichtwanderer beginnen wir vorliegende Tour wieder in Edenkoben. Hier verlassen wir abermals die Weinstraße für eine Schleife hinein in

Friedensdenkmal

den Pfälzerwald und über Annweiler zurück nach Burrweiler. Für den Anfang empfehlen wir zwischen der Kropsburg und Edenkoben (Anfahrt siehe beim folgenden Stellplatz) wegen der guten Sicht einen Abstecher zum **Friedensdenkmal**, das Sie womöglich am Ende der 6. Tour schon erwandert haben. Knapp 20 Jahre nach dem Sieg Deutschlands im Krieg von 1870/71 über Frankreich hat man in nationalem Überschwang ein Siegesdenkmal erbaut und dabei den Aufstellort so gewählt, dass die Achse nach Straßburg, der dem Reich einverleibten Stadt im Elsass, frei war und man Signale empfangen konnte. Der klassizistische Bau, mit dem das bayerische Königreich (siehe Kasten bei Tour 1) sich selbst und das neu gegründete deutsche Kaiserreich verherrlichte, ist in den siebziger und achtziger Jahren des 20. Jahrhunderts allmählich zugewachsen, ehe er um 1989 wieder in den Blick geriet und zuletzt sogar als Kulisse für Open-Air-Konzerte diente. Denkt man die ideologische Verblendung hinweg, sieht man ein treffendes Zeugnis der Zeit mit beeindruckendem Jugendstil.

Auf dem zugleich der **Waldgaststätte *Friedensdenkmal*** *(Tel. 06323 5918, dienstags bis sonntags 11-18 Uhr)* dienenden Parkplatz kann man mit Vorbehalt übernachten:

(077) WOMO-Wanderparkplatz: Friedensdenkmal

GPS: N49°17'19" E8°05'38", K30. **Max. WOMOs:** 5-7. **Ausstattung:** Keine.
Beschreibung: Der typische, sehr einsame Wanderparkplatz mit Spielplatz ist klappstuhlgeeignet und Ausgangspunkt von vielen Wanderwegen, die Gaststätte ist nicht fern. Die Beschilderung ist unklar. Zumindest auf einem Teil dürften danach nur Reisebusse und Pkw parken. Am schönsten stehen Sie im hinteren Teil, also nicht auf dem Großparkplatz selbst.
Zufahrt: Fahren Sie in Edenkoben Richtung *‚Edenkobener Tal'*, dann Richtung *‚Kropsburg'*. Nach etwa 700 m kommt eine Abzweigung nach links oben. Dort befindet sich auch ein großer Parkplatz.

Hilschweiher

Danach fahren wir zurück an die Abzweigung hinter Edenkoben und auf der Schänzelstraße weiter nach Westen. Ihre Kinder (oder Ihre neue Braut) werden vielleicht Ihre gestählten Oberarme bewundern, wenn Sie schon kurz hinter Edenkoben in einem Nachen über den **Hilschweiher** rudern. Ab hier reihen sich im Tal hübsche Gaststätten aneinander, unter denen wir das Naturfreundehaus ***Sauermilchtälchen*** nicht nur wegen seines liebenswerten Namens hervorheben wollen *(etwa 600 m hinter der Edenkobener Hütte am Hüttenbrunnen, Tel. 06323 1851, im Sommer Mo und Do geschlossen, 11-19.30 Uhr)*.

wie schwer war Pfarrer Kuby?

Bald erreichen Sie das **Forsthaus *Heldenstein***, in dem Sie schön auf der Terrasse sitzen und trinken, aber nur mäßig gut essen, von dessen Parkplatz Sie aber einen interessanten Ausflug in die blutige Vergangenheit unternehmen können. Den geschichtlichen Hintergrund kann man nicht mit wenigen Worten darstellen. Letztlich infolge der französischen Revolution von 1789 waren französische Truppen in einem ideologisch geprägten Eroberungsfeldzug nach Osten vorgedrungen und kämpften dort gegen eine Koalition anderer europäischer Herrschaften, darunter Preußen, weshalb man diese Auseinandersetzung auch den 1. Koalitionskrieg nennt. An den Hängen des Steigerkopfes stellte sich im Juli 1794 ein preußisches Kontingent den Franzosen entgegen, um sie mit einem gestaffelten System von Schanzen, also von Verteidigungswällen und -gräben, daran zu hindern, zur Rheinebene durchzubrechen. Das misslang allerdings, unter anderem, weil die Schanzen nicht groß genug waren. Deshalb nannte der Volksmund den Steigerkopf fortan ‚Schänzel', und der 100 Jahre später dort zum Gedenken gebaute Turm heißt Schänzelturm. An die Schlacht, im großen Ganzen eher

einer der sogenannten Heldensteine

einen Nebenkriegsschauplatz, erinnern schon bald danach errichtete martialische Denkmäler, die sogenannten **Heldensteine**, von denen eines der Tapferkeit des Feindes Respekt zollt und ein anderes »der edlen Tapferkeit« des »Helden und Biedermanns« General von Pfau gewidmet ist. Kurzerhand hat man auch noch einen sogenannten ‚Schwedenstein' untergejubelt, der den Dreißigjährigen Krieg betrifft, 160 Jahre früher.

Sie erwandern das bizarre Schlachtfeld ab dem Forsthaus innerhalb von 15 Minuten. Wenn Sie noch eine weitere Viertelstunde übrig haben, können Sie weiter zum schon erwähnten achteckigen Schänzelturm (617 m) aufsteigen.

Wir fahren weiter hinab durch das **Modenbachtal**, biegen nach fünf Kilometern scharf rechts ab und erreichen nach einem Anstieg auf einem Sattel den Wanderparkplatz *‚Drei Buchen'* an der **Ruine Meistersel** (auch Modeneck genannt), die vor allem wegen ihrer neueren Geschichte für Aufsehen gesorgt hat: Die Erbengemeinschaft eines Ludwigshafener Fabrikanten hatte die Burganlage an einen Privatmann verkauft, der seinerseits im Jahr 2006 die Anlage für knapp 5.000 Euro bei *eBay* versteigert hat. Da dem Meistbietendem Kontakte zu rechtsradikalen Kreisen nachgesagt wurden und er auch nicht zur Unterhaltung in der Lage schien, hat das Land Rheinland-Pfalz ein Vorkaufsrecht ausgeübt, im folgenden Rechtsstreit den Erwerber mit 7500 Euro abgefunden und die begonnene Restaurierung fortgesetzt. Nachdem etwa drei Millionen Euro verbraten waren, konnte die Ruine kürzlich wieder für die Öffentlichkeit zugänglich gemacht werden. Die Modeneck alias Meistersel liegt etwa 20 Gehminuten vom Parkplatz entfernt.

Zur Übernachtung fahren Sie weiter ins Tal nach **Ramberg** hinab, wo wir Ihnen zwei bestenfalls zweitrangige Übernachtungsmöglichkeiten anbieten dürfen:

(078) WOMO-Wanderparkplatz: Ramberg (Ortseingang)
GPS: N 49°15'59" E 8°00'44", Waltharistraße. **Max. WOMOs**: 3-4.
Ausstattung: Picknick-Bänke.
Beschreibung: Das ist ein Parkplatz auf gewachsenem Untergrund neben der nachts so gut wie nicht befahrenen Straße am Ortsrand. Die letzten Häuser grenzen an. Im Ort gibt es eine Gaststätte. Von hier aus kann man markierte Wanderungen beginnen.

Zufahrt: Der kleine Parkplatz in der Nähe des nördlichen Ortseingangs seitlich der L 506 ist nicht zu übersehen.

(079) WOMO-Wanderparkplatz: Ramberg (Bürstenbindermuseum)

GPS: N 49°15'40" E 8°00'30", Hauptstraße 20. **Max. WOMOs**: 3-4.

Ausstattung: Keine.

Beschreibung: Der gepflasterte Platz vor Feuerwehr und Bürstenbindermuseum in der Ortsmitte bietet Raum auf zwei Ebenen. Sie erkennen eine Gaststätten, finden aber keinen Laden oder Bäcker.

Zufahrt: Beim beschilderten Bürstenbindermuseum nicht zu übersehen.

Hinweis: Feuerwehrausfahrt freihalten!

Von beiden Plätzen kann man (in 40 Minuten von Platz Nr. 078) die **Ruine Ramburg** erwandern, wo von einem rührigen Verein zum Erhalt der Ruine ein Waldgasthaus, die *Ramburgschenke*, betrieben wird. Die Aussicht ins Annweiler Tal ist großartig *(wegen Corona war das Gasthaus bei unserer letzten Recherche geschlossen).*

Ruine Ramburg

Ramberg (980 Einwohner) selbst war in einem abgelegenen Waldtal stets benachteiligt. Das galt für viele Täler in dieser Gegend, deren Bewohner in großer Anzahl die Heimat verlassen mussten. Die Verbleibenden litten Hunger, suchten nach Überlebensmöglichkeiten und entdeckten in Ramberg um 1850 die

Bürstenbinderdenkmal

Marktlücke der Bürstenbinderei. Denn ein Teil der Rohstoffe wuchs vor Ort, der maschinelle Aufwand war gering und das System der Heimarbeit erlaubte die Beteiligung der Jungen und der Alten am bescheidenen Broterwerb. Noch heute gibt es wenigstens eine Bürstenbinderei im Dorf, und wenn es das **Bürstenbindermuseum** nicht schon gäbe, würde man es spätestens nach Corona installieren. Hier wird Ihnen unter Einsatz historischer Werkzeuge und Maschinen bildhaft erklärt, wie die Bürste gebunden und der Draht gezwirbelt wurde. Sie erfahren auch von einem der längsten Streiks in Süddeutschland, der 1907 die Bürstenbinderei stillgelegt hat. Nach der Führung kann man sich mit feinen Bürsten eindecken, wie wir sie im WOMO noch nach Jahren benutzen – und vermutlich weitere Jahre, wenn wir sie nicht irgendwo liegen lassen *(gut ausgeschildert, vor Corona nur noch So von 14 bis 17 Uhr, und –nach Vereinbarung unter 06345 1634 oder 2954, inzwischen aber vorübergehend ganz geschlossen).*

Gastronomisch müssen Sie hinab nach **Dernbach** (500 Einwohner) ausweichen, wo Sie im ***Gasthaus Schneider*** in der herzlichen Atmosphäre eines der angenehmsten Pfälzer Restaurants speisen können *(das Haus ist seit über 120 Jahren in Familienbesitz; Hauptstr. 88; Tel. 06345 8348; Mo und Di Ruhetag; im November und im Sommer jeweils zwei Wochen geschlossen, Hauptgerichte ab ca. 20 €).* Der Nachteil von Dernbach ist die kaum zu lösende Übernachtungsfrage, weil auf den Parkplatz in der Ortsmitte nur kleinere WOMOs passen und die Parkbucht nördlich des Ortes seitlich der Straße liegt (zu Fuß sind es zum Platz in Ramberg 1,6 km; es gibt auch einen Weg westlich der Landstraße, der etwa zur Hälfte beleuchtet

Dernbach

Dernbach - Wandmalereien

ist: im Ramberg am Hotel St. Laurentius vorbei und geradeaus nach Süden). Dafür hält Dernbach einen echten Geheimtipp bereit: In der **katholischen Kirche** (seitlich oberhalb der Hauptstraße) wurden Ende des 19. Jahrhunderts **Wandmalereien** aus dem 14. Jahrhundert entdeckt, die, stünde die Kirche in der Toskana, Dernbach zu mehr verholfen hätte, als nur wegen eines Gasthauses in den Reiseführern zu stehen.

Oberhalb von Dernbach thront die beeindruckende **Ruine Neuscharfeneck**, die wir Ihnen später auf dieser Tour vorstellen werden. Zunächst offerieren wir einen feinen Abstecher, der im Zusammenhang mit dem Stillen Tal schon am Ende unserer 5. Tour angekündigt worden ist. Dazu biegen Sie noch vor Erreichen der Talsohle nach rechts ab und kurven wieder aufwärts nach **Eußerthal**. In dem gleichnamigen Ort (870 Einwohner) halten Sie an der spätromanischen Kirche des ehemaligen **Zisterzienserklosters**. Dieses wurde 1148 von Mönchen aus Metz gegründet und stand durch einen 12 km langen Pilgerweg im Zusammenhang mit der Burg Trifels. Es hat einen Augenblick lang Weltgeschichte geschrieben, als die Mönche Burgkapläne auf dem Trifels und somit Hüter der Reichskleinodien

Eußerthal - ehemalige Klosterkirche

wurden. Die Abtei stand damals unter dem besonderen Schutz des Kaisers Friedrich Barbarossa. Ganz in der Tradition der stets sparsamen Zisterzienser bezieht die romanische Anlage ihre Schönheit nicht aus figürlichen Ausschmückungen oder aus Malereien, sondern alleine aus der perfekten Proportion der Architektur. Im Zuge der Reformation wurde das Kloster 1561 zunächst aufgehoben, im 17. Jahrhundert vom Kurfürsten piemontesischen Flüchtlingen zur Siedlungsbildung überlassen und dann Mitte des 18. Jahrhunderts vorübergehend von den Zisterziensern wiederbelebt. Schon bald wurde das Kloster säkularisiert und 1805 unter französischer Herrschaft endgültig abgerissen. Auch von der **Kirche** sind nur noch der Chor, das Querschiff und das erste Joch des Langhauses vorhanden. Einen Turm gab es, wie bei zisterziensischen Kirchen üblich, nie.

Jedoch wurde restauriert und zeichnet sich nunmehr durch exquisite **Konzertveranstaltungen** aus, über die Sie Näheres im Internet mit Hilfe einer Suchmaschine unter den Stichworten *‚Konzerte Eusserthal‘* in Erfahrung bringen können. Wenn sich Ihre Reisepläne auf eines dieser Konzerte abstimmen lassen, sollten Sie hier eine Priorität setzen. Im Ort gibt es nämlich einen privat betriebenen Stellplatz:

(080) Offizieller WOMO-Stellplatz: Eußerthal

GPS: N 49°14’19” E 7°58’35”, Schulstraße.
Tel. 06345 919040.
Öffnungszeit: März - Okt.
Max. WOMOs: 10.
Ausstattung: Ver- und Entsorgung (auf dem Hof des Betreibers), Strom.
Beschreibung: Sie stehen auf grasigem Schotter schattenlos, außerhalb des Ortes, aber nicht einsam. Wanderwege sind problemlos erreichbar, außerdem wenigstens zwei Gaststätten im Dorf.
Zufahrt: Biegen Sie am östlichen Ende von Eußerthal von der L 50 nach Süden in die Straße Am Hintertor ab und bei erster Gelegenheit nach links in die Schulstraße; der beschilderte Stellplatz liegt dann bald links. Der eigentlich schön gelegene Platz sieht immer noch so aus, als sei er noch unfertig. Das schreckt auf den ersten Blick mehr ab als auf den zweiten.
Preis: 7,50 €.

Am westlichen Ende von Eußerthal finden Sie einen geräumigen **Wanderparkplatz**, der sich auch für die Nacht eignet.

Der Ortsname Eußerthal bedeutete übrigens nach Überlieferung ursprünglich: das *eisserscht Tal*, also das äußerste Tal. Das trifft heute nicht mehr zu. Von Eußerthal geht es nämlich hinauf zum **Wandergasthof *Taubensuhl*** *(Tel. 06345 3007, Mi - So von 11 - 19 Uhr)*. Sie folgen der Hauptstraße einfach im-

Gasthof Taubensuhl

mer weiter durch das Dörrental nach Norden und geraten nach etwa 300 Höhenmetern auf die 525 m hoch gelegene Ebene Taubensuhl, bebaut mit jenem Waldgasthof, einem Forsthaus und einer Waldwerkstatt mit Wander- und Jugendheim. Gleich nach dem Gasthof kann man in tibetanischer Stille übernachten:

(081) WOMO-Wanderparkplatz: Taubensuhl

GPS: N 49°17'05" E 7°54'50", L 505. **Max. WOMOs**: 5-7.
Ausstattung: Brunnen, Picknickbänke, Spielplatz.
Beschreibung: Sie stehen stellenweise etwas einsam am Rand eines klappstuhlgeeigneten Picknickplatzes und am Ausgangspunkt von vielen Wanderwegen. Eine Gaststätte ist zu Fuß erreichbar.
Zufahrt: Fahren Sie von Eußerthal über die L 505 ca.7,5 km bergan. Vor oder nach dem Gasthaus *Taubensuhl* finden Sie gute Stellplätze.

Hier beginnt nun die Wanderung, die wir in unserer 5. Tour angekündigt haben. Diese Route ist unter anderem deshalb interessant, weil sie selten begangen wird. Während man nämlich zu Fuß vom Taubensuhl aus schon nach etwa 9 Kilometern das Stille Tal erreichen kann, müsste man mit dem Auto dafür rund 50 Kilometer zurücklegen. Es gibt keine Möglichkeit, diese Wanderung abzubrechen oder abzukürzen. Wer sich auf diesen Weg macht, muss also am gleichen Tag auch den Rückweg stemmen:

Vom Taubensuhl zum Stillen Tal

Sie richten sich am Wanderparkplatz **Taubensuhl** auf ein Tagwerk ein und marschieren mit dem blauen Strich nach Norden. Nach 45 Minuten erreichen Sie eine Wegspinne vor einer bewaldeten Kuppe. Hier müssen Sie die Nr. 6 nehmen und die Bergkuppe im Gegenuhrzeigersinn halb umrunden (Sie können hier mit dem blauen Strich auch halblinks auf der Westseite des Geiskopfs vorbeigehen).

Nach weiteren 15 Minuten stöbern Sie die Relikte der Waldbauernsiedlung ***Geiskopf*** auf. Bis in die Mitte des 19. Jahrhunderts haben hier nach Auskunft eines Gedenksteins etwa 40 Bewohner ihr Glück mit Wald- und Feldarbeit versucht. An die Vogtei Annweiler zahlten sie einen jährlichen Pachtzins von 500 Gulden und 5 Malter Korn. Harte Winter und ständige Auseinandersetzungen über die Größe der bewirtschafteten Fläche brachen den Siedlern schließlich den Willen: Sie gaben 1846 das Land gegen eine Entschädigung von 24.000 Gulden zurück.

Nach 5 Minuten stoßen Sie wieder auf den blauen Strich, der Sie in 30 Minuten zu dem schönen Badeweiher an der Geiswiese (siehe Tour 5) geleitet. Über die Nr. 1/2/4 laufen Sie rechts am Helmbach weiter hinab, passieren einige schöne Wasserbauwerke und Forellenteiche und stoßen auf das Mühlrad an der **Waldschänke Hornesselwiese**. Hier oder auch im **Gasthaus *Stilles Tal*** können Sie sich eine Erfrischung gönnen, bevor Sie den Rückweg zum Taubensuhl antreten (zuletzt aber wohl nur am Wochenende).

Der Heimweg ist mit einem gelben Punkt markiert und führt nach etwa 20 Minuten über eine feierliche Asphaltstraße, die für den Fahrzeugverkehr schon lange gesperrt ist. Sie können von dieser Straße rechts wieder auf den gelben Punkt abzweigen oder sie einfach weitergehen. Beide Optionen führen zurück zum Taubensuhl, wo eine riesige Weinschorle auf Sie wartet. Schieben Sie es keinesfalls auf deren Genuss, wenn Sie im Abendlicht plötzlich kleine Füchse sich nähern sehen. In der Tat werden hier immer wieder Füchslein aufgezogen, deren Mutter sich ihrer nicht hat annehmen können. Die gesamte Wanderung hat eine Länge von gut **12 Kilometern** und ist auf der *NaturNavi* Karte , der *Kompass*, wie auch auf der *outdooractive* App dargestellt.

Die nächste Station heißt **Annweiler** (7.000 Einwohner), das heute den Beinamen *am Trifels* trägt, womit fast alles gesagt wird. Der Ort definiert sich durch die Burg, deren Bedeutung, man kann das nicht anders sehen, die Nazis überhöht haben:

Der **Trifels** wurde erstmals 1081 erwähnt, und bereits im Jahre 1125 hat man auf Veranlassung des letzten salischen Kaisers, Heinrich V. (1106 bis 1125), die **Reichsinsignien** auf die Burg gebracht, wo sie mit Unterbrechungen bis ca. 1298 aufbewahrt worden sind. Von dieser geschichtlich eher kurzzeitigen Großtat zehrt heute noch die ganze Region, und der aufmerksame Fremde fragt bald nach dem Unterschied zu den ähnlich häufig beschriebenen **Reichskleinodien**. Wir wollen dies klären: Die Reichsinsignien bestanden aus Krone, Reichsapfel, Zepter, Schwert und der Heiligen Lanze. Die Reichskleinodien umfassten darüber hinaus noch das Krönungsornat,

Trifels

die Handschuhe und die *Heiltümer*, zusammen die höchsten Symbole des *Heiligen Römischen Reichs Deutscher Nation*. Die *Heiltümer* wiederum sind kein Druckfehler, sondern waren eine Sammlung von Reliquien. Sie befanden sich stets an einem Ort der Macht des deutschen Kaisers und nicht in einer Hauptstadt, die es nämlich nicht gab. Heute sehen Sie auf dem Trifels Kopien, deren Originale seit 1801 mit zahlreichen weiteren Reichskleinodien, darunter Strümpfen und einem Stück des Tischtuchs vom letzten Abendmahl, in Wien gehütet werden. Der noch von den Saliern erbaute Trifels war das Machtzentrum der ihnen nachfolgenden staufischen Kaiser. Unter Friedrich I. »Barbarossa« (1152 bis 1190) ist der romanische Bergfried entstanden, und in keiner Abhandlung darf der berühmteste Gefangene fehlen, König Richard Löwenherz von England, der auf Veranlassung des Kaisers Heinrich VI. von 1194 bis 1195 interniert und erst gegen ein horrendes Lösegeld freigelassen wurde, mit dem der Kaiser einen weiteren Feldzug finanzieren konnte.

Schon in der zweiten Hälfte des 13. Jahrhunderts hatte der Trifels seine Bedeutung verloren. Im Jahre 1410 fiel er an Pfalz-Zweibrücken, ehe die Burg 1602 nach einem Blitzschlag ausbrannte. Im Pfälzischen Erbfolgekrieg war schon nicht mehr viel übrig, weil die Ruine den Bewohnern Annweilers als Steinbruch gedient hatte.

Aber im 19. Jahrhundert erinnerte sich der bayerische König (dazu siehe Tour 1) an den Traditionsbau und ließ erste Rekonstruktionen durchführen. Der Trifels wäre jedoch heute nicht das, was Sie sehen, wenn nicht in der nationalsozialistischen Zeit der bayerische Ministerpräsident Ludwig Siebert auf die Idee gekommen wäre, die Burg zu einer *Nationalen Weihestätte* zu erheben. Eine solche Bedeutung war in der Nazizeit das Größte, was einem historischen Bauwerk passieren konnte. Entsprechend großartig wurde die Aufrüstung der Burg geplant, bei der nicht der Gedanke der Rekonstruktion im Vordergrund stand, sondern deren architektonische Wirkung. Obgleich sich der Architekt Rudolf Esterer bemühte, zumindest staufische Merkmale einzubauen. Er fuhr sogar nach Süditalien, um sich dort das Castel del Monte, die berühmteste Stauferburg, anzusehen und übertrug deren architektonische Eigenarten auf den großen Rittersaal. Was Sie im Trifels heute sehen, hat also mit der historischen Realität nichts gemeinsam; niemals gab es derart hohe Säle, und die Ausbuchtung am Treppenaufgang zur Galerie, eine Art Kanzel, musste nationalsozialistischen Zwecken dienen. Die Jugend sollte erschaudern, wenn dort die Führerpersönlichkeit an einer nationalen Weihestätte im Fackelschein den Arm erhob. Die nationalsozialistischen Baumeister ließen auch Ausgrabungen durchführen und begannen mit dem Palas (ebenfalls kein Druckfehler, sondern die Bezeichnung für einen mittelalterlichen Saalbau), bevor im Jahre 1942 die Arbeiten wegen des Krieges eingestellt werden mussten.

Der Bergfried wurde demnach erst 1966 fertig gestellt, und die 40-Pfennig-Briefmarke musste geändert werden. Der Turm hatte übrigens nie die Fenster, die Sie dort im vierten Turmgeschoss heute sehen, weil es zu keinem Zeitpunkt solch große Öffnungen in Wehrtürmen gab. Sie können noch erkennen, an welcher Stelle der Turm nachträglich aufgesetzt worden ist. Der Raum mit den Fenstern dient heute dem Zweck, die Kopien der Reichskleinodien zu präsentieren *(Di - So 10- 17.15 Uhr; 4,50 €, keine Hunde)*.

Berühmt sind auch die drei Bergkegel (der Name Trifels rührt nicht daher, sondern weil die Burg selbst auf drei Felsen errichtet ist) mit den Burgen Anebos in der Mitte und Scharfenberg (genannt *Münz*) im Süden. Die Bedeutung des Trifels sehen Sie schon daran, dass er nun schon zum zweiten Mal diesem Reiseführer als **Titelbild** dient. Auf der 8. Tour erkläre ich Ihnen, wie Sie zu dem schönen Fotostandort vorliegender Auflage finden. Wenn Sie in Annweiler übernachten wollen, können Sie zwischen zwei offiziellen Stellplätzen wählen:

(082) Offizieller WOMO-Stellplatz: Annweiler (Kurpark)
GPS: N 49°11'47" E 7°58'12", Bindersbacher Str. **Max. WOMOs**: 5-7.
Ausstattung: Ver- und Entsorgung.

Beschreibung: Das ist kein Stellplatz, wie Sie ihn erwarten, sondern ein Parkstreifen seitlich der Straße. Wir vermuten, dass die Straße nachts wenig befahren ist. Eine gute Lösung ist das jedenfalls nicht, auch wenn der Blick in die andere Richtung, auf die Wiesen des Kurparks (Markwardanlage genannt), eigentlich schön ist und Sie theoretisch dort auch auf Klappstühlen sitzen können. Das Zentrum ist 1,1 km entfernt.
Zufahrt: Der Platz liegt am südlichen Ortsrand von Annweiler, an der Straße nach Bindersbach; die Zufahrt ist mit einem Wegweiser, auch zum Campingplatz, ausgewiesen; der Campingplatz zweigt am Ende der Bebauung nach links bergan ab, während Sie noch ein kleines Stück im Tal weiterfahren, der Stellplatz liegt dann rechts. **Preis**: 5 €.

(083) Die **schönere Alternative** ist möglicherweise der Parkplatz von **Bindersbach**, zu dem Sie noch etwa 2 km in den nächsten Ort weiterfahren; rechts der Straße sehen Sie dort ein Parkplatzgelände, das sich allerdings für große Wohnmobile ab ca. 7 m nicht eignet; **GPS**: N 49°11'26" E 7°58'30".

(084) Offizieller WOMO-Stellplatz: Annweiler (Freibad)

GPS: N 49°12'13" E 7°57'11", Zweibrücker Str. **Max. WOMOs**: 12.
Ausstattung: Keine.
Beschreibung: Auf einem größeren Parkplatz am Freibad *(Trifelsbad)* ist ein Bereich für Wohnmobile reserviert. Dieser ist jedenfalls ruhiger als die Alternative am Kurpark, besonders schön ist das Gelände unter Bäumen und auf Schotter aber nicht. In das Zentrum sind es 950 m.
Zufahrt: Der Platz liegt am westlichen Ortsrand von Annweiler in der Nähe des Kreuzungspunktes der B 10 (nach Pirmasens) mit der B 48 (Richtung Bad Bergzabern).

Am schönsten ist ein kleiner Campingplatz mit sehr persönlicher Note, der von der Naturfreundebewegung unterhalten wird und der uns außerordentlich gut gefallen hat:

(085) WOMO-Campingplatz: Annweiler *(Naturfreundehaus am Trifels)*

GPS: N 49°12'06" E 7°58'20", Viktor-v-Scheffel-Str 1. Tel. 06346 3870. www.naturfreunde-annweiler.de/.
Öffnungszeit: 1.4. - 31.10.
Ausstattung: Gaststätte, Spielwiese, kleiner Laden.
Beschreibung: Das Gelände liegt sehr schön auf mehreren Terrassen oberhalb des Ortes. Die Dauercamper stehen auf einem eigenen Platzteil. Leider ist der Platz nicht unbeschränkt. Sie können von hier aus direkt zum Trifels aufsteigen. In das Ortszentrum sind es 0,6 km.
Zufahrt: Biegen Sie am südlichen Ortsrand von Annweiler, an der Straße nach Bindersbach, am Ende der Bebauung links der Beschilderung folgend ab und folgen Sie der weiteren Beschilderung.
Preis: 19 €. **Hinweis**: Der Platz ist nicht sehr groß, rufen Sie erforderlichenfalls vorher an oder fragen Sie per Fax unter 06346 302945.

in Annweiler

Auch wenn Sie nicht über Nacht bleiben wollen, sollten Sie auf einem der beiden Stellplätze parken und einen Spaziergang in die kleine Stadt machen. Informationen hierzu liefert schon die Infotafel am Stellplatz. Wir möchten Sie besonders auf das ***Museum unterm Trifels*** aufmerksam machen *(die Öffnungszeiten konnten nicht ermittelt werden; geschlossen vom 2.11. bis 2.1.; 3,50 €)*. Es befindet sich im historischen Gerberviertel, welches auch außerhalb der Öffnungszeiten einen Bummel lohnt, zumal viele Gebäude informativ ausgeschildert und beschrieben sind. In diesem Teil der Altstadt liegt auch, wie der Name schon sagt, die **Weinstube *Zur Alten Gerberei***, wo man im Sommer wunderschön direkt am Mühlbach, der Queich, sitzt und dabei relativ einfache, aber gut gekochte klassische und pfälzische Gerichte verputzt *(Tel. 06346 3566; Mo geschlossen; Hauptgerichte ab etwa 12 €)*.

in der Alten Gerberei

Man könnte nun von Annweiler weiter nach Westen vordringen und an unsere 9. Tour anschließen. Wir kehren aber zunächst wieder an die Weinstraße zurück, weil auch hier einige Besonderheiten auf Sie warten. Dazu nehmen Sie die L

507, die Sie über Queichhambach nach **Albersweiler** (2.000 Einwohner) führt, dessen Ortseingang von mächtigen Steinbrüchen beherrscht wird. Im Ortskern wenden Sie sich nach **St. Johann**, wo ein Wanderparkplatz ausgeschildert ist. Eine Infotafel etwas oberhalb der Straße erklärt die Relikte des im 8. Jahrhundert gegründeten **Klosters St. Johann**, welches 1843 abgebrochen worden ist. Erst um 1993 sind die Ruinenreste freigelegt worden. Der **Wanderparkplatz** (Näheres siehe beim nachgenannten Stellplatz) ist nicht nur ein ruhiger Stellplatz, sondern auch Ausgangspunkt schöner Tagestouren, von denen wir eine inzwischen für so typisch und aufregend halten, dass wir diese wählen, wenn wir Anfänger zu einer Pfalzwanderung überredet haben. Das ist folglich auch einer unserer persönlichen **Top Ten**, dessen Schönheit sich Ihnen allerdings nur bei einigermaßen klarer Sicht erschließt. Ist die Pfalz eine Waschküche, können Sie sich den Weg sparen:

Blick vom Orensfelsen zum Trifels

Von St. Johann zum Orensfelsen und zur Ruine Neuscharfeneck

Wir spazieren am vorgenannten **Wanderparkplatz von St. Johann** (Zufahrt siehe bei Stellplatz Nr. 086) seitlich des Baches in das waldige Tal hinein und halten uns dabei geradeaus, später leicht links und folgen dem Wegweiser zum Naturfreundehaus. In dessen Nähe stoßen wir auf den erst mit grünem *N* und später mit schwarzem Punkt auf weißem Grund (Pfälzer nennen dieses Wegzeichen »Armbanduhr«) markierten Weg.

Die »Armbanduhr« geleitet uns auf einem deutlich ansteigenden Pfad zum 564 m hohen **Orensfelsen** (bis hier etwa 3,6 km einfache Strecke).

Der mit einem Eisengeländer gut gesicherte Sandsteinsockel gehört zu den **schönsten Aussichtspunkten des Pfälzerwaldes**, zumal der Blick bis zum Trifels reicht. Hier schaut man selten allein über die lieblichen Wiesentäler und ausgedehnten Waldflächen des sogenannten Trifelslandes, weshalb wir erst ein paar Meter weiter nördlich am Rand einer **Lichtung** picknicken. Der baumlose Bereich dient Drachenfliegern als Startrampe, was Ihnen sagt, dass Sie hier bei ähnlich prächtiger Sicht sogar im Gras sitzen können. Wir nennen das Areal *Geißler-Wiese*, weil hier im Oktober 1992 der 2017 verstorbene CDU-Politiker Heiner Geißler (er wohnte in Gleisweiler) bei einem Drachenflug abgestürzt ist und sich dabei schwer verletzt hat.

In der Nähe verläuft auch ein auf der Wanderkarte eingezeichneter keltischer, etwa 2,5 km langer Ringwall, der einst zum Teil aus einem Holzgerüst bestanden hat und etwa um 500 vor Chr. einem Brand zum Opfer gefallen ist. Das bedeutsamste Relikt aus dieser Zeit ist eine in den Fels gehauene **Opferschale** auf dem Gipfel des Orensberges (nicht verwechseln mit dem Orensfelsen), der allerdings keinerlei Sicht bietet (siehe Wegweiser und Wanderkarte).

»Auf der Armbanduhr« schlendern wir nun abwärts bis zur bewirtschafteten **Landauer Hütte**, einer der beliebtesten und typischsten, aber auch einer der bestbesuchten Pfälzerwald-Hütten *(Sa, So, im Sommer auch Mi und während der Ferien von Rheinland-Pfalz geöffnet, jedoch Fr stets geschlossen).*

Von hier aus führt ein Fahrweg zur stattlichen **Ruine Neuscharfeneck**, mit schönem Blick nach Dernbach, Ramberg und auf die Ramburg. Achtung: Die Burg ist aus Sicherheitsgründen seit Ende 2019 voraussichtlich auf Jahre gesperrt. Die Sanierung soll 5 Mio. Euro kosten, die noch nicht bereitgestellt sind. Das soll Sie allerdings nicht abhalten, diese schöne Wanderung zu gehen. Die Ruine ist auch vor der Absperrung lohnenswert

Wir kehren an dieser Ruine um und wählen an der Landauer Hütte die rot-weiß markierte Strecke, die uns bergab über die **Historische Walddusche** (siehe Tour 8) aus dem Wald heraus und bis zum Wanderweg Deutsche Weinstraße (grüne Traube) führt, auf dem wir nach rechts (Süden) zu unserem WOMO zurück wandern. Ganz am Ende müssen wir noch ein paar Meter den blau-weiß gekennzeichneten Weg wählen (**höchstens 4 Stunden**, man kann sich auch ohne Karte kaum verlaufen).

In St. Johann kommen zwei Stellplätze in die engere Wahl, darunter ein toller Winzerstellplatz, eher ein kleiner Campingplatz, für fünf Fahrzeuge:

(086)
WOMO-Wanderparkplatz: Albersweiler-St. Johann

GPS: N 49°13'34" E 8°02'18", Schlossstraße. **Max. WOMOs**: 2-3.
Ausstattung: Mülleimer.
Beschreibung: Das ist ein typischer Wanderparkplatz am Beginn des Waldes, aber noch direkt neben Häusern. Sie stehen seitlich der hier endenden Straße und können abends Klappstühle auspacken. Unsere vorbezeichnete Wanderung beginnt hier. Von hier aus gehen Sie zum Orensfelsen.

Zufahrt: Biegen Sie in St. Johann, nordöstlich von Albersweiler von der Weinstraße bergwärts in die Schlossstraße ab und fahren Sie bis zum Parkplatz am Beginn des Waldes vor.

(087) WOMO-Winzerplatz: Albersweiler-St. Johann *(Weingut Hahn-Hof)*

GPS: N 49°13'23" E 8°02'24", L 507 (Weinstraße) gegenüber Einmündung Löwensteinstraße. Tel. 06345 1323. **Öffnungszeit**: 1.4. - 31.10.
Max. WOMOs: 6.
Ausstattung: Ver- und Entsorgung, Dusche, Toilette, Strom, Mülleimer.
Beschreibung: Dieser Platz liegt sehr schön neben dem Weingut in den Weinbergen. Die Betreiber sind überaus aufmerksam und freundlich. Sachverständig können Sie auf Klappstühlen sitzen. In den Ort und zu einem Restaurant sind es nur wenige Schritte. Von hier aus können Sie sehr gut zum Orensfelsen gehen (einfache Strecke etwa 4 km).
Zufahrt: Der Platz liegt am westlichen Ortsausgang von St. Johann in einer Linkskurve, das Weingut liegt auf der anderen Straßenseite in der Löwensteinstraße.
Preis: 10 €/Tag inkl. Strom und Benutzung der Sanitärräume. 5 € werden beim Weinkauf angerechnet.

Auf dem Weg zu unserer 9. Tour sollten Sie sich einen kleinen Umweg nach **Böchingen** (740 Einwohner) gönnen und am Ortseingang, wenn Sie von Frankweiler kommen, bei den ersten Häusern, wo es geht, parken. Den Grund sehen Sie dann von allein, denn der fast acht Meter hohe **Koloss von Böchingen**, die eindrucksvolle Sandsteinskulptur des Künstlers Volker Krebs, überragt alles. Aus einem einzigen, ursprünglich 80 Tonnen schweren Sandstein hat Krebs einen Riesenkerl herausgearbeitet, den Sie sich unbedingt anschauen müssen. Er steht im Skulpturengarten Woogdamm 1 und ist von der Straße inmitten anderer, kleinerer Werke gut zu erkennen. Volker Krebs ist übrigens Wohnmobilfahrer.

Koloss von Böchingen

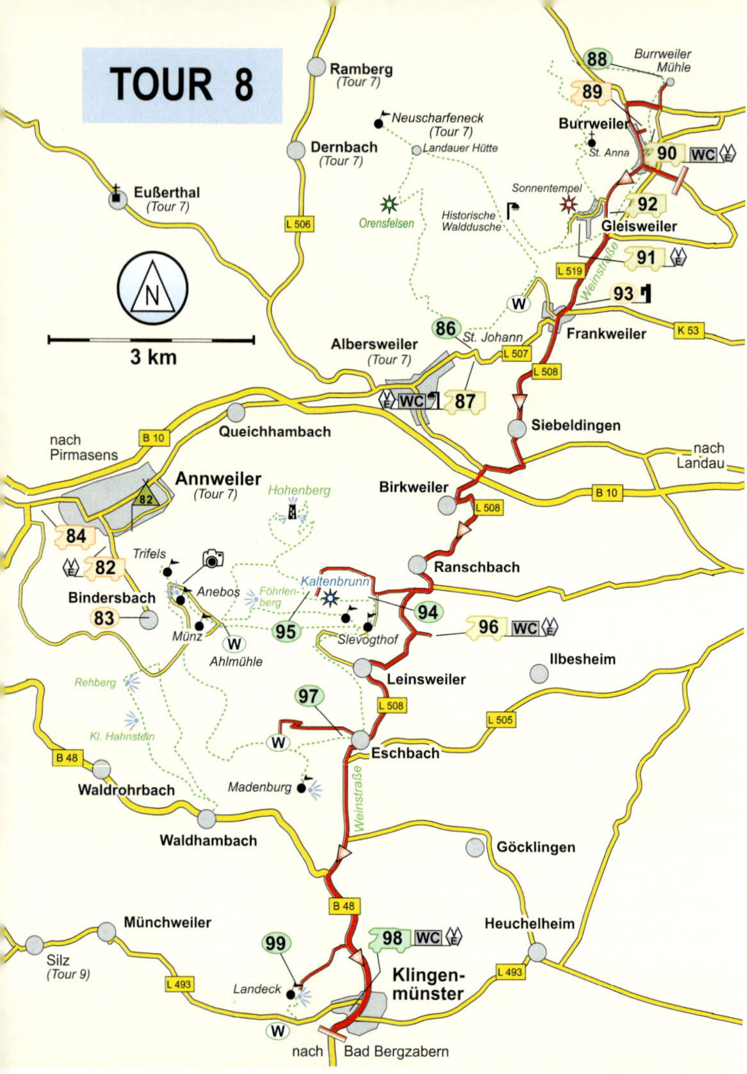

Tour 8: Von Burrweiler nach Klingenmünster 38 km

Burrweiler – Gleisweiler – Leinsweiler – Eschbach Klingenmünster

Stellplätze:	an der Burrweiler Mühle, in Burrweiler, in Gleisweiler, bei Frankweiler, bei Ranschbach, bei Leinsweiler, in Eschbach, in Klingenmünster
Besichtigen:	Kurpark in Gleisweiler, Historische Walddusche, Slevogthof bei Leinsweiler, Madenburg, Burg Landeck
Wandern:	zur Historischen Walddusche, vom Slevogthof zum Slevogtfelsen, von Eschweiler zur Madenburg und zum Trifels, von Waldhambach zum Kleinen Hahnstein und auf den Rehberg

Essen:	Restaurant *Burrweiler Mühle*, Weinstube *Brand* in Frankweiler, auf der Burg Landeck

Für einen warmen Sommerabend gibt es kaum eine bessere Empfehlung als die ***Burrweiler Mühle***. Der Mühlengarten rund um einen kleinen Teich gilt unbestritten als eines der schönsten Freiluftlokale der Pfalz. So ist es nicht übertrieben, wenn der in der zehnten Generation betriebene Gutsausschank mit dem Slogan *»Ein Stück vom Paradies«* wirbt. Das gilt sogar für die *Mühlenplatte*, wie der *Pfälzer Teller* hier heißt, zu der allerdings verlockendere Alternativen oder Ergänzungen angeboten werden, beispielsweise die Blutwurstlasagne als kleine oder große Vorspeise *(Mi - Sa ab 15 Uhr, Sonn- und Feiertag ab 12 Uhr; Tel. 06323 980751; Sie finden die Burrweiler Mühle in einem Tal nördlich von Burrweiler an der Straße nach Weyher; Hauptgerichte ab 13,90 €; das Lokal war zuletzt so begehrt, dass man ohne frühzeitige Reservierung keine Chance hatte)*.

Burrweiler Mühle

Außerdem eignet sich das Ende des geräumigen Parkplatzes für die Nacht. Wir waren nicht die einzigen Autoschläfer, was wir hier etwas bedauert haben. Denn die mobilen Kollegen haben nicht in der *Mühle* gespeist und auch nicht am nächsten Morgen im dazu gehörenden Weingut wenigstens ein paar Flaschen gekauft. Sie hielten sich für berechtigt, am Abend neben ihren Fahrzeugen auf Klappstühlen deftig zu grillen und danach ihrem Dobermann die Knochen hinzuwerfen. Das mag anderswo möglich sein. Hier war es eine Zumutung. Wir empfehlen den Stellplatz nur für die Nacht nach dem Genuss des Mühlenweins und vielleicht noch als Ausgangspunkt für eine Wanderung am nächsten Tag:

Platz Nr. 088

(088) WOMO-Wanderparkplatz: *Burrweiler Mühle*

GPS: N 49°15'30" E 8°04'50", *Burrweiler Mühle*. **Max. WOMOs**: 2-3.
Ausstattung: Keine.
Beschreibung: Das ist ein eher etwas einsamer Platz für die Nacht nach einem Essen in der *Burrweiler Mühle*, der hier nicht als Gaststättenplatz bezeichnet wird, weil er von den Betreibern nicht für Wohnmobile vorgesehen ist. Aber ich glaube, dass ohnehin öffentliches Gelände betroffen ist.
Zufahrt: Biegen Sie nordöstlich von Burrweiler von der L 507 (Weinstraße) bei der Beschilderung *'Burrweiler Mühle'* ab und fahren Sie danach auf schmaler Straße bis zum Parkplatz nach dem Gaststättengrundstück rechts.

In diesem Zusammenhang fasse ich weitere Möglichkeiten in Burrweiler zusammen. Es gibt drei weitere Weingüter, die aber nur bis zu drei Plätze vorhalten, Dieter Bauer, Hertel und Hermann Eberle:

(089) Offizieller WOMO-Stellplatz: Burrweiler (ehemaliger Sportplatz)

GPS: N 49°15'07" E 8°04'32", Am Schlossberg 7. **Max. WOMOs**: 15.
Ausstattung: Keine.
Beschreibung: Sie stehen auf gewachsenem, grasigem Untergrund eines ehemaligen Sportplatzes, schattenlos, klappstuhlgeeignet und mit Blick in die Ebene. Wanderwege sind leicht erreichbar. Zur Burrweiler Mühle sind es 1,1 km. In das Zentrum etwa 500 m. Der Platz ist auf der Internetseite der Gemeinde als Wohnmobilstellplatz ausgewiesen.
Zufahrt: Folgen Sie bei der Ortsdurchfahrt im nördlichen Ortsteil dem Wegweiser zum Sportplatz. Die Zufahrt ist kurz vor dem Ziel häufig wegen parkender Anwohner eng. Wahrscheinlich können Sie das umfahren, wenn Sie von Norden aus der Nähe des Friedhofs anreisen.

(090) WOMO-Winzerplatz: Burrweiler (*Weingut Bernd Eberle)*

GPS: N 49°15'06" E 8°04'40", Am Schlossberg 3, Tel. 06345 2431.
Max. WOMOs: 4-5. **Ausstattung**: Ver- und Entsorgung, Toilette, Strom, Mülleimer, Grillplatz, überdachte Pergola.
Beschreibung: Der Stellplatz liegt schön und klappstuhlgeeignet im Weinberg, ganz in der Nähe des vorgenannten Platzes, weshalb ich auf die dortigen Entfernungsangaben verweise. Etwas Gefälle auf Rasengittersteinen, Keile erforderlich; enge Einfahrt.
Zufahrt: Das Weingut liegt im nördlichen Teil auf der Talseite des Dorfes.
Preis: 8 €.

Zu der folgenden Wanderung können Sie von einem der Plätze starten und vorher **Burrweiler** (810 Einwohner) kennenlernen. Das Weindorf hat im Laufe der Geschichte einen seiner größten Tage erlebt, als am 17. Oktober 1784 einem Herrn von Traitteur die erste pfälzische Fahrt im Heißluftballon gelungen ist – gut ein Jahr nach den Gebrüdern Montgolfier. Sogar im benachbarten Weyher gedenkt man mittels einer Tafel am Parkplatz (unserem Stellplatz bei Tour 6) des mutigen »Herrn Tretter«.

Aus dem Deutschen Ofenmuseum, einer privaten Sammlung von gusseisernen Exponaten, ist ein gewerblicher Be-

in Burrweiler

trieb geworden, der historische Öfen sammelt, vertreibt, repariert und saniert. Die Bestände des früheren Museums wurden übernommen und sind nun in der ***Antik-Ofen-Galerie*** zu finden (*Do und Fr 14-18 Uhr, Sa 10-15 Uhr, So 13-17 Uhr*). Liebhaber von Rohmilchkäse nehmen die weitesten Anfahrtswege auf sich, um in der Hauptstraße 33 bei ***Kolonialwaren Lambert*** einzukaufen, was zugleich der Dorfladen ist *(Mo - Fr 6.30 - 13 Uhr und 16 - 20 Uhr, Do nachmittags geschlossen, Sa 6.30 - 12 Uhr, So 8 - 11 Uhr; Nov. - März nachmittags nur am Fr geöffnet).*

Von Burrweiler zur Historischen Walddusche

In der Nähe des Stellplatzes beim ehemaligen Sportplatz gehen wir nach Süden und biegen bei einem Autohaus (oder parallel dazu beim Weingut Bernd Eberle) nach Norden zur ***Burrweiler Mühle*** ab, wobei uns die Markierung mit der Weintraube leitet. Am nördlichen Ende des Parkplatzes der Burrweiler Mühle, wo die Straße nach rechts abknickt, nehmen wir entlang des Modenbachs den Weg zur **Buschmühle**, bei der wir auf den mit rotem Strich markierten Wanderweg treffen, nach links zur Straße und von dort bald bergauf in den Wald wandern. Nach einem längeren Anstieg stoßen wir auf die am Wochenende (vor Corona!) bewirtete **St. Anna-Hütte** *(sonn- und feiertags, vom 1.7. bis 31.10. auch samstags)*. Man ahnt, dass rund um die 1896 erbaute neugotische **St. Anna-Kapelle** bei den Wallfahrten im Juli und August nicht nur gebetet wird.

Kurz nach der Kapelle entscheiden wir uns für den weiterhin rot markierten Wanderweg durch den Wald, wir gelangen oberhalb von Gleisweiler bei einem traditionsreichen Sanatorium auf einen nach Süden führenden Wanderweg, den wir nach rechts in das Hainbach-Tal (rot-weiß markiert) verlassen, um bei der **Historischen Walddusche** umzukehren. Diese Attraktion, einen kürzeren Weg dahin wie auch Gleisweiler behandeln wir im anschließenden Text.

Auf dem Rückweg wählen wir unterhalb des Sanatoriums von Gleisweiler den mit einer Weintraube markierten Wanderweg, der uns nördlich von Burrweiler hinauf zum **Gasthaus *St. Annagut*** *(wegen des Blicks* *eine der schönsten Pfälzer Terrassen, So und Mo geschlossen)* leitet, danach wieder runter nach Burrweiler. Das ganze Unternehmen dauert nicht länger als **drei Stunden**.

Wir verweisen auch auf unsere Wanderung zur Historischen Walddusche bei Tour 7.

Gleisweiler - Sonnentempel

Wenn Sie artig unserem Wandervorschlag gefolgt sind, lag das *»Pfälzische Nizza«* an Ihrem Weg. So nennt sich **Gleisweiler**, was wir bei 600 Einwohnern für etwas eitel halten. Bescheiden ist man hier nicht, wenn man gleichzeitig noch das mildeste Klima Deutschlands und im öffentlich zugänglichen Park des Sanatoriums einen ***»Sonnentempel«*** für sich in Anspruch nimmt, der nichts anderes ist als ein Pavillon in einem zugegebenermaßen schönen **Park**, in dem mediterrane und exotische Pflanzen wachsen. Das Lusthäuschen stand früher in Landau, im Garten der Familie Schneider, deren Spross im Jahr 1844 die Kurklinik gegründet hatte. Russische Kriegsgefangene mussten während des 1. Weltkrieges die Rotunde nach Gleisweiler schaffen (Sie finden das Tempelchen, wenn Sie über die Terrasse des Sanatoriumcafés gehen).

Historische Walddusche

Auch die Badefreuden sind denen des französischen Vorbildes an der Côte d'Azur eher unähnlich: Die **Historische Walddusche**, zu der Sie offiziell nicht hinfahren dürfen, bietet nicht den Badebetrieb des französischen Idols (zumindest ist die Zufahrt ab Frankweiler nur Anliegern gestattet; gehen Sie beim Sanatorium von Gleisweiler vorbei und nach mehreren Kurven am Hang entlang durch eine Lindenallee, später nehmen Sie den rot-weiß markierten Weg; ab dem Sanatorium ca. 45 Minuten; siehe auch die Wanderung ab Albersweiler-St. Johann bei Tour 7 und die Wegbeschreibung bei Platz Nr. 091). Wenngleich hier wahrscheinlich schon früher organisiert geduscht wurde als an der Riviera. Denn schon im Jahre 1849, noch vor der Zeit des Pfarrers Kneipp, ließen sich die Gäste der »Kaltwasser-Heilanstalt Bad Gleisweiler« den auf einer Wasserrinne herangeführten Hainbach über den Rücken laufen. Wir sind an einem heißen Sommerwerktag zum Wandern unterwegs und wähnen uns gegen Abend mutterseelenallein im Wald. Wozu brauchen wir die Umkleidekabine und die Badehosen? Wir warnen vor ähnlichem Leichtsinn. Plötzlich und in unerwarteter Anzahl tauchen Spaziergänger und Wassernixen auf, die sich höchst züchtig in Badekleidung abhärten. Gerade rechtzeitig gelingen uns noch ein Erinnerungsfoto und der Griff zum rettenden Handtuch (Achtung, der Steinboden des großen Beckens ist gefährlich glitschig!).

Ausgangspunkt für das Duscherlebnis könnte ein schön gelegener Winzerstellplatz in Gleisweiler sein:

(091) WOMO-Winzerstellplatz: Gleisweiler (*Weingut Winzerhof am Teufelsberg)*

GPS: N 49°14'16" E 8°03'50", Hainbachtalstraße 23. Tel. 06345 2118; Anmeldung erwünscht, da der Platz oft ausgebucht ist. **Max. WOMOs**: 4. **Ausstattung**: Ver- und Entsorgung, Strom. **Beschreibung**: Bei nicht voller Belegung ist der grasige Platz außerhalb des Ortes klappstuhlgeeignet, sonst wird es eng. Gaststätten und Geschäft (?) im Ort nach 500 m, Wanderwege (die Hainbachtalstraße bergauf und immer geradeaus gelangen Sie nach rund 30 Minuten zur Walddusche). **Zufahrt**: Fahren Sie von der L 519 am südlichen Ort bergwärts, biegen Sie gleich links und sofort wieder rechts in die Hainbachtalstraße ab und fahren Sie auf ihr bis zum Ende der Bebauung; der Platz liegt links der Straße oberhalb des Weingutes.
Preis: 6 €.

(092) Alternativ kommt das ***Weingut Fritz Wadle*** infrage mit angeblich 5 Plätzen; **GPS**: N 49°14'24" E 8°04'05", Weinstraße 20.

Frankweiler (850 Einwohner), ohne Zweifel ein typisches Weinstraßendorf, verspricht *»Urlaub mit Wein im Sonnegau«* und nennt sich *Rieslingweinort.* Deshalb erwähnen wir das Dorf aber nicht. Auch nicht, weil es sich der meisten alten Ortsbrunnen an der Weinstraße rühmt. Sondern, ehrlich gesagt, nur wegen der ***Weinstube Brand***, einem der liebenswertesten und besten Restaurants dieses Buches. Hier gibt es nicht die üblichen Sauerkrautteller, stattdessen in gemütlicher Atmosphäre richtig gute Küche zu bezahlbaren Preisen *(im Sommer Bewirtschaftung im Innenhof; So, Mo und dienstagmittags geschlossen; Tel. 06345 959490; im unteren Ortsteil an der Weinstraße in der Nähe der Kirche; Hauptgerichte ab 16 €).* Und nur weil wir Ihnen die Weinstube Brand empfehlen, tun wir dasselbe mit dem großen Parkplatz beim Friedhof, damit Sie die Frankweiler Rieslinge auch hemmungslos probieren können:

(093) WOMO-Stellplatz: Frankweiler

GPS: N 49°13'50" E 8°03'41", L 507. **Max. WOMOs**: 5-7.
Ausstattung: Wasser im nahen Friedhof.
Beschreibung: Der Stellplatz macht nach unserer Meinung nur Sinn, wenn Sie zuvor in der *Weinstube Brand* gegessen haben. Die Nacht ist dann ruhiger als befürchtet. Und wenn wir alles abwägen, sind wir der Auffassung, dass man lieber in der *Weinstube Brand* isst und hier schläft als mangels besseren Stellplatzes auf die *Weinstube Brand* zu verzichten. Mir könnte mal jemand schreiben und seine Meinung dazu äußern! Überhaupt bekomme ich zur Pfalz wenig Leserpost.
Zufahrt: Der Platz liegt an der L 507 nördlich des unteren Ortsteils an der Abzweigung der Straße nach Nussdorf, der K 53.

Wenn Sie nicht auf der vorherigen Tour in Annweiler gewesen wären, würden wir Sie von diesem Stellplatz genau dorthin schicken. Aber zu oft sollten Sie sich auf dem Trifels nicht an Deutschland, den Stauffern und deren obskuren politischen Nachfahren berauschen. So machen wir einen größeren Sprung und gelangen über Birkweiler nach **Ranschbach** (620 Einwohner), das sich *Seligmacherdorf* nennt, nach der bekanntesten örtlichen Weinlage. Außer einem schönen Kirchturm erfreut uns vor allem ein Histörchen, das ich Ihnen im nachfolgenden Kasten erzähle:

Die Wunderquelle bei Ranschbach

Südwestlich des Ortes, bei der Quelle Kaltenbrunn, gibt es seit Jahrhunderten eine Mariengrotte und die Grundmauern einer im 16. Jahrhundert zerstörten Kirche. Grund genug, hier auch heute noch im Juli und im August zwei Wallfahrten zu zelebrieren, bei denen manch frommer Pilger seinen Durst statt am Weinverkaufstisch (wo es heutzutage auch Erdnüsse und anderes Naschwerk gibt) an einer unterhalb der Felsenhöhle sprudelnden Quelle gelöscht hat. Dem Wässerchen hatten schon die Alten heilende Wirkung nachgesagt, aber kaum jemand nahm das ernst. Das änderte sich in den 80er Jahren des 20. Jahrhunderts (!!) von einem auf den anderen Tag, als Deutschlands größtes Boule-

an der Quelle Kaltenbrunn

vardblatt von einer wirklichen Wunderheilung berichtete. Deutschlands bekanntestes Wochenmagazin zog nach, und der Bischof von Speyer musste sich in Interviews weise herausreden. Aber monatelang pilgerten Tausende von Menschen zur Quelle und trugen das heilende Nass in Kanistern und Fässern nach Hause. Bis in die Nacht standen die Leute an, denn die Schüttung des Brunnens war nicht die beste.

Und die Ranschbacher glaubten an das Wunder des Tourismus. Bald schon plante die Gemeinde so etwas wie eine Kuranstalt und begann mit zwei wesentlichen Bauvorhaben: mit einer Bedürfnisanstalt und mit einer Wasserausgabestelle, wo an einem Schalter das Quellwasser geregelt und hygienisch geprüft den Massen überlassen werden sollte. Wir wissen nicht, wie lange man dort das Wunderwasser zugeteilt hat, wir kennen auch nicht den Preis und andere Modalitäten. Nicht einmal *Google* weiß Bescheid, was auf Scham und Vertuschungshandlungen der verkappten Kurdirektoren schließen lässt.

ehemaliger Wasserausgabeschalter

Längst ist der Trubel vorbei. Die Toilettenanlage ist weiter in Betrieb, der Wasserschalter steht als Relikt vergangener Träume wie ein Fremdkörper im Wald. Nur die Quelle sprudelt wieder, allerdings in ein Edelstahlbecken und hinter der Warnung *‚Kein Trinkwasser'*. An Wundern scheint man nicht mehr interessiert zu sein. Unsere folgende Wanderung kommt hier vorbei.

Platz Nr. 094

Von Burrweiler nach Klingenmünster

Sie können bei Ranschbach auf dem Parkplatz unterhalb der Quelle Kaltenbrunn (siehe oben) recht schön, aber sehr einsam übernachten. Die bessere, wenngleich kaum weniger einsame Alternative liegt ganz in der Nähe, an der nördlichen Zufahrt zum Slevogthof:

(094) WOMO-Wanderparkplatz: Ranschbach

GPS: N 49°11'33" E 8°01'15".
Max. WOMOs: 5.
Ausstattung: Picknickbank.
Beschreibung: Der grasige Platz liegt in freier Natur mit wunderbarer Sicht in die Rheinebene. Selbstverständlich können Sie Klappstühle benutzen. Nachbarhäuser gibt es nicht, dafür Wanderwege.
Zufahrt: Die L 508 führt südlich von Ranschbach bergauf und macht eine scharfe Kurve, fast wie eine Spitzkehre; nach dieser Kurve wendet sich die Straße dann nach links; genau dort führt geradeaus, fast in gerader Verlängerung der L 508, aufwärts eine Straße in den Weinberg; nach etwa 500 m sehen Sie rechts eine Picknickbank und links eine Zufahrt zum Slevogthof, an deren Anfang Sie am Rand einer Wiese einen kleineren Parkplatz mit schönem Blick in die Rheinebene und nach Landau finden.
Hinweise: Die Beschilderung der Zufahrt ist unklar. Nach unserer Interpretation dürfen Sie bis zum Stellplatz fahren; von Maßnahmen ist uns nichts bekannt, etwas uneben.

(095) Wenn Sie an dieser Stelle nach Norden, also Richtung Ranschbach fahren, bei dem folgenden Wäldchen links, dort bergab ins Tal, danach wieder links und nun der Straße bergauf folgen, kommen Sie zum einsamen **Parkplatz der Quelle Kaltenbrunn** (möglicherweise können Sie am eben genannten Stellplatz, wenn Sie von der L 508 bergauf gefahren sind, einfach geradeaus und dann am Ende links zum Parkplatz weiterfahren), Sie können ihn eigentlich nicht verfehlen; **GPS**: N 49°11'39" E 8°00'37".

Auf unseren Pfalzwanderungen führen wir Sie an vielen Aussichtspunkten vorbei. Aber an keiner Strecke sind die Aussichtsfelsen gleichermaßen unbekannt, obwohl sie fantastische Fernblicke bieten:

Vom Slevogthof zum Slevogtfelsen

Vom Wanderparkplatz Ranschbach (siehe eben) gehen Sie bergauf in den Wald zum **Slevogthof** (dazu siehe unten). Nachdem Sie auf der Rückseite der Wirtschaftsgebäude vorbeigelaufen sind, treffen Sie auf eine Übersichtstafel, auf der alle Wanderwege eingezeichnet sind. Seitlich dieses Tableaus schickt Sie der Weg hinauf zur **Ruine Neukastell**, von der eigentlich nur noch ein Felsklotz übrig ist, der Ihnen wunderbare Blicke über das Rebenmeer, hinunter zum Slevogthof, nach Leinsweiler und zur Madenburg bietet.

Von diesem Burgfelsen gehen Sie ein kurzes Stück nach Westen, um auf einen mit grünem Dreieck markierten Wanderweg zu treffen.

Blick vom Slevogtfelsen zum Trifels

Sie bleiben auf dieser Strecke etwa 300 m, bis nach links ein nicht markierter breiter Fahrweg abzweigt, wobei Sie sich weiter links halten, dort aber den oberen von zwei Wegen nehmen, der auf der Südseite um den **Föhrlenberg** führt. Nach weiteren 15 bis 20 Minuten zweigt dann nach rechts ein Pfad bergauf, der unterhalb des Gipfels (über den Sie nicht gehen) an einer prächtigen Aussichtsstelle endet, dem so genannten **Slevogtfelsen**. Besser könnte der Blick auf die Burg Trifels nicht sein. Leider ist der Weg zum Slevogtfelsen, der westlich unterhalb des Föhrlenberggipfels liegt, nicht markiert.

Von der Aussichtsbank wandern Sie auf dem nächstgelegenen Pfad zurück bergab, auf dem folgenden Weg rechts und nach etwa 200 m links. Sie gelangen so zum **Parkplatz Ahlmühle**, wo Sie sich nach rechts auf den mit schwarzem Punkt und grünem Dreieck markierten Weg wenden, der an der Wegspinne **Zollstock** (mit Schutzhütte) endet.

Dort entscheiden Sie sich für einen der Wege zum Hohenberg, die unmissverständlich markiert sind. Sie gehen dort allerdings nicht auf den Gipfel, weil der Aussichtsturm wegen Baufälligkeit nicht mehr bestiegen werden darf. Stattdessen wagen Sie sich an die westliche Bergkante, wo zwei Abflugschanzen für Flugdrachen und Gleitschirmflieger Höhenangst vermitteln. Der Blick vom **Hohenberg** auf Annweiler und das Trifelsland ist einer der schönsten in diesem Teil der Pfalz.

Auf einem der markierten Wege steigen Sie wieder zum Zollstock ab, wo Sie nun seitlich der Schutzhütte den einzigen nicht markierten Weg nach Osten wählen, auf dem Sie unterhalb der Wallfahrtsstätte auf die oben im Rahmentext erwähnte Toilettenanlage treffen, dort die Asphaltstraße bergauf gehen, um sich dann am **Kaltenbrunn** (siehe oben) zu erfrischen. Seitlich der Quelle gehen Sie links und treten am Waldrand zwischen Parkplatz und Slevogthof wieder in die liebliche pfälzische Weinbergwelt.

Sie brauchen für diese Strecke unbedingt eine der erhältlichen Karten im Maßstab 1:25.000, die Gehzeit beträgt etwa **3,5 Stunden**.

Wer in dieser Gegend lieber nahe einer Ansiedlung schlafen möchte, sollte die sehr schöne Wiese des Weingutes *Wacholderhof* wählen, die neben den Kosten den kleinen Nachteil hat, dass der Fußweg ins nächste Dorf, nach Leinsweiler, etwa 1,3 km beträgt:

(096) WOMO-Winzerplatz: Leinsweiler *(Wacholderhof)*

GPS: N 49°11'15" E 8°02'00". Tel. 06345 919370. www.weingut-erlenwein.de/wohnmobilstellplatz.html.
Max. WOMOs: 6-7.
Ausstattung/Lage: Ver- und Entsorgung, Toilette, Strom, Mülleimer. **Beschreibung**: Sie stehen außerorts auf schönem, grasigen Gelände mit Blick, können aber nach Leinsweiler und zur guten Gaststätte *Castell* (Hauptstraße 32) laufen; direkt auf der Westseite der L 508 gibt es einen Fuß- und Radweg nach Leinsweiler. *'Campingähnliche Verhältnisse'* sind nicht erwünscht.
Zufahrt: Biegen Sie südlich von Ranschbach von der L 508, der Straße nach Leinsweiler, bei der Beschilderung nach Osten ab. Der Hof gehört zu Ilbesheim. **Preis**: 10 €.

Leinsweiler, das nächste Dorf südlich von Ranschbach, hat nur 450 Einwohner, umso vollmundiger ist sein Werbeslogan: *»..... wo die Pfalz am schönsten ist«*. Überhaupt hat man den Eindruck, als gäbe es neben dem Wettbewerb *Unser Dorf hat Zukunft*, wie der Wettstreit seit 1997 heißt, den Grand Prix der kommunalen Werbeslogans. Der Ortsmittelpunkt von Leinsweiler, an dem das kleine **Fachwerk-Rathaus** mit Arkadenhalle steht, ist allerdings wirklich sehenswert.

Leinsweiler - Rathaus

Die bekannteste Attraktion ist der **Slevogthof** unterhalb der Burgruine Neukastell, von der so gut wie nichts mehr übrig ist (siehe obige Wanderung). Die Burg wurde von einem nahen Gutshof versorgt, den der Maler Max Slevogt im Jahre 1914, das Anwesen hieß damals noch Schlossgut Neukastell, von seinem in Not geratenen Schwiegervater ersteigert hat, um hier seinen Sommersitz auszubauen, wobei 1922 der heutige Anbau

Slevogthof

mit Bibliothek und Musikzimmer hinzu kam. Die schöne Lage hat den Künstler zu etwa 150 Gemälden inspiriert, unter anderem zu den einzigen noch erhaltenen Wandmalereien im Musiksaal dieses Hauses. Slevogt starb 1932 in diesem Anwesen und wurde auf dem schmucklosen Familienfriedhof im nahen Waldstück beerdigt (östlich oberhalb des Gebäudes Waldweg Richtung Ranschbach, bei einer Baumgruppe mit auffallenden Wurzeln abwärts und gleich wieder links). Das Gebäude und eine Gaststätte wurden bis ins Jahr 2011 noch von Nachkommen bewirtschaftet, letztere ist aber seitdem geschlossen. Der Slevogthof wurde an einen Architekten und Projektentwickler verkauft, der angeblich 4 Millionen zur Sanierung aufwenden muss, bevor Teile des Gebäudes für die Öffentlichkeit wieder zugänglich sind. Erst wurde der Termin mehrfach verschoben, inzwischen kann man keine neue Prognose erfahren, und man fragt sich, ob die Ankündigung überhaupt ernst gemeint ist. Aber der Hof lohnt sich auch von außen, ebenso wie die Sicht.

Leinsweiler und der Slevogthof

Das große Gebäude im Blickfeld Richtung Süden, am Rand der Rheinebene, konnte den Maler noch nicht stören, was Sie bei genauem Hinsehen schon am Baustil der typischen Naziarchitektur erkennen. Der Architekt des heutigen ***Leinsweiler Hofes*** durfte zuvor das Deutsche Weintor in Schweigen planen, ehe er 1937 den Grundstein des multifunktionalen Hauses legen ließ. Entlang der Weinstraße sollten sieben solcher Protzbauten entstehen, mit Gaststätten, Weinverkaufsstellen und Fremdenverkehrsschwerpunkten. Der Krieg hat uns wenigstens das erspart. Erst 1952 wurde das gegenwärtige Hotel nach zwischenzeitlich provisorischer militärischer Nutzung fertig gestellt und jüngst um ein zweites Haus erweitert.

Eschbacher Esel

Das südlich benachbarte **Eschbach** (700 Einwohner) hat sich für die Losung *»Das Fenster zum Paradies«* entschieden. Da man befürchtet hat, mit dem abgedroschenen Spruch keine Gäste anlocken zu können (wer will schon nur zusehen?), haben schlaue Bürger die **Eschbacher Esel** erfunden, 29 künstlerisch gestaltete Grautiere, die scheinbar ohne erkennbaren Sinn in den Straßen und Vorgärten aufgestellt sind. Wenn man etwas recherchiert, erfährt man aber, dass die Herren der Madenburg Mitglied im mittelalterlichen Ritterbund ‚*Gesellschaft mit dem Esel*' waren, weshalb die Bewohner der Nachbardörfer die Eschbacher Einwohner ‚*Esel*' nannten.

Madenburg - Burghof

Wahrscheinlich wird auch jener Esel-Blickfang das Problem der Eschbacher nicht lösen, dass die Touristen am Fuß der **Madenburg** nicht mehr anhalten, sondern bis zum etwa vier Kilometer entfernten Parkplatz einer der größten und ältesten Burganlagen der Pfalz durchfahren (bis 3,5 t, größere Fahrzeuge müssen weiter unten am Sportplatz parken, unserem Stellplatz Nr. 097; Wegweiser ‚*Madenburg';* die Burg ist nur geöffnet, wenn die Gaststätte offen ist, siehe im nachfolgenden Text). Sie mühen sich dann noch 20 Minuten zu Fuß bergauf, um sich in der **Burgschänke** zu erfrischen, was wegen des dort Gebotenen keiner Erwähnung bedürfte, wäre nicht der ganze

Burghof der Gastraum, und gäbe es nicht diesen einmaligen Ausblick, neben dem von der Rietburg vielleicht den schönsten, der Ihnen über den Rand des *Pfälzer Tellers*, der hier *Dreierlei* heißt, weltweit geboten wird *(10.30 - 19 Uhr, im Winter kürzer, Mo und Di geschlossen; die Öffnungszeiten haben sich in der Vergangenheit mehrfach geändert)*. Die Ruine des 1689 im Pfälzischen Erbfolgekrieg von den Truppen Ludwigs XIV. zerstörten Renaissanceschlosses ist in einem relativ guten Zustand, weil man schon ab 1870 mit Restaurierungen begonnen hat. Am schönsten ist der Renaissanceturm vom Anfang des 16. Jahrhunderts (zuletzt nicht begehbar). Die letzten Burgherren waren übrigens die Bischöfe von Speyer, die hier eine Nebenresidenz unterhielten.

Renaissanceturm

Da Sie auf jeden Fall zu dieser berühmtesten pfälzischen Sehenswürdigkeit spazieren müssen, erwarten Sie von uns eine richtige Wanderung mit Zugabe, einen **echten Pfalz-Klassiker**:

Von Eschbach zur Madenburg und zum Trifels

Sie lassen sich ab dem Ortsmittelpunkt von Eschbach, wo auch die Zufahrtstraße zur Madenburg von der Weinstraße abzweigt, zunächst vom grün-gelben Wanderzeichen und später vom grünen Dreieck zur **Madenburg** leiten, wo Sie umkehren, zum Parkplatz bei der Madenburg absteigen, um dort auf den Weg mit der gelben Markierung einzubiegen (am Parkplatz halblinks gehen, auf dem berühmten Cramerweg Richtung *'Trifels'*). Sie wandern, bis Sie eine Straße erreicht haben und entscheiden sich dort für den mit schwarzem Punkt markierten Weg bis zum **Trifels** (zur Burg Trifels siehe Tour 7).

Für den Heimweg wählen Sie am Fuß des Trifels, wenn Sie auf das Lokal zugehen, den links davon in den Wald führenden Weg (schwarzer Punkt), Sie spazieren links unterhalb an den Ruinen **Anebos** und **Scharfenberg** (Münz) vorbei, bis Sie an die Straße stoßen. Dort überqueren Sie den Parkplatz mit der Bezeichnung **Ahlmühle** und nehmen den linken der beiden am Ende des Parkplatzes in den Wald führenden Wege, der am **Slevogthof** oberhalb von Leinsweiler ankommt (Wegweiser *'Slevogthof'*). Unterhalb des Anwesens entscheiden Sie sich für den Wanderweg Deutsche Weinstraße (grüne Weintraube), der hier zugleich ein Stück des Pfälzer Jakobsweges und des Pfälzer Keschdeweges (Pfälzer Kastanienweges) ist.

Sie sollten sich gut **vier Stunden** Zeit nehmen, eine Karte ist nicht zwingend erforderlich.

An dieser Stelle soll endlich aufgeklärt werden, von wo genau unser Titelbild mit der Burg Trifels aufgenommen worden ist. Wer uns auf der vorstehenden Wanderung gefolgt ist, hat es schon bemerkt. Allen anderen Lesern, auch den prinzipiell gehfaulen, soll noch eine Kurzstrecke verraten werden:

Zum Fotostandort des Titelbildes

Fahren Sie von **Annweiler** auf die Trifelsstraße. Dazu biegen Sie gleich südlich der B 10 von der B 48 zum Trifels ab (siehe auch die Karte vor Tour 7). Nach etwa 5,7 km stoßen Sie auf den Parkplatz Windhof, wo eine Einbahnstraße beginnt. Nach etwa 500 Metern folgt der **Wanderparkplatz Ahlmühle**, auf dem Sie parken (N 49°11'22" E 7°59'27"). Sie treten auf die Straße (K 2), gehen, den Parkplatz im Rücken, rechts und folgen etwa 150 m der Fahrbahn, um dann nach links schräg bergauf in einen Waldweg einzubiegen, der Sie auf weiteren 600 m zur **Burgruine Anebos** führt. Hier wünsche ich Ihnen eine freie Sicht, und passen Sie auf, nicht zu weit an den Abgrund zu treten (siehe Foto unten).

Als Ausgangs- und Endpunkt der vorbeschriebenen Wanderung zur Madenburg eignet sich das Parkplatzgelände am Sportplatz von Eschbach:

(097) WOMO-Wanderparkplatz: Eschbach

GPS: N 49°10'31" E 8°00'51", Löwenthal. **Max. WOMOs**: 10.
Ausstattung: Keine.
Beschreibung: Der geschotterte Parkplatz des Sportgeländes liegt etwa 100 m nach den letzten Häusern am Waldrand, ist also leicht einsam, an

warmen Hochsommerabenden aber ein richtig schöner Stellplatz, auf dem man dann gerne auf Klappstühlen sitzt. Im nahen Dorf gibt es wenigstens eine Gaststätte aber keinen Bäcker oder Laden. Von hier kann man gut loswandern, vor allem zur nahen Madenburg.
Zufahrt: Das Gelände liegt beim Sportplatz an der Straße zur Madenburg.

Nachdem Sie auf den Geschmack der südpfälzischen Waldlandschaft gekommen sind, hängen wir noch eine Wanderung an. Die Stubenhocker mögen uns das verzeihen. Die Wanderfreunde werden sich wundern, dass es mit dem **Kleinen Hahnstein** einen spektakulären Aussichtspunkt gibt, den die meisten gar nicht kannten:

Von Waldhambach zum Kleinen Hahnstein und auf den Rehberg

Parken Sie in **Waldhambach** südlich der B 48, überqueren Sie die Bundesstraße und spazieren Sie danach mehr oder weniger geradeaus durch die lang gezogene Dorfstraße nach Norden (also nicht entlang der B 48 nach Westen! – weißes Dreieck). In Höhe des letzten Hauses zweigt schräg nach links bergauf ein grasiger, unmarkierter Fußweg ab, auf dem Sie bleiben, bis er auf einen breiteren Waldweg stößt. Dort halten Sie sich rechts und achten nach einer Kurve auf eine links im Wald installierte Bank und einen kleinen, gelben Wegweiser, den Sie, weil er

Blick von der Anebos zum Trifels

auf dem Kleinen Hahnstein

ziemlich hoch an einen Baumstamm genagelt ist, leicht übersehen. Er schickt Sie nach links auf einen schmalen Pfad, der nach mehreren erstaunlich steilen Windungen am **Kleinen Hahnstein** endet (auf der *Kompass* Karte und App ist der Weg als schwarzer Strich eingezeichnet, auf der Karte *Pfälzerwald 8* des Verlages *NaturNavi* sind die Strecke mit dem weißen Dreieck und der Abstecher zum Kleinen Hahnstein ausgezeichnet zu sehen).

Mit Erstaunen werden Sie feststellen, dass der Gipfel des Berges, ein Felsklotz, die Bäume überragt. Relativ leicht können Sie auf eine erste Etage klettern (Sie bemerken im Sandstein deutliche Griffmulden). Die Mutigen kraxeln sogar auf die oberste Bastion. Von jeder Höhe genießen Sie einen fantastischen Blick, und wir wetten, dass Ihnen diese schöne Stelle bislang unbekannt war. Ein echter Geheimtipp!

Sie steigen nun auf demselben Pfad wieder hinunter zur Bank bei einem gelben Wegweiser und halten sich dort links. Bald stoßen Sie auf eine Kreuzung mit einer Schutzhütte, wo Sie den Weg wählen, der halblinks bergauf führt (kleiner Wegweiser *'Rehberg'*). Ihr Ziel ist der Gipfel des **Rehberges** mit dem 1862 aus Sandsteinen gemauerten Aussichtsturm, den Sie am leichtesten erreichen, wenn Sie einer Markierung mit der Nr. 3 folgen, möglicherweise auch der Nr. 18. Der Blick vom Rehberg zählt zu den schönsten der Südpfalz, zumal der Trifels und seine beiden Nachbarburgen Ihnen zu Füßen liegen. Bei klarer Sicht können Sie fast alle markanten Punkte des südlichen Pfälzer Waldes identifizieren (leider hatten wir zuletzt weniger gutes Wetter, weshalb hier das passende Foto fehlt).

Rehbergquelle

Nach diesem Wahnsinnsblick gehen Sie ein Stück auf dem Hinweg zurück und zweigen bald nach links mit der Wegmarkierung Nr. 3 und 18 ab, passieren einen lauschigen Picknickplatz mit Schutzhütte an der **Rehbergquelle** und steigen nun zügig ab, wobei Sie der Markierung mit der Nr. 18 folgen und immer wieder breitere Waldwege überqueren, um jenseits derselben auf einem schmalen Pfad die so genannte **Kletterhütte beim Asselstein** zu erreichen, ein beliebtes Lokal mit deftigen Speisen direkt an der Straße.

Auf dem Rückweg gehen Sie an der Kletterhütte zunächst einige hundert Meter auf dem Weg, der Sie hierher geführt hat, Sie folgen zunächst dem grünen Dreieck und nach etwa einer viertel Stunde steil bergab dem weißen Dreieck. Das leitet Sie nun zurück nach **Waldhambach**, wo Sie nach **gut drei Stunden** wieder eintreffen. Die reine Gehzeit ist kürzer, aber die Gipfel des Kleinen Hahnsteins und des Rehberges werden Sie eine Weile aufhalten. Ohne Karte würden wir den Weg nicht gehen.

Am Rand der Rheinebene würden Sie gerne das Vergnügen einer bewirtschafteten Burgruine mit Weitblick noch einmal wiederholen und sich vielleicht sogar kulinarisch steigern. Das ist problemlos möglich, wenn Sie an der **Ruine Landeck** parken

Burg Landeck

(siehe dazu beim folgenden Stellplatz Nr. 099 oder parken Sie an der L 493 und nehmen Sie den Weg ab einem kleinen Brunnen). Der Fußweg ist ein wenig steil, aber kein Problem und ab Klingenmünster ausgeschildert. Der Blick von der Burg ist fast so schön wie jener von der Madenburg, erst recht vom Bergfried, dem höchsten und besterhaltenen in der Pfalz. Sie werden dennoch sofort die Spuren neuzeitlicher Restaurierungen erkennen, ebenso an der 1967 gebauten Zugangsbrücke und an der **Burgschänke**. Unser Tipp für einen frühen Hochsommerabend ist eine Rieslingschorle zu sehr leckerem Flammkuchen unter

Burgschänke in der Burg Landeck

den Bäumen im Burghof *(die Burgschänke ist die Zweigstelle des Stiftgutes Keysermühle in Klingenmünster mit vielen Bioprodukten; im Sommer 2020 war täglich bis 20 Uhr, am Wochenende bis 21 Uhr geöffnet, bei Schließung der Küche 30 Minuten vorher; Tel. 06349-8744 oder 06349-9939-0).*

Sie hätten einen Wohnmobilführer gekauft und nicht ein Brevier pfälzischer Burg- und Waldschänken, deren häufiges Vorkommen auf dieser Tour und überhaupt in diesem Buch Sie langweile – werden Sie mir schreiben. Und ich werde Ihnen antworten, dass so die Pfalz eben ist – und dass Sie die Burg Landeck nicht nur wegen des Blicks über die Rheinebene in freundlicher Erinnerung behalten.

Martinsturm

Wo ich Sie sowieso gerade langweile, erlaube ich mir für diese Tour einen letzten Wandertipp, weil Sie nämlich ohne großen Aufwand von der Burg Landeck zu einem wunderbaren weiteren Burgenblick spazieren können: Das Ziel ist der **Martinsturm**! Am besten wählen Sie ab der Landeck den 6,7 km langen und gut markierten Burgenweg.

Dass man zur Landeck fahren kann, bedeutet nicht, dass man hier legal steht, weshalb der Stellplatz in **Klingenmünster** (2.400 Einwohner) die erste Wahl sein sollte:

(098) Offizieller WOMO-Stellplatz: Klingenmünster

GPS: N 49°08'23" E 8°00'52", Mühlgasse.
Max. WOMOs: 8-10.
Ausstattung: Ver- und Entsorgung, Strom, Toilette (im Park).
Beschreibung: Sie stehen sehr ruhig im Ortskern am Rand eines Parkes auf Asphalt und teilweise schattig. Am Abend kann man sogar mit etwas Freude auf Klappstühlen sitzen. Es ist eine Extrafläche für Wohnmobile ausgewiesen. Die Gemeinde zeigt aber auf ihrer Internetseite auch andere Bereiche des größeren Parkplatzes. Das Zentrum mit Läden und Gaststätten ist nach wenigen Schritten erreicht.
Zum Essen empfehle ich die **Gaststätte *Freiraum***, einen Inklusionsbetrieb, der ebenfalls zum *Stiftgut Keysermühle* gehört; Bahnhofstr. 1.
Sie können vom Stellplatz aus sehr gut zur Ruine Landeck wandern und von dort aus zu den weiteren beschriebenen Strecken.
Zufahrt: Der Platz liegt beschildert westlich des Zentrums an der Klingenbachhalle.

(099) Direkt an der **Ruine Landeck** haben wir für Fahrzeuge bis 3,5 t keine Verbotszeichen gesehen, aber größere Wohnmobilansammlungen sind dort eindeutig unpassend; am unteren Ende der Straße gibt es eine Schranke, von der ich nicht weiß, wann sie heruntergelassen wird;
GPS: N 49°08'29" E 8°00'20".

Tour 9: Das Dahner Felsenland 105 km

Spirkelbach – Hermersbergerhof – Hauenstein Hinterweidenthal – Dahn – Lindelbrunn – Silz

Stellplätze:	bei Spirkelbach, in Wilgartswiesen, in Hermersbergerhof, in Hauenstein, in und bei Hinterweidenthal, bei Dahn, in Erfweiler, in Lindelbrunn, bei Silz
Campingplätze:	in und bei Dahn
Besichtigen:	Deutsches Schuhmuseum in Hauenstein, Teufelstisch bei Hinterweidenthal, Burg Altdahn, Ruine Lindelbrunn, Ruine Drachenfels, Wild- u. Wanderpark Südliche Weinstraße
Wandern:	von Dahn zum Teufelstisch und zur Ruine Neudahn, von Hinterweidenthal zur Ruine Gräfenstein, auf dem Dahner Felsenpfad, von der Drachenfelshütte zum Schlüsselfels und zum Jüngstberg, von Lindelbrunn zum Drachenfels und zum Puhlstein
Essen:	Gasthaus *Felsentor* in Hauenstein, Brauhaus *Erstein* in Hinterweidenthal, Restaurant *Wasgauperle* in Dahn, Wanderheim *Cramerhaus* in Lindelbrunn

Von Klingenmünster geht es weiter in das Dahner Felsenland, das wir erneut auf einer Rundtour ab der Weinstraße erschließen, weshalb Sie sich bis zum Ende der Tour gedulden müssen, um den schönen Badeplatz von Silz kennenzulernen. Zunächst wählen wir die L 494 über Gossersweiler/Stein, Völkersweiler und Wernersberg nach **Spirkelbach**, wo Sie sich den angenehmen Stellplatz meist nur von außen betrachten, weil Sie nicht vorgebucht haben. Deshalb verweise ich hier hauptsächlich auf die Internetseite der Gemeinde:

(100) Offizieller WOMO-Picknickplatz: Spirkelbach

GPS: N 49°11'38" E 7°52'53". Südring. **Max. WOMOs**: 4.
Ausstattung: Ver- und Entsorgung (zeitweise), Strom (zeitweise), WC (zeitweise), Grillhütte, Spielwiese, Mülleimer.
Beschreibung: Dieser Stellplatz liegt wunderbar am Ortsrand, er kann aber nur nach vorheriger telefonischer Anmeldung in Anspruch genommen werden, weil mitunter der ganze Platz an Vereine oder Gesellschaften vermietet wird. Die Belegung und Einzelheiten können Sie unter www.spirkelbach.com/grill-und-wohnmobilstellplatz-mieten-2/ erfahren (der Platz ist häufiger frei als vermutet!).

In **Wilgartswiesen** (990 Einwohner), dessen weithin sichtbare evangelische Kirche das einzige doppeltürmige Gotteshaus im Pfälzerwald ist, können Sie Wellness im WOMO erleben und zu unterschiedlichen Preisen diverse Leistungen eines Hotels in Anspruch nehmen, wenn Sie sich auf dem Stellplatz des ***Landhauses am Hirschhorn*** einmieten. Näheres und ob das überhaupt ein Modell mit Zukunft ist, erfahren Sie auf der Internetseite: [**101** – N 49°12'40" E 7°52'40"; www.landhausam-hirschhorn.de/arrangements-preise/wohnmobilstellplaetze/].

Und hinter Wilgartswiesen können Sie nachholen, was Sie vielleicht schon gerne bei der 5. Tour erlebt hätten. Dort sind Sie am Durchfahrtsverbot für normal schwere Fahrzeuge gescheitert, als Sie zum **Hermersbergerhof** abbiegen wollten. Ab der B 10 hinter Wilgartswiesen gibt es diese Beschränkung nicht. Sie finden innerhalb einer kleinen Hochebene zwischen den großen Wäldern eine landwirtschaftliche Oase, deren Besiedlung bis in das 12. Jahrhundert zurückgeht. Die Erträge dienten nacheinander dem Kloster Hornbach, dem Kloster Eußerthal und dem Herzogtum Zweibrücken. Nach zwischenzeitlichem Verfall erfolgte im 18. Jahrhundert eine Neubesiedlung von Waldarbeitern und Flößern. Neuerdings erlebt der kleine Ort dank der Übernahme ausgedienter Wirtschaftsgebäude durch Kunstschaffende eine Veränderung, ist aber wieder auf dem absteigenden Ast, seitdem der Betreiber des Cafés aufgegeben hat.

Rast im Luitpoldturm

Der Stellplatz dient daher nur noch dem Picknick nach einer erlebnisreichen Wanderung, unter anderem zu dem wegen seiner Aussicht lohnenswerten **Luitpoldturm** (dort in einem mittels Kamin beheizbarem Raum):

(102) WOMO-Wanderparkplatz: Hermersbergerhof

GPS: N 49°14'29" E 7°50'06", K 56.
Max. WOMOs:5.
Ausstattung: Mülleimer.
Beschreibung: Der einsame, klappstuhlgeeignete Parkplatz liegt außerhalb der Bebauung. Unser Foto sagt alles. Wanderwege sind in großer Anzahl beschildert.
Zufahrt: Sie finden den Platz etwa 100 m südlich der Häuser an der K 56, Richtung Wilgartswiesen.

An der einzigen Kreuzung des Örtchens weist ein Schild nach rechts zum **Trifelsblick**. Ein viertelstündiger Spaziergang führt nach Osten über Wiesen in den Wald hinein. Nach etwa 500 Metern öffnet sich der Wald nach Süden und gibt in einer Lichtung eine wundervolle Aussicht auf die Bergzüge des Annweiler Tals, gekrönt vom Trifels, frei. Sie haben gerade auf der vorherigen Tour und am Orensfelsen (7. Tour) schon die schönsten Trifelsblicke erlaufen und sind vielleicht schon ein wenig süchtig geworden. Sinnvollerweise verbinden Sie diesen kleinen Ausflug mit einem Schlenker zum **Luitpoldturm**, den Sie von jener Kreuzung innerhalb der Bebauung mit der Beschilderung auf dem Weg nach links erreichen.

Um nach **Hauenstein** (4.000 Einwohner) zu gelangen, können Sie die B 10 nicht ganz vermeiden, auch wenn sie nicht mehr ganz so berüchtigt ist, seitdem sie Lkw-Maut kostet. Unübersehbar fahren Sie durch strukturschwaches Gebiet, dem

Hauenstein - Fassade des Schuhmuseums

durch Schuhe nur vorübergehend auf die Beine geholfen werden konnte. Im Jahr 1886 wurde nach dem Vorbild des 20 Kilometer entfernten Pirmasens eine erste Schuhfabrik eröffnet, der zahlreiche folgen sollten. Im Jahr 1961 produzierten 36 Fabriken, von denen Sie immer noch viele als Bauwerke erkennen können. Eine einzige ist bis heute geblieben, bezeichnenderweise betrieben von den Nachkommen des ersten Gründers. Das gläserne Kaufhaus am Ortseingang vermittelt ein verzerrtes Bild. In der ***Deutschen Schuhmeile***, dem größten Schuhoutlet Deutschlands, macht man sich vielmehr die Kaufwut von Schnäppchenjägern zunutze, denen hier *1.000.000 Paar Schuhe, Lifestyle und Lebensgefühl* versprochen werden. Angeblich gab es vor Corona 40 verkaufsoffene Sonntage!

Bevor Sie sich dem Kaufrausch hingeben, können Sie im beschilderten **Deutschen Schuhmuseum** ein profundes Produktstudium durchlaufen, dessen Gebäude 1929 in lupenreinem Bauhausstil nach der Planung eines Gropiusschülers errichtet worden ist und bis 1972 in Betrieb war (Foto Seite 171). Schon die ausgewogene Proportion der Fassaden rechtfertigt die Einfahrt auf den dahinter angegliederten Stellplatz, auf dem Sie auch während der Museumsvisite parken sollten, während der Sie wirklich alles über die Welt der Schuhfabrikation, der Schuhmode und das Schuhwerk der Prominenten erfahren, was uns bei allen Besuchen mehr interessiert hat als beispielsweise eine Sohlenstanzmaschine. Die Schuhe vom Ötzi sind nur nachgebaut, die Wanderschuhe von Helmut Kohl hingegen echt, wie die dazu wenigstens politisch passenden Pumps von Julia Klöckner, die Schuhe von Miroslav Klose bei den Fußballweltmeisterschaften 2002 und 2014, oder Lackschuhe von Thomas Gottschalk. Die Aufzählung könnte seitenlang weitergeführt werden. Zu sehen sind außerdem das weltgrößte Schuhpaar und der größte Einzelschuh, Schuhgröße 1071, 7,14 Meter lang und 4,20 Meter hoch, hergestellt von der Firma LOWA, deren Wanderschuhe auch von mir bevorzugt werden, weil ich noch nach Jahren im Werk neue Sohlen aufziehen lassen kann *(das ist mein persönlicher Beitrag zu Schuhen; wenn Sie mir noch einen zweiten gestatten: Bei kaum einem anderen Verbrauchsartikel lohnt sich nach meiner Erfahrung ein etwas höherer Kaufpreis mehr als bei Schuhen; täglich von 9.30 - 17 Uhr, Dez. bis Feb. montags - freitags von 13 bis 16 Uhr, samstags und sonntags von 10 - 16 Uhr; 5,50 €, nehmen Sie den sinnvollen Audioguide für 2 €; www.museum-hauenstein.de/schuh_museum)*. Das Gebäude beherbergt zugleich das Pfälzische Sportmuseum.

Von dem erfreulichen Stellplatz war schon die Rede, vielleicht sollten Sie hier die Anschaffung neuer Sneakers überschlafen:

(103) Offizieller WOMO-Picknickplatz: Hauenstein (Schuhmuseum)

GPS: N 49°11'24" E 7°51'24", Turnstraße. 5. **Max. WOMOs**:12.
Ausstattung: Ver- und Entsorgung, Strom, Mülleimer, Toilette während der Öffnungszeiten des Museums, Picknickbänke.
Beschreibung: Das Gelände auf Naturboden liegt nach unserem Geschmack viel schöner als man zunächst befürchtet, wenn man in eine Art Hinterhof einfährt. Selbstverständlich kann man auf Klappstühlen sitzen, was nach starkem Regen etwas schwierig wird, weil der Unterboden dann matschig ist. Das Gelände ist etwas empfindlich gegen rücksichtsloses Querparken. Wanderwege, darunter der Hauensteiner Schusterpfad, sind nach wenigen Schritten zu erreichen, ebenso wie das Ortszentrum.
Zufahrt: Biegen Sie von Spirkelbach kommend an der Kirche nach links Richtung Lug ab, fahren Sie durch den Ort und folgen Sie kurz vor dem Ortsausgang an der L 495 scharf nach rechts dem Schild *'Deutsches Schuhmuseum'*. **Preis**: 7 € (inkl. Strom).

(104) Weil der Stellplatz am Schuhmuseum gelegentlich belegt ist, oder wenn Sie lieber etwas einsamer stehen, kommt der freie **Parkplatz vor dem Paddelweiher** in Frage, den Sie finden, wenn Sie mitten im Ort der Beschilderung *'Paddelweiher'* folgen; **GPS**: N 49°11'09" E 7°50'33".

Wenn Sie ein Restaurant suchen, empfehlen wir das kulinarisch anspruchsvoller gewordene ***Waldhotel Felsentor***, wo der Saumagen von der Karte verschwunden ist, obwohl er preisgekrönt war *(Bahnhofstraße 88, Tel. 06392 4050, Mo geschlossen; Hauptgerichte ab 18,90 €).*

Hauenstein wird im örtlichen Dialekt *Hääschde* genannt und unterscheidet sich in einer Beziehung von allen anderen größenmäßig vergleichbaren Ortschaften in Deutschland: Am 5. März 1933, bei der letzten Mehrparteienwahl vor dem 2. Weltkrieg, stimmten nur 4,8 Prozent der überwiegend katholischen Wähler für die Nazis, weniger als in jeder anderen Kommune in Deutschland mit über eintausend Stimmberechtigten. Welche Rolle damals die kirchliche Konfession gespielt hat, sieht man im Vergleich mit dem nur sechs Kilometer von Hauenstein entfernten **Darstein**, das evangelisch geprägt war. Schon bei der Wahl am 14. September 1930 stimmten alle Wähler ohne

Teufelstisch

Ausnahme für die Nazis. Das Dorf wurde darauf zum NSDAP-Ehrenmitglied ernannt, und zum Dank an diese Gefolgstreue wurde 1936 in Berlin der *Postlandweg* in *Darsteiner Weg* umbenannt – und trägt diesen Namen noch heute.

Der nahe **Teufelstisch** hat schon das Titelbild unserer Erstauflage geschmückt, denn er ist eindeutig das Wahrzeichen der Pfalz und darf daher bei unseren persönlichen **Top Ten** nicht fehlen. Wahrscheinlich würde er zu den zehn spektakulärsten Naturwundern aller meiner Reiseführer gehören. In der Tabelle *Deutschlands beliebteste Naturwunder* habe ich ihn einst auf Platz sieben entdeckt, und auf mehreren Briefmarken war er auch schon zu sehen.

Es bleibt Ihnen keine andere Wahl, als bei **Hinterweidenthal** an einem Kreisverkehr von der neuen Umgehungsstraße, der B 10, zum Ort hin abzubiegen. Vor einem Bahnübergang fahren Sie rechts und folgen der Beschilderung *,Spielpark Teufelstisch'*. Vom Parkplatz des Landgasthofes *Am Teufelstisch* erreichen Sie in zehn Minuten, mitunter allerdings nur im Gänsemarsch der Hobbyfotografen, das naturgemachte Kunstwerk, den Teufelstisch, der wissenschaftlich gesehen ein Tischfelsen ist. Unterhalb der weit auskragenden Sandsteinformation überlegen sich alle, wie sie wohl aussähen, wenn just in diesem Moment ein kleines Erdbeben die 300 Tonnen schwere Sandsteinplatte in Bewegung bringen würde. Und jeder bestaunt die deutlich sichtbaren Seilsicherungen mit der Frage, ob man wirklich derart ein zum Wahrzeichen entwickeltes Naturwunder beschädigen darf, das übrigens 1922 zum ersten Mal erstiegen worden ist. Man darf keine weiteren Dübel und Ösen anbringen und muss sich an die Richtlinien für sanftes Klettern im Naturpark Pfälzerwald halten.

Und man fragt sich, auf welche Weise ein Gebilde wie der Teufelstisch entstehen kann. Eigentlich so, wie man es sich auch laienhaft denkt: Geologisch wechseln sich weniger widerstandsfähige, so genannte Dünnschichten, mit harten, so genannten verkieselten Felsbänken, ab. Die dünnen Schichten verwittern schneller. Wenn Sie den Fuß des Tischfelsens abtasten, werden Sie merken, dass sich einige Sandschichten leichter abreiben lassen als andere. Die starke Verkieselung erkennen Sie auch an den glitzernden Gesteinsteilen.

Um beim Abrutschen der Tischplatte dabei zu sein, müssen Sie in der Nähe übernachten:

(105) WOMO-Stellplatz: Hinterweidenthal
(Erlebnispark Teufelstisch)

GPS: N 49°11'45" E 7°44'46", Im Handschuhteich. **Max. WOMOs**: 3-4.

Ausstattung: Keine.
Beschreibung: Das ist ein normaler, asphaltierter Parkplatz in der Nähe einer Gaststätte und eines kostenlosen Abenteuerspielplatzes mit Riesenrutsche. Der Teufelstisch und dort weiterführende Wanderwege sind 350 m entfernt. Bis höchstens 6,50 m Länge.
Zufahrt: Folgen Sie in Hinterweidenthal südlich der B 10 von der B 427 dem Wegweiser zum *,Teufelstisch'* bis zum Parkplatz vor einem Gasthaus.
Preis: 9-17 Uhr: 0,50 €/Stunde.

(106) WOMO-Stellplatz: Hinterweidenthal (Bahnhof Ost)

GPS: N 49°11'48" E 7°45'04", Bahnhofstraße. **Max. WOMOs**: 5.
Ausstattung: Keine.
Beschreibung: Das sind die besseren Möglichkeiten in der Nähe des Teufelstischs. Sie stehen im Ort abends bedingt klappstuhlgeeignet auf Asphalt, aber schön ruhig. Nur gegen Morgen wird das Gelände von Pendlern als Parkplatz für Mitfahrer genutzt. Sie entdecken mehrere Gaststätten (das Brauhaus *Ehrstein* liegt in Sichtweite), es gibt in Hinterweidenthal ansonsten nur eine Metzgerei und Gemüsestände. Sie können hier loswandern.
Alternativ stehen Sie 200 m weiter oder jenseits des Bahngleises Richtung *,Teufelstisch'* gleich rechts.
Zufahrt: Biegen Sie in Hinterweidenthal von der B 427 nach Westen ab Richtung *,Teufelstisch'*. Nachdem Sie das Bahngleis überquert haben, biegen Sie nicht ab; Sie sehen dann seitlich des Bahnhofs (Ost) ein großräumiges, nicht schlecht gelegenes Parkplatzgelände.
Achtung, es gibt noch einen weiteren Bahnhof außerhalb der Bebauung. Am Bahnhof im Ort (Ost) verkehren nur im Sommer sonntags Züge.

(107) WOMO-Badeplatz: Hinterweidenthal (Rohrwoog)

GPS: N 49°11'02" E 7°45'35". **Max. WOMOs**: 5.
Ausstattung: Wunderbarer Naturbadesee.
Beschreibung: Das ist ein Parkplatz auf gewachsenem Untergrund zwischen Waldrand und Badesee fern jeder Bebauung.
Das ist ein Platz, von dem ich mir überlegt habe, ob ich ihn überhaupt weiterhin veröffentlichen soll. Vor Jahren hat man mit einem solchen Tipp gelegentlich ein oder zwei Wohnmobile hierher gelockt, was unproblematisch schien. Wenn nun allerdings im Sommer Abend für Abend ganze Wagenburgen hier stehen mit Klappstühlen und Grillfeuer, und wenn am Ende sogar die Toiletten in den Wald geleert werden oder sich zu den Wagenburgen Fahrzeuge ohne Toiletten stellen, kann man solche Tipps nicht

mehr verantworten. Ich glaube auch nicht, dass man hier legal steht und veröffentliche den Stellplatz daher als nicht für die Übernachtung geeignet. Leser haben überdies von einem Verwarnungsgeld über 35 € berichtet. Während der Wanderung würde ich hier auch nicht parken.
Zufahrt: Etwa 900 m südlich der letzten Häuser von Hinterweidenthal zweigt bei einer Lichtung von der B 427 (das ist die Straße von Hinterweidenthal nach Dahn) beim so genannten Dreikönigsfelsen eine asphaltierte Straße nach Nordosten (von Hinterweidenthal nach links) in ein Waldtal ab. Bislang steht dort nur ein kleiner Rad- Wegweiser, aber auf der gegenüberliegenden Seite ist eine große Sandsteinkugel (vom sogenannten *Planetenweg*) zu sehen. Wenn Sie dort abgebogen sind, gelangen Sie nach ca. 700 m zu einer Straßenverbreiterung, auf der Sie parken können. Wenige Schritte weiter liegt der Badeweiher. Achtung: Von der B 420 zweigen kurz nacheinander zwei Straßen nach Nordosten, die nördliche von beiden ist falsch (!!), sie führt nämlich schon nach wenigen Metern auf einen Parkplatz und endet an einer Schutzhütte; Sie müssen die südliche der beiden Straßen nehmen, die Sie daran erkennen, dass sie am südlichen Rand der Lichtung liegt, also auf der Dahn zugewandten Seite.

Die beiden erstgenannten Stellplätze liegen nahe beim **Brauhaus *Erstein***, in dessen Biergarten ein vorbildliches Hausbier für Erfrischung sorgt. Die Sammelleidenschaft der Betreiber hat die Gasträume in ein fast schon groteskes Museum verwandelt. Und Sie können unter 31 verschiedenen Flammkuchen testen, ob der *Pfälzer* mit Leberwurst, Blutwurst und Sauerkraut wirklich zur Flammkuchenfamilie zählen darf (unsere saarländischen Freunde werden sich bei den Zutaten des *Saarländers* veralbert fühlen: mit Gouda, Lyoner und Maggi), Sie dürfen aber auch bei Fleischgerichten zuschlagen *(ausgeschildert, mittwochs bis samstags 16 - 21 Uhr, sonn- und feiertags 11.30 - 20 Uhr, keine Kartenzahlung, keine Reservierung im Biergarten; Tel. 06396 1680000; Hauptgerichte ab 10,90 €).*

Brauhaus Ehrstein

Sie können den Teufelstisch und den Stellplatz am Rohrwoog auch zu Fuß auf einer Wanderung ab Dahn erreichen, die für die Gegend nicht typischer sein könnte. Einsamer, aber nicht weniger schön ist eine Strecke zur Ruine Gräfenstein bei Merzalben (Tour 5):

Von Dahn zum Teufelstisch und zur Ruine Neu-Dahn

Wir starten in der Innenstadt von Dahn und gehen zunächst entlang der B 427 nach Norden in Richtung Pirmasens. Am Fuß des berühmten **Jungfernsprungs**, der bekanntesten Dahner Felsenformation, biegen wir nach rechts auf den mit Nr. 7 markierten Weg ein. Der Pfad zieht sich lange geradeaus oberhalb des bebauten Tals am Hang entlang, knickt

Aussichtspunkt bei Dahn

nach links ab und kommt an einem **Aussichtspunkt** vorbei, von dem aus Sie betrachten können, wie im Laufe der letzten 30 Jahre die Stadt Dahn in das Waldtal hineingewachsen ist. Bis hierhin wurden Sie von mehreren Wegweisern mit der Aufschrift *,Römerfelsen'* und *,Rohrwoog'* geleitet.

Etwa 250 m nach dem Aussichtspunkt zweigt der Weg zum Römerfelsen und zum Rohrwoog nach rechts ab. Obgleich der Rohrwoog unser nächstes Ziel ist, folgen wir nicht dem Wegweiser, weil die Wanderstrecke damit zu lang würde. Wir gehen vielmehr nach links (Wegweiser *,Gerstberger Kopf'*). Nach etwa weiteren 200 m müssen Sie aufpassen, weil Sie sich hier verlaufen können: Der Weg mit der Nr. 7 ist nach links markiert und knickt dann nach 20 m nach rechts ab. Der Weg, auf dem Sie gekommen sind, würde an dieser Stelle geradeaus, nahezu parallel zu der mit Nr. 7 markierten Strecke weiterführen. Bleiben Sie auf Ihrem Weg, der ein kurzes Stück unmarkiert ist. Sie gelangen nach weiteren schätzungsweise 300 m auf breitem Waldweg an eine nach links gewendete Spitzkehre, wo ein schmalerer Pfad geradeaus im Wald verschwindet, den Sie nehmen. Bald gelangen Sie auf einen neuerlichen Waldweg. Spätestens hier stoßen Sie auf die Markierung mit der Nr. 8. Von nun an können Sie nichts mehr falsch machen, wenn Sie der 8 folgen. Mit der Wanderkarte ist das sowieso kein Problem (bei Markierungsschwierigkeiten müssen Sie sich im Zweifel nach Nordwesten wenden; eigentlich müsste etwa 500 m nach der Abzweigung zum Römerfelsen die Markierung mit der 8 auftauchen, wodurch gar nichts schiefgehen kann).

Jedenfalls erreichen Sie etwa eine halbe Stunde nach der Abzweigung zum Römerfelsen eine Asphaltstraße, gehen dort rechts, bei nächster Gelegenheit links und stoßen so auf einen mit Seerosen bedeckten Waldsee, den **Hohlwoog**. Sie bleiben auf der Asphaltstraße und gelangen an den **Rohrwoog**, einen verwunschenen kleinen **Badesee**, den ich Ihnen oben als Tagesstellplatz empfohlen habe.

Bald danach überqueren Sie die B 427, um unterhalb des sogenannten **Heufels** auf den mit rotem Strich markierten Wanderweg zu stoßen, den sogenannten Planetenweg. Sie gehen

Heufels bei Hinterweidenthal

rechts, beim Auftreffen auf die Bahngleise links auf einem Pfad hinter einem Sägewerk vorbei und treffen auf die Zufahrt zum *Erlebnispark Teufelstisch*. Dort sehen Sie den gelben Punkt, der Sie nach 10 Minuten zum **Teufelstisch** führt.

Der Rückweg ist bis zum Heufels mit dem Hinweg identisch. Beim Heufels bleiben Sie allerdings auf dem Niveau der Wieslauter und dem rot markierten Wanderweg, den Sie bis nach Dahn nehmen. Beim **Neudahner Weiher** zweigt nach rechts ein beschilderter Pfad zur **Ruine Neu-Dahn** in den Wald ab. Abgesehen von der Mühe eines kleinen Aufstiegs lohnt sich der Abstecher, der die Wanderung allenfalls um eine halbe Stunde verlängert. Von der Ruine Neu-Dahn sind nach der Zerstörung von 1689 noch zwei gewaltige runde Türme erhalten. Der Abstecher (Nr. 4) mündet nördlich von Dahn wieder auf den Radweg an der Wieslauter.

Die ganze Wanderung benötigt mit Seitensprung zur Burg Neu-Dahn **fünf Stunden reine Gehzeit**. Sie ist nicht anstrengend, weil Sie nur wenige kurze Aufstiege bewältigen müssen; eine Karte im Maßstab 1:25.000 ist zu empfehlen. Auch mit der *Kompass* App kommt man gut zurecht.

Von Hinterweidenthal zur Ruine Gräfenstein

Wir starten am Bahnhof im Ort (Bahnhof Ost !!) von **Hinterweidenthal** (siehe bei Stellplatz Nr. 106). Wir biegen nicht zum Teufelstisch ab, sondern wenden uns erst beim Auftreffen auf die B 427 nach links und überqueren erst hier (!) ein Bahngleis. Am Ende der Straße (an der ehemaligen B 10, rechts liegt das Forstamt) wandern wir rechts und durchqueren etwa 100 m weiter nach links einen längeren **Tunnel** unter der neuen B 10 und der Hauptbahnstrecke.

Etwa 200 m nach diesem Tunnel entscheiden wir uns an einer Gabelung für den untersten Weg *(‚Ruine Gräfenstein 5,6 km‘)*, auf dem uns ein roter Strich durch das liebliche Tal der Wieslauter führt, vorbei an Fischteichen, ehemaligen Triftanlagen und einem aufgelassenen Gehöft, an dem wir rechts vorbeigehen.

Nach zwei weiteren Weihern liegt links unterhalb des Weges die rührend eingefasste **Quelle der Wieslauter** (die bekanntlich durch das Elsass, wo sie Lauter heißt, und auf dem letzten Stück wieder durch Deutschland in den Rhein fließt).

Kurz nach der Quelle führt nach rechts ein schmaler Steig (roter Strich) bis zu einer Wegspinne bergauf, bevor es auf einem grün markierten Pfad nach rechts zur **Ruine Gräfenstein** knackig zur Sache geht. Die Burg haben wir Ihnen auf Tour 5 beschrieben.

An der zuletzt genannten Wegspinne wählen Sie beim Rückweg zunächst die Strecke mit dem grünen Kreuz, die Sie nach etwa 2 km nach links verlassen (weißer Punkt, bzw. grün-gelbe Markierung). Nach etwa einem weiteren Kilometer steigen Sie mit dem Wegweiser und Grün-Gelb auf einem Höhenrücken und zur **Schutzhütte Rotenstein** auf, um auf einem spektakulären Felsen die Weitsicht zu genießen.

Wir gehen hier etwa 50 m zurück und steigen auf Serpentinen unterhalb des Felsklotzes ab. Nachdem wir eine Waldlichtung passiert haben, müssen wir höllisch auf eine kleine Abzweigung nach links achten (hier verlassen wir die als *‚Höhenwanderweg‘* gekennzeichnete Strecke, bleiben aber auf Grün-gelb), ehe wir entlang eines überwachsenen Steilhangs am Ausgangspunkt an der Unterführung von Hinterweidenthal ankommen. Die Gesamtstrecke beträgt **rund 15 km**.

In **Dahn** (4.500 Einwohner) gibt es die Burg im Dreierpack. Aus dem Stadtzentrum heraus lockt Sie ein braunes Schild *,Burg Altdahn'* hinauf an den Waldrand. Nach 5 Minuten können Sie Ihr Rollhaus auf einem Parkplatz abstellen, der als einziger Stellplatz in Dahn infrage kommt und zudem nicht perfekt ist. Man wundert sich, dass es einer touristisch derart nachgefragten Gemeinde nicht gelingt, ein brauchbares, legales Gelände auszuweisen, zumal die Campingplätze häufig belegt sind:

(108) WOMO-Stellplatz: Dahn

GPS: N 49°09'01" E 7°48'00", K 40. **Max. WOMOs**: 2-3.
Ausstattung: Keine.
Beschreibung: Der Parkplatz am Rand der abends klappstuhlgeeigneten Wiese ist eher ein Notstellplatz, der tagsüber oft zugeparkt ist und nachts möglicherweise Liebespaaren als letzter Ausweg dient. Tagsüber ist die Gaststätte der Burg Altdahn nach einigen Schritten erreicht.
Tagsüber ist die Gaststätte in der Burg geöffnet; der Ort ist zu Fuß erreichbar, Wanderweg beginnt hier (ich würde hier aber mein WOMO nicht den Tag über parken). Besser ist der Stellplatz in Erfweiler.
Zufahrt: Parken Sie auf dem Parkplatz der beschilderten Burg Altdahn.

Genau genommen besteht die nach wenigen Metern zu Fuß erreichbare Ruine aus drei Burgen: **Altdahn, Grafendahn und Tanstein**, die zusammengenommen mit einer

Altdahn

Längsausdehnung von über 200 Metern zu den größten Anlagen der Pfalz gehören. Dabei ist Tanstein als frühstaufische Gründung der älteste Teil, während die beiden anderen Burgen eher als Erweiterungen wegen reichlichen Familiennachwuchses entstanden sind. Alles zusammen wurde 1689 im Erbfolgekrieg niedergebrannt. Die Besichtigung erfolgt ohne Führung und ist hochinteressant. Beachten Sie das Hamsterrad des Lastenaufzuges und die Greifzange, mit der die Steine zum Burgbau bewegt werden konnten. Ein kleines Museum in der Ruine Altdahn *(geöffnet nur nach Voranmeldung unter Tel. 06391 3650)* informiert mit Modellen und kleinen Artefakten über den Werde- und Niedergang der Anlage.

Der Pfälzische Erbfolgekrieg

Bei jeder der zahlreichen pfälzischen Burgen, von denen Sie keine einzige im Urzustand antreffen, fragen Sie sich nach dem Anlass ihrer Zerstörung. Sie könnten die Frage ebenso bei vielen Dörfern oder Städten (z.B. Heidelberg, Mannheim, Speyer, Kusel) stellen. Die Antwort wäre meistens dieselbe: Die Burgen, welche den Bauernkrieg (1525) und den 30-jährigen Krieg (1608 bis 1648) überdauert haben, bei dem die Pfalz durch Tod oder Vertreibung zu 90 Prozent entvölkert worden ist, fielen den

Brandschatzungen französischer Soldaten während des so genannten Pfälzischen Erbfolgekriegs (1688 bis 1697) zum Opfer.

Das Unglück begann damit, dass sich der Pfälzische Kurfürst Karl I. gerade Stabilität im Verhältnis zu Frankreich erhoffte, als er seine Tochter Elisabeth Charlotte, die berühmte *Liselotte von der Pfalz*, mit dem Herzog von Orléans, einem Bruder des französischen *Sonnenkönigs*, Ludwig XIV., verheiratete. Die Residenz der Pfälzischen Kurfürsten lag damals noch in Heidelberg. Die Idee der verwandtschaftlichen Beziehungen erwies sich aber als kurzsichtig und bedachte nicht das imperialistische Raubrittertum des französischen Herrschers. Als nämlich Karl II., Bruder Lieselottes, kinderlos verstorben war, scherte sich Ludwig XIV. nicht mehr um sein im Heiratsvertrag gegebenes Versprechen, keine Besitzansprüche an die Pfalz anzumelden. Unter dem Vorwand, Lieselottes Erbansprüche zu sichern, schickte er gegen deren Willen Truppen an den Rhein, mit dem wirklichen Ziel, die französische Macht auszudehnen.

Es kam in diesem Krieg, in dem zu Lande (es gab auch einen Seekrieg gegen England, auf den ich hier nicht näher eingehe) den Franzosen eine Allianz aus kaiserlichen und fürstlichen deutschen Truppen gegenüberstand, zu keiner einzigen offenen Feldschlacht. Das strategische Ziel der Franzosen war vielmehr die Destabilisierung und Zerstörung aller Festungen und Burgen, um deutsche Angriffshandlungen gegen Frankreich zu verhindern.

Es gab auch keinen Sieger. Die Franzosen mussten die Pfalz ohne territoriale Gewinne wieder räumen. Sie durften lediglich Landau behalten sowie Straßburg und das Elsass.

Etwa 100 Jahre später fiel die Pfalz infolge der Französischen Revolution vorübergehend unter französische, Napoleonische Herrschaft (siehe Tour 1). Das hatte aber mit dem Erbfolgekrieg nichts mehr zu tun und war auch nicht der Anlass für das nationale und nationalsozialistische Gedankengut, für das Erfinden der »Erbfeindschaft« zwischen Deutschland und Frankreich. Anknüpfungspunkt dafür war vielmehr das brutale Vorgehen der französischen Truppen gegenüber der Zivilbevölkerung im Erbfolgekrieg.

(109) WOMO-Campingplatz: Dahn *(Neudahner Weiher)*

GPS: N 49°09'53" E 7°45'13", Neudahner Weiher 3, Tel. 06391 1326; www.neudahner-weiher.de/.
Öffnungszeit: Ganzjährig (im Winter telef. Anmeldung erforderlich); Mittagspause zwischen 12 und 15 Uhr.
Ausstattung: Badeweiher.

Beschreibung: Auf dem riesigen Dauercampergelände steht der schönste Teil unparzelliert direkt am See Kurzzeitgästen zur Verfügung.

Die festen Behausungen stören daher nicht. Wanderwege beginnen hier. Das Zentrum ist 2 km entfernt.
Zufahrt: Der Platz liegt beschildert seitlich der B 427 zwischen Hinterweidenthal und Dahn. **Preis**: 21 €.

(110) WOMO-Campingplatz: Dahn *(Büttelwoog)*

GPS: N 49°08'40" E 7°46'10", Im Büttelwoog. Tel. 06391 5622, www.camping-buettelwoog.de. **Öffnungszeit**: Mitte März bis 1. November.
Ausstattung: Italienische Gaststätte, Brötchendienst, Spielplatz, Volleyballfeld, Minigolf.
Beschreibung: Das ist ein sehr schönes, unparzelliertes Gelände auf Wiesen am Waldrand, auf dem es auch mal etwas eng werden kann. Das ***Felsland-Badeparadies*** ist 300 m entfernt. Der Wanderweg führt hier vorbei. In das Zentrum sind es 800 m.
Zufahrt: Der Platz liegt am südwestlichen Ortsrand. Biegen Sie in der Ortsmitte nach dem Passieren zweier Kirchen nach rechts der Beschilderung *'Campingplatz/Felsland Badeparadies'* folgend ab, überqueren Sie Bahngleise und gelangen so durch eine schmale Felsklamm hinter einem üppig dekorierten Hotel-Restaurant ans Ziel. **Preis**: 22 €.
Hinweis: Strom nur 880 Watt (Kühlschrank und Beleuchtung).

Vom Campingplatz *Büttelwoog* erreichen Sie zu Fuß bequem die ***Wasgauperle***. Vorschnell würden Sie ein Etablissement mit dieser Bezeichnung nicht für ein Gasthaus halten und schon gar nicht für ein **Restaurant**, das Ihnen in diesem Buch empfohlen wird. Aber wenn Sie einmal im Sommer auf der überdachten Terrasse gespeist haben, werden Sie auch deshalb gerne nach Dahn zurückkehren *(gehen Sie vom Campingplatz Büttelwoog Richtung Innenstadt und vor dem Bahngleis nach rechts in die Goethestraße 14; Tel. 06391 1340; Mo und Di geschlossen, falls kein Feiertag; Hauptgericht ab 13,80 €)*.

Auf dem Weg zum Campingplatz *Büttelwoog* führt die Straße durch die Klamm, ursprünglich ein natürlicher Durchstich durch einen Felsrücken, der Dahn von den Waldungen im Sauertal trennte und 1938 im Zusammenhang mit dem Bau des Westwalls erweitert und mit Felsenkellern ausgestattet wurde, die dem Dahner Braugewerbe als Kühlräume dienlich waren. Kurz hinter der Durchquerung der Klamm stehen zwei monolithische Sandsteinformationen, die ***Braut und Bräutigam*** genannt werden.

Dahn - Braut und Bräutigam

Kletterer nennen die beiden Gestalten Türme, und mit Glück sehen Sie einen Kletterkünstler im sogenannten Kamin dazwischen. Das sieht gefährlich aus, liegt aber nur im Schwierigkeitsbereich III der bis XII reichenden sogenannten UIAA-Skala.

Dahn ist zum Mekka der Wanderer geworden, das Felsenland darf sich hochoffiziell *Premium Wanderregion* nennen (das gibt es deutschlandweit nur fünfmal). Der **Felsenland-Sagenweg** ist schon 2013 von der Zeitschrift *Wandermagazin* mit 48,6 Prozent der teilnehmenden Leserstimmen zu **Deutschlands schönstem Wanderweg** gekürt worden (blaue Markierung mit Gespenst):

Auf dem Dahner Felsenpfad

Kürzer, aber nicht weniger schön ist der **12,5 km lange** Dahner Felsenpfad, der mit einem auffallenden, gelben Wanderzeichen markiert ist. Wir starten am Campingplatz Büttelwoog (oder dem benachbarten Parkplatz Felsenland, wo nur Pkw erlaubt, WOMOs aber tagsüber in großer Anzahl abgestellt sind und offenbar geduldet werden) und spazieren Richtung Innenstadt. Bei der Felsformation **Braut und Bräutigam** erkennen wir die genannte Markierung und gehen rechts.

Blick vom Wachtfelsen zum Junfernsprung

Ab hier können wir getrost dem gelben Zeichen folgen und dürfen die Felsgebilde nacheinander abhaken: den **Wachtfelsen**, den Lämmerfelsen, den Büttelfelsen, den Ungeheuerfelsen und den Schwalbenfelsen, um nur einige zu nennen. Achten Sie darauf, dass Sie etwa 250 m nach dem Wachtfelsen hinunter zur Straße absteigen und versäumen Sie nicht den kurzen Abstecher zur **Albert-Eisel-Bank**.

Über die **Dahner Hütte** (Tel. 06391 1793, November - März, Mi, Sa, So und April - Oktober, Mi bis So, jeweils 10 - 18 Uhr – eiskalte Rieslingschorle, wunderbare Riesenbratwurst) werden Sie in einer grandiosen Umrundung der kleinen Stadt zum Campingplatz zurückgeführt.

Das ist eine Wanderung der Extraklasse, bei der man immer wieder die vor ein, zwei Stunden durchwanderten Passagen am Gegenhang sieht und sich am liebsten selber zuwinken möchte (eine Karte ist nicht erforderlich; Sie müssten allerdings ständig das obige gelbe Zeichen sehen – wenn nicht, sind Sie falsch abgebogen oder Sie haben einen versteckten Felsdurchlass übersehen).

in Dahn

Wer **radeln** will, kann von Dahn aus auf dem deutsch-französischen **Pamina-Radweg Lautertal** eine überraschend steigungsarme Tour nach Wissembourg im Elsass in Angriff nehmen (dabei leistet der WOMO-Führer über das Elsass gute Dienste). Man fährt entlang der Wieslauter durch eine milde Landschaft aus Wiesen und Wäldern fast autofrei nach Süden und erreicht die französische Grenzstadt nach guten drei Stunden.

Wenn man gut geplant hat, kann man sich vom Regio-Express zurückbringen lassen, allerdings nur auf geheimnisvollen Umwegen über Landau. Das dauert dann fast so lange wie die Hinfahrt, schmeichelt einem aber auch ein wenig, denn man bildet sich ein, genau so schnell wie die Bahn radeln zu können.

Besser als unser Notstellplatz in Dahn ist die Alternative im benachbarten **Erfweiler** (1.200 Einwohner), das sich auch als Ausgangspunkt einer Wanderung zur Dahner Burgengruppe anbietet. Sie müssten dann in Erfweiler, wo die örtliche Hauptstraße von der Landstraße abzweigt, die blau-grüne Markierung finden, mit der Sie in 45 Minuten (einfache Wegstrecke und gerechnet ab der Ortsmitte von Erfweiler) zu den drei Burgen gelangen, die von der Ortsmitte nicht weiter entfernt sind als vom Zentrum in Dahn:

(111) WOMO-Stellplatz: Erfweiler

GPS: N 49°09'33" E 7°48'44", Schulstraße. **Max. WOMOs**: 5.
Ausstattung: Bäckerei, Gaststätte, Toilette (am Rand des Stellplatzes in einem Gebäudeteil des Rathauses), Spielplatz.
Beschreibung: Auf dem innerörtlichen Platz mit grasigem Untergrund dürfen offiziell nur Pkw parken, WOMOs werden nach unseren eigenen Erfahrungen nicht beanstandet, solange sie nicht zu sehr überhand nehmen. Ein Bäcker und eine Gaststätte sind zu Fuß erreichbar, Sie können von hier zu den drei Burgen wandern.
Zufahrt: Biegen Sie von der K 39, das ist die Straße von Dahn, mitten im Ort nach Norden auf die in den Ort hineinführende *Winterbergstraße* ab und fahren Sie kurz vor der Kirche links auf einen geräumigen Parkplatz zwischen Schule und Rathaus.

Nun geht es langsam zurück in die Rheinebene. Auf der Strecke nach Bad Bergzabern passieren Sie Busenberg und sollten etwa 600 Meter hinter dem Ortsausgang an einem Feldkreuz erst einmal anhalten, um sich den kleinen, aber sehr gut erhaltenen **jüdischen Friedhof** anzusehen. Wenn Sie gegenüber nach Süden und vor einer Waldgaststätte nach rechts abbiegen, gelangen Sie auf einer schmalen Straße zum Waldparkplatz *Drachenfelshütte*, dessen kastaniengerahmte Wiese zur Einkehr einlädt:

(112) WOMO-Wanderparkplatz: Drachenfelshütte

GPS: N 49°07'18" E 7°49'48", Eichelbergstraße 31. **Max. WOMOs**:3-4.
Ausstattung: Gaststätte *(mittwochs und samstags ab 11, sonn- und feiertags ab 9 Uhr, Tel. 06391 3877 oder 1875)*, Spielwiese, Mülleimer.
Beschreibung: Wegen des Schildes *‚Campieren verboten'*, das vermutlich die benachbarte Wiese betrifft,bezeichne ich den einsamen, grasigen Platz am Beginn des Wanderweges nur noch als nicht für die Übernachtung geeignet.
Zufahrt: Biegen Sie südöstlich von Busenberg von der B 427 zur Ruine Drachenfels ab.

Der Weg zur **Ruine Drachenfels**, deren Turm wie ein Backenzahn aussieht und deshalb auch so bezeichnet wird, nimmt ab der Drachenfelshütte nicht mehr als zehn Minuten in Anspruch und zahlt sich aus, weitere Wanderungen sind ausgeschildert. Der Drachenfels gehört wegen seiner Formation, aber auch wegen der Sicht zu den besonders lohnenden Ruinen. Der Name stammt womöglich von einem in die Wand des ehemaligen Burgsaals gravierten, noch sichtbaren Drachen. Wir haben für Sie eine überaus spannende Wanderung getestet:

Ruine Drachenfels

Von der Drachenfelshütte zum Schlüsselfels und zum Jüngstberg

Wir parken vor der **Drachenfelshütte**, die vom Pfälzerwald Verein bewirtschaftet wird. Links seitlich der Hütte überqueren wir den Spielplatz, um gegenüber desselben geradeaus leicht bergauf zu steigen. Der Weg verläuft zunächst schwach ansteigend, überwiegend geradeaus, um bald eine deutliche, scharfe Rechtskurve zu bilden. Wir bleiben auf diesem relativ breiten Weg, bis unterhalb eines durch die Bäume sichtbaren **hohen Felsens** nach links ein Zick-Zack-Pfad abgeht, der merkwürdigerweise auf keiner Wanderkarte eingezeichnet ist.

Unterhalb dieses Steinklotzes lesen wir, dass hier Kammern in den Felsen gehauen sind, deren Entstehungszeitpunkt ebenso unbekannt ist, wie die ursprüngliche Zweckbestimmung. Sicher haben sich im 17. Jahrhundert hierhin Einwohner vor den Wirren des Revolutionskrieges geflüchtet, was man an einer eingeritzten Jahreszahl erkennt und was dem Naturbauwerk die Bezeichnung **Buchkammern** eingebracht hat.

Die höhlenartigen Räume der Buchkammern kann man nur mit einigen Klettergrundkenntnissen erreichen, weshalb wir uns unterhalb des Felsens nach links wenden, noch ein paar Meter weiter ansteigen, um dann oberhalb der Buchkammern auf einem Felsgrad anzukommen. Hier wenden wir uns nach links und spazieren weiterhin auf den Felsen bis zur vordersten Bastion des sogenannten **Schlüsselfelsens** (auch **Heidenberg** genannt), wo wir vorsichtig und im Bewusstsein, dass wir bei einem falschen Schritt tief abstürzen könnten, an den östlichen Rand treten, um einen gigantischen Blick über die südpfälzischen Berge und die Burg Berwartstein zu gewinnen (angeblich der schönste Blick in der Südpfalz). Der Schlüsselfels alias Heidenberg ist ein echter **Geheimtipp**, weil er in den meisten Wanderbüchern nicht vorkommt und nur den Kletterfreunden geläufig ist.

Wir treten einige Meter zurück und wählen nun etwa in Höhe des Hinweisschildes *‚Schlüsselfels‘* den Weg nach Norden (den Schlüsselfelsen im Rücken nach rechts), der bald in einigen Serpentinen abwärts führt, und auf dem wir uns bei allen Gabelungen rechts halten. Am Ende stoßen wir auf einen vom Drachenfels herkommenden Weg (mit der Nummerierung 3), auf dem wir rechts gehen und nach wenigen Schritten auf eine geschotterte Straße stoßen, die mit gelbem Balken markiert ist.

Dort wenden wir uns erneut nach rechts, und beim Auftreffen auf den mit roter Raute markierten Fahrweg halten wir uns abermals rechts, bis wir zu einer **Schutzhütte** gelangen. Hier entscheiden wir uns schon wieder für den rechten Weg und gehen an der nächsten Gabelung mit der Ziffer 3 geradeaus.

Nach ein paar Hundert Metern zweigt nach links ein Pfad ab, auf dem wir zu einer Kanzel auf den **Jüngstberg** aufsteigen, an der wir uns von 491 m Höhe aus erneut an einer fantastischen Sicht ergötzen. Nach diesem Höhepunkt im wahrsten Sinne des Wortes gehen wir auf dem Hinwegpfad zurück, wenden uns auf dem breiteren Zuweg mit der Nr. 3 nach links und halten uns nach ein paar hundert Metern in einer großen Rechtskurve rechts, wo wir auf die Nr. 1 stoßen, die uns nun nach etwa einem weiteren Kilometer und wenigen Abzweigungen zur Drachenfelshütte zurückführt.

Niemand besteigt auf dem Parkplatz das Wohnmobil ohne die **Burg Drachenfels** erklettert zu haben, die westlich ein paar hundert Meter seitlich die Hütte überragt.

Die reine Gehzeit beträgt **3 Stunden**; wegen der vielen Besichtigungspunkte und der Burg Drachenfels muss man aber **4 Stunden** einkalkulieren.

Wir bieten gleich noch eine zweite Wanderung zum Drachenfels.

Zurück zur B 427: Dort biegen wir nach rechts ab und fahren nach etwa drei Kilometern an einer großen Kreuzung links in Richtung Vorderweidenthal, um hinter dem Ortsausgang links nach Lindelbrunn hinaufzuschnüren. Das **Wanderheim *Cramerhaus*** liegt fast am Ende der Welt:

(113) WOMO-Wanderparkplatz: Lindelbrunn

GPS: N 49°08'34" E 7°53'56" Lindelbrunn 4.
Max. WOMOs: 3-4.
Ausstattung: Mülleimer.
Beschreibung: Lindelbrunn besteht nur aus wenigen Häusern. Entweder fahren Sie dort am Gasthaus vorbei und rangieren Ihr WOMO auf einem kleinen Parkplatz zwischen zwei Bäumen oder Sie parken kurz vor dem Wanderheim links der Straße an zwei Stellen, darunter unmittelbar vor dem Biergarten, wie abgebildet. Das ist auch eher eine Lösung um im Cramerhaus zu essen und um nicht mehr weiterfahren zu müssen. Alles ist etwas dunkel, aber nicht einsam. Hier wandert man los.
Zufahrt: Biegen Sie zwischen Birkenhördt und Vorderweidenthal von der L 493 auf die K 10 nach Lindelbrunn ab, das nur aus wenigen Häusern besteht.

Alternativ kommt ein größerer, aber einsamerer Parkplatz ca. 300 m vor dem Wanderheim in Frage; **GPS**: N 49°08'29" E 7°54'14".

Leider hat der Inhaber den legendären Eiersalat von der Karte genommen, dafür gibt es Köstlichkeiten wie *Schiefer Sack* und *Fleeschknepp (mittwochs bis sonntags 10 - 18 Uhr; Hauptgerichte ab unter 10 €; Tel. 06398 237)*.

Oberhalb des Stellplatzes liegt die **Ruine Lindelbrunn**. Sie werden dort Relikte von Kaminen, von Zisternen und von einer

Blick von der Burg Lindelbrunn auf das Cramerhaus

kleinen Kapelle ausfindig machen und sich die Frage stellen, wie die hier früher gelebt haben. Wir vermuten, dass es an guten Tagen abends anständige *Fleeschknepp* gab, sonntags *Schiefer Sack* und große Weinschorle.

Die Gegend ist zu lieblich, um nur kurz zu dieser Ruine aufzusteigen. Wählen Sie deshalb danach noch eine überaus lohnende große Runde:

Von Lindelbrunn zum Drachenfels und zum Puhlstein

Gehen Sie vom Parkplatz unterhalb der **Ruine Lindelbrunn** mit dem rotgelben und später mit dem blauen Balken nach Süden. Sie durchqueren **Vorderweidenthal**, gehen am Dorfende links etwas bergauf und verlassen die Strecke mit dem blauen Balken erst nach einem schönen Blick auf die Burg Berwartstein und nachdem Sie oberhalb einer großen Straßenkreuzung gewandert sind. Östlich dieser Kreuzung überqueren Sie die B 427 und halten sich gleich danach rechts und gehen bis **Erlenbach**.

In Erlenbach wandern Sie kurz entlang der L 490, die Sie nach einer Brücke nach rechts verlassen. Hier finden Sie einen Wegweiser zur Drachenfelshütte, der als *‚Felsenland-Sagenweg'* mit einem blauen Gespenst markiert ist und Sie bis zur **Drachenfelshütte** geleitet. Dort gehen Sie geradeaus weiter bis zur **Ruine Drachenfels**.

An der Burg kehren Sie um, spazieren bis zum Gasthaus *Weißensteiner Hof* zurück, wo Sie links auf der kerzengeraden Straße zur B 427 wandern und diese überschreiten. Nach der Besichtigung des **jüdischen Friedhofes** gehen Sie auf der B 427 etwa 200 m nach Osten, um auf eine nach Norden führende Betonstraße abzubiegen (hier keine Markierung). Sie stiefeln immer geradeaus, erst am Rand von Wiesen, bald seitlich des Waldes und achten – wenige Meter, nachdem beidseitig Wald wächst – auf einen markierten Querweg. Hier ist der Aussichtspunkt **Puhlstein** (Bühlstein) beschildert, den Sie erreichen, nachdem Sie bald nach rechts auf einen Pfad abgebogen und zunächst unterhalb der Felsformation vorbeigegangen sind. Der Blick von hier zum Berwartstein ist sensationell und fast so schön wie der vom Schlüsselfels (siehe oben).

Vom Puhlstein gehen Sie mit Blau-Gelb zur **Gaststätte *Bühlhof*** und von dort mit Rot-Gelb über **Oberschlettenbach** nach Lindelbrunn zurück. Die reine Gehzeit beträgt **mindestens 4 Stunden**, ohne papierne oder elektronische Karte würde ich mich nicht auf den Weg trauen.

Sie fahren nun zurück auf die L 493 und auf dieser hinunter nach Osten. Bald stoßen Sie auf den **Wild- und Wanderpark Südliche Weinstraße**. Im Verlauf einer kurzen Tour von etwa einer Stunde oder einer großen Tour von etwa 2 Stunden Gehzeit durch echte Natur betrachtet man echte Wölfe, Wisente, Hirsche und dergleichen in einigermaßen artgerechter Umgebung. Die Kleinen jauchzen, wenn die Tiere sich während der Paarungszeit wie echte Tiere in der Paarungszeit benehmen *(15.3. bis 15.11. ab 9 Uhr, 16.11. bis 14.3. ab 10 Uhr, keine Hunde, Wolfsfütterung tägl. um 11 Uhr; 7,50 €, Kinder von 3 bis 5 Jahren 3,50 €, von 6 bis 16 Jahren 5 €)*. Auf dem großen Parkplatz kann man übernachten. Das ist aber relativ dicht an der Straße und einsam obendrein: [**114** – N 49°08'10" E 7°55'57", L 493].

Wild- und Wanderpark Südliche Weinstraße

Ruhiger und richtig lauschig stehen Sie unweit am famosen, 1982 zur Förderung des Tourismus aufgestauten **Silzer Badesee**:

(115) Offizieller WOMO-Badeplatz: Silz

GPS: N 49°08'40" E 7°56'17". **Max. WOMOs**: 10-12.
Ausstattung: Badestelle mit Liegewiesen, Strom (2 €), Toilette, Mülleimer.
Beschreibung: Sie stehen auf geschottertem, grasigem und klappstuhlge-

eignetem Untergrund im Halbschatten mit Blick auf den relativ einsamen See. Dass es so etwas gibt! Und das schon über Jahre!! Sorgen Sie bitte mit dafür, dass das so bleibt und stellen Sie sich bei Hochbetrieb etwas dichter. 2020 wurde das bei Regen stellenweise matschige Gelände coronabedingt sogar erweitert (sonst nur 6 Plätze). Ich weiß nicht, ob das ein Dauerzustand ist.
Sie können hier loswandern, insbesondere nach Lindelbrunn. Im Ort gibt es eine Gaststätte, aber keine Einkaufsmöglichkeit.
Zufahrt: Sie biegen vor Silz am Eingang der Bebauung von der L 493 nach Westen zum Sportplatz und Badeweiher ab; der Parkplatz liegt dann am Anfang des Sees links. **Preis**: 7 €.
Hinweis: Der bessere Seezugang erfolgt von den Wiesen auf der (anderen) Nordseite des Sees; im westlichen Teil ist Baden verboten.

Hier kann man ein erfrischendes Bad nehmen, am besten mehrere. Sobald dann die Eindrücke von den röhrenden Wisenten verarbeitet sind, fahren Sie zurück nach Klingenmünster. Von dort werden wir Sie weiter nach Süden begleiten.

TOUR 10

Tour 10: Weinstraße im Süden 28 km

Bad Bergzabern – Dörrenbach – Schweigen-Rechtenbach

Stellplätze: in Gleiszellen-Gleishorbach, in Pleisweiler-Oberhofen, in Bad Bergzabern, in Dörrenbach, in Schweigen-Rechtenbach

Besichtigen: Westwallmuseum in Bad Bergzabern, Dörrenbach, Burg Guttenberg im Mundatwald

Wandern: von Dörrenbach in den Mundatwald

Essen: Weinstube *Schoggelgaul* in Pleisweiler, *Unter der Linde* in Dörrenbach, Weinstuben *Jülg* oder *Alter Zollberg* in Schweigen

Nach einer Rundtour durch das Felsenland setzten wir die 8. Tour fort und finden südlich von Klingenmünster in **Gleiszellen-Gleishorbach** seitlich der Deutschen Weinstraße einen vielbesuchten, kostenlosen und (auf den zweiten Blick) schön gelegenen Wiesenplatz:

(116) Offizieller WOMO-Stellplatz: Gleiszellen-Gleishorbach

GPS: N 49°07'51" E 8°00'41", Am Geisberg. **Max. WOMOs**: 10.
Ausstattung: Keine.
Beschreibung: Sie stehen klappstuhlgeeignet auf grasigem, leicht befestigtem Untergrund zwischen Obstbäumen zwischen der B 48 und einem Weinberg. Zumindest tagsüber ist der Straßenlärm lästig. Gaststätten, aber keinen Bäcker, finden Sie im nahen Ort.
Zufahrt: Der Platz liegt östlich des Dorfes nahe der Weinstraße und ist mit einem Reisemobilsymbol gekennzeichnet.

Ruhiger stehen Sie im südlich benachbarten Doppeldorf, dessen Name so ähnlich klingt, weshalb die beiden Ortsgemeinden leicht verwechselt werden. Hier wird die B 48 weiträumig um den Ort geleitet. Schauen Sie sich auf jeden Fall den schön gelegenen Parkplatz zwischen den Gemeindeteilen **Pleisweiler** und **Oberhofen** an:

(117) WOMO-Stellplatz: Pleisweiler-Oberhofen

GPS: N 49°07'03" E 8°00'23", Am Geisberg. **Max. WOMOs**: 5.
Ausstattung: Mülleimer.
Beschreibung: Der gepflasterte Allgemeinparkplatz mit grasigen Rändern eignet sich am Abend vielleicht auch mal für Klappstühle. Oft müssen aber

Fahrzeuge, die nicht länger als 7 m sein sollten, froh sein, wenn sie überhaupt eine Lücke finden. Das ist, für einen Allerweltsplatz eigentlich ein schöner Platz. Südlich gibt es wenigstens eine Gaststätte, nördlich vermutlich zwei. Ob es den Bäcker noch gibt, bezweifle ich. Sie können hier ausgezeichnet loswandern.
Zufahrt: Biegen Sie zwischen dem südlichen Pleisweiler und dem nördlichen Oberhofen in der Nähe einer Kirche von der Weinstraße zum seitlich beim Sportplatz und unterhalb des Friedhofes gelegenen und beschilderten Parkplatz ab.

Bei allen unseren bisherigen Reisen diente dieser Stellplatz seit der ersten Auflage zur Übernachtung nach einem Besuch in einem unserer Lieblingslokale in der Südpfalz. Hier hat sich aber schon ohne Corona abgezeichnet, was anderswo durch die Pandemie sicher beschleunigt wird, nämlich ein altersbedingtes Gaststättensterben. Gerade Betriebe, bei denen begnadete Inhaber noch selbst am Herd stehen, finden schlecht einen Nachfolger, noch schlechter, wenn Sie zusätzlich eine Immobilie am Bein haben und einen endgültigen Schlussstrich ziehen möchten. Wir müssen uns daher umorientieren und könnten vielleicht in der preiswerten **Weinstube *Schoggelgaul***, in der viele Einheimische sitzen, Ersatz finden, auch wenn die Betreiber ebenfalls zur erfahrenen Generation zählen *(Ortsteil Pleisweiler, Schäfergasse 1, Tel. 06343 7900; Mo und Di geschlossen, Hauptgerichte ab 13,50 €)*. *Schoggelgaul* ist pfälzisch und heißt auf Hochdeutsch *Schaukelpferd*.

Sie können die Weinstube zu Fuß genauso vom nacherwähnten Stellplatz beim Weingut *Hitzinger* in **Bad Bergzabern** (8.200 Einwohner) erreichen, jedoch kaum noch von der innerörtlichen Alternative:

(118) WOMO-Winzerplatz: Bad Bergzabern *(Weingut Hitzinger)*

GPS: N 49°06'26" E 7°59'49", Liebfrauenbergweg 3.
Tel. 06343 1710.
www.weingut-hitziger.de/weingut/wohnmobilstellplatz.html
Max. WOMOs: 10.
Ausstattung: Ver- und Entsorgung, Strom.
Beschreibung: Das ist der schönere der beiden Plätze in Bad Bergzabern, weil Sie, wenn Sie einen guten Platz ergattern, wunderbar auf Klappstühlen über den Reben sitzen (und sich das unter Ihnen liegende Krankenhaus wegdenken können). In das Zentrum mit Gaststätten und Geschäften führt ein direkter Fußweg von 750 m. Sie können hier loswandern. Keile sind unbedingt erforderlich.
Die Weine sind preiswert; getestet haben wir den empfehlenswerten Sekt *Weißburgunder brut* für 8,90 €, dessen Flaschenform allerdings nicht in die Halterung unserer Kühlschranktür passt; von April bis November freitags Weinprobe (12 € / Person).
Zufahrt: Der Platz liegt am Nordrand von Bad Bergzabern oberhalb des Krankenhauses; das Weingut ist an der L 508, der Weinstraße, beschildert.
Preis: 8 € (über Winter kostenlos).

(119) Offizieller WOMO-Stellplatz: Bad Bergzabern

GPS: N 49°06'11" E 7°59'51", Weinbergstraße 7. **Max. WOMOs**: 10.
Ausstattung: Ver- und Entsorgung, Toilette, Strom, Mülleimer.
Beschreibung: Das Beste an diesem Platz ist die zentrale Lage. Sie stehen auf Asphalt, weitgehend im Schatten, aber eng. An den Randplätzen wird man an extrem heißen Sommerabenden vielleicht auch mal die Klappstühle rausstellen. Nur beschränkter Raum für Fahrzeuge ab etwa 7 m. Alternativ können vor allem große Fahrzeuge neben dem Schloss stehen.
Sie finden alle Einkaufsmöglichkeiten, können hier aber auch loswandern.
Zufahrt: Der schlecht beschilderte Platz liegt hinter dem Schloss, das Sie in der Nähe des Bahnhofes finden. Fahren Sie östlich am Schloss vorbei, Richtung Norden, dann die erste Straße links.
Preis: Eine Nacht 4 €, drei Nächte 9 €.

Bad Bergzabern - Schloss

Von einem der beiden Plätze werden Sie sich zum Stadtbummel aufmachen und mehr sehen, als Sie erwartet haben: Zuerst das **Schloss** der Herzöge von Pfalz-Zweibrücken, eigentlich ein Wasserschloss, dessen Graben erst im 19. Jahrhundert zugeschüttet wurde. Die heutige Anlage geht zurück auf einen Wiederaufbau nach der Zerstörung Anfang des 18. Jahrhunderts. Unweit stoßen Sie auf das **Gasthaus Zum Engel**, das erste Gasthaus in diesem Buch, das ich nicht zum Zwecke der Einkehr oder wegen des *Engeltellers* erwähne, sondern weil das Haus als der schönste Renaissancebau der Pfalz gilt. Von dort zweigt eine Gasse zu einer kleinen Kirche ab, deren ehemalige Glocke auf dem Gehweg ausgestellt ist. Sie befand sich, weil französische Soldaten sie hatten mitgehen lassen, von 1794 bis 1969 im elsässischen Hunspach, das ich hier auch deshalb erwähne, weil ich es im Elsassführer des WOMO-Verlages als ein besonders schönes Dorf herausstelle.

Gasthaus zum Engel

An Bad Bergzabern gefällt uns die Mischung aus kleinstädtischem Flair, pfälzischer Weinstraßengemütlichkeit und einem leichten Hauch aus dem nahen Frankreich. Angeblich hat der bayerische Priester Sebastian Kneipp bedauert, in Wörrishofen das Kneippen erfunden zu haben und nicht in Bergzabern, wo er immerhin 1892 die *Kalt-*

wasserheilanstalt eröffnen durfte. Es dauerte aber noch bis 1964, bis Bergzabern Kneippkurort wurde und sich seitdem *Bad* nennen darf. In heutiger Zeit würde jeder Fremde schon bei dem Begriff *Kaltwasseranstalt* davonlaufen. Der Mensch unserer Tage wünscht sich vielmehr eine *Therme*. Deshalb gibt es in Bad Bergzabern die komfortable **Südpfalz-Therme**, in der die einzelnen Abteilungen der Sauna *Winzerschwitze, Elwetritscheschwitze oder Dubbeglas-Eisbrunnen* heißen. Selbstverständlich gehört auch ein Freibad mit Liegestühlen dazu *(täglich 9 - 20 Uhr, Sauna länger und Fr und Sa sogar bis 23 Uhr; Di Damensauna; die Preise nennt man »Wohlfühltarife«, sie beginnen bei 11 € für zwei Stunden; im westlichen Ortsbereich mit schlechten Parkmöglichkeiten für WOMOs).* Bei derart geistreichen Bezeichnungen glauben wir gerne, dass das Durchschnittsalter der in Bad Bergzabern im Sommer sesshaften Einwohner weit über dem Landesdurchschnitt liegt.

Eine nicht zu unterschätzende Sehenswürdigkeit ist das **Westwall-Museum**, das sich in den letzten erhaltenen Artilleriebunkern des Westwalles in der Südpfalz befindet und in dem Sie viel zur deutschen Geschichte seit dem Frieden von Versailles erfahren und der damit untrennbaren Entstehung des sogenannten Westwalls. Behandelt wird aber auch das Schicksal der Zivilbevölkerung während des 2. Weltkrieges und die heutige ökologische Bedeutung der Bunkerruinen *(Kurfürstenstraße 21, an der L 508, der Weinstraße nördlich des Ortes und des Krankenhauses östlich der Weinstraße beschildert und von beiden Stellplätzen zu Fuß erreichbar; von Karfreitag bis 31.10. an jedem 2. und 4. Sonntag im Monat sowie an allen Feiertagen 11 - 17 Uhr, erklärter Museumsrundgang um 11 und um 14 Uhr; 4 €).*

Beachten Sie, dass es in der Pfalz bei Pirmasens und anderswo weitere Westwallmuseen gibt, denn der Westwall hat einen großen Bereich im westlichen Nazideutschland beeinflusst:

Der Westwall

Im Versailler Friedensvertrag von 1918 war dem Deutschen Reich jeglicher Festungsbau an seinen Grenzen verboten worden, und das Rheinland und ein 50 Kilometer breiter Streifen östlich des Rheins wurden entmilitarisiert. Über beides setzte sich Hitler 1936 einfach hinweg, als er die verbotene Zone von Truppen besetzen ließ. Zum Schutz dieser Maßnahme wurden zunächst etwas wahllos einzelne Bunker an der deutschen Westgrenze gebaut und in geschichtlicher Verbiegung in Erinnerung an einen römischen Grenzwall **Limesprogramm** genannt.

Als im Mai 1938 die Tschechoslowakei mit einer Teilmobilmachung auf eine Falschmeldung über angebliche deutsche Truppenbewegungen reagierte, spitzte sich die politische Situation in Europa zu. Hitler beauftragte schon wenige Tage später die **Organisation Todt** mit dem verstärkten und beschleunigten Ausbau jener Westbefestigung. Diese Organisation war eine paramilitärische Truppe unter Führung des Bauingenieurs Fritz Todt, der nach 1933 den Bau der Autobahn und verschiedener Fernstraßen geleitet hatte, später Rüstungsminister und bis zu seinem Tod durch Flugzeugabsturz Vorgänger von Albert Speer war.

Ab 1938 wurden die Bauwerke, vor allem Panzersperren und insgesamt 18.000 Bunker mit und ohne Artillerie, als sogenannte **Regelbauten** standardisiert. So konnte man Pläne und Einbauteile überall verwenden. Schon bald wurden 241.000 Mann beschäftigt. Auf dem Höhepunkt der Bauarbeiten waren es über 430.000. Bis zu 51 Prozent der Zementproduktion des Reiches wurden zu 45.000 Kubikmeter Stahlbeton täglich (!) verarbeitet. Die Reichsbahn musste 9.000 Waggons für Baustofftransporte bereitstellen, die Anzahl benötigter Lastwagen lag bei 16.000, und für den täglichen Transport der Arbeiter wurden 4.100 Busse eingesetzt.

Das hatte extreme Auswirkungen auf das Leben in den Grenzregionen. Es gab, wie immer bei solchen Maßnahmen, zahlreiche Verlierer, darunter Bauern die ihr Land preisgeben mussten oder Hausbesitzer, bei denen Menschenmassen einquartiert wurden. Im Gegenzug wurde hemmungslos abkassiert: Die Landwirte wurden für den Einsatz ihrer Traktoren nach Betriebsstunden bezahlt. Es wird behauptet, die Bauern hätten ihre Schlepper mit aufgebockter Hinterachse im Leerlauf laufen lassen, damit sich der Betriebsstundenzähler drehen konnte.

Zu den am stärksten befestigten Bereichen zählte der Otterbach-Abschnitt südlich von Bergzabern. Denn die **Weißenburger Senke**, die er schützte, war nicht nur seit Jahrhunderten für deutsche und französische Armeen das Einfallstor in das Land des Gegners, sondern auch durch Angriffe mit Panzern gefährdet. Über 1.000 Bunker standen deshalb alleine im Bereich zwischen Reisdorf und dem Rhein. Während sich die unweit gelegene französische **Maginotlinie** auf relativ wenige, aber riesige Festungswerke stützte, entstanden an der Westgrenze des Reiches viele, meist kleine Bunker.

Der Westwall, der von den Alliierten **Siegfried Linie** genannt worden ist, erfüllte seine Funktion zum Beginn des Zweiten Weltkrieges ab Herbst 1939 in vollem Umfang. Die noch nicht fertig gestellte Verteidigungslinie war schon derart gut ausgebaut, dass sich die französische Kriegsführung hier keine militärischen Handlungen zutraute. Nachdem dann Frankreich im Jahr 1940 gegenüber Nazideutschland kapituliert hatte, wurden sämtliche Bauarbeiten am Westwall eingestellt und viele Arbeitskräfte zum Bau von Bunkeranlagen an den französischen Atlantikhäfen verlagert.

Nach der Landung der alliierten Truppen im Sommer 1944 in der Normandie wurde der Westwall plötzlich gebraucht. Zu diesem Zeitpunkt waren aber die Anlagen militärisch veraltet und längst von den Deutschen ausgeschlachtet, weil man Ausrüstungsgegenstände jeglicher Art und sämtliche Waffen anderswo gebraucht hat. Nachdem der amerikanische Vormarsch wegen der deutschen Ardennenoffensive nur kurz ins Stocken geraten war, konnten die Amerikaner 1945 bei Oberotterbach und Steinfeld den technisch veralteten und schwach besetzten Westwall überrennen.

Nach Kriegsende begannen die französischen Besatzungsbehörden mit der Sprengung der Bunker. Später setzten deutsche Ämter das Zerstörungswerk fort, zuerst in den Feldern, später auch in den Wäldern. Sie beriefen sich dabei auf die Verkehrssicherungspflicht, obwohl in den vielen tausend Bunkerruinen nur wenige Unfälle bekannt sind. Ich selbst bin in der Westpfalz aufgewachsen und kann mich daran erinnern, dass Bunkerruinen am Rand vieler unserer Spaziergänge lagen.

Die Berührung des Naturschutzes durch die Bunkeranlagen ist größer als man zunächst vermutet. Bereits beim Bau wurden sogenannte Landschaftsanwälte eingesetzt, deren Aufgabe darin bestand, die nationalsozialistische Ideologie auf den Naturschutz zu übertragen. So sorgte man beispielsweise dafür, dass nur einheimische, deutsche Pflanzen für die Grüntarnung benutzt wurden, beispielsweise Liguster, Schlehdorn, oder Wildbrombeere.

Heute sind die Bunkeranlagen wertvolle Biotope und Rückzugsorte für beispielsweise Fledermäuse, Wildkatzen oder Reptilien. Es gibt verschiedene Vereinigungen, die sich in Rheinland-Pfalz mit Erfolg gegen die vollständige Beseitigung der Bunkeranlagen gewehrt haben und erreichen konnten, dass das Bundesland verschiedene Reste sogar unter Denkmalschutz gestellt hat. Schauen Sie sich unbedingt die Internetseite des **Vereins zur Erhaltung der Westwall-Anlagen** (VEWA) an – www.vewa-ev.de/. Der Verein hat im Jahr 2005 den Regelbau 10 bei Oberotterbach erworben; dazu gleich mehr.

Dörrenbach - Rathaus vom Friedhof aus

Nur zwei Kilometer südlich von Bad Bergzabern liegt **Dörrenbach** (930 Einwohner), zwar abseits der Weinstraße, aber auf dem Routenplan fast jeder Pfalzfahrt: Das 400 Jahre alte **Fachwerk-Rathaus**, die **Wehrkirche** und der mit Mauern bewehrte Friedhof gehören ins Pflichtprogramm, den Blick vom Vorhof der Kirche auf das Rathaus lassen die meisten Touristen aus. Dabei ist er das beste und lässt eine schwache Ahnung zu, weshalb sich das Dorf *»Dornröschen der Pfalz«* nennt. Im Ort gibt es nur noch eine Metzgerei, aber vermutlich wieder westlich des Rathauses eine Bäckereiverkaufsstelle, und die Anzahl der Gaststätten ist in den letzten Jahren geschrumpft. Gut gefallen hat uns die schlichte und preiswerte französisch/pfälzische Küche der **Weinstube *Unter der Linde*** *(Tel. 06343 939803; Mo und Di und von Nov. bis Feb. zusätzlich Do geschlossen; Hauptgericht ab 11 €)*. Der Stellplatz, wegen des wunderbaren Blicks in die Rheinebene einer der schönsten in der Südpfalz, liegt etwas vom Zentrum entfernt beim Sportplatz:

Weinstube Unter der Linde

(120) Offizieller WOMO-Picknickplatz: Dörrenbach

GPS: N 49°05'17" E 7°58'10"; Sportplatz. **Max. WOMOs**: 10.
Ausstattung: Wasser (solange Mitglieder des Sportvereins anwesend sind), Toilettenentsorgung (in einen Rohrstutzen seitlich hinter dem Sportlerheim, anderes Abwasser muss man mit einem Eimer dorthin tragen), Strom, Picknick-Bänke. **Foto siehe Seite 200**:

Beschreibung: Das schattenlose, leicht geschotterte Gelände ist klappstuhlgeeignet und liegt außerhalb der Bebauung, ist aber ständig bewohnt. Wanderwege beginnen hier. Beim Rathaus finden Sie nach 550 m eine ständig offene Toilette. Gaststätten und Bäcker nach etwa 600 m.

Zufahrt: Fahren Sie, wenn Sie von der Weinstraße kommen, geradeaus nach Dörrenbach hinein, die Straße wird etwas schmal. Vor dem Rathaus biegen Sie links ab, hier sehen Sie schon einen Wegweiser; kurz danach wählen Sie an der nächsten Gabelung bei einem Brunnen die Straße halblinks bergauf durch ein Waldstück bis an den Rand des Sportplatzes.
Preis: 7 € werden abends oder am nächsten Morgen kassiert.
Hinweise: Nur bis 3,5 t, aber Anlieger frei, also auch für Sie! Es gibt keine Markierungen, weshalb während (seltenen) Sportveranstaltungen Pkw an den besten Stellen stehen. Vielleicht ist die Straße für ein richtiges Dickschiff zu schmal, was ich nicht beurteilen kann.

Falls der Platz mal wegen einer Sportveranstaltung gar nicht zugänglich sein sollte (oder für die Wartezeit), können Sie seitlich der Straße am **Ortseingang ebenfalls** ordentlich stehen (vor dem Verbotsschild 3,5 t).

Da Sie am Stellplatz starten können, drängt sich eine ausgezeichnete Wanderung geradezu auf:

Von Dörrenbach in den Mundatwald

Kolmerberg-Kapelle

Sie erkennen in Dörrenbach gegenüber dem Rathaus und am Fuß der Wehrkirche einen Wegweiser zur **Kolmerberg-Kapelle**, einer Wallfahrtskirche mit Fachwerk und lebensgroßen Figuren auf dem sogenannten Ölberg. Hier lebten vor Jahrhunderten mehrfach Einsiedler. Der letzte war um 1800 der Waldbruder Martin Schaaf, der wegen seines wenig frommen Lebenswandels Ärgernis erregte. So schrieb August Becker in seiner 1857 erschienenen Volkskunde *‚Die Pfalz und die Pfälzer‘* über ihn: »Ein großer, stattlicher Mann in Oberländer Bauerntracht – durchaus kein Asket. Man erzählte, er hätte in einer Krankheit das Gelübde getan, keinen Wein mehr zu trinken. Als er wieder gesund wurde, aß er den Wein mit dem Löffel«.

Von hier gehen Sie, geführt von einem schwarzen Punkt auf weißem Balken, zum **Stäffelsberg** mit Aussichtsturm und von dort mit Hilfe der-

selben Markierung zur Wegkreuzung ***Drei Eichen*** *(Steinerner Tisch)*. Hier treffen Sie auf den **Westwallweg**, zu dem wir Sie weiter unten intensiver informieren.

Ruine Guttenberg

Sie vertrauen weiter dem schwarzen Punkt und wandern zur **Ruine Guttenberg**, einer der berühmten Felsenburgen der Südpfalz. Die Burg wurde ausnahmsweise nicht im Erbfolgekrieg zerstört, sondern schon früher, 1525 im Bauernkrieg. Sie liegt in dem Landesteil, der von 1949 bis 1986 unter französischer Verwaltung gestanden hat – siehe unten zum **Mundatwald**.

Bei der Burg wählen Sie den mit Nr. 2 markierten Pfad und bleiben nach 400 m stur auf dem Waldweg mit dem schwarzen Punkt (nicht mit dem gelben Punkt nach links abbiegen)!!

Nach einer weiteren Stunde treten Sie aus dem Wald. Eine grüne Markierung lotst Sie nun über den ältesten Weinlehrpfad der Welt (siehe unten) nach **Schweigen-Rechtenbach**, wo Sie auf den Wanderweg Deutsche Weinstraße und die Markierung mit der Traube treffen. Mit gelbem Balken, über Oberotterbach, drei Steigungen und zuletzt mühevoller als erwartet kommen Sie nach **insgesamt 5 Stunden** direkt bei Ihrem WOMO am Sportplatz von Dörrenbach an.

Platz Nr. 120

Der Mundatwald

Hätten Sie es für möglich gehalten, dass Frankreich und Deutschland noch lange nach Adenauer und de Gaulle und sogar bis zum Jahre 1986 um ein Waldstück, den Mundatwald, gezankt haben? Genau genommen geht es um einen Teil des Bienwaldes oder, wenn Sie so wollen, um einen südlichen Zipfel des Pfälzerwaldes. Jedenfalls um sieben Quadratkilometer nordwestlich der elsässischen Stadt Wissembourg.

Der Streit begann, als 1946 jener Teil, der sich Oberer Mundatwald nennt, von den Franzosen besetzt worden ist, angeblich um die Wasserversorgung von Wissembourg zu gewährleisten. Und drei Jahre später beschloss der französische Oberkommandeur in Deutschland, der Mundatwald liege außerhalb der deutschen Westgrenze, also in Frankreich. Damit geriet der Zipfel, seit 1815 pfälzisch und damit bayerisch, unter alleinige französische Verwaltung.

Als 1962 die deutsch-französische Freundschaft besiegelt worden ist, wollte man kurzerhand auch den Pfälzischen Waldstreit begraben. Aber die Realitäten in Form eines wertvollen Waldes ließen das zunächst nicht zu. So dauerte es noch einmal bis 1986, um einen mühsam ausgehandelten Geländetausch zwischen Deutschland und Frankreich umzusetzen.

Die Bundesrepublik Deutschland musste ihre Eigentumsrechte am Wald an Frankreich übertragen und erhielt als Ausgleich das staatliche Hoheitsrecht sowie das Eigentum an der Burg Guttenberg. Im Gegensatz zum Wald ist diese nichts wert, sondern verschlingt hohe Kosten.

In den Jahren der französischen Besetzung hatte sich ein Notar aus Zweibrücken vom damaligen Amtsgericht Bad Bergzabern höchst amtlich die Pflegschaft der staatlichen deutschen Ansprüche am Privateigentum des Mundatwaldes übertragen lassen. Erst auf Betreiben der Rheinland-Pfälzischen Landesregierung hob das Landgericht Landau die Pflegschaft wieder auf.

Man kann sich, wenn man auf unserer Wanderstrecke durch den streitigen Wald läuft, nicht mehr vorstellen, weshalb ein solches Gebiet derart umstritten war. Aber man erkennt gut, dass noch weit in Deutschland französische Verkehrszeichen und Schilder der elsässischen Forstverwaltung in neuerer Zeit aufgestellt worden sind – als untrügliches Zeichen der heutigen Eigentumsverhältnisse.

Sie können von Böllenborn (östlicher Ortsrand) mit dem Auto zum Parkplatz *Drei Eichen (Steinerner Tisch)* fahren. Von dort sind es zu Fuß noch 25 Minuten in den Mundatwald und zur Burg Guttenberg.

Am Wanderparkplatz *Drei Eichen* (mit dem Auto erreichbar und bei vorstehender Wanderung erwähnt) kreuzt man den früheren ***Westwallweg*** und damit ein düsteres Kapitel der faschistischen Geschichte Deutschlands. Sie können den Weg hier beginnen oder ihn gemäß seiner touristischen Führung in einem Rundweg von etwa drei Stunden Gehzeit von **Oberotterbach** (1.100 Einwohner) aus bewältigen. Am nördlichen Ortsausgang von Oberotterbach weist ein Schild nach links. Leider kennen wir keine brauchbare Karte dazu. Ich habe den Verdacht, dass Wegführung, Länge und Bezeichnung geändert worden sind, und die Strecke in dem 12,8 Kilometer langem ***Oberotterbacher Weg der Geschichte*** aufgegangen ist, den Sie auf der Karte von *NaturNavi* unter Nr. 66 finden – sowie auf der App *Südliche Weinstraße*.

Am **Deutschen Weintor** in **Schweigen-Rechtenbach** (1.500 Einwohner) sind Sie mit unserer Hilfe vielleicht schon vorbei gewandert (siehe eben). Es hatte nie, wie immer wieder zu lesen ist, die eigentliche Aufgabe, den südlichen Beginn der Weinstraße zu markieren, als es im Oktober 1936 nach nur acht Wochen Bauzeit (rund um die Uhr im Dreischichtbetrieb) seiner Bestimmung übergeben worden war, die darin bestand, eine gigantische Hakenkreuzfahne zu tragen und wegen seiner bombastischen Ausmaße Feind und Volk zu beeindrucken. Noch von den Hügeln jenseits der französischen Stadt Weißenburg sollte man sehen, wo die Macht des Deutschen Reiches begann und wie beeindruckend sie war. Im Mai 1937 kam im Ostflügel eine Gaststätte dazu, täglich wurden hier

Schweigen - Deutsches Weintor

600 bis 700 Besuchern 90 verschiedene Weine von der Deutschen Weinstraße ausgeschenkt. Man kann sich die Funktion als markanter Grenzpunkt des Reiches kaum noch vorstellen. Der in typischer Naziarchitektur (die Reste des Hakenkreuzes auf der Südseite sind noch gut zu erkennen) errichtete Protzbau ist ein Fremdkörper, weil man ihm seine abgrenzende Zweckbestimmung deutlich ansieht, die Landschaft auf beiden Seiten aber gleichermaßen anmutig ist (ich empfehle deshalb *Mit dem Wohnmobil ins Elsass*, Band 6 der WOMO-Reihe).

Der touristische Auftrieb ist heute geringer, obgleich das Weintor ein touristischer Magnet geblieben ist. Noch in den fünfziger Jahren war es für einen echten Pfälzer beinahe Pflicht, einmal hierher gepilgert zu sein und an einem Morio-Muskat gerochen zu haben.

Schweigen empfehle ich gerne, weil wir dort in Gesellschaft ansässiger Freunde häufig zwei wunderbare Weinstuben besuchen: Der schattige Garten des ***Weingutes Leiling*** ist an heißen Hochsommertagen ein Gedicht, alles schmeckt gut und viel besser als in den meisten anderen Gutsausschänken *(Hauptstraße 3, Tel. 06342 7039; Do - So; man kann abends oft nicht reservieren und muss einfach um 18 Uhr präsent sein; auch die Weinstube ist urgemütlich; ausgezeichnete Nierchen; Hauptspeisen ab etwa 10 €)*. Ähnlich preiswert und gemütlich ist die **Weinstube *Alter Zollberg*** *(Hauptstraße 48, fast an der französischen Grenze und westlich der B 48; Tel. 06342 7046; Mi bis So; Hauptgerichte ab 12,90 €, Freisitz mit Blick auf die Höhen hinter Wissembourg*. Das Gasthaus *Bayerischer Jäger*, wo angeblich im Juni 1935 die Idee entstanden ist, die Deutsche Weinstraße zu erfinden, gibt es nicht mehr.

Weingut Leiling

Sie können in Schweigen nahe dem *Weingut Leiling* übernachten, ideal sind die Bedingungen aber nicht. Auch Schweigen-Rechtenbach ist einer der Orte, in dem sich die Verwaltung sehr schnell um einen ordentlichen Stellplatz bemühen müsste. Raum dafür gibt es genug:

(121) WOMO-Stellplatz: Schweigen-Rechtenbach

GPS: N 49°03'07" E 7°57'22"; Weinstraße. **Max. WOMOs**: 3-4.
Ausstattung: Toilette und Wasser (tagsüber).
Beschreibung: Die Parkflächen unmittelbar südlich des Weintores auf Asphalt, rechtwinklig zur Fahrbahn, werden häufig anderweitig benutzt, sie

haben leichtes Gefälle, aber sie sind relativ ruhig. Es wundert mich, dass hier noch ein Verbotsschild fehlt. Gaststätten, Winzer, Bäcker und Supermärkte sind zu Fuß erreichbar. Sie können hier loswandern.
Zufahrt: Nehmen Sie den kleineren Parkplatz südlich des Weintores.

(122) Am nördlichen Ortsrand von Rechtenbach kommen auch 4 Stellplätze auf dem **Weingut *Cuntz-Sonnenhof***, Wasgaustraße 7 mit Blick in die Weinberge in Betracht; **GPS**: N 49°03'25" E 7°57'44"; Tel. 06342 919141; 1,1 km zu *Leiling* und 1,6 zum *Alten Zollberg*.

(123) Während der Corona-Pandemie hat die Gemeinde lobenswerterweise einen hochoffiziellen Notstellplatz eingerichtet. Da ich annehme, dass der Wohnmobilboom auch nach Corona vorerst anhalten wird, sollten Sie mal auf dem **St. Urbansplatz**, etwa 200 m nördlich des Weintores, nachsehen: **GPS**: N 49°03'15" E 7°57'24".

(124) Eine naturnahe, wenngleich einsame und leicht abschüssige **Alternative** ist ein Platz mit schöner Aussicht auf Schweigen, ein Parkplatz am Waldrand seitlich der Zufahrt zum **Sportplatz von Rechtenbach**; **GPS**: N 49°03'43" E 7°57'29". Fahren Sie an der Kirche von Rechtenbach (das ist der nördliche Ortsteil) in der verlängerten Kirchstraße nach Norden und nach dem Beginn des Weinberges links bergauf.
Hier hat die Gemeinde möglicherweise auf zu viele WOMOs damit reagiert, dass sie schon unten an der Weinstraße ein temporäres Verbotsschild für die Durchfahrt durch den Ort aufgestellt hat (Anlieger frei). Ich habe den Stellplatz nur deshalb nicht gestrichen, weil das Schild provisorisch aussah.

Ab dem Weintor ist der **älteste Weinlehrpfad der Welt** ausgeschildert, unsere zuletzt beschriebene Wanderung führt daran vorbei. Wenn Sie bei der Kirche von Schweigen (das ist der Ortsteil südwestlich des Weintores) durch die Weinberge bergauf gegangen sind, werden Sie sich allerdings ähnlich langweilen wie auf allen anderen und jüngeren Weinlehrpfaden. Ihnen werden die immer gleichen Fotos verschiedener Traubensorten gezeigt und Sie erfahren, wie köstlich und bekömmlich die daraus vergorenen Produkte sind. Schlechte oder weniger herausragende Weine kennt ein Weinlehrpfad nicht. Oberhalb von Schweigen endet die weinpädagogische Strecke in einem **Ehrenhain** mit den Häuptern unsterblicher Männer: Goethe, Schiller, sogar Uhland scheinen Sie schon von Weitem zu erkennen. Aber Sie täuschen sich. Die Geehrten sind in der Tat Prof. Dr. Müller-Thurgau, Peter Morio und andere Größen des Weinbaus.

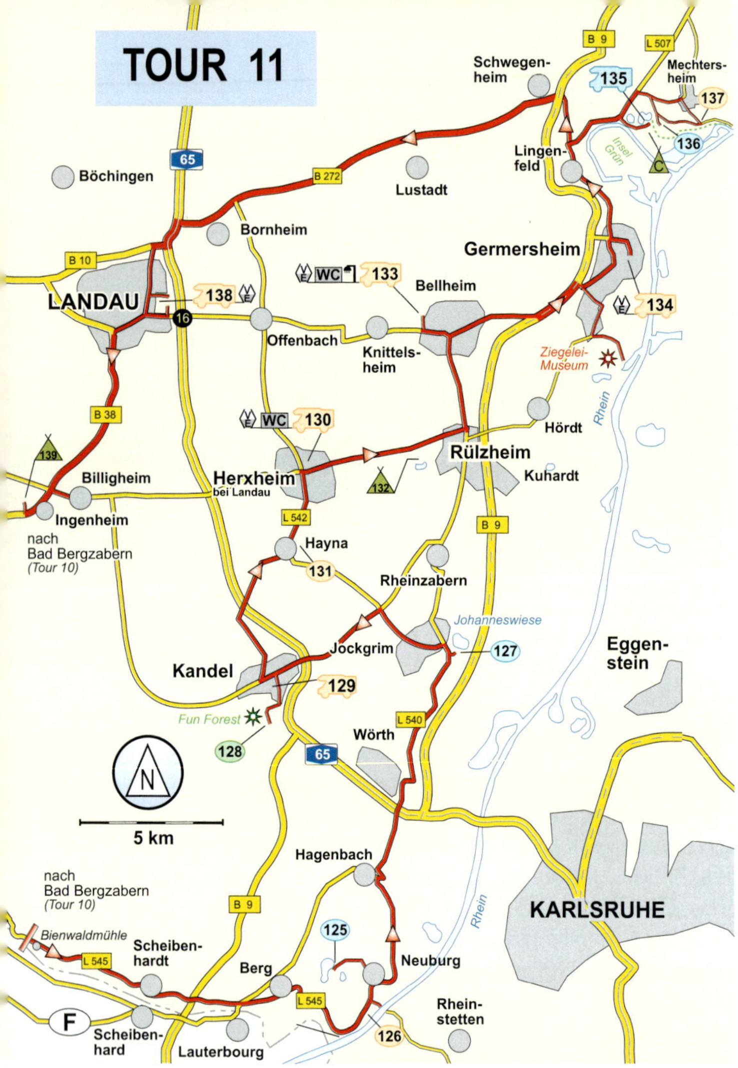

Tour 11: Südliche Rheinebene 160 km

Neuburg – Jockgrim – Herxheim – Germersheim – Landau

Stellplätze: bei Neuburg, in Jockgrim, in Kandel, in Herxheim, in Herxheim-Hayna, in Bellheim, in Germersheim, zwischen Lingenfeld und Mechtersheim, in Landau

Campingplätze: in Rülzheim, in Billigheim-Ingenheim

Besichtigen: Jockgrim, Kletterpark *Fun Forest* in Kandel, Ziegeleimuseum Sondernheim, Festung in Germersheim, Landau

Essen: *Bienwaldmühle* bei Scheibenhardt, Restaurant *Pfälzer Stube* in Herxheim-Hayna, Weinstube *Zur Blum* in Landau

Ihre Zuschriften helfen uns bei der Aktualisierung unserer Reiseführer. Sie verraten uns aber auch, wohin die meisten Leser fahren, und manchmal vermuten wir, dass einige Ecken des Beschreibungsgebietes so gut wie gar nicht aufgesucht werden. Es gibt Stellen, über die Sie uns noch nie berichtet haben. Vielleicht sollten wir diese in Zukunft ausklammern, über andere Ziele mehr schreiben und größere Fotos veröffentlichen.

Zu groß dürfen die weißen Flecken auf unserer Übersichtskarte aber auch nicht sein, weshalb wir uns nun den südöstlichen Teil der Pfalz vornehmen. Man muss ohne große Erwartungen hierher fahren und wird dann angenehm überrascht. Viele Orte haben wir erstmals zur Vorbereitung dieses Buches besucht und einen wesentlichen Effekt unserer Tätigkeit nicht im rasant anschwellenden Bankkonto gesehen, sondern wir haben mit Freude Ortschaften und Winkel betrachtet, zu denen wir sonst nie gefahren wären.

Dazu zählen die Dörfer Berg und Neuburg. Wenn Sie von Schweigen dorthin reisen, sollten Sie die Straße über Steinfeld und den Bienwald nehmen und bei schönem Wetter im Garten der ***Bienwaldmühle*** eine Pause einlegen *(Tel. 06340 276; gutes Essen; So und Feiertage nur bis 20 Uhr, sonst 20.30 Uhr, Mo und Di geschlossen, Mittagspause bis 17.30 Uhr; Hauptgerichte ab 18,90 €).* Leider finden Sie keinen vernünftigen Stellplatz (Leser haben nach Rückfrage auf dem Parkplatz übernachtet), aber in unserem Elsass-Führer (Band 6 der WOMO-Reihe) finden Sie Betrachtungen zur Region jenseits des kleinen Flusses, der in Frankreich Lauter und in Deutschland Wieslauter heißt.

Vielleicht nehmen Sie sogar den Weg durch das Elsass, über Seebach, eines unserer Lieblingsdörfer nördlich der Alpen, Schleithal und Salmbach und freuen sich an den prachtvollen Fachwerkhäusern. In Deutschland, in **Berg** und **Neuburg**, können Sie einen ganz ähnlichen Baustil entdecken. Doch viele alte Häuser sind hier abgerissen oder verunstaltet, weil die deutschen Grundstücksbesitzer zu Zeiten, als man noch bedenkenlos die schönsten Häuser mit Fassadenplatten und Aluminiumhaustüren kaputt erneuern durfte, mehr Geld hatten als französische Besitzer ähnlicher

Badesee Epple in Neuburg

Häuser. In Berg und Neuburg waren in den sechziger und siebziger Jahren die Konten offenbar noch nicht so gut gefüllt, dass man die Mittel besessen hätte, alles kurz und klein zu modernisieren. In Neuburg finden Sie außerdem einen Badesee mit freiem Eintritt:

(125) WOMO-Badeplatz: Neuburg (Badesee Epple)

GPS: N 48°59'31" E 8°13'53", Im Derruck.
Max. WOMOs: 20.
Ausstattung: Badesee mit ausgedehnter Liegewiese, tagsüber im Sommer Imbiss.
Beschreibung: Sie stehen außerhalb des Ortes etwas einsam und schattenlos auf Betonrasenpflaster und können abends auf Klappstühlen sitzen. Sie werden diesen Stellplatz nur benutzen, wenn Sie im See baden. Ansonsten gibt es keinen Grund, hierher zu fahren.
Zufahrt: Folgen Sie in Neuburg dem Wegweiser *'Sport- und Freizeitzentrum'*, der See liegt nordwestlich des Ortes.

(126) WOMO-Stellplatz: Neuburg (Rheinufer)

GPS: N 48°58'22" E 8°14'36", K 20. **Max. WOMOs**: 3-4.
Ausstattung: Keine.
Beschreibung: Das Foto sagt fast alles. Der Nachteil sind die nahe Straße und die Ortsferne. An der kurz danach folgenden Fähre kann man nicht besser stehen.
Zufahrt: Folgen Sie in Neuburg dem Wegweiser *'Sport- und Freizeitzentrum'*, der See liegt nordwestlich des Ortes.

Um Wörth, seine Raffinerie und sein Mercedes-Benz-Lkw-Werk macht man meistens einen großen Bogen. Selbiges wäre bei der nördlich gelegenen Stadt **Jockgrim** (7.400 Einwohner) schade. Der alte Teil des Ortes, das so genannte Hinterstädtel, streckt sich malerisch auf einer Landzunge des Rheinhochufers, dem höher gelegenen Relikt eines ehemaligen Altrheinarms, mit viel historischem Fachwerk, den Resten der alten Stadtmauer und einem Ziegelei-Museum *(nur sonntagnachmittags geöffnet)*, das in Restbeständen der einst größten Ziegelei Europas untergebracht ist. Außerhalb der Stadtmauer kann man am Fuß derselben etwas laut, aber ganz malerisch stehen. Wir vermuten das jedenfalls, denn ausprobiert haben wir es immer noch nicht. Im Sommer stehen Sie vor dem nahen **Weiher** (weitläufiger Badestrand) an der **Johanneswiese**:

(127) WOMO-Badeplatz: Jockgrim

GPS: N 49°05'19" E 8°17'20", Stegenberg. **Max. WOMOs**: 5-8.
Ausstattung: Badeweiher.
Beschreibung: Sie stehen auf einer großen Wiese in Sichtweite des Ortes und fast in Wurfweite des Badeweihers. Die klappstuhlgeeignete, teilweise schattige Fläche liegt etwas einsam, ist aber bei Wohnmobilnutzern sehr beliebt und der beste Stellplatz weit und breit.
Zufahrt: Wählen Sie die L 540 von Wörth nach Jockgrim. Wenn Sie unterhalb der Stadtmauer von Jockgrim angekommen sind, macht die Straße eine Linkskurve. Dort fahren Sie nach rechts abwärts bis zu mehreren Wiesen vor dem Badesee Johanneswiese. Wohnmobile stehen meistens auf der ersten Wiese.
Bei schlechtem Wetter oder Angstgefühlen bleiben Sie auf dem Parkplatz unterhalb der Stadtmauer.

Leser haben gerne auf einem weniger einsamen, riesigen Platz am **Bahnhof** übernachtet und sich dort an einer nahen Gaststätte und einem Bäcker erfreut; **GPS**: N 49°05'32" E 8°16'24".

Es gibt wahrscheinlich viele Gründe für die (etwas verwinkelte) Weiterfahrt nach **Kandel** (8.500 Einwohner). Einer davon könnten die lustigen Fotos sein, die Sie von Ihren Lieben schießen, wenn man denen im **Kletterpark *Fun Forest*** einen Schutzhelm verpasst hat. Wer unsere Vorauflagen kennt, weiß, wie viele Jahre es gedauert hat, bis sich der Autor dieses Reiseführers in die Bäume getraut hat und danach zugeben musste, dass man auch in fortgeschrittenem Alter (im Prospekt wird man als *Junggebliebener* bezeichnet) und mit (mäßiger) Höhenangst Spaß in einer perfekt gesicherten Welt aus Tauen, Balken und vor allem Seilrutschen haben kann. Der Autor dieser Zeilen hätte das so wirklich nicht erwartet und bedauert alle geringschätzigen Gedanken der Vergangenheit. Es werden verschiedene Schwierigkeitsgrade ge-

Kandel - im Kletterpark Fun Forest

boten, und wir nehmen an, dass jeder Leser ohne Seilrettung das Ende eines Parcours erreicht, wenn auch vielleicht von der(m) eigenen Partner(in) und den Kindern belächelt – und fotografiert *(Mitte April bis Anfang November; 10-18 Uhr, in der Nebensaison Montag geschlossen und an Wochentagen nur nachmittags; schauen Sie sich die Öffnungszeiten im Internet an, die ich wegen Corona nicht zuverlässig ermitteln konnte; Kinderparcours ab 3 Jahren, selbständiges Klettern ab 8 Jahren und Greifhöhe von 1,80 m; 20,90 €, Kinder ab 7 Jahren 14,90 €, Zuschauer kostenlos; www.kandel.funforest.de/)*.

Direkt daneben kann man gegenüber dem Freibad auch schön übernachten und im nahen, topfebenen **Bienwald** sogar wandern:

(128) WOMO-Wanderparkplatz: Kandel

GPS: N 49°04'12" E 8°11'40", Badallee. **Max.WOMOs**:5-10.
Ausstattung: Keine.
Beschreibung: Sie stehen am Abend klappstuhlgeeignet am Rand einer naturbelassenen Wiese unter Bäumen. Im Prinzip ist der Platz einsam, das Freibad liegt gegenüber, der Kletterpark grenzt an. Man kann auch wandern.
Zufahrt: Folgen Sie in Kandel dem Wegweiser *'Fun Forest'*. Nach dem Klettergelände finden Sie ruhige Parkplätze, die an heißen Sommertagen tagsüber besetzt sein könnten. Die besten Wiesenplätze liegen am Ende der Zufahrt rechts.
Hinweis: Nach einer längeren Regenperiode sind Moskitos möglich.

(129) In Kandel finden Sie am Bahnhof auf der südlichen Seite der Gleise einen kostenlosen **offiziellen Stellplatz**, der aber nicht besser ist; **GPS**: N 49°04'44" E 8°11'53", Rheinzabener Str. 1.

Einen ausgezeichneten und nicht einsamen Stellplatz, gar nicht weit von hier, gönnt sich **Herxheim bei Landau** (nicht zu verwechseln mit Herxheim *am Berg*, Tour 2):

(130) Offizieller WOMO-Stellplatz: Herxheim bei Landau
GPS: N 49°08'40" E 8°13'02", Käsgasse. **Max. WOMOs**: 8.
Ausstattung: Ver- und Entsorgung, möglicherweise wieder eine Toilette (die alte war zeitweise durch Baustellentoiletten ersetzt worden).
Beschreibung: Der relativ schön gelegene innerörtliche Platz auf Rasen-Betonsteinen ist am Abend klappstuhlgeeignet. Sie erreichen von hier alle innerörtlichen Gaststätten und Geschäfte.
Zufahrt: Biegen Sie in Herxheim von der Hauptdurchgangsstraße in der Nähe einer Straßengabelung beim Wegweiser mit dem WOMO-Symbol ab. Der Wegweiser führt zur *'Festhalle/Festplatz'*, wo sich der Stellplatz befindet.

Er hat nur einen Nachteil: Es gibt keinen Grund, in Herxheim zu übernachten. Ein Museum, ein witziger Dorfbrunnen und ein paar schöne Fachwerkhäuser (siehe Seite 210) sind keine zwingenden Argumente.

Ungleich größer sind die Sachzwänge im Ortsteil **Hayna**. Damit meinen wir weniger den Elwedritschebrunnen, immerhin eine kleine Sehenswürdigkeit, ebenso wenig das Fachwerk, auch wenn es mehr ist, als Sie erwarten, sondern das **Gasthaus *Krone***. Ich meine hier nicht das edle Gourmetrestaurant, sondern die ***Pfälzer Stuben***, das Zweitrestaurant. Sie können hier nichts falsch machen – außer zu spät zu reservieren *(Tel. 07276 5080)*. Hier wird Ihnen zwar ebenfalls nichts geschenkt, aber das Ambiente ist rustikal, und das Essen ist weit überdurchschnittlich. Nur deshalb folgt ein Stellplatztipp:

(131) WOMO-Stellplatz: Herxheim-Hayna
GPS: N 49°07'26" E 8°12'22", Kapellenweg. **Max. WOMOs**: 3-4.
Ausstattung: Keine.
Beschreibung: Das ist kein normaler Stellplatz. Mit dem Tipp soll Ihnen nur die Möglichkeit gegeben werden, in den *Pfälzer Stuben* zu essen und anschließend vor Ort im Wohnmobil zu übernachten. Dann finden Sie am nächsten Tag im nahen Zentrum auch einen Bäcker.
Zufahrt: Biegen Sie im südlichen Teil der Ortsdurchgangsstraße beim Wegweiser *'P-Mehrzweckhalle'* ab; Sie gelangen dann auf den Kapellenweg, eine kleine Straße, die hinter den Häusern zwischen Ort und Feldern in nord-südlicher Richtung verläuft; Sie sehen dort einen kleinen Parkplatz und den ohne weiteres in Frage kommenden Parkplatz des Gasthauses *Krone* (wo Sie sich allenfalls hinstellen können, falls Sie dort auch gegessen haben). Außerdem sehen Sie zwei oder drei Möglichkeiten am Rand der Straße, wo auch größere Wohnmobile in angenehmer Umgebung stehen können.

Nicht weit entfernt kommt ein hübscher Campingplatz in die nähere Auswahl:

(132) WOMO-Campingplatz: Rülzheim *(Moby Dick)*

GPS: N 49°09'05" E 8°16'22", Am See 2. Tel. 07272 928434.
Öffnungszeit: Ganzjährig.
Ausstattung: Kleiner Laden, Boulesbahnen, schöne Kinderspielplätze, in unmittelbarer Nähe Restaurants und ein großes Erlebnisbad mit einem tollen Badesee.
Beschreibung: Von den etwa 440 Parzellen dienen zwei Drittel Dauercampern. Der Platzteil für Kurzzeitcamper ist separiert.
Zufahrt: Der Platz ist bestens ausgeschildert. **Preis**: 22,50 €.

Sie können stattdessen für 8 € / Nacht auf der unmittelbar benachbarten **Straußenfarm** (mit Restaurant) stehen, die ausdrücklich Wohnmobilstellplätze anbietet.

Auf dem offiziellen Stellplatz in einer unattraktiven Ecke neben dem Freibad von **Bellheim** (8.500 Einwohner) würden wir nie freiwillig übernachten, zumal eine viel schönere Fläche daneben infrage käme, wo aber Verbotsschilder stehen. Die Gemeinde Bellheim ist ein Musterbeispiel dafür, dass man in der Zeit stehen geblieben ist, in der man geglaubt hat, unattraktive Reisemobilgäste in irgendwelche Ecken vertreiben zu können. So wird das nichts mit einem touristischen Aufschwung [**133** – N 49°11'44" E 8°16'30", Postgrabenstraße; Ver- und Entsorgung; 5 €].

Fahren Sie lieber mal wieder an den Rhein. Da gibt es in **Sondernheim**, einem Ortsteil von Germersheim, ein spannendes **Ziegeleimuseum**. Das großflächige Ensemble von Werkhallen, Ringbrandöfen, Trockenhütten und Werkstattgebäuden mit Feldbahn, auf der früher die Rohlinge transportiert worden sind, würde an dieser Stelle des Reiseführers deutlich mehr Raum einnehmen, könne man es häufiger besichtigen *(April - Okt. an jedem 1. Sonntag im Monat 10 - 15 Uhr; 5 € inkl. Feldbahnfahrt; N 49°11'23" E 8°22'51")*.

Die Historiker unter unseren Lesern, zumindest die Militaristen, freuen sich eher auf **Germersheim** (21.000 Einwohner). Endlich sehen sie eine richtige Festung aus neuerer Zeit und nicht mal von Vauban. Bauherr war der bayerische König, nachdem Germersheim im Jahre 1815 von Frankreich an Bayern gefallen war. Ich weiß, dass Sie das nicht mehr hören wollen, aber wenn ich von historischen Prozessen in der Pfalz berichte, spielt die insgesamt etwa 150-jährige Zugehörigkeit zu Bayern eine zentrale Rolle, ähnlich der Grenznähe zum früheren »Erbfeind« Frankreich. Der Festungsbau begann um 1850 und dauerte rund 25 Jahre. Bei seiner Fertigstellung war die Bauweise schon hoffnungslos veraltet, da die Entwicklung der Waffen wesentlich schneller vorangeschritten war als die

Germersheim - Festung

Reaktion der Baumeister. So musste Germersheim mit einer gigantischen, aber nahezu nutzlosen Festungsanlage leben, bis nach dem Ersten Weltkrieg große Teile davon geschleift werden mussten. Danach kamen die Franzosen, die Nazis, wieder die Franzosen, die Amerikaner, der Leerstand und endlich eine teilweise Konversion der Nutzung. Wir finden es interessant, ab dem nachbenannten WOMO-Stellplatz durch den Rest der Festungsanlage zu spazieren, vorbei an einem ehemaligen Militärgefängnis und an grauen Großbauten, bei denen man sich fragt, ob man traurig sein soll, dass hier nicht mehr das militärische Leben pulsiert, weil das ja eigentlich zu den Bauwerken dazugehört oder froh, weil das Militär in Germersheim nicht mehr nötig ist. Die Tristesse der aufgegebenen Kaserne verlangt nach einem Regentag und ist sehenswerter als man es sich anfangs zugesteht.

Bevor Sie uns in die falsche Ecke drängen, sagen wir Ihnen, was das wirkliche Großereignis der letzten 150 Jahre in Germersheim war: Es war das *2. Britische Rock Meeting* vom 20. bis zum 22.5.1972, als vor über 70.000 Zuschauern keine Geringeren spielten als Pink Floyd, die Kinks, Status Quo und weitere Rockgrößen.

2. British Rock Meeting

Freundlich lächelt uns der grau melierte Herr zu, während er auf dem Stellplatz von Germersheim ein elektrisches Mountainbike in der Heckgarage seines silbrigen Vollintegrierten festzurrt, und wir erkundigen uns nach dem Radweg durch die Rheinauen. Wir hätten auch nach dem Wetter fragen können. Denn der Nachbar war gar nicht bis nach Speyer geradelt, bei der Insel Grün ist er enttäuscht umgekehrt, weil er dort, auf einer riesigen Altrheininsel, auf der Daimler-Benz heute das weltweit größte Ersatzteillager der Automobilbranche unterhält, nichts mehr wiederentdeckt hat.

»Können Sie sich noch an Pfingsten 1972 erinnern? An eines der legendärsten deutschen Rockfestivals, das *2. British Rock Meeting*, mit 70.000 Zuschauern?«

Der Herr mit dem Liner, der nicht aussieht, als hätte er vor einem halben Leben (oder gar später?) einen Joint geraucht, kommt ins Schwärmen:

»Eigentlich hatten sich die Veranstalter die Friesenheimer Insel bei Mannheim ausgesucht, ein Gelände, das man leicht absperren konnte. Aber die Planungen scheiterten am Widerstand der Stadt. Die Jungs von der Konzertagentur mussten umdisponieren und eine andere Fläche am Rhein suchen, die ähnlich vom Wasser umspült und nur an wenigen Stellen zugänglich war, wo man also mit beschränkten Mitteln den Eintritt kontrollieren konnte. Die Insel Grün nördlich von Germersheim war dafür wie geschaffen. Bereits das *1. British Rockmeeting* fand im Jahre 1971 auf einer Rheinhalbinsel statt, am Hafen in Speyer. Angeblich hatte sich der Plan bis zur Stadtverwaltung von Germersheim erst herumgesprochen, als schon ein erheblicher Teil der Eintrittskarten verkauft war. Die Behörde reagierte prompt mit einem Verbot, sie entschloss sich aber zwei Tage vor Festivalbeginn dann doch noch, das Konzert zuzulassen, weil längst die ersten Besucher eingetroffen und weitere Massen im Anmarsch waren.

So spielten dann zwischen dem 20. und 22. Mai während 54 Stunden 35 Bands für sagenhafte 22 DM. Neben Pink Floyd traten unter anderen auf: Ekseption, die Kinks, Rory Gallagher, Humble Pie, Karthago, Albert Mangelsdorff, Status Quo, Uriah Heep und die Spencer Davis Group.«

In dem ehemaligen Zeughaus der Festung ist seit 1989 das **Deutsche Straßenmuseum** untergebracht, wo Sie alles Wissenswerte über die Planung und Bau der Straßen sowie die dazu verwendeten Maschinen erfahren. Das lohnt sich nicht nur an einem Regentag, zumal es ganz in der Nähe des Stellplatzes liegt *(Dienstag bis Freitag 10-18 Uhr, Samstag und Sonntag 11-18 Uhr).*

Der Stellplatz ist hochoffiziell, er wird auf der Internetseite der Stadt beworben. Meist ist er gut besucht, weil er wirklich angenehm liegt und kürzlich modernisiert und erweitert worden ist. So funktioniert heute die Tourismusförderung:

(134) Offizieller WOMO-Stellplatz: Germersheim

GPS: N 49°13'10" E°8°22'38", R.-v.-Habsburg-Str. **Max. WOMOs**: 15.
Ausstattung: Ver- und Entsorgung, Strom, Sat-Schüssel mit Anschlüssen, Mülleimer, Picknickbänke.
Beschreibung: Sie stehen klappstuhlgeeignet auf Betonpflaster an Rasenrändern, teilweise schattig. Die Innenstadt, die Festung, das Museum und Supermärkte liegen allesamt vor der Tür. Auch zum Rhein können Sie bequem spazieren.
Zufahrt: Verlassen Sie die autobahnähnliche B 9 bei der Ausfahrt *Germersheim-Mitte*; Sie kommen dann an einen Kreisverkehr, an dem der Stellplatz

beschildert ist; Sie finden auch hin, wenn Sie an der Festungsmauer entlang fahren, denn die Parkfläche nennt sich *An der Carnot'schen Mauer*. **Preis**: 10 € inkl. Strom.

am Großen Weiher bei Mechtersheim (bei Platz Nr. 135)

Der Stellplatz dient manchen Lesern auch als Übernachtungsmöglichkeit nach einem Tag am **Großen Weiher** zwischen **Lingenfeld** und **Mechtersheim**. Sie dürfen dort kostenlos an einem richtigen Sandstrand liegen und in der Nähe Ihr Wohnmobil abstellen (der nahe Campingplatz eignet sich eher für Dauercamper). Inzwischen ist ein Teil des Parkplatzes als Stellplatz ausgewiesen:

(135) Offizieller WOMO-Badeplatz: Lingenfeld

GPS: N 49°15'27" E 8°22'39". **Max. WOMOs**: 6 (häufig stehen mehr Fahrzeuge auf dem Nachbarbereich).
Ausstattung: Badestelle mit Sandstrand (hinter einem schmalen Damm entdecken Sie einen weiteren kleineren See).
Beschreibung: Sie stehen auf teilweise schattigem, grasigem, bei Regen allerdings auch matschigem und klappstuhlgeeignetem Naturboden. Vor längerer Zeit hatte der Eigentümer Parkscheinautomaten aufgestellt und Wohnmobilstellplätze ausgewiesen. Früher gab es sogar Strom. Dann wurde allerdings die Wartung vernachlässigt, weshalb man heute auf einem fast schon wieder der Natur überlassenen Platz nächtigt.

Zufahrt: Nehmen Sie die L 507 von Lingenfeld Richtung Römerberg, biegen Sie einen guten Kilometer nordöstlich von Lingenfeld beim Wegweiser zum See hin ab; Sie fahren am Altrhein vorbei, an einem Anglersee und werden dann auf den Parkplatz des Badesees geleitet, unterhalb der auf einem Damm geführten Straße. **Preis**: Parkscheinautomat außer Betrieb.

Am selben Weiher gibt es nördlich einen weiteren Strand, den Sie von Mechtersheim aus, einem Ortsteil von Römerberg, erreichen:

(136) WOMO-Badeplatz: Mechtersheim

GPS: N 49°15'38" E 8°23'22". **Max. WOMOs**: 10.
Ausstattung: Badestelle mit Sandstrand in der Nähe.
Beschreibung: Der schattige, künstlich angelegte, klappstuhlgeeignete Parkplatz war zuletzt nicht anheimelnd und eindeutig schlechter als Platz Nr. 135. Ich bin auch nicht sicher, ob auf dem einsamen Parkplatz das Übernachten nicht verboten ist.
Zufahrt: Verlassen Sie die L 507 von Lingenfeld Richtung Römerberg kurz vor dem Ortsteil (von Römerberg) Mechtersheim nach rechts (Osten) und folgen Sie dem Wegweiser zum ‚Strandbad' bis auf einen künstlich angelegten Parkplatz, der zuletzt nicht anheimelnd und eindeutig schlechter als Platz Nr. 135 war.

(137) Schöner, aber 2 km vom Badesee entfernt, stehen Sie in der Nähe des Sportplatzes von Mechtersheim auf einer Wiese unterhalb der Straße; **GPS**: N 49°15'36" E 8°24'26", Philippsburger Str.
Fahren Sie dazu etwa 50 m vor Platz 93a links Richtung Rhein bis zur ersten Abzweigung, an der Sie am Pumpwerk nach links Richtung Ort fahren. Der Platz liegt gleich nach dieser Abzweigung rechts in der Nähe eines Jugendzentrums.

Der Badesee von Lingenfeld und Mechtersheim liegt am **Radweg**, der durch die Rheinauen nach Speyer führt, was es begreiflicherweise möglich macht, dass Sie sich in Speyer auf dem offiziellen Stellplatz am Technik-Museum einrichten und mit dem Rad hierher zum Baden fahren. Dazu benötigen Sie ein Navigationsgerät oder eine Radwanderkarte, die Sie in Speyer überall kaufen können:

Radtour von Speyer an den Badesee von Mechtersheim

In **Speyer** starten Sie unter der Rheinbrücke und fahren ein Stück geradeaus am Stellplatz des Technik-Museums vorbei, den Rheinhafenarm entlang und an dessen Ende nach rechts in die Joachim-Becker-Straße (Süden). Wenn Sie soweit um die Kurve gefahren sind, dass Sie wieder in nördlicher Richtung radeln und sich etwa 500 m vor dem Flugplatz befinden, biegen Sie scharf nach links (Westen) auf den Radweg ein, der nun dem Altrheinverlauf und fast lückenlos dem gegen das Hochwasser angelegten Rheindamm folgt. Sie landen so unvermeidbar an besagtem Badesee (nur mit Radwanderkarte oder Navi zu empfehlen).

Sie können also an dieser Stelle des Buches wieder dort weiter machen, wo Sie mit Tour 1 begonnen haben. Falls Sie allerdings nicht nur eine Vorderpfalz-Rundreise geplant haben, sondern über den Westen und den Norden der Pfalz an den Ausgangspunkt zurückkehren möchten, und wenn Sie vielleicht sogar einen Regentag überbrücken müssen, fahren Sie zurück nach Westen, um in **Landau** (46.000 Einwohner) nachzuvollziehen, weshalb es gar nicht einfach ist, einen WOMO-Reiseführer über die Pfalz zu schreiben, in der es zwar wenige größere Städte gibt, die aber keine echten touristischen Topziele sind.

Am interessantesten ist die Geschichte: Im westfälischen Friede zum Ende des Dreißigjährigen Krieges geriet Landau unter französische Herrschaft und wurde zu einer Festung ausgebaut, in deren Reste (im nordöstlichen Stadtteil) schon 1904 ein **Zoo** integriert worden ist. Wer sich je mit französischen Festungen beschäftigt hat, weiß, dass es nur Vauban gewesen sein kann, der hier Hand anlegen ließ, nachdem zunächst die mittelalterliche Stadt niedergebrannt werden musste. Das sogenannte Deutsche Tor im nordöstlichen Teil der Innenstadt stammt noch von dieser Festung (und ist fast baugleich mit dem französischen Tor im Südwesten). Seinen Charakter als Grenzort hat Landau nur in der Zeit nach 1871 verloren, als die deutsche Westgrenze weiter nach Westen vorgeschoben war. In dieser Zeit wurde die Festung großenteils geschleift, und die Stadt florierte vor allem durch den Weinhandel. Es entstanden neue Straßenzüge mit schönen Bürgerhäusern, die heute noch einen deutlich spürbaren Reiz ausmachen. Aber dann war der Erste Weltkrieg zu Ende, und Landau wurde französische Garnisonsstadt, genauso wie nach dem Zweiten Weltkrieg. Erst 1999 zogen die französischen Truppen endgültig ab. Man glaubt gar nicht, wie groß die Ausdehnung der militärischen Nutzung war, was nur durch die Historie und die Grenznähe erklärlich ist.

Landau - Hausfassade

Aus der Blütezeit Landaus stammt die im Jahr 1907 fertig gestellte **Festhalle**, die man zu den bedeutendsten Jugendstilbauten Süddeutschlands zählt. Sie ist am südlich um die Stadt geführten Straßenring (der Straße nach Bad Bergzabern; Rheinstraße und Marienring) unübersehbar beschildert und nach unserer Meinung das

Landau - Festhalle

Landau - Festhalle

sehenswerteste Bauwerk in Landau.

Besuchen Sie Landau an einem Samstagmorgen, weil Sie dann auch den großen **Wochenmarkt** in der Stadtmitte nicht verpassen. Wir kennen Leute, die wegen der authentischen Marktverkäufer und der guten Produkte regelmäßig von weither anreisen und sich immer wieder den Innenhof des **Frank-Loebschen Hauses** ansehen, auch wenn sie nicht in der empfehlenswerten, dort wirtenden **Weinstube *Zur Blum*** essen (*Kaufhausgasse 9, Te. 06341 897641; So, Mo geschlossen; Hauptgerichte ab 9,90 €)*.

Landau - Samstagsmarkt

Außerdem erwähnenswert sind auf der östlichen Seite der Stadt das **Freizeitbad** namens ***La Ola*** und dahinter ein amtlicher Stellplatz, am Rand der Queich und in einer Umgebung, die man sich bei der Anfahrt deutlich hässlicher vorstellt. Wegen Covid-19 oder aus anderen Gründen war alles vernachlässigt oder außer Betrieb:

(138) Offizieller WOMO-Stellplatz: Landau

GPS: N 49°12'08" E 8°08'33", Horstring. **Max. WOMOs**: 10-15.
Ausstattung: Ver- und Entsorgung, Strom, Mülleimer, Gaststätte, Schwimmbad (2020 alles außer Betrieb).
Beschreibung: Eigentlich sollte dieser Platz erweitert werden, weil er gebraucht wird. Wahrscheinlich hat man deshalb auch nichts mehr instand gesetzt. Sie müssen selbst nach dem aktuellen Stand sehen. Der Platz ist etwa 2,3 km vom Zentrum entfernt.
Zufahrt: Folgen Sie (am besten ab der Autobahnabfahrt Nr. 16) dem Wohnmobilsymbol und den Wegweisern zum *'Freizeitbad La Ola'*, das sich ganz am östlichen Rand der Stadt nördlich des Ortsteils befindet.

Billigheim - Obertor

An der Strecke zurück nach Bad Bergzabern lohnt sich ein Abstecher nach **Billigheim**, weil dort Reste der mittelalterlichen Stadtbefestigung zu sehen sind, insbesondere das gut erhaltene Obertor von 1468. Die große Stunde des Doppelortes Billigheim-Ingenheim schlägt am dritten Wochenende im September, wenn das älteste Volksfest der Pfalz die Massen anzieht. Beim berühmten **Purzelmarkt**, wird auf mehreren Bühnen gerockt und musiziert, und sonntags zieht ein langer Umzug durch die Kleinstadt. Vom schön gelegenen Camping-und Stellplatz muss man dann aber ein ganzes Stück zu Fuß gehen:

(139) WOMO-Campingplatz: Ingenheim
(Camping im Klingbachtal)

GPS: N 49°08'12" E 8°04'20", Klingener Straße. Tel. 06349 6145; www.camping-klingbachtal.de/. **Öffnungszeit**: April - Oktober.
Ausstattung: Brotverkauf, Bistro, Läden in der Nähe, Freibad.
Beschreibung: Der schöne Campingplatz ohne Dauercamper liegt etwa 2 km vom Zentrum von Billigheim entfernt. Sie können zu Fuß Läden und ein Freibad erreichen. **Preise**: 27 € - 30 €.
Zufahrt: Der Platz liegt westlich der B 38 und ist beschildert.
Hinweis: Es gibt preiswerte **WOMO-Kurzzeitplätze**.

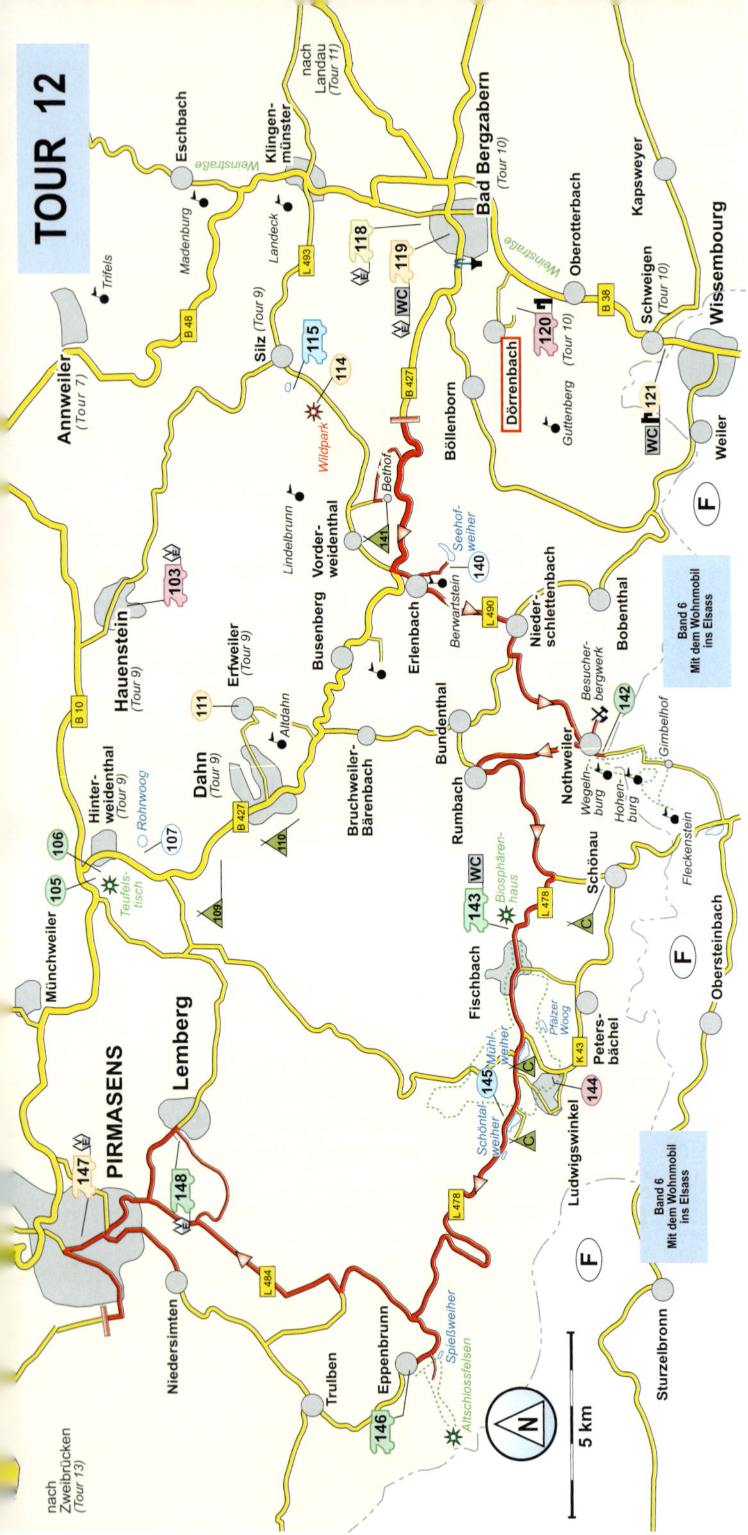

TOUR 12
nach Landau (Tour 11)
Eschbach
Klingenmünster
Weinstraße
Bad Bergzabern (Tour 10)
Madenburg
Landeck
Trifels
Annweiler (Tour 7)
Silz (Tour 9)
Wildpark
Lindelbrunn
Vorderweidenthal
Bethof
Böllenborn
Dörrenbach
Guttenberg
Oberotterbach
Kapsweyer
Schweigen (Tour 10)
Wissembourg
Weiler
Hauenstein (Tour 9)
Erfweiler (Tour 9)
Busenberg
Erlenbach
Seehofweiher
Berwartstein
Niederschlettenbach
Bobenthal
Band 6 Mit dem Wohnmobil ins Elsass
Dahn (Tour 9)
Altdahn
Bruchweiler-Bärenbach
Bundenthal
Rumbach
Nothweiler
Besucherbergwerk
Gimbelhof
Wegelnburg
Hohenburg
Fleckenstein
Hinterweidenthal (Tour 9)
Rohrwoog
Teufelstisch
Münchweiler
Schönau
Biosphärenhaus
Fischbach
Pfälzer Woog
Petersbächel
Obersteinbach
Mühlweiher
Schöntalweiher
Ludwigswinkel
Band 6 Mit dem Wohnmobil ins Elsass
PIRMASENS
Lemberg
Niedersimten
Trulben
Eppenbrunn
Spießweiher
Altschlossfelsen
Sturzelbronn
nach Zweibrücken (Tour 13)
N
5 km

Tour 12: In den südlichen Wasgau 100 km

Erlenbach – Nothweiler – Fischbach – Eppenbrunn Pirmasens

Stellplätze:	in Nothweiler; beim Biosphärenhaus von Fischbach, bei Ludwigswinkel, am Schöntalweiher, in Eppenbrunn, in Pirmasens, in Lemberg
Campingplatz:	beim Naturfreundehaus Bethof
Besichtigen:	Burg Berwartstein, Besucherbergwerk bei Nothweiler, Biosphärenhaus und Baumwipfelpfad bei Fischbach, Altschlossfelsen bei Eppenbrunn, Westwallmuseum in Pirmasens-Niedersimten
Wandern:	von Nothweiler über die Wegelnburg zur Ruine Fleckenstein, vom Biosphärenhaus zum Schöntalweiher, an die Altschlossfelsen

Auf dieser Tour fahren Sie durch den südlichen Wasgau weit nach Westen und in die Kurve zu unserer Westpfalztour. Unter *Wasgau* versteht man das ganze Land zwischen Rheinebene und Pirmasens, liegt es nur südlich der Linie Annweiler – Hauenstein, also auch das Dahner Felsenland. Vielleicht ist Ihnen die sprachliche Nähe zu dem französischen *Vosges* aufgefallen, dem Namen des anschließenden Gebirges in Frankreich, der daher kommt, dass im Mittelalter, als es die heutige Grenze noch nicht gab, das Gebiet *Wasigen* hieß.

Unser erstes Ziel ist die **Burg Berwartstein** bei Erlenbach, die ursprünglich im Jahr 1152 erbaute Anlage wurde 1591 durch

Burg Berwartstein

Blitzschlag zerstört und um 1893 durch einen ostpreußischen Gutsbesitzer wiederaufgebaut, genau genommen fantasievoll, aber historisch unkorrekt neu errichtet. Der Berwartstein befindet sich weiter in Privateigentum und ist heute die einzige bewohnte Burg im Wasgau. Sie ist auch die am meisten besuchte, weil man hier alles antrifft, was zu einer »richtigen« Burg gehört: unterirdische Gänge mit einem Gespenst (der ‚Weißen Frau'), einen nur mit Strickleitern begehbaren Eingang, ein Verließ, die Folterkammer, den 104 m tiefen Brunnen, Möbelreplikate und einen Rittersaal mit Restaurant, in dem Pfälzer Köstlichkeiten angeboten werden, die ich Ihnen an dieser fortgeschrittenen Stelle unseres Buches nicht mehr namentlich aufzählen muss *(2. Nov. - Feb. nur Samstag und Sonntag, sonst Führungen täglich bei Bedarf alle 30 Minuten, man darf sich auch ohne Führung umsehen; 6 €)*. Berühmt ist auch ein früherer Schlossherr:

Hans Trapp – Unhold und Kinderschreck

Im 15. Jahrhundert gehörte die Burg Berwartstein dem Benediktiner-Orden des Klosters Weißenburg (das liegt heute bekanntlich im französischen Elsass), welches seinem Schutzherrn, dem Kurfürsten der Pfalz, für den Kriegsfall Nutzungsrechte einräumen musste. Aus diesem Grund sah sich der Kurfürst Philipp der Aufrichtige berechtigt, im Jahr 1480 die Burg seinem Marschall Hans von Trotha zu überlassen. Der neue Eigentümer, er wurde im Volksmund *Hans Trott* und später verballhornt *Hans Trapp* genannt, baute die Befestigungen aus, weil er seinen Lebensunterhalt unter anderem als Raubritter bestritt.

Das und den Verlust der Burg riefen den Abt aus Weißenburg auf den Plan, der heftig protestierte, weshalb *Hans Trapp* ihm durch den Entzug lebenswichtigen Wassers seine Macht beweisen wollte: Er staute etwa fünf Kilometer südlich des Berwartsteins, bei der Ortschaft Bobenthal, also etwa acht Kilometer vor Weißenburg, das Flüsschen Wieslauter, woraufhin sich der auf dem Trockenen sitzende Abt vehement beschwerte und die Wiederherstellung des Wasserzuflusses forderte. Diesem Anliegen kam Hans von Trotha zynisch nach: Er ließ nämlich kurzerhand den Staudamm einreißen, woraufhin sich eine Flutwelle über Weißenburg ergoss.

Die rücksichtslose Vorgehensweise bei der Wasserfehde – sie ist übrigens auf einem Gemälde im Berwartstein dargestellt – rief Papst und Kaiser auf den Plan, die den Ritter mit dem Kirchenbann und der Reichsacht bestraften. Das kam fast einem Todesurteil gleich. Hans starb aber trotzdem erst acht Jahre später – und eines natürlichen Todes.

Er wurde sogar mit kirchlichen Ehren in der Sankt Anna Kapelle bei Niederschlettenbach (an der Straße westlich von Bergzabern) bestattet und postum rehabilitiert. Und er hinterließ bis in unsere Zeit Nachkommen, die in den sechziger Jahren des letzten

Jahrhunderts in dieser Kapelle eine Erinnerungstafel installiert haben. Wahrscheinlich wollten Sie damit das heutige Image des Ahnherrn etwas aufpolieren, denn der schlechte Ruf hat sich über die Jahrhunderte eher noch verfestigt: In der Sage ist es Hans Trapp, der in Dahn einer Jungfrau nachgestellt hat, um ihr die Unschuld zu rauben, und die sich nur durch einen Sprung vom hohen Felsen, dem heutigen Jungfernsprung, retten konnte. Und im Nordelsass ist Hans Trapp eine Person, die man bei uns Knecht Ruprecht nennt. Der böse Cop, der in Begleitung seines gütigen Kollegen am 6. Dezember auf Streife geht, um den Kindern Angst und Schrecken einzujagen.

Am Wochenende kann der kleine Burgparkplatz die Besuchermassen kaum bewältigen. Fahren Sie dann lieber ca. 700 m zum Seehofweiher hinab, wo Sie aller Sorgen ledig sind. Sie können hier nämlich beruhigt parken, wandern, auf der Wiese lümmeln und im **Seehofweiher** planschen. Übernachten dürfen Sie allerdings nicht:

(140) WOMO-Badeplatz: Seehofweiher

GPS: N 49°06'14" E 7°52'09". **Max. WOMOs**: 25.
Ausstattung: Badestelle im bakteriell überwachten See mit Liegewiesen, Imbiss (April bis November 11 - 20 Uhr), Mülleimer. Wanderwege / außerorts, einsam.
Beschreibung: Hier können Sie sich tagsüber zum Baden aufhalten oder loswandern. Aber ein Schild verbietet Ihnen die Nacht auf dem Parkplatz ab 22 Uhr und schickt Sie auf eine indiskutable Dauercampersiedlung. Sie können stattdessen an den seitlichen, aber etwas unebenen Rand des schön und einsam gelegenen Burgenparkplatzes ausweichen.
Zufahrt: Folgen Sie in Erlenbach dem Wegweiser zur Burg Berwartstein; am Parkplatz der Burg zweigt nach links eine Straße bergab zum Seehofweiher; etwa 150 m vor dem Weiher sehen Sie rechts ausgedehnte Parkplätze; Achtung: Die Zufahrt ist nicht identisch mit dem Weg zum nahe gelegenen Campingplatz.
Preis: Im Sommer tagsüber 1,50 €.

Statt ins Wasser zu hüpfen, können Sie in 40 Minuten den See umrunden, in 15 Minuten zur Burg aufsteigen oder nach Lindelbrunn (Tour 9) wandern.

Vielleicht haben Sie mit dem nahen Campingplatz geliebäugelt, den wir Ihnen wirklich nicht empfehlen können. Fahren Sie lieber ein paar Kilometer nach Norden zum **Naturfreundehaus Bethof**, dem ein Campinggelände (ohne Bademöglichkeit) angeschlossen ist:

(141) WOMO-Campingplatz: Bethof

GPS: N 49°07'12" E 7°54'04"; Tel. 06398 993011; http://naturfreunde-badbergzabern.de/campingplatz/.
Öffnungszeit: Mitte März bis Anfang November; Anreise vor 20 Uhr.
Ausstattung: Preiswertes Restaurant im Naturfreundehaus, **Beschreibung**: Der Platz wird zwar von Dauercampern beherrscht, bietet aber im unteren Teil einen nicht schlechten Bereich, der ausschließlich für Kurzzeitcamper vorbehalten bleibt. Sie können hier loswandern.
Zufahrt: Der Platz ist zwischen Birkenhördt und Lauterschwan oder östlich von Vorderweidenthal beschildert. **Preis**: 25,50 €, nur Barzahlung.

Das kleine Dorf **Nothweiler** (175 Einwohner), kurz vor der französischen Grenze, ist trotz seiner Winzigkeit irgendwann das Ziel einer Südpfalzreise im WOMO, und oft wird der große Parkplatz zur Übernachtung als Ausgangspunkt einer klassischen Wanderung sowie zur Besichtigung eines stillgelegten **Eisenerzbergwerkes** benutzt. Auch dort werden Sie von Ihren Lieben unter gelben Helmen lustige Fotos knipsen und in Besuchergruppen durch den 420 Meter langen St. Anna-Stollen stolpern. Bei der Führung erfahren Sie interessante Einzelheiten über den im Mittelalter begonnenen Eisenerzabbau in der Südpfalz und im Elsass. Herzog Johann von Zweibrü-

Nothweiler - Blick von der Wegelnburg

in Nothweiler

cken ließ im Jahre 1582 im nahen Schönau eine Eisenhütte errichten, wo das in verschiedenen Gruben der Gegend gewonnene Erz aus dem Gestein heraus geschmolzen werden konnte. Die Arbeitsbedingungen unter Tage waren damals so schlecht, dass die Männer im Durchschnitt schon mit 30 Jahren starben, weshalb es an Nachwuchs fehlte und der Herzog den Beruf des Bergmanns für erblich erklären ließ.

Die Blüte der Eisenverarbeitung lag in der Mitte des 19. Jahrhunderts, als die Kumpel aus Nothweiler und dem benachbarten Niederschlettenbach pro Jahr 28.000 Zentner Erz in der Hütte von Schönau abliefern konnten, die damals der Reichsrat von Gienanth neben diversen weiteren Eisenwerken in der Pfalz betrieb. Sie sehen heute noch an vielen Stellen in der Südpfalz Brunnen aus der Gienanthschen Fabrikation, beispielsweise in Schönau in der Nähe eines alten Herrenhauses der Familie Gienanth oder in Erfweiler bei Dahn.

Mit der Erschließung des Pfälzerwaldes durch die Bahn und den Möglichkeiten, das Erz statt mit Holz anderswo mit Kohle ertragreicher verhütten zu können, schwand die Rentabilität der Schönauer Hütte so sehr, dass sie im Jahre 1883 stillgelegt werden musste. Das war zugleich das Ende des Nothweiler Bergbaus *(Besichtigungszeiten der ehemaligen Erzgrube: April bis Oktober, Mittwoch bis Sonntag und an Feiertagen 11 - 17 Uhr zu jeder vollen Stunde, November bis März nach Vereinbarung unter 06394 5354 oder 0176 25510121; 5 €, Familienermäßigung; statt auf dem großen Parkplatz von Nothweiler können Sie auch dem Wegweiser zur Eisenerzgrube folgen und kurz vor dieser seitlich des Zufahrtsweges parken)*.

All denen, die mir ab und an schreiben, von einem Wohnmobil könne terminologisch erst gesprochen werden, wenn es sich auch zum Wohnen (aber kaum noch zum Fahren) eignet, sei der schon erwähnte riesige Parkplatz empfohlen, an dessen Rand die französische Grenze verläuft:

(142) WOMO-Wanderparkplatz: Nothweiler

GPS: N 49°03'58" E 7°47'45", Lembacher Straße.
Max. WOMOs: 10.
Ausstattung: Keine.
Beschreibung: Das ist ein typischer, am Abend klappstuhlgeeigneter Wanderparkplatz auf Waldboden. Er liegt leicht einsam, obgleich die nächsten Häuser fast an den Parkplatz grenzen, der auch häufig besucht wird. Ein Gasthaus ist 450 m entfernt, der St. Anna-Stollen 1,3 km.
Zufahrt: Folgen Sie im Dorfmittelpunkt nicht dem Wegweiser zum Besucherbergwerk, sondern auf einem kurzen südwestlich aus dem Dorf herausführenden Weg dem Parkplatzschild.
Hinweis: Das Warnschild vor Höhenbeschränkung an der Zufahrt gilt erst für den Waldweg nach dem Parkplatz.

Die Wanderung zur **Wegelnburg** und zum **Fleckenstein** nach Frankreich ist ein Südpfalzklassiker:

Von Nothweiler über die Wegelnburg zur Ruine Fleckenstein

Gehen Sie ab dem Dorfzentrum von Nothweiler mit den rot-gelben Strichen durch eine Wiesenlandschaft bergauf. Am Rand dieser Grasfläche liegt das älteste Naturschutzgebiet in der Südpfalz, die so genannte **Zeppelinhalde**, die bereits in den dreißiger Jahren wegen des dort vorkommenden Weiderasens und der im Pfälzerwald so seltenen Wacholderbestände unter Naturschutz gestellt worden ist. Der Name rührt

übrigens daher, dass der junge Hauptmann Graf Zeppelin (eben jener, den Sie vermuten) kurz nach Ausbruch des Deutsch-Französischen Krieges von 1870 nach einem Erkundungsritt, bei dem er nur mit Mühe den französischen Verfolgern entkommen konnte, sein Pferd am Dorfbrunnen getränkt hat.

Zu diesem Zeitpunkt war die **Wegelnburg** längst zerstört, weil auch sie 1679 dem Erbfolgekrieg zum Opfer gefallen war. Sie gehört zum Typ Felsenburg (weil der natürliche Fels für Teile der Gebäude ausgenutzt wurde) und gilt als die höchst gelegene Burg in der Pfalz (571 m). Entsprechend fantastisch ist der Blick, den Sie sich auf Schwindel erregenden Leitern erarbeiten müssen.

Hohenburg (Elsass)

Wenn Sie erneut der rot-gelben Markierung folgen, gelangen Sie bald zum so genannten **Kaiser-Wilhelm-Stein**, der die Grenze zu Frankreich markiert. Sie gehen nun mit dem roten Strich weiter und achten darauf, dass schon nach kurzer Strecke ein rot-weiß markierter Weg abzweigt, der Sie zunächst – nun im Elsass – zur Ruine der **Hohenburg** (schöne Aussicht) führt und anschließend zur **Burg Löwenstein**, von der nicht mehr viel übrig ist. Sie wurde schon 1386 erstmals von Straßburger Bürgern zerstört, weil von hier aus der Raubritter Lindenschmidt sein Unwesen trieb. Auf einer Tafel am Eingang zur Ruine lesen Sie, dass er zur Täuschung der Verfolger die Hufe seiner Pferde in verkehrter Richtung beschlagen hatte.

Wegelnburg

Blick zum Fleckenstein

Mit rotem Dreieck wandern Sie weiter zur **Burg Fleckenstein**, der eindrucksvollsten Ruine unter den Felsenburgen, die aber hier nicht näher angepriesen werden soll, weil sie im Elsass-Führer des WOMO-Verlages samt Stellplatz und verkitschter Vermarktung ausführlich behandelt wird. Das gilt auch für den **Gimbelhof**, den Sie schon von der Fleckenstein im Blick haben. Zu diesem gelangen Sie, wenn Sie der rot-rot-weißen Markierung folgen oder wenn Sie sonntags einfach den stöckelnden Damen folgen. Hier können Sie sich stärken, während Ihre Kinder oder Enkel auf dem **Ritterspielplatz** endlich das Ziel zahlreicher Durchhalteparolen erreicht haben. Wobei ich darauf hinweisen darf, dass die Wanderung wegen der vier spektakulären Burgen der Prototyp einer Wanderung ist, die Ihnen und dem Nachwuchs viel mehr als sonst zu bieten hat.

Mit dem roten Strich finden Sie zur Wegkreuzung **Col de Litschhof**, an der Sie auf ein rotes Kreuz treffen (Achtung, Sie müssen zunächst auf der Straße ein kurzes Stück nach Norden gehen), das Sie auf bequemem Weg zurück nach Nothweiler bringt – **gut 3 Stunden reine Gehzeit**.

Mit Hilfe der Karte (*NaturNavi Pfälzerwald 8*; die *Kompass* App fanden wir hier nicht geeignet) können Sie die Strecke unterhalb der Ruine Löwenstein um etwa eine Stunde verkürzen, wenn Sie der roten Scheibe folgen; Sie gelangen dann nicht zur Fleckenstein und müssten, wenn Sie den Gimbelhof noch mitnehmen wollten, beim Auftreffen auf den mit blauer Scheibe markierten Weg ein Stück nach rechts gehen.

Wegen einer Höhenbeschränkung können Sie vom Stellplatz in Nothweiler nicht nach Frankreich weiterfahren. Sie müssten dazu die Strecke über Schönau wählen. Wir nehmen stattdessen die L 478 nach Westen und in das Tal des Saarbachs, der in Frankreich Sauer heißt. Der Bach, man sagt hier *die* Bach, hat den Dörfern **Fischbach** und Ludwigswinkel schon in den fünfziger und sechziger Jahren ein wenig Tourismus beschert, weil er, bzw. *sie*, an mehreren Stellen seit Jahrhunderten aufgestaut ist. Das hätte aber für eines der Topziele im Pfälzerwald nicht gereicht. Dazu musste erst das **Biosphärenhaus** gebaut werden, das wiederum ein touristisches Schattendasein fristen müsste, gäbe es nicht den **Baumwipfelpfad**. Er ist der eigentliche Magnet und so geschickt verpackt, dass er nur durch das Biosphärenhaus erreicht werden kann.

Baumwipfelpfad

Aber Sie sollten, bevor Sie sich nach Fischbach auf den Weg machen, wissen, dass hier eine kleine Mutprobe auf Sie wartet und Sie sich möglicherweise vor Ihren Kindern blamieren, wenn Sie am Ende des Baumwipfelpfades kleinlaut zu Fuß den Rückweg antreten. Mutproben, meinen Sie, mussten Sie auf unseren Touren schon mehrfach bestehen: den Free-Fall-Tower im Holiday Park, die Anliegerstraße nach der Kalmit sowie den einen oder anderen *Pfälzer Teller*. Das war aber nichts gegen das schwarze Loch, vor dem Sie stehen, wenn Sie den Baumwipfelpfad zwar nicht mit besten Haltungsnoten, aber doch ohne Malheur passiert haben. Und nachdem Ihr Nachwuchs behände in das Rohr der **Riesenrutschbahn** voraus geklettert ist. Sie überantworten Ihrer Frau Smartphone und Geld und sind sich nicht ganz sicher, ob Sie beides im Leben noch einmal brauchen. Aber dann sausen Sie doch unendlich lange 45 Meter hinab, ehe Sie im Rindenmulch einschlagen.

Riesenrutschbahn

Der Baumwipfelpfad ist eigentlich eine auf Stegen und Plattformen angelegte didaktische Strecke mit Schautafeln, Tastelementen und Hörproben. Auf 270 Meter Länge und 35 Meter über dem Bodenniveau wird ein großes Erlebnis geboten, das deshalb so spektakulär ist, weil es gefährlich scheint, ohne es wirklich zu sein. Das Biosphärenhaus wurde als dezentrales Projekt der Weltausstellung Expo 2000 angelegt, als Informationszentrum des von der UNESCO anerkannten Biosphärenreservats Pfalz-Nordvogesen, das mit 180.000 Hektar größte zusammenhängende Waldgebiet der Bundesrepublik. Kernstück des Biosphärenhauses ist eine interaktive Multimedia-Ausstellung mit Informationen über das Biosphärenreservat und seine Pflanzen und Tiere, über Energie und Ökologie. Dazu gehört ein 1.500 Meter langer Rundweg und sogar ein Wasser-Erlebnisweg. Das ist eine zwei Kilometer lange Strecke entlang des Saarbachs, auf der Sie alles Wissenswerte über Wasserkraft, Wasserlebewesen und Wasserqualität erfahren *(März - Nov. 9.30 - 17 Uhr, Mai - Sept. bis 18 Uhr, letzter Einlass zum Baumwipfelpfad 1 Stunde vor Schließung; bei Gewitter und starkem Sturm kein Zugang zum Baumwipfelpfad, bei starker Feuchtigkeit ist die Rutsche gesperrt, keine Hunde; 9 €; Kinder und Jugendliche ab 4 Jahren 7 €, zwei Erwachsene und zwei Kinder 25 €, weitere Ermäßigungen; Greifvogelschau).*

Schon lange hat man Wohnmobiltouristen als Zielgruppe entdeckt und westlich des Biosphärenhauses einen netten Stellplatz eingerichtet, der in der Saison oder an Wochenenden allerdings gut besucht ist:

(143) Offizieller WOMO-Wanderparkplatz: Fischbach (Biosphärenhaus)

GPS: N 49°05'14" E 7°43'37", L 478. **Max. WOMOs**: 5-7.
Ausstattung: Toilette (zeitweise), Strom, Spielplatz, Grillhütte.
Beschreibung: Sie stehen klappstuhlgeeignet, aber etwas duster unter Bäumen auf Naturboden. Für Fahrzeuge über 7 m ist der Platz nur eingeschränkt. Sie können hier loswandern.
In der Nähe finden Sie einen Hofladen.
Supermarkt und Gaststätte sind 1,3 km entfernt.
Zufahrt: Der Platz liegt beschildert seitlich des Biosphärenhauses.
Preise: 10 €, davon 2 € als Rabattgutschein für den Baumwipfelpfad oder das Restaurant, 8 € ab dem zweiten Tag.

Selbstverständlich haben wir in dieser anmutigen Gegend auch eine Wanderung im Programm, die sogar an heißen Tagen in Frage kommt, weil Sie dann unterwegs zweimal die Badesachen auspacken können:

Vom Biosphärenhaus zum Schöntalweiher

Wir starten am **Biosphärenhaus** und gehen entlang der Straße bis zur ersten größeren Kreuzung von Fischbach, wo wir nach links auf die Straße nach Petersbächel abbiegen, die wir beim Friedhof nach rechts und auf rot-gelb markiertem Weg in den Wald verlassen. An einer Waldkreuzung gehen wir geradeaus und folgen nun der grünen Markierung und der Ziffer 3 (nicht mit der Nr. 42 rechts abbiegen!). Bald stehen wir am Ufer des **Pfälzer Woogs**, eines idyllisch im Naturschutzgebiet liegenden Teichs, mit weiten Moor- und Torfflächen und meist auch einem Reiherpaar.

Pfälzer Woog

Mit der grünen Markierung wandern wir entlang des Nordufers und stoßen bald auf Teile eines so genannten Skulpturenwegs, an dessen Rand die Werke eines pfälzischen Holzbildhauers ausgestellt sind. Vorbei am so genannten Barfußpfad (auf dem nichts schärfer verboten ist, als seinen Hund auszuführen), erreichen wir **Ludwigswinkel**, wo wir auf der Hauptstraße (2. Querstraße) nach rechts und sofort danach wieder nach links abbiegen,

bergauf gehen und in der Nähe eines Campingplatzgeländes (Dauercamper, soweit das Auge reicht) wieder den Wald verlassen.

Am östlichen Rand des **Schöntalweihers** (dazu gleich mehr) überqueren wir die L 478 und gehen genau gegenüber, am Parkplatz, in den Wald (Wanderweg mit Nr. 9). An der nördlichsten Stelle dieses Weges (auf manchen Karten, auf denen die Weg-Nummer nicht eingezeichnet ist, steht dort die Bezeichnung *Mastlagerhals*) gehen wir schräg links (mittlerer Weg der Gabelung) und stoßen nach wenigen Metern erneut an eine Stelle, an der sich drei Wege gabeln. Wir nehmen dort den rechten Weg, der in nordöstlicher Richtung weiterführt und auf den rot-weiß markierten Weg trifft, der vom Wanderheim *Hohe List* herkommt.

Bald stoßen wir an den Rand der L 487, stiefeln auf dem westlichen Bachufer ein kurzes Stück nach Süden, um dann bald zwischen zwei kleinen Seen aufs andere Ufer an die Landstraße zu treten und diese nach wenigen Metern nach links bergauf zu verlassen. Sie müssen nun weiter stur der rot-weißen Markierung folgen und nicht zu früh nach rechts ins Tal abbiegen, sonst stoßen Sie nach kurzer Zeit erneut auf die L 487.

Wenn Sie alles richtig machen, kommen Sie erst wieder in der Nähe eines Pferdehofes, westlich von Fischbach, mit der Landstraße in Kontakt und laufen nach **3,5 Stunden reiner Gehzeit** wieder in Fischbach ein.

An heißen Tagen bietet sich ein Abstecher zum **Mühlweiher** an, der im 18. Jahrhundert für ein Hammerwerk zur Eisenverarbeitung angelegt worden war. 1919 hat man ihn austrocknen lassen, um seine Fläche als Wiese und Weideland zu nutzen, aber in den dreißiger Jahren wurde der Saarbach, alias Sauer, erneut aufgestaut. Das eher unter dem Namen **Saarbacher Hammer** bekannte Gewässer ist zweifellos ein Badesee, allerdings haben wir dort keinen Übernachtungsplatz gefunden, nicht einmal einen für Badeaufenthalte gut geeigneten Parkplatz. Im nordwestlichen Teil kommen Sie gar nicht an das Ufer, weil das fest in der Hand von Dauercampern ist (die sagen dort tagsüber *der* Weizen und *das* Korn, am Abend hingegen *das* Weizen und *der* Korn). Einen schönen Einstieg und wenige Parkplätze finden Sie an der nordöstlichen Ecke, also an der Seite nach Fischbach, bei einer Straßenkreuzung sowie auf der Südseite in der Nähe eines Gasthauses, wo Sie eventuell auch parken können. Fahren Sie hier auf der K 43 noch etwa einen Kilometer weiter Richtung Petersbächel, liegt bei einem Minigolfplatz und einer Grillhütte ein Parkplatz, der sich für die Nacht eignet:

(144) WOMO-Picknickplatz: Ludwigswinkel

GPS: N 49°04'38" E 7°40'23", K 43. **Max. WOMOs**: 5.
Ausstattung: Überdachter Picknickbereich, großer Spielplatz, Mülleimer, tagsüber Kiosk und Toiletten.
Der mit Betonpflaster belegte Parkplatz unter Bäumen eignet sich gut für die Nacht außerhalb der Bebauung. Abends kann man auf Klappstühlen sitzen.
Zufahrt: Der Parkplatz liegt östlich von Ludwigswinkel an der K 43. Wenn Sie von Norden kommen, biegen Sie nicht rechts nach Ludwigswinkel ab, sondern fahren Sie noch etwa 250 m weiter geradeaus.

Schöntalweiher

Empfehlenswerter als der Saarbacher Hammer ist der **Schöntalweiher** (auch Lagerweiher genannt), an dessen Nordseite zwischen der L 478 und dem Seeufer eine perfekte Badeanstalt eingerichtet ist und jenseits der Straße ein ausgedehntes Parkplatzgelände, auf dem Sie übernachten können, wenn es Ihnen am Waldrand nicht zu dunkel und einsam ist; ein reiner Hochsommerplatz, aber noch ohne Altglascontainer:

(145) WOMO-Badeplatz: Schöntalweiher

GPS: N 49°05'15" E 7°39'24"; L 478; **Max. WOMOs**: 10.
Ausstattung: Keine.
Beschreibung: Die Badeanstalt mit Liegewiese direkt am Badesee ist vom klappstuhlgeeigneten Stellplatz nur durch die Straße getrennt. Tagsüber gibt es einen Kiosk mit Gaststätte. Der einsam Stellplatz eignet sich nur als Badeplatz und ist an grauen Tagen völlig ungeeignet.
Zufahrt: Fahren Sie auf der L 478 von Fischbach nach Westen, Richtung Eppenbrunn, Sie kommen nordwestlich von Ludwigswinkel, wohin Sie nicht abbiegen, direkt am Schöntalweiher vorbei.

Altschlossfelsen

Weiter westlich liegt **Eppenbrunn** (1.350 Einwohner), das nach dem Tod des Altkanzlers zunehmend beachtet worden ist. Das Gewässer, an dem der *Helmut-Kohl-Wanderweg* beginnt, ist nicht der Wolfgang-See, sondern der Spießweiher, von dem Sie nach etwa 1,6 Kilometer die **Altschlossfelsen** erreichen, die größte Felsformation der Pfalz, mehr als 30 Meter hoch, über 400 Meter lang (insgesamt sogar mehr als 1 km) und so großartig, dass ich sie als zweites Ziel in diesem Buch, das man nur wandernd erreichen kann, in unsere persönlichen **Top Ten** aufgenommen habe. Der kürzeste Fußweg misst einen

Eppenbrunn

Kilometer ab einem Parkplatz nach dem Spießweiher (biegen Sie etwa 700 m östlich von Eppenbrunn von der L 478 zum beschilderten Wanderparkplatz ab und fahren Sie an zwei Weihern, dem Stüdenbacher Weiher und dem Spießweiher, vorbei auf einen Wanderparkplatz bei N 49°06'30" E 7°33'03").

Wenn Sie es irgendwie einrichten können, spazieren Sie zu dem Naturdenkmal ab dem erstaunlich guten Stellplatz von Eppenbrunn:

(146) Offizieller WOMO-Wanderparkplatz: Eppenbrunn

GPS: N 49°06'55" E 7°33'14", Neudorfstraße.
Max. WOMOs: 8.
Ausstattung: Keine.
Beschreibung: Sie stehen auf Betonpflaster am Rand eines kleinen innerörtlichen Parkes nebst einem großen Spielplatz mit Seilrutsche. Abends können Sie auf Klappstühlen die in der Nähe gekauften Brötchen verspeisen, falls die Gaststätten geschlossen sind.
Zufahrt: Der Platz ist am westlichen Ortsausgang von Eppenbrunn schon an der L 478 als Stellplatz ausgewiesen (das WOMO-Signet blättert allerdings ab).

Wanderweg zu den Altschlossfelsen

Nehmen Sie für den Hinweg am Stellplatz den *Altschlosspfad* entlang des Bachs. Sie biegen bald nach rechts auf die Pirminiusstraße ein, gehen durch ein Wohngebiet und am Ende der Bebauung geradeaus in den Wald. Nach mehreren Siedlungshäusern wandern Sie auf dem oberen Weg halbrechts.

Auf dem Heimweg gehen Sie unterhalb der Felsen geradeaus, dann links und kurz danach rechts, um auf dem Kohl-Wanderweg am **Spießweiher** anzukommen, dessen Parkplatz Sie nach halblinks verlassen.

Sie haben nun verschiedene Möglichkeiten, wie Sie zum Anfang unserer 13. Tour gelangen. Wenn Sie sich eine Stadt anschauen möchten, bei der alle Ihre schönen Vorstellungen von der Pfalz über den Haufen geworfen werden, fahren Sie durch **Pirmasens**. Sie benötigen nicht einmal einen grauen Tag, um das Siechtum einer einst blühenden Industriestadt zu verspüren. 1970 lebten hier noch fast 58.000 Einwohner. Seitdem ist die Zahl Jahr für Jahr auf zuletzt 40.000 gesunken.

Häufig macht man für diesen drastischen Rückgang den Abzug der amerikanischen Streitkräfte verantwortlich, was aber so nicht zutrifft. Der größte Teil der Bewohner war schon vorher abgewandert, weil nämlich eine Schuhfabrik nach der anderen schließen musste. Pirmasens war seit dem 19. Jahrhundert das Zentrum der deutschen Schuhindustrie, bis mangelnde Konkurrenzfähigkeit und die Verlagerung der Produktionsstätten in Billiglohnländer diesen Industriezweig fast völlig zum Erliegen brachten. Sie sehen immer noch mitten in der Stadt riesige leer stehende oder ehemalige Fabrikgebäude, aber auch eine Spur von Aufbruch, nachdem inzwischen Fabriken zu völlig anderen Zwecken umgebaut wurden. Touristen wird man in Pirmasens allerdings auch in Zukunft per Handschlag begrüßen. Daran wird vermutlich auch der offizielle, stadtnahe Stellplatz nichts ändern:

(147) Offizieller WOMO-Stellplatz: Pirmasens

GPS: N 49°12'16" E 7°36'30", Steinstraße 2. **Max. WOMOs**: 8.
Ausstattung: Ver- und Entsorgung, Strom, Mülleimer.
Beschreibung: Sie stehen auf sandigem Boden unter Bäumen etwa 750 m vom Zentrum entfernt und in erträglich lauter Umgebung.
Zufahrt: Der Stellplatz liegt nordöstlich des Zentrums auf dem Parkplatz der **Messe** und ist beschildert. **Preis**: 5 €.

Eine nicht zu unterschätzende Sehenswürdigkeit ist das **Westwall-Museum**, im südlich der Innenstadt gelegenen Ortsteil Niedersimten. Die Ausstellung wurde in dem Festungswerk Gerstfeldhöhe eingerichtet, dessen Vollendung 1940 abgebrochen worden ist, weil die Nazis nach der Besetzung Frankreichs nicht mehr die Westgrenze zu Frankreich, sondern stattdessen die Westgrenze Frankreichs am Atlantik befestigt haben *(In der Litzelbach 2, Pirmasens; April bis Oktober Sa und So 13 - 17 Uhr; 6 €)*.

Deutlich schöner als in Pirmasens, man ist versucht zu sagen, richtig schön, stehen Sie im östlich gelegenen **Lemberg** (3.700 Einwohner), der letzten größeren Ansiedlung am Westrand des Pfälzer Waldes:

(148) Offizieller WOMO-Wanderparkplatz: Lemberg

GPS: N 49°10'22" E 7°38'51", Weiherstraße. **Max. WOMOs**: 6.
Ausstattung/Lage: Ver- und Entsorgung, Strom (zusammen 7 €/Tag mit einem Schlüssel, den Sie im *Café Faas*, Hauptstr. 31 erhalten), Mülleimer.
Beschreibung: Sie stehen klappstuhlgeeignet auf Rasenbetonsteinen vor Bäumen und einer Wiese am Rand des Ortes mit Gaststätten und Geschäften. Sie können hier loswandern.
Gaststätten und Geschäfte in der Nähe, Wanderwege / Ortsrand.
Zufahrt: Der Stellplatz ist nördlich des Ortes beschildert.
Hinweise: Der nahe Lemberger Weiher ist kein Badesee; der kostenlose Aufenthalt ist auf 3 Tage begrenzt. Der Platz ist nicht selten belegt.

TOUR 13

10 km
nach Meisenheim
(Tour 14)
Odenbach
Medard
Lauterecken
164
Offenbach-Hundheim
Sankt Julian
Baumholder
Felschbachhof
162
163
Ulmet
Alt-Wolfstein
Wolfstein
Neu-Wolfstein
165
160
Erdesbach
161
Patersbach
Thallichtenberg
Lichtenberg
Blaubach
Altenglan
159
Mühlbach
Kusel
158
Potzberg
157
Konken
156
Glan-Münchweiler
Weilerbach
Mackenbach
Ramstein
Air-Base
nach Kaiserslautern
154
Gries
Hütschenhausen
Landstuhl
Schöneberg-Kübelberg
155
Ohmbachsee
Kindsbach
Nanstein
153
Mammutbäume
Bann
Waldmohr
Bruchmühlbach
Martinshöhe
Rosenkopf
SICKINGER HÖHE
HOMBURG (Saar)
Wallhalben
Mörsbach
Wallhalbtal
152
Weihermühle
Waldfischbach
Reifenberg
Kneispermühle
ZWEIBRÜCKEN
150
Thaleischweiler-Fröschen
Contwig
Rieschweiler
149
Rodalben
Dellfeld
Designer-Outlets
151
Walshausen
(Tour 12)
PIRMASENS
Hornbach

Tour 13: Durch die Westpfalz 200 km

Zweibrücken – Hornbach – Landstuhl – Ohmbachsee Kusel – Lauterecken – Wolfstein

Stellplätze:	in Zweibrücken, in Hornbach, an der *Kneispermühle*, in Kindsbach, am Ohmbachsee, in Glan-Münchweiler, auf dem Potzberg, in Altenglan, in Thallichtenberg, in Patersbach, in Ulmet, in Sankt Julian, in Lauterecken
Campingplätze:	am Ohmbachsee, in Wolfstein
Besichtigen:	Zweibrücken, Mammutbäume bei Landstuhl, Burg Nanstein, Wildpark Potzberg, Burg Lichtenberg mit Museen, ehemalige Klosterkirche in Offenbach-Hundheim
Wandern:	von der *Kneispermühle* zur *Weihermühle*; Rundweg ab der Burg Lichtenberg
Essen:	*Landschloss Fasanerie* in Zweibrücken, *Klosterschänke* oder *Refugium* in Hornbach, in der *Kneispermühle* bei Wallhalben, *Waldhotel Felschbachhof* bei Ulmet

Wenn wir unsere Westpfalztour in **Zweibrücken** beginnen (34.000 Einwohner, kleinste kreisfreie Stadt Deutschlands), bringt Sie das vielleicht auf den Gedanken, Ihre Gucci-Hose, den Boss-Anzug oder die Joppe von Joop mal wieder zu ersetzen – durch ein Modell in der Mode von gestern. Dann waren die Werbestrategen erfolgreich, die seit Jahren einen Feldzug zur Vermarktung der ***Designer-Outlets*** führen. Wo der Autor dieser Zeilen als Student noch die Stuben der früheren amerikanischen Flugplatzbetreiber tünchen musste, ist ein gigantisches Ensemble von Bekleidungsgeschäften entstanden, das größte seiner Art in Deutschland, in dem man auf 15.000 m^2 Designermarken, eigentlich alle Markenklamotten, preisgünstig unter die Leute bringt *(auf der Anhöhe südöstlich der Stadt, Wegweiser ‚Flughafen', A8 – Ausfahrt Contwig).*

Entsprechend verödet die Innenstadt, der allerdings auch jedwede pfälzische Ursprünglichkeit abhandengekommen ist, als die britische Royal Air Force sie kurz vor Ende des Zweiten Weltkrieges, im März 1945, zu über 80 Prozent in Schutt und Asche gelegt hat. Man wollte die Stadt zunächst gar nicht wieder aufbauen. Fast alles, was Sie sehen, ist also neu, darunter die **Alexanderskirche** (eigentlich spätgotisch aus dem Ende des 15. Jahrhunderts, aber nach der Kriegszerstörung vereinfacht wieder aufgebaut), das **Herzogschloss** (ursprünglich von 1725, ebenfalls vollständig zerbombt und heute Sitz des Oberlandesgerichts) und die **Karlskirche** (Anfang des 18. Jahrhunderts, erst 1970 wieder aufgebaut). Vom Feuersturm verschont wurden die

Zweibrücken - Herzogschloss

schönen Barockgebäude der so genannten **Herzogvorstadt**, die um 1770 im Auftrag der Zweibrücker Herzöge aus den Erlösen von mehreren Lotterien erbaut worden sind und in denen sich heute die Stadtverwaltung sowie das Amts- und Landgericht befinden. Zweibrücken ist die *Stadt der Rosen und Rosse*, weil **Europas Rosengarten** als die Hauptsehenswürdigkeit gilt, bzw. galt, solange auf dem Flugplatz noch kanadische und amerikanische Düsenjägerpiloten stationiert waren, und solange noch nicht Kaufwütige aus ganz Südwestdeutschland über den kahlen Höhenzug hergefallen sind. Den meisten von ihnen sind die paar Kilometer in die Stadt zu weit, weshalb der Rosengarten an der Schwarzbach-Allee inzwischen fast ein Geheimtipp ist; besonders Ende Mai, wenn 60.000 Rosenstöcke von 2.000 verschiedenen Arten blühen *(April - Oktober 9 - 18 oder 20 Uhr, Hunde sind erlaubt; 4,50 €)*.

Zweibrücken - Europas Rosengarten

Gegenüber, auf dem anderen Bachufer, liegt die »*Rennwiese*«, eine Pferderennbahn, und westlich davon, hinter der Festhalle, sehen Sie das von Herzog Christian IV. im Jahre 1755 gegründete heutige **Landgestüt**, von dem immer noch Hengste für die Zucht bereitgestellt werden.

Eine bescheidene Sehenswürdigkeit ist schließlich der **Waldpark Fasanerie** mit seinem **Wildrosengarten**, wo annähernd 1.000 unterschiedliche Arten von Wild- und Strauchrosen innerhalb der Gartenmauer eines kleinen Ruinenbauwerkes blühen, das gemeinhin als Lustschloss bezeichnet wird. Fragen Sie mich bitte nicht, was genau man unter einer solchen Bauwerksbezeichnung zu verstehen hat. Ich weiß aber, dass dort der Polenkönig Stanislaus I. Leszczynski lustwandelte, der weniger deshalb in die Geschichte eingegangen ist, sondern weil seine Tochter die Frau des französischen Königs Ludwig XV. wurde. Die heutigen Gebäude sind neueren Datums, zu Zeiten des polnischen Exilanten gab es hier nur Holzhäuser innerhalb einer berühmten Gartenanlage, deren Reste des westlichsten Teils restauriert worden sind.

Landschloss Fasanerie

Auch wenn es heute nicht mehr viel zu sehen gibt, lohnt sich gerade an einem schönen Juniabend ein Spaziergang durch den Wildrosengarten und um den Teich der früheren Fasanerie. Anschließend können Sie in dem gemütlichen Gartenlokal des ***Landschlosses Fasanerie*** zu Abend essen, wobei die Abteilung ***Landhaus*** zu Biergartenpreisen auftischt und sich dabei den *Pfälzer Teller* verkneift, weil der in der Westpfalz überhaupt keine Tradition hat *(Hauptgerichte ab 17 €; Tel. 06332 973207; kein Ruhetag, preiswerter und guter Flammkuchen).* Wer mehr ausgeben möchte, tafelt nebenan im ***Esslibris*** und wird, wie wir getestet haben, richtig gut bekocht *(Hauptgerichte ab 24 €; Tel. 06332 973205).*

Ohne Zweifel können Sie auf dem Parkplatz drei Etagen darüber übernachten, auch ohne vorherigen Genuss der Lustschloss-Speisen. Sie stehen ganz oben schön in der Natur, aber etwas einsam. Und nahe bei Rosengarten, Rennwiese und Schwimmbad finden Sie auf dem Gelände des ehemaligen Campingplatzes einen lobenswerten, offiziellen Stellplatz:

(149) WOMO-Stellplatz: Zweibrücken (Fasanerie)

GPS: N 49°14'42" E 7°23'27", Fasaneriestraße.
Max. WOMOs: 4-5.
Ausstattung: Picknickbank.
Beschreibung: Sie stehen etwas einsam auf grasig, schottrigem Untergrund oberhalb des Hotelkomplexes *Fasanerie* und können zumindest am Abend unter Bäumen auf Klappstühlen sitzen. Das Gelände ist relativ einsam. Sie können hier wandern. Zum Marktplatz sind es 2,3 km.

Zufahrt: Fahren Sie von der Innenstadt in Richtung *'Flughafen'/Designer Outlets*: und, wenn Sie die Anhöhe erreicht haben, links Richtung *'Fasanerie'* bis zu einem Naturparkplatz rechts oberhalb der befestigten (und abschüssigen) Parkplätze der Hotelanlage.
In umgekehrter Richtung, also ab den *Designer Outlets*, bzw. der Abfahrt der A 8 Nr. 34, fahren Sie Richtung *'Innenstadt'* und biegen bald schon rechts Richtung *'Fasanerie'* ab; der Stellplatz liegt auf demselben Höhenzug wie die *Designer Outlets*, allerdings näher an der Stadt und etwas nördlicher.

(150) Offizieller WOMO-Stellplatz: Zweibrücken (Rosengarten)

GPS: N 49°15'13" E 7°22'35", Geschwister-Scholl-Allee 13.
Max. WOMOs: 23.
Ausstattung: Ver- und Entsorgung, Dusche, Toilette (Schlüssel im Hotel), Strom, Sat-Anschlüsse, Waschmaschine, Trockner.
Beschreibung: Sie stehen in schöner Umgebung auf geschottertem, klappstuhlgeeignetem Untergrund, teilweise schattig neben dem Freibad und in Sichtweite des Rosengarten, aber auch nur 1,2 km vom Marktplatz entfernt. Innenstadt.
Zufahrt: Wenn Sie die A 8 in Zweibrücken/Mitte (Nr. 32) verlassen haben, fahren Sie Richtung *'Europas Rosengarten'*, vor dem Rosengarten auf einer breiten Straße (Saarlandstraße) in nördlicher Richtung über die Brücke, vorbei an der großen Rennwiese, direkt dahinter rechts durch eine Allee an das andere Ende der Rennwiese.
Preise: 9 € - 12 €, je nach Platzgröße. Sie müssen sich beim *Hotel Rosengarten* (mit Restaurant) auf der anderen Bachseite anmelden.
Hinweise: Suchen Sie sich vor der Anmeldung den von Ihnen gewünschten Platz aus. Für 10 €/Person bekommen Sie ein ordentliches Hotelfrühstück. Sie können im Hotel auch Brötchen beziehen.

Ein Polenkönig in Zweibrücken

Warum, fragen Sie, erfreute sich Stanislaus Leszczynski ausgerechnet in Zweibrücken an den Wasserspielen, in deren Becken heute Seerosen blühen? Die Frage ist berechtigt, eine präzise Antwort wäre langatmig.

Die Kurzfassung: Polen befand sich im Oktober 1704 im Kriegszustand mit Schweden, und es gab nicht wenige Adlige, die das beenden wollten. Deshalb wählten sie Stanislaus zum polnischen König, weil der mit den Schweden paktierte. Im Gegenzug hielt der schwedische König seine schützende Hand über Leszczynski. Nachdem die Schweden aber eine Schlacht gegen die Russen verloren hatten, wählte der polnische Adel einen anderen König, und Stanislaus musste nach Schweden fliehen. Der schwedische König Carl XII. war zu dieser Zeit gerade auch Herzog von Zweibrücken, was zu erläutern ich mir hier verkneife, was letztlich aber auf einer komplizierten Erbfolgeregelung beruhte. Jedenfalls gewährte er dem polnischen Exkönig im Jahre 1714 vorübergehend in Zweibrücken Zuflucht.

Aber es muss bezweifelt werden, dass der Asylant in dieser Zeit (in der er eigentlich in der Stadt wohnte) inmitten seiner Wasserspiele in einem Holzbauwerk, das er »Landhaus« *(»Tschifflik«)* nannte, allzu viele Lustbarkeiten erlebt hat. Nach vier Jahren, als Carl das Zeitliche segnete, war das Vergnügen ohnehin vorbei, und Stanislaus verzog in das elsässische Weißenburg, wo Sie das nach damaligen Verhältnissen eher bescheidene Schloss heute noch sehen können (Tour 1 im WOMO-Führer über das Elsass). Während der vertriebene Monarch dort auf bessere Zeiten wartete, ließ der französische *Sonnenkönig* für seinen Sohn, den späteren Ludwig XV., um die Hand der Polenprinzessin anhalten. Für Stanislaus war das, wie man heute sagen würde, so etwas wie ein Lottogewinn mit Jackpot, denn er durfte in das vom Schwiegervater zur Verfügung gestellte Prachtschloss Chambord an der Loire umziehen. Von 1733 bis 1734 war er kurzzeitig nochmals polnischer König, bevor er schließlich dank der guten familiären Beziehungen als Herzog von Lunéville (Lothringen) rechtzeitig vor der Revolution verstarb.

In **Hornbach** (1.400 Einwohner), zehn Kilometer südlich von Zweibrücken, das sich *Klosterstadt* nennt, können Sie das älteste, bekannte kirchliche Bauwerk der Pfalz besichtigen. Den Resten einer Sandsteinnische sieht man die historische Bedeutung des **Pirminiusgrabes** allerdings nicht an, obwohl man ihm in den fünfziger Jahren des letzten Jahrhunderts mit dem Bau einer Kapelle Schutz und einen würdigeren Rahmen gewähren wollte. Die Gebeine des im Jahr 753 verstorbenen heiligen Pirminius werden weiterhin nur zum Teil in Hornbach aufbewahrt, die größere Knochenmenge lagert in Speyer und in der Stadt, die von Pirminius ihren Namen ableitet – in Pirmasens (Tour 12). Zu Lebzeiten muss der Wandermönch viel rumgekommen sein. Posthum wurden ihm nämlich mehrere Aufgaben übertragen: Schutzheiliger der Pfalz, des Elsass, der Insel Reichenau und Stadtpatron von Innsbruck.

Hornbach - Essen im Klosterhof

Die meisten Räume des ehemaligen Klosters, dem Pirminius einst als Abt vorgestanden hat, sind heute in einen edlen Hotelkomplex integriert. Das preiswertere Restaurant nennt sich ***Klosterschänke*** und serviert sogar einen Flammkuchen *(und Hauptgerichte ab 17 €; kein Ruhetag; Tel. 06338 910100)*. Hier sitzt man schön und isst passabel. Großartig und einmalig ist der Rahmen der Außenbewirtschaftung im Klosterinnenhof. Hier werden normalerweise ab 62 Euro

Gourmetmenüs der Abteilung ***Refugium*** aufgetragen, wir bekamen aber auch die Karte der *Klosterschänke (Tel. 06338 910100; Do - So).*

Ambitioniert ist der fußläufig erreichbare Stellplatz, der von einem privaten Mäzen finanziert und später großzügig erweitert worden ist, und der als einer der schönsten der Pfalz gilt. Ein Vorzeigeplatz, den sich jeder Gemeinderat einmal ganz genau ansehen sollte:

(151) Offizieller WOMO-Picknickplatz: Hornbach

GPS: N49°11'02" E7°21'56", Bahnhofstraße.
Max. WOMOs: 25.
Ausstattung: Ver- und Entsorgung (kleine Wassermengen kostenlos), alle Plätze mit Strom, Picknickbänke, überdachte Grillstelle mit Grill, Schutzhütte, Mülleimer.
Beschreibung: Das geschotterte, klappstuhlgeeignete und geringfügig schattige Gelände liegt sehr schön am Rand des kleinen Ortes. Ein Spielplatz mit einer Riesenrutsche und einer Seilrutsche grenzt an, auf der anderen Seite Boulebahn und Minigolf, zu einem Supermarkt sind es 1,1 km, zum Kloster mit Gaststätte 550 m.
Zufahrt: Der Platz liegt beschildert südwestlich des alten Ortskerns.
Preis: 7 € (Anmeldung in der nahen Gaststätte *Capito*, an deren Ruhetag kommt jemand vorbei oder Geld einwerfen).

Wir fahren zurück nach Zweibrücken und stehen nördlich der Stadt schon am Rand der **Sickinger Höhe**, einer Hochfläche, die den größten Teil des südwestlichen Teils der Pfalz einnimmt. Sie ist kein klassisches Reiseziel, sie gefällt uns trotzdem – und von Mal zu Mal besser:

Die karge Landschaft, mit schmucklosen Dörfern, denen man noch ansieht, wie sehr sie früher von der Landwirtschaft abhängig waren, wird durchzogen von lieblichen Tälern, unter denen vor allem das **Wallhalbtal** wegen seiner Mühlen sehenswert ist. Die ***Kneispermühle*** *(Tel 06375 203; Mi geschlossen, Hauptgerichte ab etwa 10 €)* gilt als touristischer Geheimtipp, weil man hier in der Nachbarschaft freilaufender Gänse bodenständig essen, einsam wandern und schräg übernachten kann:

an der Kneispermühle

(152) WOMO-Wanderparkplatz: Wallhalben *(Kneispermühle)*

GPS: N 49°17'29" E 7°32'04", L 475. **Max. WOMOs**: 2-3.
Ausstattung: Keine.
Beschreibung: Mit diesem Tipp soll Ihnen kein typischer Stellplatz genannt werden, sondern die Möglichkeit, nach der Wanderung und einem bodenständigen Essen in der Waldgaststätte oder im Biergarten vor Ort zu bleiben. Bitte stellen Sie sich nicht zu dicht an das Gasthaus, sondern weiter oben an den Rand des Waldweges. Auch mit tauglichen Keilen stand unser WOMO noch etwas schräg.
Zufahrt: Fahren Sie auf der L 475 von Wallhalben nach Süden, Richtung Pirmasens. Die *Kneispermühle* liegt gut 1 km südlich der Abzweigung nach Herschberg und ist an der Straße beschildert. Sie fahren durch den Gaststättenkomplex hindurch und parken oberhalb desselben am Waldrand.

Von der *Kneispermühle* zur *Weihermühle*

Wir starten an der ***Kneispermühle*** und gehen mit dem Wegweiser *,Schlosswald Weihermühle-Weg 8,9 km'* auf der Bachseite der Kneispermühle nach rechts (nicht dem Wegweiser über die Straße *,7,7 km'* folgen). Wir vertrauen etwa 3 km der rot-gelben Markierung auf dem Niveau der Wallhalbe. In einer deutlichen Rechtskurve und noch etwa 350 m vor der *Rosselmühle* überqueren wir Bach und Landstraße, gehen an der L 475 ein kurzes Stück nach links. Wir folgen weiterhin den Wegweisern des *,Schlosswald-Weihermühlen-Weges'* und/oder des *,Pfälzer Mühlenland-Weges'* und steigen derart geleitet auf einem Waldweg bergauf. Der Weg windet sich nach etwa einer Stunde hinab ins Tal des Schauerbachs, an dessen Rand wir bis zur ***Weihermühle*** (Gastwirtschaft) wandern. Bei unserer Wanderung konnte hier auf einem Spielplatz das Kind im Manne nach Münzeinwurf mit einem Bagger Sand bewegen.

Kurz nach dieser Mühle wenden wir uns mit gelbem Kreuz nach links in den Wald und erreichen eine Hochebene, von der wir auf der anderen Bachseite der *Kneispermühle* wieder an der Wallhalbe ankommen. Die Strecke dauert **knapp 4 Stunden** und ist auf der *NaturNavi-Karte Pfälzerwald* 1, aber auch auf der *Kompass* App eingezeichnet.

An der *Kneispermühle* kehren wir um und fahren zurück nach Martinshöhe, Richtung Landstuhl. Denn unser nächstes Ziel sind **Mammutbäume**, die zu den ältesten in Europa zählen: Auf der Straße von Zweibrücken und Martinshöhe kommen Sie kurz vor Landstuhl an einem ehemaligen Forstgarten vorbei, in den ein pfälzischer Forstmann schon 1861 eine Nadelbaumgruppe ausgesät hat, von der noch sieben nordamerikanische Sequoien überlebt haben. Deren Alter ist an sich schon beachtlich, und es ist umso erstaunlicher, wenn man weiß, dass die Mammutbäume erst um 1840 in den Vereinigten Staaten entdeckt worden sind. Die Bäume bei Landstuhl haben über 25 m Höhe erreicht und einen Stammumfang von bis zu 4,50 m. Sie finden die Gruppe an der L 465 bald westlich der Einmündung zur L 470. Das Naturdenkmal ist in der Pfalz einmalig.

Die Sickinger Höhe fällt im Norden steil ab in das so genannte **Landstuhler Bruch**, eine längst trocken gelegte Moorlandschaft, die sich für die Anlage eines Flugplatzes angeboten hat. Im Zweiten Weltkrieg hatte die deutsche Wehrmacht kurzerhand einen Teil der neu gebauten Autobahn als Startbahn umfunktioniert. Später wurden neue Rollbahnen gebaut. Die **Ramstein Air-Base** ist heute der größte US-Militärflughafen außerhalb Amerikas. Und den meisten unserer Leser wegen des schweren Unglücks bekannt, bei dem im August 1988 anlässlich einer Flugshow zwei Düsenjets zusammenstießen. 70 Menschen kamen damals ums Leben.

Burg Nanstein

Wir erwähnen den Flugplatz nicht, weil sich die Autoren der WOMO-Reihe inzwischen entschlossen hätten, militärische Ziele abzuklappern, sondern weil das bedrohliche Donnern der Triebwerke gigantischer Transportmaschinen keine rechte Freude aufkommen lässt, wenn man auf einer an sich schönen Terrasse vor der **Ruine Nanstein** oberhalb von **Landstuhl** (8.400 Einwohner) steht. Die Ruine hat einst Franz von Sickingen gehört, der, verkürzt formuliert, in die Geschichte eingegangen ist, weil er für das Wiedererstarken der Ritterschaft und für eine Entmachtung der Fürsten gekämpft hat und dabei 1523 auf der Burg Nanstein ums Leben gekommen ist (das Gewölbe seines Todes ist heute noch zu sehen). Der Fürstbischof von Trier, der Landgraf von Hessen und der Kurfürst der Pfalz hatten die Festung angegriffen. Von Sickingens Erben haben sie danach wieder aufgebaut, ehe die Burg, man muss es fast nicht mehr erwähnen, 1689 im Pfälzischen Erbfolgekrieg gesprengt und niedergebrannt worden ist. Es lohnt sich, in Landstuhl dem Wegweiser nach zu fahren und nicht aufzugeben, wenn Sie nach der Durchquerung eines Neubaugebiets oberhalb der Stadt vor einem Verkehrsschild stehen, das nur Anliegern die Weiterfahrt gestattet. Es ist missverständlich, Sie dürfen bis zur Festungsmauer vorstoßen, parken und eine der schönsten Burgen unseres Buches besichtigen *(montags geschlossen,*

9 - 17.30 Uhr, im Winter kürzer; 4 €; im Juli und August Burgfestspiele, Mitte Juli Jazz-Festival). Schön ist auch der Fußweg von der Stadt hinauf zur Burg.

Falls Sie durch die Innenstadt von Landstuhl spazieren, kommen Sie am ehemaligen Sanatorium *Moorbad* vorbei, das an die Zeit erinnert, als es im Landstuhler Bruch noch ein Moor gab (heute findet man nördlich von Kindsbach noch ein Biotop dieser Urlandschaft).

Am offiziellen Wohnmobilstellplatz von Landstuhl, östlich des Bahnhofs, wurde bei meiner letzten Nachschau großflächig gebaut. Es kann nur besser werden, die Umgebung wird nie schön. Aber unweit kenne ich einen kleinen Geheimtipp, der sich für sehr große Wohnmobile, zumindest im Sommer, nicht eignet, wo Sie aber einen fast unwirklichen kleinen Badesee antreffen mit einem Parkplatz, auf dem die meisten der eingezeichneten Markierungen leider Pkw-Größen verlangen, wo aber bislang keine Verbotsschilder für Wohnmobile aufgestellt wurden. Damit das so bleibt, bitte ich Sie, mit Großfahrzeugen nicht quer zu den Markierungen zu parken:

(153) WOMO-Badeplatz: Kindsbach (Bärenlochweiher)
GPS: N 49° 24'45" E 7° 36'36", Weiherstraße. **Max. WOMOs**: 2-4.
Ausstattung: Badestelle auch für Nichtschwimmer, Liegewiese, großer Spielplatz.
Beschreibung: Wer an Sommertagen ganz früh oder ganz spät kommt, kann am Rand der Bebauung ein Wohnmobil bis etwa 7 m Länge über Nacht parken, um sehr schön zu baden. Eine Gaststätte grenzt an, Geschäfte nach etwa 300 m.
Zufahrt: Biegen Sie in Kindsbach von der L 395, der Straße von Landstuhl nach Kaiserslautern, in der Nähe einer Fußgängerampel beim Wegweiser *'Bärenloch'* zum Berg hin ab; Sie werden dann noch etwa 300 m durch ein Wohngebiet geleitet, ehe die Straße auf einem Parkplatz unterhalb des Badesees endet.

Der Bärenlochweiher wurde, wie man auf einer Tafel nachlesen kann, schon im Jahre 1479 erwähnt. 500 Jahre jünger ist der **Ohmbachsee** bei **Schöneberg-Kübelberg**. Der 1978 fertig gefüllte Stausee wurde in erster Linie geplant, um den Tourismus im Westrich, wie man die Westpfalz nennt, anzukurbeln. Wir haben Zweifel, ob das wirklich gelungen ist. So schön das Gewässer aussieht, so sehr leidet es darunter, kein Badesee (!!) zu sein. Und die Bootsvermietung scheint mangels Betreiber langfristig geschlossen zu sein. Aber Sie finden zwei ordentliche Stellplatzmöglichkeiten:

(154) WOMO-Gaststättenplatz: Gries *(Seestube – Ohmbachsee)*

GPS: N 49°24'59" E 7°24'16", Hollstraße, Tel. 06373 8290877.
Max. WOMOs: 15.
Ausstattung: Ver- und Entsorgung, Strom, Liegewiesen, Grillstelle, Gaststätte (Di geschlossen, mit Brötchendienst).
Beschreibung: Sie stehen klappstuhlgeeignet auf Schotter direkt bei einer Gaststätte zwischen Ort und See. Ein Wanderweg führt rund um den See. Man darf nicht baden, manche tun es trotzdem. Der Platz ist sehr beliebt und bisweilen belegt; früh anreisen!
Zufahrt: Fahren Sie auf der K 9/K 8, der Hauptstraße, durch Gries, das nördlich des Sees liegt; im Ostteil von Gries zweigt eine Straße bergab zu einem Parkplatz. Wegweiser *,Seestube'*; Sie stehen auf schön terrassierten Plätzen; dieser offizielle Stellplatz ist schöner und ruhiger als der vorgenannte und unser Tipp. **Preis**: 6 €.

(155) WOMO-Stellplatz: Ohmbachsee (*Campingpark)*

GPS: N 49°24'42" E 7°24'16", Schöneberg-Kübelberg, Am Ohmbachsee, Tel. 06373 4001. www.campingpark-ohmbachsee.de/.
Öffnungszeit: Ganzjährig. **Max. WOMOs**: 15.
Ausstattung: Ver- und Entsorgung, Gaststätte, Spielplatz.
Beschreibung: Das ist der Stellplatz auf geschottertem Untergrund, selbstverständlich klappstuhlgeeignet, vor dem Campingplatz am See.
Zufahrt: Der Platz ist an der L 356 östlich von Schöneberg beschildert.
Preise: 10 € für den Stellplatz, 27,50 € für den Campingplatz. Und falls Sie Ihre Deutschlandfahne dauerhaft hissen möchten, kostet das 1.300 €.

Den Campingplatz habe ich mir, ehrlich gesagt, nicht richtig angeschaut, weil mich die Dauercamper mit Hütten und Deutschlandfahnen abgeschreckt haben. Angeblich gibt es einen gesonderten Bereich für Kurzzeitcamper. Die Gaststätte wird hauptsächlich von Nichtcampern besucht, was für sie spricht.

Wenn es Ihnen am Ohmbachsee nicht gefällt, könnten Sie in Glan-Münchweiler auf einem offiziellen Stellplatz übernachten. Im Großraum Kusel wurde viel für den Wohnmobiltourismus getan, es gibt mehrere amtliche Stellplätze mit entsprechenden Einrichtungen. Dazu gehört auch der Platz am Bahnhof von **Glan-Münchweiler** (1.200 Einwohner), er ist allerdings allenfalls eine Notlösung: [**156 – GPS:** N 49°28'11" E 7°26'40",

Blick vom Potzberg

Bahnhofstraße; Ver- und Entsorgung, teurer Strom]. Interessanter ist unser nächstes Ziel, der **Potzberg** (562 m); bei schönem Wetter mit weißen Wölkchen ist die Sicht von hier oben über die Hügel der Westpfalz alleine die Reise wert. Leider ist der 35 Meter hohe Turm, dessen Rohbau schon im Jahre 1951 in nur 40 Herbsttagen errichtet worden ist, um eine Sendeanlage des Südwestfunks für die damals hochmodernen UKW-Frequenzen zu installieren, geschlossen (soll aber renoviert werden). Auch das Hotel ist geschlossen, wenn ich richtig informiert bin, schon zum zweiten Mal. Hoffen wir, dass der **Wildpark Potzberg** mit seiner Greifvogelschau, die Hauptattraktion des Potzberges, durchhält, obgleich er von Corona besonders gebeutelt wird ist. Ich gebe zu, ohne die Notwendigkeit der Recherche für dieses Buch hätten wir den Zoo nicht betreten. Rehe, Ziegen, Hasen ...... wie oft haben wir das schon gesehen? Aber wir hätten vor allem die schöne Aussicht über den leicht abfallenden Osthang (auch ohne Turm) verpasst. Die Lage des Parks in der Landschaft ist das eigentlich Sehenswerte, trotz der Raubvögel aller Arten und Größen, seien sie auch noch so selten. Von Ende März bis Ende Oktober finden täglich um 15 Uhr Flugvorführungen statt, mit Adlern, Geiern sowie mit Andenkondoren, die angeblich größten flugfähigen Vögel der Welt. Ihre Kinder werden sich weniger für die 70 Greifvögel interessieren als für die Meerschweinchen und Waschbären *(9 € für Erwachsene und 6 € für Kinder ab 4 Jahren; März bis Oktober täglich zwischen 10 und 18 Uhr, im Winter bis 17 Uhr; Flugschauen nur bei ausreichender Besucherzahl; keine Kartenzahlung).*

Die Schreie des Weißkopfseeadlers, mehr noch die der Pfauen, können Sie auch von Ihrem Nachtlager hören:

(157) WOMO-Wanderparkplatz: Föckelberg (Potzberg)
GPS: N 49°31'17" E 7°28'51", K 35. **Max. WOMOs**: 5.
Ausstattung: Mülleimer.
Beschreibung: Bis zur Schließung des Aussichtsturms mit Wasser und Toilette war hier unter Bäumen auf gewachsenem Boden ein kleiner offizieller Stellplatz ausgeschildert. Inzwischen kann man einsam auf geschottertem Untergrund überall stehen und abends auf Klappstühlen die Tassen heben. Das leer stehende Hotel wirkt etwas unheimlich. Schöne Wanderwege.
Zufahrt: Folgen Sie nördlich von Glan-Münchweiler bzw. südlich von Altenglan den Wegweisern zum Potzberg. Fahren Sie bis zum Gipfel.

(158) Alternativ können Sie am Ortseingang des nördlich gelegenen Dorfes **Mühlbach** an der Straße zum Potzberg (K 34) unter einer Weide sehr schön stehen; **GPS:** N 49°32'39" E 7°28'20".

Im nahen **Altenglan** (2.600 Einwohner) trauen Sie Ihren Augen nicht. Sind das wirklich Radfahrer auf den Bahngleisen? Sie irren sich nicht, denn die Gleise der ehemaligen Bahnstrecke durch das Glantal werden heute nur noch von **Fahrrad-Draisinen** benutzt. Das sind Schienenfahrräder, mit denen man, je nachdem ob es sich um einen geraden oder ungeraden Tag handelt, das Tal des Flusses Glan auf- oder abwärts strampelt. Es heißt übrigens der Glan. Das Freizeitvergnügen ist derart beliebt, dass man sich bisweilen für ein Wochenende lange vorher anmelden muss. Wer seinen Geschäftsfreunden besonders nahekommen möchte, mietet nach Corona die Konferenzdraisine für sieben Personen, von denen drei in die Pedale treten. Wir haben einen Betriebsausflug auf den Fahrraddraisinen gewagt – es war einer unserer schönsten *(Tel. 06381 424-270; ab 39 € / Tag; es gibt inzwischen diverse zusätzliche Modelle bis zur Planwagendraisine; Sie erhalten auch*

Fahrrad-Draisine im Glantal

telefonische Informationen, wie Sie als Kleinfamilie wieder zu Ihrem WOMO zurück gelangen; www.draisinentour.de).

Vor oder nach der Fahrradtour auf dem ehemaligen Bahngleis können Sie ganz in der Nähe des Bahnhofs, der übrigens noch für richtige Züge nach Kaiserslautern und Kusel in Benutzung ist, auf einem offiziellen Stellplatz übernachten, wesentlich lauschiger als es zunächst scheint:

(159) Offizieller WOMO-Stellplatz: Altenglan

GPS: N 49°32'55" E 7°27'48"; Austraße;
Max. WOMOs: offiziell 4, mehr sind meistens möglich.
Ausstattung: Ver- und Entsorgung, Strom, Mülleimer.
Beschreibung: Das ist eigentlich eine gut geeignete Stelle am Rand des Ortes, eines Fahrradweges und der Draisinenstrecke, nahe am Glan. Ein Supermarkt liegt ganz in der Nähe, ebenso der Draisinen-Bahnhof. Im Internet werden Geräusche und Gerüche eines relativ nahe gelegenen chinesischen Restaurants bemängelt. Davon haben wir bei unserem Besuch nichts bemerkt.
Zufahrt: Biegen Sie mitten in Altenglan von der B 423 bei einem Parkplatzgelände nach Osten zu den Bahngleisen hin ab (der Wegweiser zum WOMO-Stellplatz ist schwer zu erkennen), der Stellplatz liegt jenseits des Bahngleises am Glan in der Nähe des Draisinen-Bahnhofs. **Preis**: 5 €.

Eine Kreisstadt stellt man sich anders vor, insbesondere größer. 5.500 Einwohner genügen aber in diesem abgeschiedenen Teil der Pfalz, um **Kusel** zu einem richtigen Mittelzentrum zu machen, in dem jedoch eine echte touristische Sehenswürdigkeit fehlt (offizieller, aber nicht schöner Stellplatz beim Amtsgericht in der Trierer Straße, der andere offizielle Platz wurde wegen Bauarbeiten wieder geschlossen).

Die touristische Attraktion liegt sechs Kilometer außerhalb, ist Bestandteil unserer persönlichen **Top Ten** und ist mit 425 Metern die längste Burgruine Deutschlands. Sie sehen die **Burg Lichtenberg** schon von weitem hoch über dem Tal, wenn Sie von Kusel heranfahren. Dabei erwartet Sie keine klassische Ruine, denn der lang gezogene Bau oberhalb von Thallichtenberg ist bestens wiederaufgebaut und zudem bewohnt. Einmal im Monat kann man hier heiraten (von uns ausnahmsweise nicht getestet), im **Burgrestaurant** dürfen Sie sogar (außer montags) täglich sündigen. Im Internet lesen Sie dazu alles Wesentliche, die Referenzliste (Gerhard Schröder, der 1. FC Kaiserslautern) sowie eine sensationelle Philosophie: *Der Gast ist König!* Die Speisekarte macht trotz-

Ruine Lichtenberg

dem einen einladenden Eindruck. Wenn Sie aber vor dem Gebäude stehen und entscheiden könnten, ob Sie nach links (in dieses Gasthaus) oder nach recht (in eine der größten pfälzischen Jugendherbergen) eintreten sollen, würden Sie sich, hätten Sie nicht Ihr Wohnmobil dabei, wahrscheinlich eher für den rechten Weg entscheiden, um am Abend mit im Kreis zu sitzen, wenn auf der kleinen Wiese am Bergfried die Klampfe geschlagen wird.

Die Burg Lichtenberg ist die Top-Sehenswürdigkeit dieser Tour: Allein die Lage und das beeindruckende Ensemble von Bauwerken mit allen Attributen einer klassischen Burg würde sich schon lohnen. Hinzu kommen hier aber noch zwei schöne Museen: das **Musikantenlandmuseum** und das **Umweltmuseum Geoskop**. Letzteres ist in einem modernen Gebäude untergebracht, das uns zeigt, wie ein guter Architekt Modernes mit Altem verbindet. Sie sehen dort paläontologische Funde, und man erklärt Ihnen die Eigenheiten der lokalen Geologie sowie die Historie des Bergbaus im Nordpfälzer Bergland. Im Musikantenlandmuseum widmet man sich nebenbei ein wenig der heimischen Botanik und Fauna,

Jugendherberge und Thallichtenberg

Blick vom Turm der Burg Lichtenberg

hauptsächlich aber der Geschichte der Pfälzer Wandermusikanten. Immerhin liegt die Burg Lichtenberg mitten im so genannten **Musikantenland**. Gezeigt werden Lebensweise und Instrumente der Wandermusikanten. Diese beiden kleinen Museen gehören nach unserem Geschmack zu jeder Pfalzreise. Dummerweise wird das Musikantenlandmuseum gerade umgebaut, und ein Fertigstellungstermin wird nicht mitgeteilt *(ich veröffentliche deshalb hier keine Einzelheiten, sondern nur den Link: https://burglichtenberg-pfalz.de/startseite.html; die Burg selbst ist kostenlos).*

Sie fragen sich, weshalb die Burg trotz des Pfälzischen Erbfolgekrieges noch so gut erhalten ist. Ganz einfach, die Franzosen haben damals nur Kusel niedergebrannt und die Burg verschont, die niemals bei einem kriegerischen Anlass, sondern im Jahr 1799 von einem gewöhnlichen Feuer zerstört worden ist, bevor man schon 100 Jahre später mit der Schadensbeseitigung begonnen hat.

Vor der Burg, wenn auch auf dem oberen, einsameren von zwei Parkplätzen, hat man höchst offiziell an die Wohnmobile gedacht und vier Stellplätze eingerichtet:

(160) Offizieller WOMO-Wanderparkplatz: Thallichtenberg

GPS: N 49°33'27" E 7°21'36", Burg Lichtenberg - K 23.
Max. WOMOs: 4 – mehr sind möglich. **Ausstattung**: Keine.
Beschreibung: Sie stehen etwas einsam, jedenfalls außerhalb einer Ortschaft, aber in Sichtweite der Burg und der dortigen Jugendherberge (mit Restaurant) schön in der Landschaft und können trotz des Asphaltes Klappstühle benutzen. Ein nachfolgend beschriebener Wanderweg beginnt hier.
Zufahrt: Folgen Sie westlich von Kusel dem Wegweiser zur *'Burg Lichtenberg'*; vor der Burg geht es noch 50 m nach links bergauf.

Musikantenland

Wo würden Sie lieber ein Wochenende verbringen, im Landkreis Kusel und in Teilen des Kreises Kaiserslautern, in der Westpfalz (auch Westrich genannt) oder im *Musikantenland*? Man muss also nicht lange überlegen, wenn man eine Erklärung dafür sucht, weshalb ein Begriff geschaffen worden ist, der noch um 1980 selbst in Kusel völlig unbekannt war. Erst nachdem auf Initiative des Heimatforschers und Leiters des Musikvereins Kusel das *Musikantenland-Museum* auf der Burg Lichtenberg eröffnet worden war, kam man auf die Idee, die Vorstellung, die man beim Begriff *Musikant* empfindet, Heiterkeit und Zwanglosigkeit, Attribute des modernen Kurzurlaubs, touristisch auszunutzen. Das scheint gut zu funktionieren, wenn man bedenkt, dass es inzwischen weitere Musikantenland-Museen gibt, und dass die Terminologie in der Westpfalz neuerdings fast inflationär verwendet wird.

Dabei war das Leben der Pfälzer Wandermusiker gar nicht so fröhlich und leicht. Die Musikanten entstammten der untersten sozialen Schicht und waren Männer, die in der landwirtschaftlich benachteiligten Region keinen besseren Broterwerb fanden und als Straßenmusikanten über Land zogen. Das war in der Zeit, als die Pfalz zu Frankreich gehört hat (bis 1815), möglich geworden, weil das liberale französische Recht jedem Bürger Gewerbefreiheit bot. So zogen zu Beginn des 19. Jahrhunderts viele junge Burschen mit oder ohne Talent, auf jeden Fall aber mit einem Instrument, umher. Anfangs nur in der Pfalz, dann in ganz Süddeutschland und schließlich im europäischen Ausland. Die Musiker bildeten sich immer besser aus, es entstanden Ka-

Burg Lichtenberg mit Stellplatz

pellen und ab 1850 eine regelrechte Blüte der so genannten *Mackenbacher*, die so hießen, weil der typische Wandermusikant aus Mackenbach (nördlich von Landstuhl) kam, einem Dorf, in dem zeitweise ein Viertel der Bevölkerung musizierte.

Schließlich verschlug es die Männer (Frauen waren niemals als Musiker unterwegs) bis nach Amerika. Dort und auf den Überseeschiffen blieben die Pfälzer Musikanten mehrere Jahre am Stück, während sie sich im europäischen Ausland in der Regel nur über Sommer aufhielten, um im Winter in der heimischen Pfalz das Programm für die neue Saison zu proben. Aus einigen Wandermusikanten wurden sogar angesehene Musiker, manche brachten es zu regelrechtem Wohlstand. Um die Wende zum 20. Jahrhundert waren rund 2.500 Pfälzische Wandermusikanten unterwegs.

Der Erste Weltkrieg setzte dem ein Ende. Die Männer wurden im Krieg gebraucht, und nach dem Gemetzel blieben zunächst die Grenzen geschlossen. Bis sich dann in den 20er Jahren der Berufszweig wieder erholt hatte, waren Schallplatte, Radio und Tonfilm erfunden, und der Live-Musiker war überflüssig geworden. Aber der berühmteste Pfälzer Musikant Georg Drumm, 1847 in Erdesbach, nördlich von Kusel, geboren, ist in den USA unsterblich geworden: Seine Komposition, der »Hail America Marsch«, wird seit 1952 zur Amtseinführung des amerikanischen Präsidenten gespielt. Schauen Sie sich das interessante Pfälzer Musikantenland-Museum auf der Burg Lichtenberg an (siehe oben), wo Sie noch viele weitere Aspekte erfahren, über einzelne Persönlichkeiten, deren Repertoire und vor allem auch über die Instrumentenbauer, die sich in der Westpfalz als zwangsläufige Folge des Musikantentums etablieren konnten.

Rundweg ab der Burg Lichtenberg

Nichts liegt hier näher als eine gut **dreistündige** Wanderung durch das Musikantenland. Wir fotografieren dazu am Parkplatz der **Burg Lichtenberg** eine Schautafel mit Wanderwegen und wählen den (Ski-) Rundweg Nr. 3. Mit unserem Smartphone können wir uns anhand des Fotos orientieren:

Ab der Burg folgen wir dem rot-gelben Wegweiser und gehen auf der Straße ein Stück bergauf, die wir nach dem oberen Parkplatz (das ist der Stellplatz) auf einem Wirtschaftsweg nach links verlassen. Wir wandern auf der Höhe nördlich an **Körborn** vorbei, halten uns nach dem Dorf kurzzeitig recht, um alsbald in die alte Richtung nach links (Westen) abzubiegen. Erst kurz vor dem **Mayweilerhof** verlassen wir die rot-gelbe Markierung und gehen zweimal rechts. Hier wird die Wegfindung etwas schwieriger. Wir durchqueren die kleine Ansiedlung und folgen der Ziffer 3 auf rotem Grund einer Skilanglaufpistenmarkierung zunächst ein Stück entlang der K 22 bergab, die wir ca. 200 m nach den letzten Häusern (nicht vorher!) auf einem Weg nach schräg rechts verlassen, um über Wiesen in **Blaubach** wieder auf die K 22 zu stoßen.

Die heißt im Dorf *Kuseler Straße* und verläuft in einer Linkskurve, in deren Scheitelpunkt wir nach rechts auf die Straße *Im Röhrbach* abbiegen, die wir schon nach wenigen Metern nach links auf der Straße *Matzenberg* verlassen, die uns aus Blaubach zu den Feldern führt. Etwa 800 m nach Blaubach überqueren (!) wir einen in Nord-Süd-Richtung mit rotem Balken markierten Wirtschaftsweg und kurz danach die K 24, jenseits derer wir am Waldrand entlangwandern, uns bei erster Gelegenheit rechts und sofort an einer Gabelung wieder links halten. Bald stoßen wir auf einen mit rotem Kreuz markierten Weg, der uns zur Burg zurückführt (die ganze Strecke ist auf der *Kompass* App als markierter Wanderweg dargestellt oder Topographische Karte *Westpfalz Mitte).*

Wir fahren zurück nach Altenglan, weil ich Ihnen den Stellplatz von **Patersbach**, einem Ortsteil von Altenglan, nicht vorenthalten möchte:

(161) Offizieller WOMO-Stellplatz: Patersbach

GPS: N 49°33'54" E 7°27'16"; Brückenstraße;
Max. WOMOs: 6.
Ausstattung: Ver- und Entsorgung, Strom, Mülleimer, Boulebahn, Unterstand.
Beschreibung: Die schattenlose Wiese ist klappstuhlgeeignet und liegt zwischen dem nahen Dorf und dem Glan. Im angrenzenden Bedesbach gibt es eine Gaststätte, einen Bäcker haben wir nicht gesehen.
Zufahrt: Die Wiese liegt beschildert zwischen B 420 und dem Glan vor Bedesbach.
Preis: 5 € in einen Kassenstein.

Wenn Sie in der Pfalz gelegentlich essen gehen, begegnet Ihnen häufig, vor allem in guten Lokalen, ***Erdesbacher Ziegenkäse***. Die Käserei liegt an Ihrem *Weg (Erdesbach, Eckweg*

2; parken Sie im südlichen Teil von Erdesbach bei sich bietender Gelegenheit an der B 420 und gehen Sie in den Mühlweg und bald nach rechts in den Eckweg; der Bioland-Hofladen ist eigentlich nur Fr nachmittags und Sa vormittags geöffnet, wir wurden auch außerhalb dieser Zeiten bedient; Tel 06381 40418).

Seit der Erstauflage haben wir das ***Waldhotel Felschbachhof*** südwestlich von **Ulmet** im Programm. Das Essen war super, die Preise erschwinglich, und man durfte unterhalb des Hauses im WOMO schlafen. Dieses Angebot ist inzwischen von der Internetseite verschwunden, und unser Besuch, kurz vor Drucklegung, ist am neuerlichen Lockdown gescheitert. Sie können trotzdem unbedenklich reservieren und, falls man Sie auf nach Nachfrage nicht seitlich der Zufahrt schlafen lässt, direkt gegenüber, auf der anderen Seite der B 420 einfach den Parkplatz des Sportplatzes des SV Ulmet dazu zweckentfremden *(N 49°35'02" E 7°26'48"; Tel. 06387 9110, kein Ruhetag, Hauptgerichte ab 24,50 €; schreiben Sie mir oder unter https://forum.womoverlag.de/).* Man kann auch so stehen, wie früher alle Stellplätze mal waren:

(162) WOMO-Stellplatz: Ulmet

GPS: 49°35'28" E 7°27'07", Meisenheimer Str. **Max. WOMOs**: 3-4.
Ausstattung: Wasser in kleinen Mengen im Friedhof.
Beschreibung: Sie stehen schön auf dem geschotterten Parkplatz der Kirche und des Friedhofes. Häuser sind in Sichtweite. Zum Felschbachhof sind es 1,7 km.
Zufahrt: Wenn Sie auf der B 420 westlich an Ulmet vorbeifahren, sehen Sie auf einem Hang östlich der Bundesstraße zwei Kirchen; fahren Sie auf den Parkplatz vor das linke, untere der beiden Gotteshäuser.

Ab Patersbach fahren Sie auf dieser und der nächsten Tour entlang des Glans, der (nicht die) bei Odernheim (Tour 14) in die Nahe mündet. In **Sankt Julian** (1.000 Einwohner) zeigt sich der kleine Fluss von seiner schönsten Seite, wenn Sie den auf einer Wiese direkt am Glan eingerichteten Stellplatz gefunden haben. Sie stehen ideal, in anmutiger Natur, lauschig und trotzdem nicht einsam, an warmen Sommertagen einer der lieblichsten Plätze in diesem Buch. Auf der anderen Straßenseite sehen Sie das Gebäude der ehemaligen **Ölmühle**, einer Museumsmühle, wo heute noch nach Voranmeldung zu Demonstrationszwecken Öl aus Raps, Mohn und Leinsamen gewonnen wird (Tel. 06387 7252):

(163) Offizieller WOMO-Stellplatz: Sankt Julian

GPS: N 49°36'24" E 7°30'46", An der Lenschbach. **Max. WOMOs**: 10.
Ausstattung: Ver- und Entsorgung, Toilette (angrenzend in einem Häuschen, war möglicherweise wegen Corona geschlossen). Strom, Mülleimer.
Beschreibung: Das ist ein super Sommerplatz auf zwei teilweise schattigen Ebenen, wenn man sich im Freien aufhalten möchte. Alles andere ist schon gesagt. Sie finden eine Bäckerei (über die Brücke geradeaus in den Ort nach 300 m); leider kein Restaurant. Dummerweise ist der Glan kein Badegewässer.
Zufahrt: In Sankt Julian finden Sie im westlichen Ortsteil wie auch in der Ortsmitte von der B 420 jeweils eine Abzweigung zu einer Glanbrücke; folgen Sie dem Wegweiser *'Ölmühle'*, der Stellplatz liegt schräg gegenüber dieser Mühle auf einer großen Wiese. **Preis**: 5 € in den Kassenstein.

Offenbach-Hundheim

Im übernächsten Dorf, in **Offenbach-Hundheim** (1.260 Einwohner), entdecken Sie das bedeutendste kirchliche Baudenkmal der nördlichen Westpfalz, eine frühere **Benediktiner Klosterkirche**, die zwischen dem 13. und 15. Jahrhundert gebaut wurde und heute der evangelischen Kirche dient. Die dreischiffige Basilika wird der Zeit des Übergangs zwischen Spätromanik und Frühgotik zugerechnet. Dass die Kirche so gut erhalten ist, verdanken wir Kaiser Wilhelm II., der um 1895 den Verfall durch umfangreiche Renovierungen aufhalten ließ. Wenn Sie am Nordende (!) von Offenbach-Hundheim die B 420 schräg zum Ort hin verlassen, können Sie mit dem Wohnmobil bis vor die Kirche fahren (und 200 m oberhalb, auf einem abschüssigen Parkplatz vor dem Friedhof, im Prinzip sogar ganz schön übernachten). In Offenbach-Hundheim gibt es noch ein weiteres sakrales Gebäude zu bewundern, nämlich auf der südöstlichen Glanseite und etwa 500 Meter westlich des Ortsteils inmitten eines alten Friedhofs, die so genannte **Hirsauer Kirche** aus dem frühen 12. Jahrhundert.

Nun ist es nicht mehr weit nach **Lauterecken** (2.000 Einwohner). Dort hat ein Fertighausunternehmen einen Platz für rollende Fertighäuser gebaut :

(164) Offizieller WOMO-Stellplatz: Lauterecken

GPS: N 49°39'01" E 7°35'17, Friedhofweg 3a.
Max. WOMOs: 30.
Ausstattung: Ver- und Entsorgung, Toilette, Dusche (zusätzlich 3 € / Tag plus Gebühr fürs Duschen), Strom, Mülleimer, überdachter Sitzplatz, Grillplatz.
Im unteren Teil stehen die Klappstühle auf Rasen, im oberen auf Schotter. Gaststätten und Geschäfte erreicht man um die Ecke; das italienische Restaurant am Platz ist ordentlich und preiswert; der Draisinenbahnhof liegt 500 m entfernt.
Zufahrt: Der Platz ist nördlich der Hauptkreuzung des Ortes an der B 420 beschildert. **Preis**: 8 €.

Die Hauptsehenswürdigkeit der Kleinstadt ist die **alte Glanbrücke**. Gehen Sie durch die Hauptstraße, bis Sie von einem Wegweiser zur Brücke geleitet werden. Unterwegs kommen Sie am Turm der ehemaligen Residenz des Grafen von Veldenz vorbei. Die Geschichte dieser Grafschaft wollen wir uns aber lieber verkneifen.

In das Lautertal hinein wagen wir uns nur bis **Wolfstein** (1.950 Einwohner), eine der kleinsten Städte Deutschlands. Von dort könnten Sie entlang der Lauter den Rückweg antreten, um in Kaiserslautern die tiefe Provinz wieder zu verlassen. Wobei man darüber streiten kann, ob Kaiserslautern nicht selbst noch zur tiefen Provinz gehört (und in unserem Reiseführer trotz offiziellem Stellplatz weiterhin ausgeklammert wird).

Der kleine Exkurs nach Wolfstein lockt mit einem Spaziergang durch die Gärten hinter den Häusern, zwei Burgen oberhalb des Städtchens und einem hübschen Campingplatz:

(165) WOMO-Campingplatz-Tipp: Wolfstein
(*Camping am Königsberg*)

GPS: N 49°34'48" E 7°37'07", Am Schwimmbad 1, Tel. 06304 4143, www.campingwolfstein.de/. **Öffnungszeit**: 20.3. - 31.10.
Ausstattung: Schöne Spielplätze (auch indoor), Brötchenservice, Hundedusche.

Beschreibung: Der teilweise schattige Platz ohne Dauercamper unter sehr freundlicher holländischer Leitung liegt 1 km vom Zentrum entfernt neben dem Freibad und einem Sportzentrum mit Saunen und Minigolf, in der Nähe eines Freibades. Er ist im Sommer gut besucht, weshalb man in der Hochsaison nicht jederzeit Platz findet.
Zufahrt: Der Platz liegt südöstlich des Zentrums am Sportgelände.
Preise: 19,50 € - 32 € (inkl. Eintritt in das benachbarte Freibad).

In fünf Fußminuten kann man vom Campingplatz auf dem Weg in die Kleinstadt das **Besucherbergwerk** *Kalkbergwerk am Königsberg* erreichen. Das vollständig eingerichtete und funktionsfähige Industriedenkmal war früher ein perfektes Zeugnis für die Kalkgewinnung unter Tage. Bei den Recherchen für dieses Buch konnte man es aber nicht besichtigen, und ich hatte nicht den Eindruck, dass die Sperrung ein Corona geschuldeter vorübergehender Zustand war. Auch die Internetseite ist abgeschaltet.

Im Städtchen steht man sehr bald am Ufer der Lauter und freut sich an einem verwunschenem Weg zwischen den Häusern und der Lauter, den man gegen einen kurzen Aufstieg zu den beiden im Abstand von etwa 700 Meter benachbarten **Burgen Neuwolfstein und Altwolfstein** eintauscht. Er ist vom Zentrum aus ausgeschildert und vollkommen unschwierig, weil man die erste Burg über sich sieht, die von der Schlossgasse nur 300 Meter entfernt ist.

Wenn Sie von Wolfstein zurück nach Lauterecken fahren, erreichen Sie nach weiteren zehn Kilometern den Höhepunkt des Glantals. Der liegt fast am Beginn unserer nächsten und letzten Tour.

Wolfstein

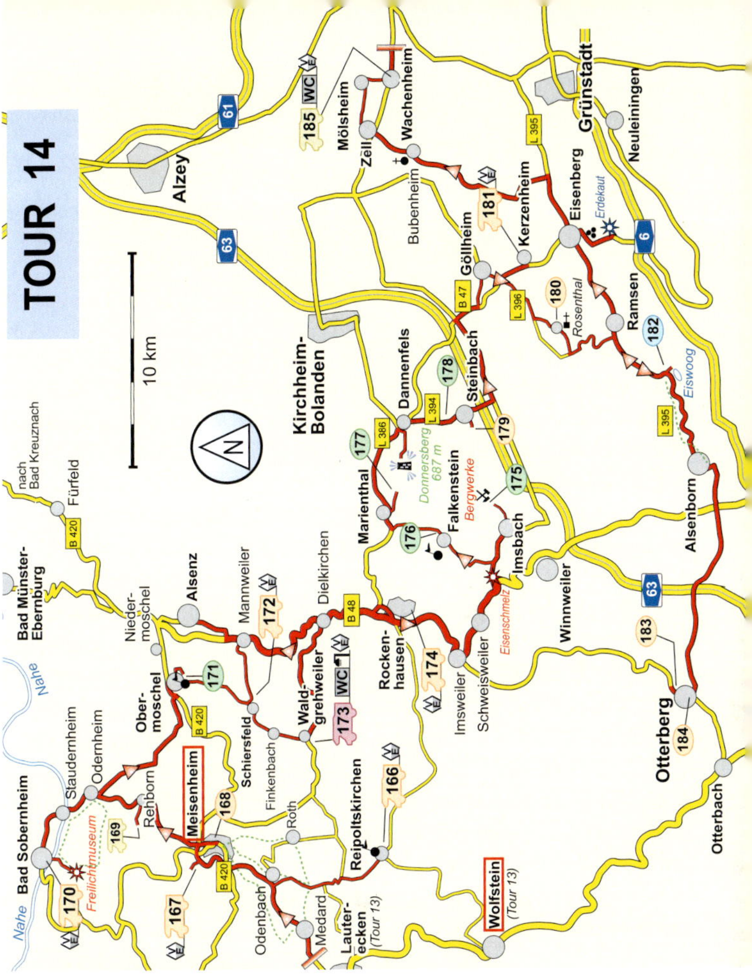

Tour 14 Durch die Nordpfalz 205 km

Reipoltskirchen – Meisenheim – Bad Sobernheim
Obermoschel – Rockenhausen – Donnersberg
Eiswoog – Otterberg – Zellertal

Stellplätze: in Reipoltskirchen, in Meisenheim, in Bad Sobernheim, in Obermoschel, in Schiersfeld, in Waldgrehweiler, in Rockenhausen, in Marienthal, bei Dannenfels, in Steinbach, in Rosenthal, am Eiswoog, in Kerzenheim, in Otterberg, in Wachenheim

Besichtigen: Skulpturenweg in Reipoltskirchen, Meisenheim, Freilichtmuseum in Bad Sobernheim, Moschellandsburg, Rockenhausen, Eisenschmelz, Pfälzer Bergbaumuseum und Bergwerke in Imsbach, Keltendorf in Steinbach, Uhl'sches Haus in Göllheim, Zisterzienserinnenabtei in Rosenthal, Naherholungsgebiet Erdekaut, Kirche St. Peter in Bubenheim, Klosterkirche in Otterberg

Wandern:	von Meisenheim nach Medard, von Bad Sobernheim zum Kloster Disibodenberg, zur Burg Wildenstein, vom Eiswoog über das stillgelegte Gleis nach Alsenborn
Essen:	Restaurant *Zur Wasserburg* in Reipoltskirchen, *Meisenheimer Hof*, *Weingut Barth* oder Restaurant *Brauhaus* in Meisenheim, Restaurant *Kupferkanne* in Bad Sobernheim, Gaststätte *Die Blockhütte* in Marienthal, Restaurant *Seehaus Forelle* am Eiswoog

Manche Ziele in diesem Buch hätten Sie auch ohne dieses Buch gefunden, wenn Sie auf eigene Faust in die Pfalz gefahren wären. Die Westpfalz hätten Sie aber wahrscheinlich nicht bereist, und **Reipoltskirchen** (360 Einwohner) hätten Sie nie und nimmer entdeckt, denn dieses nette Dorf liegt abseits aller Durchgangstraßen und sogar seitwärts unseres Tourenverlaufes. Meine Großmutter, die ich über 30 Jahre oft und als Jugendlicher bisweilen eine ganze Woche lang besucht habe, wohnte zwölf Kilometer entfernt, und ich kannte nahezu jeden Dorfnamen der weiteren Umgebung. Aber von Reipoltskirchen war nie die Rede. Wenn Ihnen der Ort heute trotzdem als Ziel einer kleinen Reise empfohlen wird, kann das nur an der Kreativität örtlicher und regionaler Verantwortungsträger liegen.

Womit würden Sie bei der Ankurbelung des Tourismus anfangen? Sie würden direkt unterhalb des Dorfes am Bach einen feinen Stellplatz ausweisen, auf robustem Rasen, mit schöner Sicht und nicht zu einsam – und damit im gedanklichen Wettbewerb um die schönsten Stellplätze in der Pfalz ganz weit vorne landen:

(166) Offizieller WOMO-Stellplatz: Reipoltskirchen

GPS: N 49°38'04" E 7°39'52", Kegelbahnstraße. **Max. WOMOs**: 6.
Ausstattung: Ver- und Entsorgung, Strom, kleiner Mülleimer.
Beschreibung: Der klappstuhlgeeignete Platz auf Rasengitter liegt idyllisch am Rand von Wiesen in der Nähe des Wanderwegs einer guten Gaststätte, eines Bolzplatzes und einer Bäckerei.

Zufahrt: Reipoltskirchen erreichen Sie von Lauterecken aus über die B 420. Sie überqueren in Odenbach den Glan und fahren über die L 382 und Adenbach nach Süden. Wenn Sie das Dorf durchquert haben, taucht ein Schild mit *'Wasserburg'* auf, darunter das Piktogramm für einen Stellplatz.
Preis: 5 € in einen Stein.

Und Sie würden genau hier, wo sich die Fremden ohne jeden Vorbehalt als angekommen fühlen, an einem Rundweg die erste Skulptur aufstellen, zu der Sie einen internationalen Künstler überredet haben. Gleich danach eine bizarre Brücke (Foto Seite 260) über jenen Bach und in der weiteren Folge zehn weitere Formkunstwerke anderer Schöpfer. In Wirklichkeit ist dieser **Skulpturenweg** vom Landkreis Kusel angelegt und aus zwei sogenannten *Symposien zur Vorstellung zeitgemäßer Positionen skulpturaler Kunst* hervorgegangen. Die etwa 30 Minuten beanspruchende Strecke ist ganzjährig begehbar und kostet nichts.

Reipoltskirchen - Wasserburg

Mit Kunst und einem Wohnmobilstellplatz lockt man heutzutage eher die Grauhaarigeren. Also bedurfte es noch eines Anreizes für junge Erwachsene, die sich mit fast nichts lieber beschäftigen als mit der Hochzeit in einer Wasserburg. Deshalb hat die Verbandsgemeinde dort ein Trauzimmer eingerichtet und daneben die **Gaststätte *Wasserburg*** nach zwischenzeitlicher Schließung wieder gut verpachtet. Diese Kombination hat den Nachteil, dass die Älteren gar nicht so selten vor dem Schild »Heute geschlossene Gesellschaft« stehen, weshalb wir dringend einen kleinen Vorrat von eigenem Grillgut empfehlen und in dieser Auflage nur über den reinen Anblick der ansprechenden Speisekarte berichten können *(Tel. 06364 1750016; Mo und Di geschlossen).*

Die Festung auf einem künstlichen, um einen Felssporn aufgeschütteten Hügel gilt als besterhaltene **Wasserburg** der Pfalz und wurde ausnahmsweise nicht im Erbfolgekrieg zerstört, sondern sie ist mangels Pflege langsam verfallen und erst in neuerer Zeit restauriert worden. Vom 17 Meter hohen Bergfried blickt man direkt auf den Stellplatz (und das eine oder andere von Hochzeitsgästen dort verbotswidrig geparkte Auto) sowie einen schön angelegten Kräutergarten oberhalb des Burggrabens.

Von Reipoltskirchen kehren wir zurück nach Odenbach und gelangen dort auf die Straße nach **Meisenheim**. Das Städtchen hätten Sie ohne dieses Buch ebenfalls nicht besucht, obwohl es zu unseren persönlichen **Top Ten** gehört. Möglicherweise ist die Kleinstadt (2.900 Einwohner) so sehenswert, weil sie fern der großen Verkehrswege liegt und deshalb schon lange ins wirtschaftliche Abseits geraten ist. Noch vor dem letzten Krieg war Meisenheim Kreisstadt und Sitz eines Amtsgerichtes. Aber

Meisenheim
Blick von der Juché

dann fehlte die Wirtschaftskraft, um Altes abzureißen und durch Neubauten zu ersetzen. Erst seit rund 25 Jahren ist das Panorama an der Peripherie von einem großen Gewerbekomplex eines bedeutenden Zulieferers der Fahrzeugindustrie gestört.

Es wird Ihnen aber schwerfallen, beim Blick von der ***Juché***, so heißt der Aussichtspunkt jenseits des Glans (Geheimtipp!), einen baulichen Fremdkörper im historischen Zentrum auszumachen. »Rothenburg am Glan« heißt es oft, und doch darf Meisenheim nicht mit dieser massentouristisch geprägten Stadt in Franken verglichen werden.

Bleiben Sie, nachdem Sie beim Rundgang zunächst am Glan flussaufwärts gegangen sind, außerhalb der Altstadt. Wenn Sie am **Untertor** vorbeispaziert sind, dem Musterbeispiel eines alten Stadttores, gelangen Sie beim ehemaligen, inzwischen fischefreundlich umgebauten Stauwehr auf die **Stadtmauer** und balancieren auf ihr oder zwischen Gemäuer und Fluss, solange es geht (am Spätnachmittag viele possierliche Nutrias). Danach halten Sie sich stadteinwärts und treffen auf die Untergasse, auf der Sie nach rechts abbiegen, vorbei am **Rathaus** von

Untertor und Meisenbrunnen

1508 und dem **historischen Marktplatz** mit schöner Säulenhalle, bevor Sie auf der Innenseite des Stadttors auf den **Rapportierplatz** stoßen. Sie fotografieren vielleicht den niedlichen **Meisenbrunnen**, ehe Sie auf der anderen Seite des Platzes nach links in die **Obergasse** einbiegen. Wenn Sie kurz vor deren oberem Ende den spätgotischen Kirchturm hinter dem Fachwerk der so genannten **Ritterherberge** erblicken, haben Sie das schönste Motiv des Orts vor Augen: Die zwischen 1479 und 1504 erbaute **Schlosskirche** wirkt für das Städtchen zu groß, was daran liegt, dass Meisenheim vorübergehend die Residenz der Herzöge von Pfalz-Zweibrücken war und was zugleich erklärt, weshalb wir dieses Kleinod in den Pfalzführer aufgenommen haben, obgleich es heute gerade auf ein paar Meter nicht mehr zur Pfalz gehört:

Meisenheim - Ritterherberge

Herzöge in Meisenheim

Zu früh haben Sie bei der vorherigen Tour aufgeatmet, als wir uns eine geschichtliche Betrachtung des Herzogtums Pfalz-Zweibrücken verkniffen haben. Im Zusammenhang mit Meisenheim ist ein kleiner historischer Schlenker allerdings unumgänglich, weil Sie sonst nicht verstehen, weshalb hier diese große Kirche und die anderen stattlichen Häuser zu sehen sind.

Im Jahre 1410 entstand aus einer Erbteilung und durch Hei-

Meisenheim - Schlosskirche

rat das Herzogtum Pfalz-Zweibrücken, zu dem Gebiete im Hunsrück, am Donnersberg und in der Vorderpfalz (beispielsweise das heutige Bad Bergzabern) gehörten. Durch eine Vermählung des ersten Herzogs, er hieß Stephan, kam noch die Grafschaft Veldenz mit Meisenheim als deren Hauptstadt hinzu. Mit dieser Ausdehnung existierte das Herzogtum Pfalz-Zweibrücken bis zur französischen Revolution. Die Herzöge hatten aber schon sehr früh, im Jahre 1477, ihren Hauptwohnsitz nach Zweibrücken (Tour 13) verlegt, ohne Meisenheim als Residenz ganz aufzugeben. So entstand das imposante Gotteshaus und diente vor allem als herzogliche Grabkirche (beachten Sie rechts des Altars die Grabkapelle mit seltenen freischwebenden Gewölberippen).

Im Wiener Kongress von 1815 wurden die Teilgebiete von Pfalz-Zweibrücken, die nördlich des Glans lagen, nicht Bayern zugeschlagen, sondern fielen zunächst an Hessen und später an Preußen. Daher gehört Meisenheim im verwaltungspolitischen Sinn heute nicht mehr zur Pfalz. Man kann sich kaum noch vorstellen, dass bis zum Ende des 2. Weltkrieges (!) bei Meisenheim die Grenze zwischen Bayern und Preußen gezogen war. An der Glanbrücke beim Untertor erinnert hieran eine interessante Beschreibung.

Die Bezeichnung Schlosskirche geht darauf zurück, dass an der Stelle einer alten Burganlage im 17. Jahrhundert ein Schlösschen dicht an die Kirche herangebaut worden ist. Halten Sie sich an einem Samstagabend in der Nähe des hohen spätgotischen Turms und vor allem im Freien auf, wenn um 18 Uhr die Glocken läuten. Sie werden ein seltenes, wunderbar kraftvolles Klangerlebnis in Erinnerung behalten.

Allein die Stellplatzbedingungen könnten ein wenig besser sein, wenngleich man sich nicht ernsthaft beklagen muss, seit ein offizieller, allerdings einsamer Platz hinzugekommen ist:

(167) Offizieller WOMO-Stellplatz: Meisenheim (In der Heimbach)

GPS: N 49°42'53" E 7°39'27", In der Heimbach.
Max. WOMOs: 12.
Ausstattung: Ver- und Entsorgung Strom, Mülleimer.
Beschreibung: Sie stehen in schöner Naturlage aber außerhalb der Bebauung und, falls keine Nachbarn anwesend sind, etwas einsam auf einer klappstuhlgeeigneten Mischung von Schotter und Gras. Das **Freibad** grenzt unmittelbar an. In die Altstadt mit immer weniger Gaststätten aber einem großen Supermarkt (am Marktplatz) sind es 1,3 km (nehmen Sie direkt rechts vom Schwimmbadeingang einen Fußweg, der Sie unter der Bundesstraße hindurch an den früheren Bahnhof führt; dort gehen Sie schräg links in die Altstadt). Der Glanradweg führt vorbei.
Zufahrt: Biegen Sie von der B 420 in einer langen Kurve zum Schwimmbad ab (Stellplatzsymbol); der Stellplatz liegt weiter hinten auf einer Wiese, nicht vorne an der Straße!! Das Durchfahrtverbot gilt nicht für den Stellplatz.
Preis: 5 €. **Hinweise**: Am 1. Wochenende im Juli findet hier das *Heimbacher Brunnenfest* statt, eine Kirmes, weshalb der Stellplatz dann nicht benutzbar ist.

(168) WOMO-Stellplatz: Meisenheim (Schillerstraße)

GPS: N 49°42'31" E 7°40'15", Schillerstraße.
Max. WOMOs: 3-4.
Ausstattung: Mülleimer.
Beschreibung: Hier steht man rechtwinklig zu den Parkplatzspuren und darf normalerweise nicht länger als 6,50 m sein, an ganz wenigen Stellen vielleicht auch 7,50 m. Tagsüber ist hier häufig alles zugeparkt. Gegen Abend gibt es immer Platz, am besten oben rechts (siehe unser Foto). Man steht neben der Stadtmauer und der Altstadt. Alles ist nach wenigen Schritten zu erreichen.
Zufahrt: Biegen Sie von der B 420 auf der östlichsten von insgesamt vier Zufahrten nach Meisenheim ab (bei einer Aldi-Filiale – Wegweiser ,*Glantalklinik*'); Sie fahren nach etwa 500 m über die Glanbrücke und vor dem Stadttor rechts in die Schillerstraße, bis Sie nach etwa weiteren 150 m links zu einem Parkplatz an der Stadtmauer gelangen (auf der einen Seite steht ein Wegweiser ,nur Pkw', was man hier nicht so genau nimmt, zumal an der anderen Zufahrt dieses Schild fehlt); Sie befinden sich häufig in der Gesellschaft weiterer Wohnmobile.
Wir haben auch schon links vor dem Stadttor am **Glanufer** parallel zur Straße gestanden.

Alternativ fahren Sie auf der Schillerstraße weiter und am Ende der Straße rechts, bis Sie zum **ehemaligen Bahnhof** gelangen; vor bzw. halbrechts desselben können auch Elefanten parken;
GPS: N 49°42'36" E 7°39'57".

Zum Essen empfehlen wir drei Adressen: Am edelsten und richtig gut speisen Sie im ***Meisenheimer Hof***, unserem Favoriten in Meisenheim *(Obergasse 33; Tel. 06753 1237780, möglichst reservieren; Mo geschlossen, Hauptgerichte ab 21 €; Menüs ab 37 €; ausgezeichnete Weine)*. Deutlich preiswerter ist das sympathische ***Hotel-Weingut Barth*** mit einem wunderbaren Innenhof *(Lindenallee 23, die Straße am ehemaligen Bahnhof bergauf oder, von der anderen Seite, an der Schlosskirche etwa 200 m bergauf und nach rechts in die Linden-Allee, dort am ehemaligen Schulhaus vorbei; Tel. 06753 5477; So und Mo Ruhetag; Hauptgerichte ab 13,40 €, preiswerte Weine, an warmen Sommertagen sollten Sie im heiß umkämpften Innenhof reservieren)*. Bei Reinhold und Gregor Barth können Sie zudem ordentliche, überraschend preiswerte Weine einkaufen – sehr guter Frühburgunder – und sich davon überzeugen, dass Meisenheim, das zum Anbaugebiet Nahe gehört, sogar ein Weinstädtchen ist. Eine Alternative ist schließlich das ***Brauhaus***, auch wenn die attraktiven Freitagsbuffets aufgegeben wurden. Der geräumige Gastraum diente einst einer Brauerei als Lager. In jener Zeit, am Anfang des 20. Jahrhunderts, hat meine Großmutter hier das Fahrradfahren erlernt *(Obertor 15, an der Schlosskirche etwa 350 m gerade bergauf, Tel. 06753 4683; leider ebenfalls Mo Ruhetag, Hauptgericht ab 13,50 €)*.

Wenn Sie jenseits des Untertors eine Weile aufmerksam die Büsche am Glan betrachten, können Sie mit Glück Eisvögel beobachten, denen die Böschungen des Flusses seit ein paar Jahren wieder Lebensräume bieten. Die Vögel sehen Sie möglicherweise auch bei einer **Kanutour**, die wir selbst getestet haben, die aber aus Umweltschutzgründen immer wieder verändert worden ist. Zuletzt konnten Sie von Meisenheim nach **Rehborn** paddeln (*nähere Infos im Gasthaus Zum Radler unter 06753 124205; www.zum-radler.de/freizeitangebote-erholung-natur/kanuverleih-meisenheim-gl*). Am Endpunkt, beim abends geschlossenen Gasthaus *Zum Radler* an der Draisinenstrecke (siehe Tour 13) dürfen Sie nach Rücksprache auf der südöstlichen Glanseite stimmungsvoll übernachten (nicht auf der Zeltwiese direkt beim Gasthaus): [**169** – N 49°44'04" E 7°40'45", Rehborn, Mühlstraße, Bahnwärterhaus].

Für unsere Wanderung, die Sie über typische, weitgehend unbewaldete Nordpfälzer Hügel führt, bedarf es weder einer Internetrecherche noch einer Anmeldung. Der erste Teil, ein kleiner **Spaziergang zur Juché**, ist ein Muss für alle:

Von Meisenheim nach Medard

Sie starten am Untertor, bummeln durch die **Untergasse** und biegen unterhalb einer hohen Stützmauer der Schlosskirche beim sogenannten *Gelben Haus* nach links zum Glan hin ab, den Sie auf einem **eisernen Steg** überqueren. Dahinter gehen Sie geradeaus in den Wald und steigen, indem Sie sich halblinks halten, etwa 500 m an (beim Anstieg nicht den niedrigeren, linken Weg wählen, sondern den bergauf führenden). Spätestens 15 Minuten nach Überquerung des Glans stehen Sie an der ***Juché***, jenem wunderbaren, oben schon erwähnten und abgebildeten Aussichtspunkt. **Spaziergänger** kehren hier um und nehmen denselben Weg zurück oder gehen abwärts zum Untertor.

Wanderer jedoch gehen ein kurzes Stück weiter bergauf und halten sich rechts, um rechts (!) der **Glantalklinik** den dahinter vorbeiführenden Höhenweg zu erreichen. Wegen Bauarbeiten und wechselnden Umzäunungen hat sich die Wegführung mehrfach geändert. Sicher ist, dass Sie jenseits der Krankenhausanlage auf einen bequemen Wirtschaftsweg treffen. Dem Krankenhausgebäude sieht man neuerdings die Zeit seiner Entstehung nicht mehr an. Es wurde 1938 im Rahmen der Nazikampagne »Mutter und Kind« gebaut.

Auf dem erwähnten Höhenweg wandern Sie an dem ehemaligen *Keddarterhof* vorbei, stets in westlicher Richtung und bis zur Landstraße. Auf ihr gehen Sie links und an der nächsten Kreuzung geradeaus bis zum Dorf **Roth**. Im Ort wenden Sie sich an der einzigen Möglichkeit nach rechts bergauf und laufen auf einer Asphaltstraße aus dem Ort hinaus und hinunter ins Tal nach **Adenbach**.

Dort haben Sie **zwei Alternativen**: Entweder folgen Sie nach den wenigen Häusern <u>rechts</u> dem schmalen Bachlauf bis nach **Odenbach** und bleiben dort auf der südlichen Glanseite, um gemütlich entlang des Flusses zurück nach Meisenheim zu wandern, wo Sie am Friedhof ankommen. Dort überqueren Sie das Flüsschen, um sich der Altstadt von oben zu nähern, das dauert insgesamt **<u>ca. 3 Stunden</u>**.

Oder Sie wagen die **größere Runde**, die in Adenbach nach <u>links</u> abzweigt. Sie überqueren den Bach, folgen kurz der Straße und nehmen bald den nach rechts bergauf über eine Wiese führenden Weg, den Sie nach etwa 150 m erneut nach rechts verlassen. Nach kurzer Zeit queren Sie einen mit blauem Kreuz markierten Wanderweg und schlendern am Waldrand auf mehreren Kehren hinunter ins Glantal.

In **Medard** nehmen Sie die Brücke über den Glan, gehen auf der B 420 wenige Meter nach rechts, um dort bald wieder nach links auf einen Wanderweg bergauf einzubiegen (M8).

Nun kommen Sie beim Anstieg in schattenlosem Gelände nochmals ins Schwitzen, ehe Sie auf der Höhe an einer deutlichen Wegkreuzung nach rechts die **ehemalige Römerstraße** wählen (M1 und M8) und von hier nach mehr als einer Stunde auf einem abfallenden Höhenzug im westlichen Teil von Meisenheim eintreffen; insgesamt **<u>etwa. 5 Stunden</u>**; die Wanderkarte ist sinnvoll, Sie können diese in Meisenheim kaufen, auf der *Kompass* App ist die Strecke teilweise als Wanderroute markiert).

Wenn Sie sich für historische Bauwerke der umgebenden Regionen interessieren, können Sie sich einen kleinen Ausflug nach **Bad Sobernheim** (6.500 Einwohner) genehmigen. Das liegt schon deutlich im Bereich von Band 17 der WOMO-Reihe. Meine Mitautoren, wir alle nennen sie stets AFP – für Annette und Franz-Peter – haben uns aber das Wildern aus ihrem Reiseführer, sie nennen diesen HME – für Hunsrück, Mosel,

Bad Sobernheim - im Freilichtmuseum

Eifel – ausdrücklich erlaubt. Denn es lohnt sich. Hier hat nämlich die Stiftung **Rheinland-Pfälzisches Freilichtmuseum** in einem geräumigen Freigelände über 40 echte Häuser wieder aufgebaut, die an ihrem ursprünglichen Standort dem Verfall preisgegeben waren: Bauernhäuser, Handwerkerhäuser (zum Beispiel eine besonders sehenswerte Metzgerei, ein Eisenwarengeschäft, eine Gastwirtschaft mit Kegelbahn), Nebenanlagen wie Kapellen oder Ställe bilden harmonische Siedlungen, die ein ahnungsloser Wanderer wahrscheinlich erst nach einiger Zeit als Teile eines Freilichtmuseums erkennen würde. Der Wiederaufbau weiterer Gebäude ist in Arbeit. Der Rundgang dauert je nach Detailbeflissenheit zwischen zwei und vier Stunden. Eine sympathische Museumsgaststätte bietet kleine Gerichte und Erfrischung *(Mitte März bis Mitte November, täglich 9 - 17 Uhr; montags geschlossen außer von Juni bis August, an Feiertagen und während der Schulferien von Rheinland-Pfalz; Tel. 06751 855880; 7 €, Kinder und Jugendliche bis 17 Jahre kostenlos; Hunde sind angeleint erlaubt)*.

Bad Sobernheim - im Freilichtmuseum

Sie erreichen das bestens ausgeschilderte Freilichtmuseum etwa 800 Meter hinter einem privat betriebenem Stellplatz, vermutlich einem ehemaligen Campingplatz, der am Naheufer liegt und der zu unseren Lieblingsplätzen zählt:

(170) Offizieller WOMO-Stellplatz: Bad Sobernheim *(Am Nohfels)*

GPS: N 49°46'45" E 7°39'29", Hömigweg, Tel. 06751 854611 oder 7142, www.amnohfels.de/#/reisemobilstellplatz. **Max. WOMOs**: 60.
Ausstattung: Ver- und Entsorgung, Strom, Mülleimer, Sommercafé, Brötchendienst.
Beschreibung: Das klappstuhlgeeignete Gelände ist teilweise auf Schotter parzelliert, teilweise stehen Sie nach freier Wahl auf einer Wiese zwischen Bäumen. Ein Rad- und ein Wanderweg führen vorbei.
Zum Minigolf, Barfußpfad und Freibad (vor der Brücke links) sind es etwa 1,1 km; Supermärkte nach etwa 750 m, Ortszentrum nach etwa 850 m.
Der **Draisinenbahnhof in Staudernheim** – siehe bei Tour 13 – ist 2,9 km entfernt. **Preis**: 11 €.
Zufahrt: Folgen Sie von der Ortsmitte der Beschilderung *'Freilichtmuseum'*.

Von hier ist es nicht weit zu Deutschlands ältestem **Barfußpfad**. Auf 3,5 Kilometern durchqueren Sie unter anderem ein Lehmbecken, und Sie waten durch eine Furt der Nahe (Hose ausziehen oder Badehose). Besonders gut gelungen sind die schaukelnde Seilbrücke und der von Hand betriebene Nachen daneben. Der Barfußpfad ist wesentlich

Barfußpfad und Furt

spannender, als wir es vermutet haben *(er beginnt westlich des Freibades; 1.5. - 3.10. 9 - 20 Uhr; 4 €, bis 17 Jahre 2,50 €; sinnvoll, aber nicht zwingend notwendig sind kurze Hosen, zweckmäßig ist ein Handtuch; keine Hunde).*

Bei einem Spaziergang durch die Innenstadt entdecken Sie etwas Fachwerk, einen schönen Marktplatz, aber auch den in dieser Gegend unvermeidlichen Leerstand. Lebhaft geht es hingegen im **Restaurant *Kupferkanne*** zu, in dem wir weit überdurchschnittlich gut gegessen haben *(Berliner Str. 2, vom Stellplatz geradeaus in die Stadt, direkt vor dem Kreisverkehr halblinks in die Ringstraße, wieder geradeaus bis zur rechts einmündenden Berliner Straße; Tel. 06751 2858; Mi und Do geschlossen).*

Direkt vom Stellplatz führt entlang der Nahe ein **Radweg** nach Bad Münster am Stein-Ebernburg, 18 Kilometer am Wasser entlang, durch Felder und Weinberge. Die nähere Beschreibung des Kurortes und der dahinter aufragenden höchsten deutschen Steilwand nördlich der Alpen, des Rotenfels, überlasse ich aber lieber AFP.

Auch die Wanderstrecke habe ich mir nicht selbst ausgedacht, sondern sie dem Rother Wanderführer *Rheinhessen* entnommen und abgewandelt (siehe hinten beim Stichwort *Wandern*). Sie beginnt nämlich idealerweise ebenfalls beim Stellplatz:

Von Bad Sobernheim zum Kloster Disibodenberg

Unser Startpunkt ist die **Nahebrücke beim Stellplatz** (wer dort nicht übernachtet, kann sein Fahrzeug auf dem nahen Parkplatz des Freilichtmuseums abstellen), von deren südlichem Brückenkopf, also der dem Freilichtmuseum zugewandten Seite, wir bei erster Gelegenheit, die Brücke im Rücken, nach Osten (links) wandern und auf die als Barfußpfad ausgewiesene Strecke südlich entlang der Nahe gelangen. An einer Furt liebäugeln wir mit dem Gedanken, ohne Schuhe und Gepäck mit Hilfe eines gespannten Seils wenigstens einmal den Fluss zu durchwaten. Wir bleiben lieber auf dem südlichen Ufer, das wir vor der Steinbrücke in **Staudernheim** auf die Sobernheimer Straße verlassen, von der wir sofort wieder nach links in den Klosterweg abbiegen.

Klosterruine Disibodenberg

Nun ist die Strecke zum **Kloster Disibodenberg** ausgeschildert und am Anfang mit einem blauen Strich markiert. Man kann die Ruine des Klosters nicht verfehlen, das um das Jahr 640 von dem Mönch Disibodus gegründet worden ist und bis 1559 in Betrieb war *(Besichtigung der Ruine am Wochenende von 11 bis 18 Uhr, von Dienstag bis Freitag*

Blick auf Odernheim - links der Disibodenberg

erst ab 14.30 Uhr). Mindestens so schön wie das historische Gemäuer ist der Blick hinunter nach Odernheim und auf den Glan, der unweit in die Nahe mündet.

Etwas schwierig ist der Abstieg zur ehemaligen Niedermühle bei **Odernheim** zu finden: Wir nehmen zunächst den Weg zwischen dem bewaldeten Ruinengelände des ehemaligen Klosters und dem Weinberghang nach Westen (Richtung Staudernheim), der auf einen schräg den Hang ins Tal hinabführenden Pfad stößt, welcher beim ehemaligen Mühlengebäude, in dem sich heute unter anderem ein Weingut befindet, auf eine Fahrstraße mündet. Auf dieser Straße wandern wir, geleitet von einem blauen Strich, bis zu den ersten Häusern von Odernheim,

Odernheim

Staudernheim

bei denen wir noch vor dem Glan nach rechts auf die L 234 einbiegen, um diese nach etwa 200 m und nach der Überquerung des Bahngleises wieder nach links auf einen Wirtschaftsweg zu verlassen, auf dem wir zwischen Feldern ansteigen.

Auf der Höhe biegen wir bei der ersten Abzweigung scharf nach rechts ab. Hier müsste ein Wegweiser nach Staudernheim stehen und ein Schild der Wegmarkierung *J 1*. Über den **Neuberg** und die dort markierte Gleitschirmabflugstelle gelangen wir geradeaus allmählich hinunter zurück nach **Staudernheim**, wo wir auf der L 377 nach links gehen und gleich danach wieder nach rechts auf die Altmühlenstraße abbiegen, die uns in einem Linksbogen deutlich bergauf aus dem Ort hinausführt. Hier ist die

Strecke mit *J 3* beschildert. Sie stößt auf einen Waldparkplatz, den wir auf einem Schotterweg nach links in den Wald verlassen und der, markiert mit *S 6*, zu einer Lichtung führt, an der wir einen Bach überqueren, um von hier gemütlich erst am Parkplatz beim Museumsgelände vorbeizustiefeln und nach etwa **4 Stunden** wieder am Stellplatz anzukommen.

Mit der topografischen Karte Blatt 4, *Naturpark Soonwald-Nahe* ist die Wegführung kein Problem, zumal man häufig auf Sicht spaziert. Auf der Kompass App ist die Strecke großenteils als Wanderweg eingezeichnet.

Wer keine Zeit für den Ausflug nach Bad Sobernheim hat, fährt nicht über Odernheim, sondern von Meisenheim auf direktem Weg nach **Obermoschel**, deren bemerkenswerteste Eigenschaft darin besteht, mit nur 1.050 Einwohnern die kleinste Stadt in Rheinland-Pfalz zu sein. Trotzdem lohnen sich ein Rundgang, vorbei an einigen Fachwerkhäusern und einem ehemaligen Gefängnis nebst Amtsgericht, sowie ein Spaziergang zur **Ruine Moschellandsburg** (1689 im Pfäl-

Obermoschel - Ruine Moschellandsburg

zischen Erbfolgekrieg zerstört; das Bauwerk wird auch Burg Landsberg genannt; das Beste ist hier die Aussicht, solange man sich einen unschönen Sendemast wegdenkt). Bis zur Mitte des 18. Jahrhunderts wurde untertage Quecksilber abgebaut was ich im Sommer 2020 als Problem erwiesen hat. Seitlich der Zufahrt zur Burg ist ein sogenannter Tagesbruch entstanden, weshalb die Straße gesperrt werden musste. Die Sperrung dauerte bei Drucklegung an. Ob die schöne Wiese vor der Burg jemals wieder mit Fahrzeugen befahren werden darf, ist ungewiss. Sie war bislang ein schöner Stellplatz. Sehen Sie nach: [**171** – N 49°43'31" E 7°46'58", K 17; relativ einsam, 1,7 km Fußweg in den Ort].

Das Stellplatzproblem lösen Sie im südlichen **Schiersfeld** (220 Einwohner):

(172) Offizieller WOMO-Stellplatz: Schiersfeld

GPS: N 49°41'33" E 7°46'09", Sulzhofstraße. **Max. WOMOs**: 6-7.
Ausstattung: Ver- und Entsorgung (teilweise an der Zufahrt), Strom, Picknickbank in der Nähe, Bolzplatz, Müll bitte mitnehmen!!
Beschreibung: Sie stehen in wunderbarer Naturlage, aber nicht einsam zwischen Ort und Wald auf einer klappstuhlgeeigneten Mischung von Schotter und Gras. Eine Picknickbank, ein Bolzplatz und ein Wanderweg grenzen an. Einen Bäcker *(Sattler)* finden Sie im südlichen Finkenbach nach 2,7 km.
Zufahrt: Der Platz liegt beschildert südlich der Verbindungsstraße nach Mannweiler.

Wenn man sich schon dermaßen in die pfälzische Pampa gewagt hat, kann man sich auch fünf Kilometer weiter den Stellplatz von **Waldgrehweiler** (209 Einwohner) ansehen:

(173) Offizieller WOMO-Picknickplatz: Waldgrehweiler

GPS: N 49°39'56" E 7°44'16", L 379. **Max. WOMOs**: 8.
Ausstattung/Lage: Ver- und Entsorgung, Strom, Müll bitte mitnehmen!! Toiletten und Duschhaus (10 €), Picknickgruppen, Himmelsliege. Di - Sa Bäckereiwagen.
Beschreibung: Sie sitzen auf Ihren Klappstühlen oder den Picknickbänken malerisch am Ortsrand auf einer von zwei Etagen an einem Bach seitlich des ehemaligen Wasserhauses. Ein markierter Wanderweg führt vorbei.
Zufahrt: Der Platz liegt beschildert südlich des Dorfes.

Alsenz - Steinhauermuseum

Falls Sie in Waldgrehweiler eine Zwischenlandung vorgenommen haben, müssen Sie überlegen, ob Sie von hier nach Osten auf die B 48 weiter fahren oder zurück nach Norden, um **Alsenz** (1.700 Einwohner) kennen zu lernen. Dort hat nämlich die Gemeinde am Fluss mit etwa 30 Sandstein-Findlingen aus zehn verschiedenen Abbaugebieten den **Deutschen Sandsteinpark** eingerichtet, eine angeblich weltweit einzigartige Attraktion, die allerdings nicht dadurch größer wird, dass man sie groß redet. Das dazu gehörende **Steinhauermuseum** scheint nur noch ausnahmsweise zu öffnen, was mit der Pandemie möglicherweise nichts zu tun hat. Und der hier beginnende Steinhauerrundweg zu wenigen sehenswerten Häusern reicht wahrscheinlich tatsächlich nicht für die Rechtfertigung des Umweges.

So ist dann **Rockenhausen** (5.400 Einwohner) das nächste Ziel mit einem ansehnlichen kulturellen Angebot nebst Stellplatz:

(174) Offizieller WOMO-Stellplatz: Rockenhausen

GPS: N 49°37'18" E 7°49'18", Obermühle. **Max. WOMOs**: 5 (mehr sind möglich).
Ausstattung: Ver- und Entsorgung, Strom, Mülleimer.
Beschreibung: Sie stehen klappstuhlgeeignet nicht einsam auf Schotter beim Naturfreibad. In das Zentrum sind es 1,1 km.
Zufahrt: Der Platz liegt beschildert südlich der Innenstadt beim Sportzentrum.

in Rockenhausen

Ebenso schön wie der teilweise autofreie Ortskern ist der an einen zentralen Parkplatz (auch für WOMOs) angrenzende kleine Park, von dem aus Sie vier Museen erreichen können. Sie finden diese wegen der guten Ausschilderung ohne weitere Wegbeschreibung: Im **Kahnweilerhaus** *(Marktplatz 7)* sehen Sie Wechselausstellungen zeitgenössischer Kunst, oft mit regionalem Bezug, im **Museum Pachen** *(Speyerstraße 3)* betrachten Sie eine Ausstellung deutscher Kunst des 20. Jahrhunderts, das Nordpfälzer Heimatmuseum *(Bezirksamtsstraße 8)* ist zur Zeit wegen Neukonzeption geschlossen, was niemanden wundert. Das Zugpferd von Rockenhausen ist zweifellos das **Turmuhrenmuseum**, welches sich nunmehr **Museum für**

Rockenhausen - Museum für Zeit

Zeit nennt. In einer vortrefflich sanierten Scheune und einem aufwendigen Neubau werden wunderbare Turmuhrenwerke ausgestellt und eine moderne astronomische Uhr von 1998, die zu den genauesten und vielseitigsten der Welt gehört. *(Schloss-Straße 10, Di - So 14.30 - 17.30 Uhr, Eintritt frei, 2,50 € für die Führung).*

Herrenhof der Gienanthschen Eisenschmelz

Etwa acht Kilometer südlich von Rockenhausen und südlich von Schweisweiler sollten Sie an der ersten Abzweig nach Imsbach gleich nach Einbiegung auf die L 392 anhalten, um die verbliebenen Gebäude der **Eisenschmelz** zu besichtigen. 1742 legte hier der Hugenotte Guinand, der sich später **Gienanth** nannte und den Sie schon von der 5. Tour kennen, den Grundstein für ein Hüttenimperium, das die Geschichte des Bergbaus und der Erzverhüttung in der Pfalz über vier Jahrhunderte bestimmt hat. Das Eisenwerk wurde an diesem Standort im Jahr 1938 stillgelegt, die ehemalige Gießerei ist abgerissen. Aber das dreiflügelige, barocke **Herrenhaus** mit Uhrturm aus der Mitte des 18. Jahrhunderts ist noch vorhanden und wird nach und nach restauriert. Weiter hinten, in den kleineren roten Häusern, wohnten nicht schon immer Arbeiter, vielmehr hat

man irgendwann Ställe in Wohnraum umgebaut. Die historische Siedlung ist insgesamt sehr sehenswert, man kann das WOMO gut abstellen.

Die L 392 führt Sie nun in das Bergmannsdorf **Imsbach** (975 Einwohner, nicht zu verwechseln mit Imsweiler). **Bergbau** wurde hier deshalb betrieben, weil der Donnersberg aus vulkanischem Gestein besteht, das reich an Mineralien ist. Hier hat man Eisen, Silber, Kupfer, Mangan, Quecksilber, Phosphat und sogar Gold im Tage- und im Untertagebau abgebaut, bevor das 1921 unrentabel geworden ist. Es muss gute Gründe geben, die Menschen veranlassen, in ihrer Freizeit freiwillig mit Helm und Schutzjacke in Gruben zu steigen und launige Sprüche von Fremdenführern anzuhören. Womöglich wird sich dieser Zweig des Tourismus nach Corona nicht mehr richtig erholen. Mit anderen Worten: 2020 war alles geschlossen, ich konnte vor Ort nichts nachschauen und durfte mir insoweit freinehmen. Falls meine Prognose nicht eintritt: Es gibt prinzipiell im Ort ein **Bergbaumuseum** und im Wald zwei **Besucherbergwerke**. Alles ist auf der Seite *Bergbau-Erlebniswelt Imsbach* dargestellt *(www.bew-imsbach.de/ – und war vor Corona nur von April bis Oktober geöffnet).* Am Waldparkplatz *Eisernes Tor* können Sie parken und nach Absolvierung von Einfahrt (in Bergwerke wird grundsätzlich *eingefahren* und nicht etwa *hineingelaufen*) und vielleicht nach einer Wanderung auch ungestört, aber einsam übernachten [**175** – N 49°35'23" E 7°53'47", Grillhütte].

Die Wanderapps (z.B. *Südliche Weinstraße, Rheinland-Pfalz erleben* oder *outdooractive* bieten bei Imsbach zwei kurze Rundtouren an: *Kupferweg 1* und *Kupferweg 2*; auch im Rother Wanderführer oder der App *Rheinhessen* ist eine Strecke beschrieben).

Der **Donnersberg** ist mit 687 Meter die höchste Erhebung der Pfalz, er ist wenig besiedelt und von markierten Wanderwegen durchzogen. Trotzdem ist die Region touristisches Entwicklungsgebiet, entsprechend schlecht ist die Infrastruktur für Wohnmobile. Das ist aber auch eine Chance:

Fahren Sie von Imsbach auf der L 392 zurück nach Westen und 100 Meter hinter dem Weiler Langheckermühle nordwärts. Die Steigung ist mit etwa 25 Prozent die steilste deutsche Dorfdurchgangsstraße. In **Falkenstein** (180 Einwohner) bewältigen Sie diese tunlichst ohne Zögern, um am Dorfausgang links den *Falkensteiner-Hof* anzusteuern. Hier können Sie entweder direkt gegenüber dem Gasthaus oder, wenn Überfüllung herrscht, etwa 200 Meter unterhalb (dort etwas düster) übernachten [**176** – N 49°36'47" E 7°52'32"].

Sie können vom *Falkensteiner-Hof* verschiedene Wanderungen starten, darunter eine mit rotem Strich markierte zum

Falkenstein und Ruine Falkenstein

Gipfel des Donnersberges, auf jeden Fall aber hinunter nach Falkenstein zur **Ruine Falkenstein**. Sie ist von vier Burgen auf dem Donnersberg die einzige, die als erkennbares Bauwerk noch erhalten ist, obwohl sie schon 1647 in Folge des Dreißigjährigen Kriegs zerstört worden ist. Zu sehen sind trotzdem, spektakulär oberhalb des Dorfes, Teile des Bergfrieds und der Schildmauer, weil man in unserer Zeit Restaurierungen vorgenommen hat (Bewirtschaftung in der *Burgstubb*).

Von der Burgruine erkennen Sie unter sich, mitten in den Feldern am südlichen Ortsausgang, einen freistehenden Kirchturm, dem augenscheinlich die Kirche fehlt. Das ist ein so genannter **Läutturm**, den die evangelische Minderheit errichtet hat, um zumindest durch Geläute Präsenz zu zeigen, ohne eine Kirche bauen und unterhalten zu müssen (ein ähnlicher protestantischer Glockenturm steht in Imsweiler an der B 48).

Läutturm bei Falkenstein

Wenn Sie nochmals übernachten, schlicht, preiswert und gut essen wollen, fahren Sie auf der K 37 nach Norden und zweigen in **Marienthal** schon fast am östlichen Ortsende nach rechts ab. Sie durchfahren ein Neubaugebiet, zweifeln vielleicht an der Richtigkeit unserer Beschreibung, und finden dann doch eine gastronomische Rarität: ***Die Blockhütte*** ist ein familienfreundliches Gasthaus, in dem Ihnen ein tellerrandübergreifendes Schnitzel für neunfuffzig serviert wird *(Do Rumpsteaks für 12 €; Tel. 06361 915741; März - Oktober Mi - So, November - Februar Mi, Sa und So).* Davor finden Sie Parkplätze auf zwei Ebenen, deren unterste einen offiziellen Wanderparkplatz ausweist:

(177) WOMO-Wanderparkplatz: Marienthal

GPS: N 49°37'42" E7°53'25", Am Donnersberg 35. **Max. WOMOs**: 4-5.
Ausstattung: Keine.

Beschreibung: Der relativ schmale Wanderparkplatz auf gewachsenem und geschottertem Boden ist am Abend leer und eignet sich dann auch für größere Fahrzeuge. Allerdings ist die Bebauung bis an die Blockhütte vorgerückt (das aktuelle Foto ist an einem Wolkenbruch gescheitert). Ein markierter Wanderweg zum Donnersberg führt hier vorbei, ein Kinderspielplatz steht zur Verfügung.
Zufahrt: Biegen Sie von der L 386 in Marienthal kurz vor dem östlichen Ortsende im spitzen Winkel abwärts in die Straße Am Donnersberg ein und fahren Sie bis an den Rand der Bebauung.

Von der L 386 können Sie am sogenannten Bastenhaus hinauf zum Gipfel des **Donnersbergs** fahren, der, wie erwähnt, mit 687 Metern die höchste Erhebung der Pfalz darstellt. Hier oben gibt es einen riesigen Parkplatz, ein Gasthaus, Wanderwege in Hülle und Fülle, Reste eines sieben Kilometer langen keltischen Ringwalls – in einer Länge von etwa 100 Metern anschaulich nachgebaut – und zwei Türme. Schon der Name des **Ludwigsturms**, etwa 300 Meter oberhalb des Parkplatzes, lässt erkennen, dass man noch zur bayerischen Zeit, nämlich bereits 1864,

Donnersberg - Ludwigsturm

der Allgemeinheit ermöglicht hat, auf 142 Stufen von 29 Meter Höhe einen weiten Blick zu genießen, an besonders klaren Tagen angeblich bis zu den Vogesen im Elsass *(Mo geschlossen)*. Den nahen Sendemast mit 207 Metern Gesamthöhe können Sie nicht besichtigen, er erzeugt Signale für UKW, DAB und das Fernsehen.

Der Weg ins Tal bringt Sie nach **Dannenfels** (900 Einwohner), eine hübsch am Nordosthang des Riesenbergs gelegene Sommerfrische, seit 2004 sogar als Luftkurort geadelt. Bei jeder Recherche gehe ich besorgt ins kleine Zentrum, um nachzusehen, ob der weitgerühmte **»Keschdebahm«**, also der Kastanienbaum, noch lebt, der seit über 400 Jahren, demnach aus der Zeit des Dreißigjährigen Krieges, am Rand der Straße seine Stellung behauptet, obwohl er tapfer nur noch einen einzigen grünen Zweig bewahrt hat. Und ob in der Nähe das reizende Café ebenfalls noch am Leben ist. Es heißt inzwischen ***Café Geg'nüber***, ist einem Hotel angeschlossen, bietet aber immer noch sehr guten Kuchen und kleinere salzige Gerichte *(Mo und Di geschlossen)*. So musste ich mir bislang nicht überlegen, ob ich Dannenfels ganz streichen muss, denn andere als diese beiden Gründe kenne ich für eine Erwähnung nicht.

Dannenfels - *Keschdebahm*

Vom Parkplatz am *Haus Wildenstein*, südlich von Dannenfels an der L 394, auf dem man relativ einsam übernachten kann, führen Sie markierte Wege in etwa zwei Stunden hinauf auf den Donnersberg [**178** – N 49°36'30" E 7°56'54", L 394, Gaststätte]. Wesentlich weniger Zeit, nämlich insgesamt höchstens zwei Stunden, beansprucht ein Spaziergang:

Zur Ruine Wildenstein

Sie wählen gegenüber dem **Gasthaus** (siehe im vorstehenden Text) den Weg mit gelbem Strich, der Sie um eine Erhebung herumführt und dann eine kleine Brücke überquert. Am Wildensteiner Bach wandern Sie gemächlich bergauf, bis nach rechts der Weg zur **Ruine Wildenstein** abbiegt. In Serpentinen erreichen Sie keuchend die Reste einer weiteren der vier erwähnten Burgen (2,3 km ab dem Start).

Von der Burg Wildenstein ist nicht mehr viel übrig geblieben, aber eine Infotafel hilft weiter. Sie gehen noch ein Stück bergauf, dann an einer Ruhebank und dem Waldrand nach rechts bis zum **Aussichtspunkt Reißender Felsen**.

Ganz kurz dahinter nehmen Sie einen unmarkierten Weg, der nach rechts bergab führt. 10 Minuten weiter müssen Sie nochmals nach rechts bergab gehen, um den Hinweg wieder zu erreichen. Die ganze Strecke ist etwa 5 km lang (die Karte NaturNavi Pfälzerwald 2 ist ebenso entbehrlich wie die Kompass App, obwohl auf beiden der Weg weitgehend dargestellt ist).

Wenn Sie hier auf den Wandergeschmack gekommen sind oder sich schon vorher gut ausrüsten möchten, sollten Sie den Rother Wanderführer *Rheinhessen* zu Rate ziehen, der am Donnersberg sieben Wandervorschläge anbietet.

Steinbach - Keltendorf

Das letzte Ziel unserer Donnersbergrunde ist **Steinbach** (700 Einwohner). Hier können Sie sich ein Bild über das Leben der Kelten vor über 2.000 Jahren am Donnersberg machen. Zwar hat das nachgebaute **Keltendorf** so hier nicht gestanden, sondern wurde anhand von Funden an anderer Stelle rekonstruiert, dennoch lohnt sich das Einlassen auf diese Spekulation *(Ostern bis Ende Oktober Sa 11 - 17 Uhr, So u. Fei 10 - 17 Uhr, Ferien von RLP. Do 15 - 19 Uhr; 4 €; aktuell konnte ich das nicht richtig recherchieren, siehe unter www.keltendorf-steinbach.de/)*. Ein Rahmenprogramm (alte Handwerkstechniken, Bogenschießen) und die Pflege eines Keltengartens machen das Angebot für Kinder interessant (jedenfalls vor Corona). Achten Sie bitte darauf, dass Sie tatsächlich erst am südlichen Ortsausgang in die Brühlstraße abbiegen, obwohl schon im Ortsinneren Wegweiser zum Keltendorf stehen. Diese führen aber über eine Brücke mit Lastenbeschränkung auf 1,3 Tonnen (verwechseln Sie nicht das *Keltendorf* mit einem *Keltengarten* an anderer Stelle).

Oberhalb des Keltendorfs findet man bei schöner Aussicht eine Übernachtungsmöglichkeit:

(179) WOMO-Stellplatz: Steinbach

GPS: N 49°35'42" E 7°57'02".
Max. WOMOs: 3-4.
Ausstattung: Keine.
Beschreibung: Unser Foto sagt fast alles: asphaltierter Rand eines Wirtschaftsweges, abends klappstuhlgeeignet, schöner Blick, markierter Wanderweg, die letzten Häuser in Sichtweite, eine bewirtschaftete Wanderhütte ebenso.
Zufahrt: Folgen Sie in Steinbach der Beschilderung zur Jugendherberge und dem ‚Keltendorf' und fahren Sie an diesem vorbei bis zu der abgebildeten Stelle 150 m nach dem Keltendorf.
Hinweis: Möglicherweise dürfen Sie auch hinter der Wanderhütte stehen, die Sie oberhalb des Stellplatzes sehen.

Nächste Station unserer Tour ist **Göllheim** (3.800 Einwohner), das Sie auf einer Fahrt durch weites landwirtschaftlich genutztes Hügelland über die L 401 und die B 47 erreichen. Biegen Sie rechts ab, wenn das barocke Stadttor, das Kerzenheimer Tor von 1776, vor Ihnen auftaucht, und parken Sie auf dem öffentlichen Parkplatz gegenüber dem Rathaus in der Freiherr-vom-Stein-Straße. Das Museum **Uhl'sches Haus** wurde renoviert und neu gestaltet. Kernstück ist weiterhin die eindrucksvolle Sammlung von Puppen und Puppenstuben *(Hauptstraße 7, So 14 - 17 Uhr, Di 14.30 - 16.30 Uhr ansonsten Vereinbarungen unter 06351 490918).*

Göllheim - Kerzenheimer Tor

Klosterruine Rosenthal

Spektakulärer ist ein in neuer Zeit touristisch entdecktes und sogar schon an der Autobahn beworbenes Kleinod der frühen Gotik, die ehemalige **Zisterzienserinnenabtei *St. Maria*** in **Rosenthal**. Von Göllheim fahren Sie auf der L 396 gen Süden und biegen nach drei Kilometern links ab. Sie sollten für ein erstes Erstaunen am Weiher anhalten, die letzten 200 Meter zu Fuß in das längst landwirtschaftlich genutzte Gebäudeensemble zurücklegen und sich dort umschauen. Von der Abtei sind außer den zahlreichen bis in die neunziger Jahre landwirtschaftlich weiter genutzten und deshalb erhaltenen Nebengebäuden nur noch die Umfassungsmauern und der Turm der Kirche erhalten. Das Kloster wurde 1241 gegründet, entfaltete durch viele Privilegien und Schenkungen eine hohe Blüte, wurde im Bauernkrieg stark zerstört und schon 1572 endgültig aufgelöst. An den Seitenmauern sind noch die Grabplatten der Äbtissinnen zu sehen, über deren Leben man in einem kleinen Museum durch den Historischen Verein mehr erfahren kann *(die Kirchenruine ist ganzjährig täglich begehbar; das Klostermuseum ist von April bis Oktober sonn- und feiertags von ca. 12 bis 16 Uhr geöffnet; www.historischer-verein-rosenthal.de/).*

in Rosenthal

Oberhalb des kleinen Weilers beginnt am alten Friedhof ein historischer Pilgerpfad, der Sie in etwa 40 Minuten (einfache Strecke) durch lichte Wälder zur Ruine der **Burg Stauf** bringt, einer der ältesten Burgen der Pfalz, aus der heraus ursprünglich das Kloster gegründet worden ist.

Am Rosenthaler Weiher sollten Sie nicht mit dem WOMO stehen bleiben. Fahren Sie also auf der Zufahrtsstraße ein Stück zurück:

(180) WOMO-Stellplatz: Rosenthal

GPS: N 49°33'42" E 8°00'50", Adolf-v.-Nassau-Str.
Max. WOMOs: 5-7.
Ausstattung: Keine.
Beschreibung: Sie stehen auf einem geschotterten Parkplatz am Rand der Bebauung und einer Wiese. Eine Gaststätte erreichen Sie nach 3 Minuten Fußweg zur Abtei.
Zufahrt: Biegen Sie von der Adolf-von-Nassau-Straße 200 m vor dem Weiher an einer auf den Straßenbelag gemalten blauen P-Markierung in einen kleinen Weg ab.

(181) Ver- und Entsorgung (zeitweise defekt) mit einem kleinen, **offiziellen** Stellplatz finden Sie ausgeschildert im westlichen Teil des benachbarten **Kerzenheim**, Blumenstraße 7; **GPS**: N 49°34'29" E 8°03'32".

Von Rosenthal sind es zwölf Kilometer zum **Eiswoog**, einem malerischen Badesee im Bereich der Gemeinde Ramsen, wo Sie sich auf dem Parkplatz unter der beeindruckenden Eisenbahnbrücke installieren:

Seehaus Forelle am Eiswoog

(182) WOMO-Badeplatz: Eiswoog

GPS: N 49°30'54" E 7°58'54", L 395. **Max. WOMOs**: 15.
Ausstattung: Keine.
Beschreibung: Die schwach geschotterte und ganz leicht einsame Fläche ist ein Großparkplatz mit grasigen und schattigen Rändern unweit des Badesees. Sie finden eine schöne Gaststätte, einen Forellenverkauf, im Sommer einen Kiosk, tagsüber eine Toilette, einen Kinderspielplatz, Wanderwege, eine Schmalspurbahn und eine Bootsvermietung. Sie merken es: Das macht nur in der Badesaison richtig Sinn.
Zufahrt: Fahren Sie von Ramsen auf der L 395 Richtung Alsenborn/Kaiserslautern; der Stellplatz liegt vor der großen Eisenbahnbrücke.

Von hier erreichen Sie nach 250 Metern den See, den Sie in etwa 40 Minuten umrunden, um sich danach auf der schönen Terrasse des Restaurants ***Seehaus Forelle*** am Blick auf den See zu ergötzen. Die Freude wird durch köstliche Fischgerichte aus der benachbarten Zuchtanlage gesteigert *(Tel. 06356 60880; Ruhetag unbekannt; Hauptgerichte ab 15 €)*. Eine unglaublich reich detaillierte Puppenstube der Vorfahren der Familie Gienanth, die das Restaurant früher betrieben hat, – genau genommen das größte historische Puppenhaus Deutschlands – können Sie im Restaurant bestaunen. An heißen Sommertagen locken die Liegewiese zum Badespaß und der Ruderbootverleih zur Stählung der Muskeln. Am Parkplatz betreibt der Verein Stumpfwaldbahn e.V.

mit historischen Geräten eine **Schmalspurstrecke** (Feldbahn) zwischen dem Eiswoog und Ramsen-West. Gefahren wird in der Regel zwischen April und Oktober an Sonn- und Feiertagen, mit Diesel- oder Dampfloks. Genaueres können Sie unter www.stumpfwaldbahn.de/, wo Sie auch, abhängig von der Waldbrandgefahr, die Dampftage ablesen, die Sie auch unter 06356 8035 in Erfahrung bringen *können*.

Oberhalb des Parkplatzes erkennen Sie eine richtige Bahnstation, die seit 2001 von der Deutschen Bahn wieder ab Grünstadt bedient wird – leider nur an Sonn- und Feiertagen. Die Strecke endet vor dem Viadukt, weil es bislang zu teuer und unrentabel schien, die Brücke zu unterhalten. Aber es gibt eine neue Machbarkeitsstudie, um vielleicht die 1976 stillgelegte Bahnstrecke der Eistalbahn bis nach Enkenbach doch wieder in Betrieb zu nehmen, als Draisinenstrecke zu nutzen oder als Fahrradpiste. Bis dahin können Sie auf den Gleisen durch lange Tunnels nach Alsenborn wandern:

Vom Eiswoog über das stillgelegte Gleis nach Alsenborn

Packen Sie eine **Taschenlampe** ein. Das Smartphone müsste zumindest gut aufgeladen sein. Sie können die Brücke am **Eiswoog** nicht überqueren (wie auf unserem Foto), sondern Sie müssen am südwestlichen Brückenpfeiler auf einem schmalen Pfad hoch steigen und erreichen nach 10 Minuten das Gleisbett, das auf dem Weg nach Westen noch vollständig erhalten ist. Sie müssen allerdings Ihre Schrittlänge dem Schwellenabstand von etwa 60 cm anpassen, Kinderwagen und Rollatoren gehen nicht!

Nach etwa einem Kilometer überqueren Sie das **Dreibrunnertal** auf einer verwunschenen Eisenbahnbrücke, nach einem weiteren Kilometer taucht vor Ihnen ein **Tunnel** auf. Am Eingang verkündet die Inschrift auf einer Schwelle denjenigen, die ihre Lampe vergessen haben, dass das Licht am Ende des Tunnels 800 Meter entfernt ist.

Je nach Jahreszeit und Vegetation können Sie derart bis nach **Alsenborn** vordringen, Heimatstadt des legendären Fritz Walter (der gerade 100 geworden wäre) und einer zirzensischen Tradition sowie Brutstätte der Seiltänzer, im Dialekt »Bajasse« genannt. In Alsenborn wartet ein etwas bizarres *Bajasseum*, ein **Zirkusmuseum**, das allerdings 2020 ebenfalls nicht zugänglich war.

Zurück zum Eiswoog können Sie entweder abermals das Gleis nehmen, den Bus bemühen, vorher umkehren oder, das ist mein Haupttipp, mit Hilfe der NaturNavi Karte Pfälzerwald 4, auf der das Gleis eingezeichnet ist, auf einem markierten Wanderweg zurück stiefeln.

An dieser Stelle wird Ihnen nun endlich ein Abstecher beschrieben, der schon lange überfällig war, aber nie in den Ablauf der Touren dieses Buches gepasst hat. Das tut er jetzt auch nicht, aber wir fahren trotzdem in das etwas abgelegene **Otterberg** (5.300 Einwohner, nicht zu verwechseln mit dem benachbarten Otterbach). Denn die **ehemalige Klosterkirche** gehört zu den sehenswertesten Sakralbauten der Pfalz, sie ist die größte und besterhaltene Klosterkirche und zugleich das

Otterberg - ehemalige Klosterkirche

zweitgrößte Gotteshaus der Pfalz – nach dem Speyerer Dom. Schon 1168 wurde die Kirche des Zisterzienserklosters (für ein Nebenkloster des berühmten Klosters Eberbach im Rheingau) begonnen, wobei zum Ende der Romanik erste gotische Elemente eingebaut wurden. Sie erkennen hier ausgezeichnet den Baustil der Zisterzienser, eine beeindruckende Qualität der Steinbearbeitung, aber keinen Figurenschmuck und keinen Turm, sondern nur einen Dachreiter. Die Kirche war noch bis 1979 mit einer Mauer geteilt, um Protestanten und Katholiken zu dienen. Heute wird sie als Simultankirche genutzt.

in Otterberg

In Otterberg sehen Sie noch ein kleines Altstadtviertel mit einigen schönen Fachwerkhäusern. Wer in der Kleinstadt in der Nähe von Geschäften und Gaststätten übernachten möchte, findet am Naturschwimmbad eine geeignete Gelegenheit für alle Fahrzeuggrößen: [**183** – N 49°30'32" E 7°46'48", nördlich der Stadt an der L 387, außerhalb der Bebauung; den na-

hen Campingplatz können Sie vergessen] oder mitten im Ort für Fahrzeuge unter sieben Meter Länge [**184** – N 49°30’03“ E 7°46’22“, Hauptstraße].

Danach müssen Sie leider den Heimweg fast zum Anfang dieses Buches antreten. Dafür dürfen Sie sogar für ein kurzes Stück die Autobahn benutzen. Sie besuchen zunächst **Eisenberg**, klassisches Zentrum der Tonindustrie und –verarbeitung. Wer sich für **römische Ausgrabungen** interessiert, kann an der südlichen Umgehungsstraße kurz hinter einem Kreisel nach rechts dem Wegweiser *Römerpark* folgen, um sich die (teilweise eingehausten) Ausgrabungen einer römischen Siedlung anzuschauen. Fahren Sie dort weiter gelangen Sie zum Landgasthof ***Zur Seltenbach*** mit schönem Biergarten *(Tel. 06351 6162, Mo Ruhetag, Sa nur bis 19 Uhr, Hauptgerichte ab etwa 10 €)*.

Von hier aus können Sie in einer halbstündigen Wanderung entlang einem aufgelassenen Gleis das südlich von Eisenberg gelegene **Feuchtbiotop Erdekaut** erreichen, welches sich Naturerlebnislandschaft nennt und sich aus den Überresten von Tagebaustätten gebildet hat, in denen bis in die siebziger Jahre Ton abgebaut wurde. Man nannte den Ton damals Klebsand, und er war über die Grenzen hinaus wegen seiner

weißen Färbung sehr gefragt. In Eisenberg ist die Tradition der Tonverarbeitung noch gegenwärtig – es gibt immer noch eine bedeutende Ziegelproduktion eines überregional tätigen Herstellers, der seinen Rohstoff allerdings herankarrt.

Bubenheim - Dorfkirche

In einer letzten Schleife fahren wir nach **Bubenheim** (400 Einwohner), um an der Bushaltestelle kurz vor dem Ortsausgang einzuparken und um zu Fuß die **älteste Dorfkirche** der Pfalz zu besichtigen: St. Peter wurde 1160 errichtet und strahlt schlichte romanische Eleganz aus (barocker Dachreiter). Zuletzt war der Vorhof zugänglich; sonst musste man sich den Schlüssel dazu in etwa 500 Meter Entfernung abholen. Zwei entsprechende Adressen mit Telefonnummern sind an der Eingangstür angeschlagen. Nur einen Steinwurf entfernt steht wieder mal ein Turm ohne Kirche – der im neoromanischen Stil ausgeführte Läutturm der Protestanten.

Zell

Bald darauf haben Sie Harxheim erreicht, ein schönes Dorf an der Einmündung des Ammelbachs und Einstieg in das liebliche Zellertal. Das in die Weinberge gebettete **Zell**, ein Ortsteil der Gemeinde Zellertal (1.100 Einwohner), ist schon um 760 aus der Klause *(cella)* des angelsächsischen Mönchs Philipp entstanden. Hier ist das Klima besonders mild. Das lokale Großereignis ist deshalb nicht die Weinkerwe, sondern ein Fest zu Ehren des Olivenanbaus, das **Oliandi-Fest** (Olivenölfest) am ersten Maiwochenende jeden Jahres. Es gibt sie also wirklich, die pfälzische Toskana?

Wenn Sie in diesem insoweit schlecht ausgerüsteten Teil der Nordpfalz einen Stellplatz suchen, fahren Sie hinab nach **Wachenheim (Zellertal)**, wo Sie am Ortseingang beim *Weingut Rudolf Hein* fündig werden:

(185) WOMO-Winzerplatz: Wachenheim (Zellertal – *Weingut Hein*)

GPS: N 49°38'19" E 8°10'09", Johannes-Würth-Str. Tel. 06243 8610.
Max. WOMOs: 8.
Ausstattung: Ver- und Entsorgung, Toilette, Strom.
Beschreibung: Sie stehen auf einer klappstuhlgeeigneten Wiese unterhalb des Weingutes. Im nahen Ort finden Sie zumindest eine Gaststätte.
Zufahrt: Biegen Sie von Mölsheim kommend kurz hinter der Brücke rechts ab (beschildert). **Preis**: 8 €.

In **Wachenheim** empfiehlt sich ein Blick in das gegenüber dem *Weingut Hein* liegende *Schlossgut Lüll*. Das Anwesen mit einem außerordentlichen Wohnturm geht zurück auf eine Burganlage der Freiherren von Wachenheim aus dem 14. Jahrhundert. Kurz vor Monsheim biegen Sie auf die B 271 Richtung Grünstadt ab und erreichen in Bockenheim den Anfang unserer 2. Tour.

Wenn Sie noch ein paar Tage übrig haben, können Sie die Touren nochmals nachfahren.

Oder Sie gehen zu Fuß.

Tipps und Infos

In einem Reiseführer, der eine deutsche Region beschreibt, sind Tipps und allgemeine Informationen weniger notwendig als für das fremdsprachige Ausland. Entsprechend kurz sind die alphabetisch geordneten Hinweise:

Campingplätze

Jeder von uns kennt die typischen Vorurteile, die uns fast gleichlautend entgegnet werden, wenn wir Nichtcampern von einer Wohnmobilreise berichten: Von Parzellen ist die Rede, von Gartenzwergen, von Feinripp und von Hesselbachs. Das Meinungsbild ist geprägt vom typisch deutschen Campingplatz. Ob wir durch ein idyllisches Wiesental fahren oder bei der Wanderung einen See umrunden, ob wir durch die Altrhein-Landschaften radeln oder irgendwo in Deutschland durch ein Naherholungsgebiet, wir blicken überall auf das gleiche Meer von Satellitenschüsseln, auf Wohnwagenkolonien mit Holzvorbauten, auf Deutschlandfahnen, mannshohe Kühlschränke, auf Lattenroste über Kunstrasen – auf ein Freizeitglück, über das wir nicht herablassend herziehen wollen. Ganz im Gegenteil, wir freuen uns mit den Menschen, die für sich eine Möglichkeit gefunden haben, am Wochenende aus grauen Städten in die Natur und in eine spezielle soziale Gemeinschaft zu entfliehen. Es kann gar nicht genug solcher Einrichtungen geben, die man **Dauercampingplätze** nennt.

Aber mit einer Wohnmobilreise unserer Vorstellung und wie wir sie in unseren Büchern beschreiben, hat ein solcher Campingplatz meistens nichts gemeinsam. Wer glaubt, so sei der Urlaub im Reisemobil, liegt völlig da-

Pfalz oder Toskana?

neben. Entsprechend wenig pfälzische Campingplätze kommen in diesem Buch vor, denn die meisten Einrichtungen dienen dort, wie vermutlich überall in Deutschland, der Kurzzeiterholung in stationären Behausungen, das heißt in Wohnwagen ohne Nummernschilder und häufig auch ohne Räder. Spontan fallen uns nur ganz wenige Einrichtungen ein, die reine so genannte **Kurzzeitcampingplätze** sind. Die in diesem Buch erwähnten Campingplätze sehen wenigstens ein eigenes Areal vor, auf dem auch mal gezeltet wird und wo Sie von den Wohnwagenlauben abgeschottet sind. Wir kennen eine große Anzahl von Dauercampingplätzen, auf denen Sie nicht einmal für eine einzige Nacht ein Plätzchen finden würden, selbst wenn Sie das wollten. Wir haben aber nicht überall nachgesehen. Die Plätze, die wir erwähnen, haben unsere Erwartungen an Spießigkeit deutlich nicht erreicht, aber unsere Befürchtungen bezüglich der Reglementierungsfreude ihrer Betreiber haben sich beinahe bestätigt. Die Plätze, die für uns in Frage kommen, sind meist von Ostern bis Oktober geöffnet und pflegen bisweilen eine Mittagsruhe.

Diebstahl

Unser Zielgebiet gehört nicht zu den Diebstahlrisikogebieten. Trotzdem passen wir auf. Wer meine Bücher kennt, weiß, dass unser Wohnmobil über Sicherungsvorkehrungen verfügt. Diese sind zwar für einen brutalen Einbrecher nur eine Hemmschwelle, denn wer ein leicht gebautes Fahrzeug aufbrechen will, über erforderliches Werkzeug und einen entsprechenden Zerstörungswillen verfügt, kriegt jedes Reisemobil auf. Aber der Bösewicht zaudert eher, wenn er sieht, dass ihm sein Handwerk nicht leicht gemacht wird. Bekanntlich bekomme ich hin und wieder Leserpost (leider mit abnehmender Tendenz, was Sie durch Ihre Zuschriften ändern sollten), in denen

mir die Freunde meiner Bücher ab und an von positiven Entdeckungen berichten, gehäuft aber von schlechten Erfahrungen, von verbotenen Stellplätzen, übel gelaunten Wirten – und von aufgebrochenen Wohnmobilen. In keinem einzigen Fall wurde mir berichtet, dass bei diesen Fahrzeugen eine **Alarmanlage** scharf geschaltet war. Abgesehen davon, dass eine solche Vorrichtung Lärm macht, den Sie im benachbarten Restaurant möglicherweise selbst hören, dürften schon entsprechende Aufkleber an den Seitenscheiben oder ein blinkendes Lichtchen eine gewisse Warnfunktion haben. Der Einbau ist leider teuer und kostet gut und gerne 500 Euro, aber er belohnt Sie mit einem deutlich sorgenfreieren Urlaubserleben. Hoch zufrieden bin ich mit der Alarmanlage des Herstellers ***Thitronik***, der einen beeindruckenden Service bereitstellt *(www.thitronik-automotive.de/)*.

Es gibt auch wirksame **mechanische Hürden**: Der WOMO-Verlag verkauft Ihnen den *WOMO-Knacker-Schreck*, den Sie auch in Mietmobilen einsetzen können und der das Öffnen der Vordertüren verhindert (funktioniert nicht bei Ford-Modellen, weil die Armlehnen in den Türen eine Öffnung zum Einhaken haben müssen). Pfiffig sind die Schlösser der Firma ***Heosafe*** *(www.heosolution.de)*. *Heosafe* hat auch taugliche Angebote für Kastenwagen im Programm, darunter ein Schloss, mit dem sich die Schiebetür eines Fiat Ducato (Peugeot, Citroën) auch von innen perfekt verriegeln lässt.

Lassen Sie keine Taschen oder Rucksäcke von außen sichtbar im Wohnmobil zurück und bewahren Sie wertvolle Dinge und wichtige Utensilien (täglich benötigte Medikamente) nicht in Aktentaschen oder kleinen Koffern auf. Alles, was ein Schloss hat, wird als erstes geklaut; besonders der Schminkkoffer, der, wie die Leserbriefe zeigen, nicht nur zum festen Repertoire eines deutschen Mietmobils, sondern auch zur Lieblingsbeute eines eiligen WOMO-Knackers gehört.

Freies Camping / Stellplätze

Klug war die große Politik, die uns während der Corona-Pandemie zugerufen hat: »Verbringen Sie Ihren Urlaub in Deutschland, und halten Sie Abstand!« Manche Kommunen haben das aufgegriffen und zusätzliche temporäre Stellplätze eingerichtet, beispielsweise im Bereich von Bad Bergzabern. Aber im Pfälzerwald hat eine Behörde, die ich hier nicht nennen möchte, das beitragsfinanzierte Fernsehen angerufen, damit der breiten Öffentlichkeit mal so richtig gezeigt wird, wie ein Polizeieinsatz gegen Wohnmobilnutzer aussieht, die ihren Urlaub in Deutschland und mit Abstand verbringen. Und es

Offizieller Stellplatz Nr. 074 in Rhodt (Tour 6)

wurde die Mitteilung verbreitet, die seitdem sogar ein Campingplatzbetreiber auf seiner Website durch Abspielen dieses Fernsehfilms aufgegriffen hat, im Pfälzerwald herrsche ein generelles Verbot, im Wohnmobil zu übernachten. Dazu gibt es mehrere Betrachtungen:

1. Die Rechtslage

Es gilt ein Gesetz: *Die Landesverordnung über das Biosphärenreservat Pfälzerwald als deutscher Teil des grenzüberschreitenden Biosphärenreservats Pfälzerwald-Nordvogesen.*

Diese Verordnung können Sie sich im Internet ansehen. Wenn Sie den sperrigen Begriff in eine Suchmaschine eingeben, öffnet sich ein Portal für das Landesrecht in Rheinland-Pfalz. In dieser Verordnung werden ein geschütztes Gesamtgebiet (Teile des Pfälzerwaldes) beschrieben sowie sogenannte Stillebereiche. Nur um letztere geht es. Der Verordnung ist eine Karte als Anlage beigefügt, die Sie im Internet einsehen können, die aber sehr schlecht lesbar ist und die ich auch nach sehr langer Suche nicht in besser lesbarer Form gefunden habe. Stillebereiche sind dort straffiert und, das ist die erste wesentliche Botschaft, betreffen nur Teilbereiche des Pfälzerwaldes.

In § 7 Abs. 3 der Verordnung heißt es:

> *In den Stillebereichen ist es verboten,*
>
> *1.*
> *Festzelte, feste oder fahrbare Verkaufsstände aufzustellen oder sonstige gewerbliche Anlagen (einschließlich bewirtschafteter Hütten) zu errichten,*
>
> *2.*
> *Material- oder Abfalllagerplätze (einschließlich Schrottlagerplätze und Autowrackanlagen), Park-, Stell-, Sport-, Bade-, Zelt- oder Campingplätze oder ähnliche Einrichtungen anzulegen,*
>
> *3.*
> *auf anderen als den hierfür behördlich zugelassenen Plätzen zu zelten, Wohnwagen oder Wohnmobile aufzustellen,*
>
> *4.*
> *Rad- und Motorsportanlagen oder Flugplätze (einschließlich Modellflugplätze sowie Start- oder Landeplätze für Drachenflieger, Leichtflugzeuge oder ähnliche Geräte) zu errichten oder zu erweitern,*
>
> ....

Es ist also verboten, Wohnmobile aufzustellen. Nach meiner Auffassung ist das Parken, auch über Nacht, kein Aufstellen. Das sieht man schon daran, dass alle anderen verbotenen Handlungen mit Ausnahme des Zeltens (für das man aber ein Zelt aufbauen muss) ersichtlich auf Installationen von gewisser Dauer gerichtet sein müssen.

Zumindest ist es mehr als zweifelhaft, ob derjenige, der im Wohnmobil schläft, dieses verbotenermaßen tut. Denn wo läge die Grenze zu demjenigen, der vom Wohnmobil aus loswandert und vor oder nach der Wanderung seine Klappstühle auf den Wanderparkplatz stellt, vielleicht die dort vorhandene Picknickbank benutzt? Oder zu demjenigen, der sich nach der Wanderung hinlegt, oder dem, der schon beim Morgengrauen anreist? Nach der Verordnung wäre alles das zulässig. Es gibt aber keine gesetzliche Regelung, dass gerade das Übernachten unerlaubt wäre oder eine bestimmte Parkdauer.

Mit anderen Worten: Ich glaube nicht, dass ein Polizist sich hierüber Gedanken gemacht hat, und ich halte es für unwahrscheinlich, dass bei solchen Polizeimaßnahmen Karten benutzt worden sind, in denen die Stillebereiche überhaupt nachvollziehbar erkennbar sind.

2. Was hinter solchen Maßnahmen steckt

Die genannte Verordnung gibt es schon lange, sie hieß früher etwas anders. Das Recht hat sich also nicht geändert. Nur konnte man bis zum Sommer 2020 überall im Pfälzerwald ungehindert übernachten.

Die Behörde hat die Maßnahme vom Sommer 2020 damit gerechtfertigt, Wohnmobilnutzer würden in nun größerer Anzahl Abfall zurücklassen und ihre Toiletten im Wald entsorgen. Ich habe überhaupt keinen Zweifel, dass einzelne schwarze Schafe sowohl das eine wie auch das andere getan haben. Aber die Mehrheit der Wohnmobilnutzer tut das nicht. Ich beobachte seit Jahren an den Wanderparkplätzen von den Tagestouristen zurückgelassene Abfallberge. Tausende Pkw stehen an einem Sonntag auf den Wanderparkplätzen, aber deren Benutzer verfügen nicht über mitgeführte Toiletten und Abfallbehälter. Auch beim normalen Wandertouristen gibt es Stoffwechsel, und im Bereich der Wanderparkplätze sieht man ohne Wohnmobile flächendeckend Toilettenpapierhaufen, Kondome und Müll.

Man hat also versucht, unter den Touristen eine relativ kleine Gruppierung auszugrenzen, die in der Bevölkerung unbeliebt ist, zudem Fremde, die nicht aus der Gegend kommen.

3. Die Praxis

Das Problem löst man auf Dauer nur mit in jeder Hinsicht rücksichtsvollem Verhalten. Man muss aber auch aufhören, zu lamentieren, sobald Gemeinden oder Privatunternehmer für den Bau und die Unterhaltung von Stellplätzen ein auskömmliches Entgelt verlangen. Und Wohnmobilurlauber müssen selbst daran mitarbeiten, bei ihren Gastgebern als beliebte Urlauber wahrgenommen zu werden. Derzeit gelten sie als lästig. Sie schmutzen, brauchen Platz, sind knauserig, konsumieren mitgebrachte Vorräte, und die Fahrzeuge sehen nicht schön aus. Warum sollte man denen Wasser, Müllkapazitäten, Toilettenanlagen, wertvolles Bau-, Garten- oder Agrarland (unentgeltlich) oder Wanderparkplätze zur Verfügung stellen, wenn vor Ort kein Geld ausgegeben wird? Der Tourismus ist in allen Formen ein Geschäft, auch wenn er schonend stattfindet. Das vor allem darf man nie vergessen.

Ich habe aber den Eindruck, dass man wieder zurückrudert. Falls Sie jemals Ärger bekommen, werden Sie es kaum vermeiden können, einen Platz räumen zu müssen. Lassen Sie sich aber von den Polizisten mit einer Karte beweisen, dass Sie in einem *Stillebereich* stehen. Und schreiben Sie mir.

In dem einzigen mir im Detail bekannten Fall betrug das Verwarnungsgeld 35 Euro. Man muss heutzutage mit dem Bewusstsein verreisen, dass in ganz Europa die Verbots- und Grauzonen erheblich größer geworden sind, und dass es keine persönliche Niederlage ist, wenn man mal zur Verwarnungsgeldkasse gebeten wird. Freies Übernachten birgt leider zunehmend dieses Risiko, das in der Pfalz nach wie vor sehr gering ist.

Das Biosphärenreservat betrifft zudem nur einen kleinen Teil unseres Beschreibungsgebietes. Die im Internet verbreitete Ansicht, im ganzen Pfälzerwald dürfe man nicht frei stehen, ist definitiv falsch. Ich kann aber

Offizieller Stellplatz Nr. 030 in Bad Dürkheim (Tour 3)

nicht ausschließen, dass wenige von mir empfohlene Plätze im *Stillebereich* liegen und überhaupt, dass meine Rechtsansicht von einem Gericht oder einer Bußgeldbehörde nicht geteilt wird.

Die Anzahl offizieller, das heißt kommunaler oder privater Stellplätze nimmt von Jahr zu Jahr zu, was dazu führen wird, dass der herkömmliche, klassische Stellplatz, der in der freien Natur liegt, sowieso an Bedeutung verlieren wird. An der Weinstraße ist diese Entwicklung schon weit fortgeschritten, seit es wirklich gute Winzerstellplätze auf Weingütern gibt.

GPS / Navigation

In diesem Reiseführer sind für alle Stell- und Campingplätze sowie für einige Parkplätze die Koordinaten angegeben. Das nutzt Ihnen nur, wenn Sie selbst ein Navigationsgerät (oder Smartphone) besitzen, in das man Koordinaten eingeben oder, noch besser, alle Koordinaten aufspielen kann. Sie können beim WOMO-Verlag die Koordinaten in den von Ihnen benötigten Formaten aller Stell- und Campingplätze als sogenannte **POIs** (das ist

Stellplätze werden immer enger

die Abkürzung von **P**oint **o**f **I**nterest) beziehen und auf Ihr Navi überspielen. Falls Sie das Navi wechseln und die Koordinaten in einem anderen Format benötigen, können Sie diese mit dem kostenlosen Computerprogramm *RouteConverter* selbst umwandeln.

Viele Leser navigieren mit dem **Smartphone** und dabei mit ***Google Maps***. Man kann sogar offline navigieren, wenn man sich zuvor den Kartenausschnitt heruntergeladen hat. Das Navigieren mit *Google Maps* funktioniert überraschend gut, wenn man weiß, wie man dort Koordinaten eingibt: Man tippt N oder E (groß oder klein) ein und danach die Ziffern. Sonderzeichen für Grad, Minuten und Sekunden sind bei Google Maps nicht erforderlich. Anstelle dieser Sonderzeichen muss man ein Leerzeichen eingeben, bei etwaigen Nachkommastellen anstelle des Kommas einen Punkt. Kennt man Koordinaten in einer anderen Winkelschreibweise, muss man anstelle des in Deutschland bisweilen gebräuchlichen Kommas einen Punkt eingeben.

Bei den meisten festeingebauten Geräten kann man die **Darstellung** der Koordinaten einstellen. Der WOMO-Verlag hat sich für die Angabe von **Grad, Minuten und Sekunden** entschieden, aber es gibt sowohl Geräte wie auch Publikationen mit anderer Schreibweise. **Wir bekommen immer noch Zuschriften irritierter Leser, die die Stellplätze nicht finden, weil sie in ihr Gerät statt Sekunden einen Nachkomma-Wert von Minuten eingeben!**
Wer sein Gerät nicht umstellen kann, benötigt eine App (zum Beispiel *LatLon Convertor* oder *DMS Convert*) für das Smartphone oder einen Taschenrechner im Handschuhfach und muss umrechnen: Um die Sekunden und Minuten zu dezimalisieren, muss man jeweils mit 0,01667 multiplizieren (zuerst also den Sekundenwert multiplizieren, danach dasselbe mit dem Minutenwert). Umgekehrt geht es auch: Man nehme den Nachkomma-Anteil der Gradzahl, multipliziere mit 60 und setze das Komma nach der zweiten Stelle (Beispiel: aus 43,84537 Grad rechnet man 0,84537 x 60 = 50.7222 Minuten = 43°50.722'). Um die Sekunden zu erhalten, muss man den Nachkomma-Wert erneut mit 60 multiplizieren und bekommt so 43 Sekunden; die Winkelschreibweise führt nun also zu 43 Grad, 50 Minuten und 43 Sekunden (= 43°50'43"). Sie müssen das ausprobieren. Vielfaches Hin- und Herrechnen bringt allerdings Rundungsdifferenzen.

In diesem Buch werden Ihnen keine Nachkommastellen genannt, die viele Geräte gar nicht anzeigen. Sie werden die Nachkommastelle für die Navigation zu einem Stell- oder Campingplatz allenfalls in extremen Ausnahmefällen benötigen.

Ich warne Sie vor allzu großer Navigationshörigkeit. Sie müssen die vorgeschlagene Strecke und vor allem das Ziel überprüfen, bevor Sie der Technik vertrauen und die Navigationsführung bei jeder zweifelhaften Abbiegung infrage stellen. Man wird sehr häufig auf ungeeignete Strecken geleitet. Außerdem sollten Sie meine Ratschläge unter *Landkarten* sorgfältig beachten. Ich bekomme immer wieder Zuschriften,

Blick von der Madenburg auf Eschbach (Tour 8)

in denen sich Leser beklagen, sie hätten das Ziel aufgrund der Koordinaten nicht gefunden, was vielfältige Gründe haben kann (z.B. geänderter Straßenverlauf, neue Zufahrten, niedrige Brücken und extrem selten sogar denjenigen, dass ich mich bei der Eingabe vertippt und das trotz Überprüfung nicht bemerkt habe).

Landkarten

Als ich Sie am Anfang in den Gebrauch dieses Buches unterweisen wollten, habe ich keinen Zweifel daran gelassen, dass Sie neben dem Navigationsgerät oder Smartphone eine detailgenaue Landkarte brauchen. Dummerweise können wir kein perfektes Produkt empfehlen. Leider haben sich die Landkartenzeichner von Michelin nur unzureichend oder für einen zu kleinen Maßstab über die Grenzen getraut. Am genauesten ist die **Falk Regionalkarte**, *Mosel-Eifel-Hunsrück-Pfälzerwald* im Maßstab 1 cm=1,5 km, die unser gesamtes Reisegebiet abbildet, aber für unsere Touren unpraktisch gefaltet ist. Brauchbar ist auch die **Marco Polo Karte** *Deutschland, Blatt 10, Rheinland-Pfalz, Saarland* im Maßstab 1 cm = 2 km.

Wenn ich mich online orientieren oder nur die Verkehrslage checken möchte, verwende ich die kostenlose Seite von ***ViaMichelin***. Sobald Sie am Rand der Karte den Punkt mit den beiden Fahrzeugsymbolen berühren, wird die Verkehrslage ein- oder ausgeschaltet. Grüne Straßen sind freie Straßen, schwarze Straßen zeigen Sperrungen an, rote bedeuten Staus und orange Zähflüssigkeit. Man muss für diese Funktion, im Gegensatz zu *Google Maps*, keine Route eingeben.

Mit ***Google Maps*** orientieren wir uns innerhalb von **Städten** und **Dörfern**, wenn wir konkrete Ziele, beispielsweise eine Gaststätte, (zu Fuß oder mit dem Rad) suchen. Das funktioniert derart perfekt, dass ich fast keine Wegbeschreibungen zu Gaststätten mehr angebe.

Literatur

Wer sich rettungslos in die Pfalz verliebt hat, nimmt bei seiner Tour jeden Abend **August Becker** mit ins Bett. Mit dem Klassiker ***‚Die Pfalz und die Pfälzer'*** wollte der Schriftsteller aus Klingenmünster schon 1857 eigentlich einen Reiseführer schreiben, entstanden ist aber das Standardwerk zur pfälzischen Volkskunde. Man kann das Buch kaufen oder, wenn man alte, deutsche Frakturschrift lesen kann, als elektronische Datei kostenlos im Internet erwerben, da das Urheberrecht abgelaufen ist.

Heute liest sich ein Buch über Volkskunde anders. Besorgen Sie sich ***'Gebrauchsanweisung für die Pfalz'*** von **Christian Habekost**, einem äußerst intelligenten Kabarettisten.

Ein großartiges Buch über die Pfalz hat **Ulrich Magin** geschrieben. Es heißt ***'Das ist die Pfalz'*** mit dem Untertitel *'Weinberg. Waldmeer. Weltachs'* und kostet 12,50 Euro. Sie sollten es ohne Zögern kaufen und an jeden Pfalzliebhaber verschenken! Das Buch scheint aber auszulaufen.

Rad fahren

Sie finden ein nahezu flächendeckendes und relativ gut beschildertes Radwegenetz. Hervorragend geeignet sind aus nahe liegenden Gründen die Rheinebene und dabei die Altrhein-Landschaften. Ein kurzes Stück bei Speyer haben wir einmal selbst getestet, ansonsten berichte ich nur vom Zusehen, weil ich mich schon in früheren Reiseführern entschlossen habe, Wanderrouten zu beschreiben und ich mich nicht verzetteln kann.

Mit der richtigen Karte werden schon fast alle Fragen zu Radstrecken beantwortet. Unter dem Stichwort Wandern stelle ich Ihnen die Wanderkarten des **Verlages *NaturNavi*** vor. Diese eignen sich ebenso gut für Radstrecken, die auf den Karten grün ausgewiesen sind. Außerdem werden die einzelnen Radwanderwege unter Längenangabe und Markierung vorgestellt, beispielsweise der *Radweg Deutsche Weinstraße*.

Reisezeit / Klima / Weinfeste

Die Vorderpfalz, so nennt sich der Teil zwischen Pfälzerwald und Rhein, gehört zu den wärmsten Gegenden Deutschlands, und das Klima ist umso milder, je dichter ein Landstrich unterhalb der Haardt liegt. So nennt sich das Gebirge am Ostrand des Pfälzerwaldes, sozusagen die Bruchlinie zur Rheinebene. Deswegen wächst dort, am relativ steilen Osthang, guter Wein, und deshalb blühen dort im Februar schon die Mandelbäume. Womit auch klargestellt wäre, wann die Saison beginnt. Fahren Sie an einem strahlenden Vorfrühlingstag nicht in den Pfälzerwald, sondern an die Weinstraße und fotografieren Sie das zarte Rosa der frühen Blüten unter blauem Himmel. Jedes Etablissement, das einen Freisitz bieten kann, hat dann schon Kissen herausgeräumt, die erst im November für kurze Zeit im Winterquartier verstaut werden.

Mandelblüte

Die Weinstraße hat fast das ganze Jahr über Saison. Sie ist auch im Sommer wegen der vorher in den Pfälzer Bergen abregnenden Wolken deutlich regenärmer als fast jedes

Forst an der Weinstraße im Spätwinter

andere Gebiet in Deutschland, leider aber auch an Hochsommertagen wesentlich schwüler. Wetterfühlige Menschen leiden gerade dann in der Rheinebene häufiger als anderswo unter Kopfschmerzen. Gleichwohl empfehlen wir Ihnen die Rheinebene, von Speyer abgesehen, die man das ganze Jahr über besuchen kann, überwiegend im Hochsommer, weil Sie dann in den zahlreichen Seen, von denen dieses Buch allenfalls die Hälfte erwähnt, gute bis optimale Badebedingungen vorfinden. Sie können einen ganzen Urlaub damit zubringen, Badeseen abzuklappern.

Ebenfalls eher für Sommer und Herbst geeignet sind der Pfälzerwald und die Nordpfalz. Wenn Sie längere Wanderungen planen, müssen Sie bedenken, dass der Pfälzerwald das größte zusammenhängende Waldgebiet Deutschlands ist. Sie stiefeln also im nördlichen Teil, etwa nördlich der Linie Landau, Annweiler durch wirklich ausgedehnte Wälder, was Sie

Mandelblüte an der Deutschen Weinstraße

zu schätzen wissen, falls Sie im Hochsommer wandern, was aber frustrierend sein könnte, wenn Sie sich an den ersten oder letzten Sonnenstrahlen erfreuen möchten.

Je weiter Sie nach Westen oder Norden reisen, umso rauer wird das Klima. In der Westpfalz hinkt die Natur gegenüber der Entwicklung in der Rheinebene in den meisten Jahren um gut drei Wochen hinterher, es fällt früher und häufiger Schnee, wenngleich alle Gebiete dieses Buchs schneearm sind.

Die West- und die Nordpfalz sind touristisch so wenig besucht, dass man dort nicht von einer Hauptreisezeit sprechen kann. Wir empfehlen für diese Bereiche den Sommer und den Herbst. In den anderen Gebieten, in der Südpfalz, im Pfälzerwald und vor allem an der Weinstraße, liegt die Hauptreisezeit in den Monaten September und Oktober. Wir kennen keine statistischen Zahlen, aber der September ist der Monat, an dem Sie in den Gaststätten reservieren sollten. Und auf den Stellplätzen stehen Sie dichter als erwartet. Massentourismus gibt es in der Pfalz natürlich nicht, ob-

Samstagsmarkt in Neustadt (Tour 4)

gleich man an einem sonnigen Wochenende, Ende September, besonders an zentralen Orten sich auch mal weniger Touristen wünscht. Und obgleich die Corona-Pandemie den Wohnmobiltourismus in der Pfalz erheblich in Schwung gebracht hat (siehe oben bei *Freies Camping*).

Den ganzen Sommer über, bis weit in den Herbst, werden nach Corona Ihre Pläne wieder von Wein- und Volkfesten durchkreuzt. Teils, weil Sie Trubel vorfinden, wo Sie Ruhe erwarten und ein schönes Plätzchen kannten, auf dem nun die Autos der Vergnügungssüchtigen parken. Zum Teil aber auch, weil Sie eigentlich ganz woanders hinfahren wollten, sich dann aber dem Weinfest doch nicht entziehen konnten. Im Internet finden Sie unter www.pfalz-weinfest.de eine geordnete Liste vieler Wein- und Volksfeste, ähnlich wie unter *www.pfalz.de/wein-und-genuss/weinfeste-und-events*. Ein Fest ähnelt dem anderen. Wir finden immer mehr Gefallen daran. Zuletzt haben wir uns gerne auf folgenden Veranstaltungen vergnügt: auf der großartigen Weinkerwe in Deidesheim, dem Purzelmarkt in Billigheim und dem Weinfest in Herxheim am Berg. Unter den Weihnachtsmärkten haben uns der in Neuleiningen an den 1. und 2. Adventswochenenden sowie der in Deidesheim gefallen. Damit sind wir aber schon in einer Jahreszeit, in der die meisten Wohnmobile nicht mehr bewegt werden, obgleich Sie dann auf dem schönen Stellplatz von Bad Dürkheim immer noch einige Kurzurlauber entdecken könnten.

Restaurants

Insgesamt ist nach meinem Eindruck die gastronomische Qualität während der letzten Jahre gestiegen. Aber was in den angeblich authentischen Weinstuben immer noch auf den Tisch kommt, hat oft mehr mit Fastfood als mit bürgerlicher Küche zu tun. Vieles gelangt aus der Großpackung nach einem kurzen Zwischenaufenthalt in der Mikrowelle auf den Teller. Es gibt keine Gesetzmäßigkeit, außer der des ewig gleichen *Pfälzer Tellers* und vielleicht derjenigen, dass das Essen umso schlechter ist, je mehr das Gasthaus ein Ausflugslokal ist. Viele dieser Häuser schließen schon am frühen Abend, sie bauen also ausschließlich auf den vorbeifahrenden Tagestouristen. Auch wenn ich hier verallgemeinere und wirklich nicht ausschließen möchte, dass Sie lobenswerte Ausnahmen finden, rate ich bei solchen Lokalitäten zur Vorsicht (ausgenommen sind natürlich die von mir auf den Touren erwähnten), auch wenn noch so viele Wandersleute an den Tischen sitzen oder Motorräder vorm Haus parken.

In fast allen Gasthäusern mit niedrigerem Preisniveau, nahezu flächendeckend

Restaurant Seehaus Forelle (Tour 14)

in Ausflugslokalen und neuerdings häufig auch in Weinstuben, wird *Flammkuchen* angeboten, von der klassischen elsässischen Variante mit Speck, Zwiebeln und Crème fraiche (wogegen grundsätzlich nichts einzuwenden ist), bis hin zur italienischen Art mit Tomaten und Basilikum – und so gut wie immer aufgetaut. Wenn man dann die Wahl hat zwischen dem berüchtigten *Pfälzer Teller* und jenem Tiefkühlprodukt, greift man gerne zum Rumpsteak, weil dort wenigstens nur die Kräuterbutter vorgefertigt ist (wenn man Pech hat, aber auch die Bratkartoffeln). Die kulinarische Vielseitigkeit wurde jedenfalls in der Pfalz nicht erfunden.

Dafür ist das **Preisniveau** in den einfachen Gasthöfen eher niedrig, und man kann fast überall unter mehreren Sorten offener und ebenfalls sehr preiswerter Weine auswählen. Wer durstig ist, den Geldbeutel schonen und nichts falsch machen will, trinkt eine Rieslingschorle (oder zwei). Die löscht den stechenden Durst an heißen Sommerabenden oder nach den Wanderungen mindestens so gut wie ein frisch gezapftes Bier.

Es wäre ein Wunder, wenn der Gästezuwachs im Corona-Sommer 2020 die ausbleibende Kundschaft im Frühjahr davor und im folgenden Winter kompensieren würde. Sie müssen daher mit einem (weiteren) **Gaststättensterben** rechnen, das allerdings schon lange vor der Pandemie eingesetzt hatte und aus verschiedenen Gründen leider auch die berühmten Pfälzer Hütten im Pfälzerwald betrifft.

Erkundigen Sie sich nach einem Lieferservice. Die Wirte haben im Lockdown den Außerhausverkauf gelernt. Es soll sogar Köche geben, die speziell WOMOs auf ihren Parkplätzen beliefern.

Toiletten / Entsorgungsstationen / Wasser

Wenn ich bei den Stellplatzempfehlungen **Toiletten** erwähne, geschieht das in erster Linie nicht, um Ihnen einen Fingerzeig zur Entleerung Ihrer bordeigenen Chemietoilette zu geben, sondern das dient hauptsächlich den Lesern, die ohne Toilette unterwegs sind oder ein Örtchen lieber außerhalb der fahrbaren vier Wände aufsuchen (die Anzahl derer ist größer als man denkt). Die Chemietoilette sollten Sie dort möglichst nicht entleeren, weil das so gut wie nie ohne Spritzer abgeht und weil es dazu an den zahlreichen Entsorgungsstationen Alternativen gibt.

Sie finden fast flächendeckend **Entsorgungsstationen**. Wenn Sie Platz haben, verreisen Sie doch mit einem **zweiten Toilettentank**. Sie können dann auch eher freie Stellplätze besuchen und sind länger von Entsorgungsstationen unabhängig.

Die meisten unserer Leser haben einen früheren Rat zur Anschaffung einer eigenen Plastikgießkanne schon vor Jahren befolgt und sind außerdem im Besitz eines langen Schlauchs. Wir halten es allerdings für völlig unangebracht, den Schlauch im Friedhof anzuschließen – oder generell fremdes Wasser im Übermaß kostenlos und ungefragt zu bunkern.

Deutsches Trinkwasser ist angeblich hygienisch einwandfreier als die meisten Mineralwasser. Entsprechend zurückhaltend sind wir mit Zusätzen, die der Verkeimung vorbeugen. Wir lassen dann aber auch nach jeder Reise den Tank leer laufen und spülen beim späteren Reiseantritt die Leitungen dermaßen durch, dass wir den Wasserhahn eine Zeitlang laufen lassen, insbesondere um Restwasser im Boiler auszutauschen. Sie sollten also ohne Entkeimungsmittel bei Reiseantritt niemals mit warmem Wasser die Zähne putzen, weil Wasserreste möglicherweise wochenlang im Boiler gebunkert worden sind.

zwischen Rhodt und Weyher (Tour 6) nördlich der L 506 bei N 49°16'17" E 8°05'30"

Wanderungen

Der Pfälzerwald, der Wanderweg Deutsche Weinstraße und das Dahner Felsenland gehören zu den klassischen deutschen Wanderzielen. Entsprechend vielfältige Vorschläge für kürzere oder längere Touren enthält dieses Buch. Grundsätzlich sind die Markierungen ausreichend und zusammenhängend. Seit über 100 Jahren sorgt der Pfälzerwald-Verein verdienstvoll für die Markierung der Wanderwege nach dem Schema farbiger Symbole, zum Beispiel *Roter Strich* (bisweilen auch *Balken* genannt), *Blauer Punkt*,

bei Gleiszellen-Gleishorbach (Tour 10)

Gelbes Dreieck. Und vergrößerte Kartenauszüge an den Wanderparkplätzen haben Generationen so sicher durch die Wälder geführt, dass die Mitnahme von Wanderkarten fast verzichtbar war. Die Wege hatten oft überregionalen Charakter und wurden auf der französischen Seite mit ihren Markierungen vom *Club Vosgien* weitergeführt.

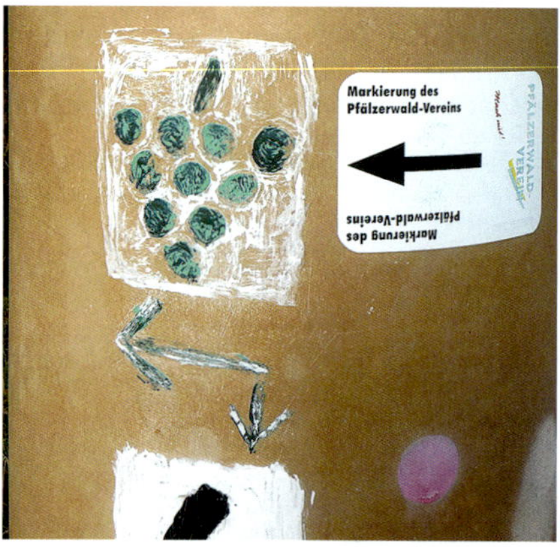

Eine Zeitlang sind inflationär zusätzliche Wanderwege unterschiedlichster Bezeichnungen markiert worden, teilweise von Gemeinde, teilweise von anderen Institutionen. Daneben hat die Nordic-Walking-Szene ungehemmt Täfelchen an Bäume genagelt. Deshalb kam es 2011 zu einem Streit mit dem Pfälzerwaldverein, der bis dahin für die Markierung zuständig war. Die für die Markierung zuständigen Mitglieder haben sogar vorübergehend die Tätigkeit eingestellt. Inzwischen ist wieder Ruhe eingekehrt, die Markierungen sind weniger geworden. Trotzdem ist ein neues Wanderwegekonzept unter Mitwirkung der Landesregierung in Planung. Sie können sich dennoch schon mit den heutigen Markierungen relativ gut orientieren.

Glücklicherweise hat sich meine Prognose, es werde bald keine aktuellen Wanderkarten mehr geben, nicht erfüllt. Zwar werden die grün-gelben ***Topografischen Karten*** vom Landesamt für Vermessung und Geobasisinformation im Maßstab 1:25.000 nicht mehr neu aufgelegt (sind aber noch im Handel), aber der Ersatz ist sogar noch besser geworden: Der **Verlag *NaturNavi*** gibt für unser Gebiet neun Wanderkarten für jeweils 9,50 Euro im Maßstab 1:25.000 (1 cm = 250 m) heraus, genannt *Pfälzerwald 1 bis 8* und *Dahner Felsenland*. Sie bezeichnen sich als *Wanderkarte mit Radwegen* und sind meine Empfehlung, auch wenn Sie mit GPS navigieren, zumal dort auch die einzelnen Wanderweg, beispielsweise der *Pfälzer Weinsteig*, sehr gut nachzuverfolgen sind. So müssen Wanderkarten sein (https://naturnavi.de/

Wanderkarte_25000.html)! Wenn ich bei den von mir beschriebenen Wanderungen keine Angaben zur benötigten Karte mache, passt immer das jeweilige Blatt von *NaturNavi*.

Weniger gut gefallen mir die Karten aus dem ***Pietruska-Verlag*** (www.pietruska.de), die es zudem nicht flächendeckend gibt und die deutlich ungenauer sind. Aber sie werden von Leuten bevorzugt, die es eigentlich besser wissen müssten, wie dem Pfälzerwaldverein. Wer sich auf der Höhe der Zeit befindet, besitzt aus diesem Verlag die Karte *Die Pfälzer Jakobswege*, meldet aber sein Wohnmobil ab, weil ein Jakobspilger niemals eine Rundwanderung unternimmt.

Sie können alle Karten portofrei und, wenn Sie es wünschen auch nach kompetenter Beratung, beim Reisebuchladen Heidelberg/Karlsruhe bestellen (www.reisebuchladen-heidelberg.de). Das habe ich ebenfalls getestet, und überhaupt ist diese Adresse eine erste Adresse für Reiseliteratur.

Wir wandern inzwischen ständig zusätzlich mit **Apps**, an denen auf die Dauer kein Weg vorbeigeht. Dabei sollte man eine Karte laden können, auf der Wanderwege eingezeichnet sind. Dann sieht man nämlich auf dem Smartphone stets, ob man noch auf dem richtigen Weg ist. Digitale Karten ohne eingezeichnete Wanderwege sind daher nach meinen Erfahrungen zwecklos.

Ich habe gute Erfahrungen mit der ***Kompass-App Pro*** gemacht, die es für unser Zielgebiet flächendeckend gibt (siehe unter www.kompass.de/app-anleitung/ und www.kompass.de/produkte/kompasspro/ für 19,99 Euro im Jahr. Noch besser ist die App von ***ape@map***, die in der Pro-Version sinnvoll ist, weil man Karten offline benutzen kann (19,90 Euro), zu der man für unser Gebiet die ***Kompass-Wanderkarten*** über Deutschland für 19,99 Euro dazu kaufen muss (http://apemap.com/shop3/). Dann bekommen Sie zusätzliche Wege in einem besseren Maßstab. Alle Kompasskarten enthalten kleinere Fehler, aber die App ist wirklich eine sehr gute Lösung, weil damit die offiziellen, vor Ort markierten Wege gut wiedergegeben sind.

Kostenlos sind die Wanderrouten der **App *Südliche Weinstraße***, wo entgegen der Bezeichnung Wanderungen aus der ganzen Pfalz angeboten werden. Sie müssen bei >Touren< auf >Wandern< tippen, eine Ortschaft eingeben und bekommen dann Vorschläge. Die App zeigt dabei die Karte von ***outdooractive***, die man im Fußfeld anklicken kann (und nach meinen Erfahrungen nicht zusätzlich kaufen muss, obgleich ich das kaum glauben möchte). Somit wandern Sie ebenfalls mit dem Smartphone auf dem in der Karte eingezeichneten Weg.

Bei unseren Wandervorschlägen kommen einige Strecken vor, die nur teilweise markiert sind und für die eine Wanderkarte (oder App) absolut notwendig ist. Auf den Wanderungen kommt man an diversen **Hütten** vorbei, die nur am Wochenende bewirtschaftet (bisweilen auch mittwochs) und abends relativ früh, in der Regel schon um 18 Uhr, geschlossen werden. Die etwa 75 Hütten des Pfälzerwald-Vereins, nirgends in Deutschland gibt es vergleichbar viele, findet man ebenfalls im Internet unter www.pwv.de aufgelistet. Dazu kommen noch etwa 19 voll bewirtschaftete **Naturfreundehäuser**. Alles war wegen Corona zuletzt nur teilweise oder zeitweise geöffnet, und die Hütten sind wegen Nachwuchsproblemen und der Pflicht zum Mindestlohn rückläufig, wenn nicht sogar überwiegend gefährdet.

Da es im Pfälzerwald viel Schatten gibt, können Sie auch im Hochsommer ausgedehnte Wanderungen unternehmen. Wir haben das selbst sehr oft

***Blick vom Puhlstein zur Burg Berwartstein* (Tour 9)**

ausprobiert. Deutlich mühsamer als erwartet, wenngleich gerade im Herbst besonders empfehlenswert, ist der *Wanderweg Deutsche Weinstraße*, entlang der Haardt mit einer Weintraube markiert, oder parallele Wege am Rand der Weinberge. Hier spaziert man häufiger als erwartet in der Sonne und noch häufiger bergauf. Die Haardt wird nämlich von erstaunlich vielen Tälern eingeschnitten, die es mit sich bringen, dass man immer wieder von der Höhe hinabsteigen muss bis auf das Niveau der Rheinebene und auf der anderen Seite des Tals wieder bergan auf Höhen zwischen 300 m und 500 m. Im Herbst steckt man für diese Touren eine Plastiktüte ein, weil man trotz entgegenstehender Absichten am Ende doch Esskastanien sammelt, die so genannten *Pälzer Keschde*. Die Kastanienbäume stehen nicht nur entlang des *Pfälzer Keschdewegs*, dessen Markierung Ihnen früher oder später begegnen wird.

Unser **Lieblingswanderrevier** ist der südliche Teil des Pfälzerwaldes, das Gebiet südlich der Linie Landau - Pirmasens, westlich der Rheinebene und östlich von Pirmasens, also der erweiterte Bereich des Dahner Felsenlandes.

Unter den Wanderführern empfehlen wir die ***Rother Wanderführer*** mit dem Titel: *Pfälzerwald und Deutsche Weinstraße* sowie *Rheinhessen*, beide von Barbara und Jörg-Thomas Titz. Wer mit seinem Smartphone umgehen kann, kauft die Wanderführer für Android oder IOS als ***Guides Touren Apps*** für 9,99 Euro pro Guide (Buch). Dann bekommen Sie neben der Buchbeschreibung die Wanderkarte aufs Gerät und können, wie oben beschrieben, offline stets nachverfolgen, ob Sie noch auf dem richtigen Weg sind, bzw. diesen mit der App suchen.

Nachfolgend liste ich alle 38 in diesem Buch ausführlich beschriebenen Wandervorschläge auf, von denen viele in den Wanderführern nicht erwähnt werden:

Leininger Burgenweg (Tour 2)
Vom Forsthaus Weilach zum Kriemhildenstuhl (Tour 2)
Von Kallstadt durch das Berntal nach Leistadt (Tour 2)
Von Bad Dürkheim zum Forsth. Weilach und zum Kriemhildenstuhl (Tour 3)
Von Bad Dürkheim zum Kloster Limburg und zur Hardenburg (Tour 3)
Von Bad Dürkheim zum Flaggenturm (Tour 3)
Von Neidenfels zu den Ruinen Lichtenstein und Neidenfels (Tour 3)
Zur Ruine Frankenstein, einer Ganerbenburg (Tour 3)
Zum Saupferch (Tour 3)
Von Forst zum ehemaligen Steinbruch und zur Wachtenburg (Tour 4)
Von Neustadt zum Hambacher Schloss und zur Kalmit (Tour 4)
Von NW-Haardt zur Wolfsburg (Tour 4)
Von der Kalmit zur Hellerhütte (Tour 5)
Vom Sägmühleweiher nach Trippstadt und durch das Karlstal (Tour 5)
Von St. Martin zur Kropsburg und zur Kalmit (Tour 6)
Wanderung auf dem Skulpturenpfad (Tour 6)
Von Rhodt zum Friedensdenkmal (Tour 6)
Vom Taubensuhl zum Stillen Tal (Tour 7)
Von St. Johann zum Orensfelsen und zur Ruine Neuscharfeneck (Tour 7)
Von Burrweiler zur Historischen Walddusche (Tour 8)
Vom Slevogthof zum Slevogtfelsen (Tour 8)
Von Eschbach zur Madenburg und zum Trifels (Tour 8)
Von Waldhambach zum Kleinen Hahnstein und auf den Rehberg (Tour 8)
Von Dahn zum Teufelstisch und zur Ruine Neu-Dahn (Tour 9)
Von Hinterweidenthal zur Ruine Gräfenstein (Tour 9)
Auf dem Dahner Felsenpfad (Tour 9)
Von der Drachenfelshütte zum Schüsselfels und zum Jüngstberg (Tour 9)
Von Lindelbrunn zum Drachenfels und zum Puhlstein (Tour 9)
Von Dörrenbach in den Mundatwald (Tour 10)
Von Nothweiler über die Wegelnburg zur Ruine Fleckenstein (Tour 12)
Vom Biosphärenhaus zum Schöntalweiher (Tour 12)
Zu den Altschlossfelsen (Tour 12)
Von der *Kneispermühle* zur *Weihermühle* (Tour 13)
Rundweg ab der Burg Lichtenberg (Tour 13)
Von Meisenheim nach Medard (Tour 14)
Von Bad Sobernheim zum Kloster Disibodenberg (Tour 14)
Zur Burg Wildenstein (Tour 14)
Vom Eiswoog über das stillgelegte Gleis nach Alsenborn (Tour 14)

Wein

Mit rund 2,5 Mio. Hektolitern Wein pro Jahr ist die Pfalz das ertragreichste Weinbaugebiet Deutschlands, flächenmäßig ist es nach Rheinhessen das zweitgrößte. Aber wenn man mir Mitte der neunziger Jahre gesagt hätte, ich würde zehn Jahre später meinen Keller wenigstens zur Hälfte mit Pfälzischem Wein füllen, gar noch mit pfälzischem Rotwein, hätte ich eine bevorstehende Geschmacksverirrung befürchtet, die hereinbrechende Verarmung oder beides. Nun ist es doch so gekommen, was verschiedene Ursachen hat, in erster Linie ein durch den Generationenwechsel ausgelöstes Umdenken der Winzer, gepaart mit verbesserter Kellertechnik. Zwar gibt es immer noch viel schlechten Wein, aber pfälzische Winzer haben eine fantastische Entwicklung hinter sich, die ein wenig allerdings mit der Tendenz einhergeht, bestimmte Traubensorten schönzureden, die nie zur Spitze gehören, wie zum Beispiel den Dornfelder. Der Qualitätszuwachs der großen Weingüter zwang aber auch viele Kleinwinzer zur Betriebsaufgabe. Zumindest haben Alte ihre Kleinweingüter nicht mehr weiter gegeben, sondern sie oder die Erben haben die Flächen verkauft oder verpachtet.

Der Aufschwung der Pfalz lag aber auch daran, dass gerade auf dem Rotweinmarkt die Preise französischer und italienischer Provenienzen explodiert sind. Glücklicherweise ist ein guter pfälzischer **Rotwein** in aller Regel immer noch billiger als seine französischen Konkurrenten.

Erstklassige Rotweinproduzenten sind die ***Gebrüder Knipser*** in Laumersheim *(Tour 2; Hauptstraße 47, Tel. 06238 742; Montag bis Freitag: 10 - 12 und 14 - 18 Uhr, Samstag: 10 - 16 Uhr, Sonntag und Feiertage geschlossen; die edlen Spätburgunder Große Gewächse kosten deutlich über 30 €, preiswerte Weine ab etwa 10 €)*, das Weingut ***Philipp Kuhn***, ebenfalls in Laumersheim *(Tour 2; Großkarlbacher Str. 20, Tel. 06238 656; Montag bis Freitag: 10 - 12 und 13.30 - 17 Uhr, Samstag: 10 - 12 und 13 - 16 Uhr, Sonntag und Feiertage geschlossen; die edlen Spätburgunder kosten auch hier über 30 €)*, das Weingut ***Schneider*** in Ellerstadt *(Am Hohen Weg 1, Tel. 06237 7288; Montag bis Freitag: 9 - 17.30 Uhr, Samstag: bis 16 Uhr, Sonntag und Feiertage geschlossen, Spätburgunder ab 15,90 €;*

Weingut Schneider (Ellerstadt)

lassen Sie sich nicht von dem bombastischen Neubau und dem überstylten Probierraum abschrecken).

Unter den **weißen** Traubensorten nimmt zweifellos der Riesling eine Spitzenstellung ein. Wir kaufen gerne die milderen Weißburgunder oder Chardonnay, die immer häufiger angebaut werden, wobei wir den Ausbau im Stahltank – und nicht im Barriquefass – bevorzugen, weil der Geschmack unverfälscht bleibt und der Wein deutlich preiswerter ist. Wir empfehlen folgende Winzer (und könnten zehnmal so viele nennen):

Einer unserer Lieblingsweine ist eine Mischung von Weißburgunder und Chardonnay vom Weingut ***Knipser*** *(siehe oben)* für rund 10 € die Flasche. Sehr gerne kaufen wir den Weißburgunder *Tradition* von ***Kuhn*** *(siehe oben)* für 8,90 €. Ein perfektes Weingut für Weißburgunder ist ***Bergdolt*** in Neustadt-Duttweiler *(in der Rheinebene östlich von Maikammer; Dudostr. 17, Tel. 06327 5027; Montag bis Freitag: 8 - 12 und 14 - 18 Uhr, Samstag: 10 - 16 Uhr, Sonntag und Feiertage geschlossen, Weißburgunder unter 10 €, einer der besten Weißburgunder Deutschlands ist der Weißburgunder Spätlese Kirrweiler Mandelberg, Großes Gewächs, für rund 30 €)*. Richtig empfehlenswert ist auch das bescheidene Weingut ***Gies-Düppel*** im südpfälzischen Birkweiler *(mit Neubau, 9 - 12 und 14 - 18 Uhr, samstags 10 - 16 Uhr, sehr gut sind auch hier die Weißburgunder)*. Und einer der Erzeuger mit ausgezeichnetem Preis-Leistungsverhältnis ist **Eugen Müller** aus Forst *(8 - 12 und 13.30 - 18 Uhr, samstags 10 - 16 Uhr)*, dessen Seniorchef uns so trefflich zurief: »Unser Woi muss Spaß mache!« Wie recht er bei seinen Rieslingen hat, die zu den besten der Pfalz zählen!

Es gibt nach unseren Erfahrungen nirgends in der Pfalz Grund für Schwellenängste. Die meisten Touristen, die sich bei den Winzern einfinden, um etwas zu kaufen, haben vom Wein wenig Ahnung, und man muss sich auch nicht genötigt fühlen, nach jeder Weinprobe eine Großbestellung aufzugeben. Andererseits macht es keinen Sinn, das halbe Programm des Erzeugers durchzuprobieren. Der ungeübte Gaumen verliert schon nach kurzer Zeit die Orientierung. Wir testen meistens zwei, allenfalls drei weiße und ebenso viele rote Sorten. Ein gutes Beispiel dafür, dass man auch vor großen Namen nicht zurückschrecken muss, sind die Gebrüder Knipser, ein Ausbund an Freundlichkeit und Geduld.

Ich erkläre Ihnen hier nicht das Deutsche Weinrecht und die Eingruppierungen der Weine. Nur eine Frage möchte ich beantworten: Was ist ein *Großes Gewächs (GG)*? Das ist eine besonders edle Lage, die es so nur bei den etwa 200 deutschen Weingütern gibt, die dem ***Verband der Prädikatsweingüter Deutschlands*** *(VDP)* angehören und die sich mit einem Adler am Flaschenhals ausweisen. Dieser elitären Vereinigung kann man nicht beitreten, man muss vielmehr berufen werden, was relativ selten geschieht.

Winzerstellplatz beim Weingut Hitzinger (Tour 10)

Die Weine der Mitgliedswinzer schmecken nie schlecht, und die *Großen Gewächse* sind stets hochklassig und entsprechend teuer. Man wollte damit die *Grand crus* aus Frankreich, besonders aus dem Burgund, nachahmen.

Winzerplätze

Inzwischen haben schätzungsweise bis zu 100 Winzer bemerkt, wie sinnvoll es ist, auf ihrem Gelände Stellplätze für Wohnmobilreisende zur Verfügung zu stellen und wie wertvoll ein solcher Stellplatz für den eigenen Weinabsatz ist. Als hinderlich hat sich dabei zunächst die Vorstellung der meisten Touristen erwiesen, mit dem Recht auf den Stellplatz gehe die Verpflichtung zum Weinkauf einher. Um diesem Irrtum vorzubeugen, verlangen fast alle Winzer inzwischen ein Übernachtungsentgelt, meist ab 5 Euro, um es dem Gast zu erleichtern, auch ohne Kauf vom Grundstück zu rollen. Die Winzer verwenden häufig Hinweisschilder mit dem Wohnmobil-Piktogramm. Sie bieten fast immer mehr als nur einen einzigen Stellplatz an.

Die von uns früher befürchtete Einmischung der Winzer in unseren Tagesablauf ist völlig ausgeblieben. Auf keinem Platz wurden wir zu irgendwas animiert, nichts wurde uns verboten, alle Betreiber waren überaus freundlich, kein mobiler Nachbar hat im Suff gegrölt – und der Wein, den wir bisweilen in kleinen Mengen gekauft haben, war meistens besser als befürchtet und preiswerter als erwartet.

Was will man mehr?

A
Ahlmühle 164
Albersweiler 147
Alsenborn 288
Alsenz 276
Altenglan 248
Altleiningen 44
Altrhein 32
Altrip 34
Altschlossfelsen 233
Anebos 163
Annweiler 142
Appenthal 100

B
Bad Bergzabern 194
Bad Dürkheim 59
Bad Sobernheim 268
Bärenhöhle 111
Bärenlochweiher 245
Barfußpfad 270
Battenberg 55
Bellheim 212
Berg 207
Berntal 51
Berwartstein , 221
Bethof 224
Bienwald 210
Bienwaldmühle 207
Billigheim 219
Binsfeldsee 32
Biosphärenhaus 228
Bismarckhöhle 79
Blaue Adria 34
Böchingen 149
Bockenheim , 39
Böhl-Iggelheim 31
Breitenstein 100
Bruderfelsen 112
Brühl 32
Bubenheim , 292
Burg Berwartstein 221
Burg Lichtenberg 249
Burgen siehe bei Ruine ...
Burrweiler 152
Burrweiler Mühle 151

C
Campingplätze 294
Clausensee 109
Cramerhaus 188

D
Dahn 180
Dannenfels 282
Darstein 173
Deidesheim 79
Dernbach 138
Deutschen Schuhmuseum 172
Deutsches Weintor 203
Deutsche Weinstraße 38
Diebstahl 295
Donnersberg 279, 281
Dörrenbach 199
Drachenfelshütte 186
Draisinen 248
Dubbeglas 130

E
Eckkopf 85
Edenkoben 123
Eisenberg 291
Eisenschmelz 278
Eiswoog 286
Elmstein 100
Entsorgungsstationen 306
Eppenbrunn 233
Erdekaut 291
Erdesbach 254
Erfweiler 185
Eschbach 162, 164
Eußerthal , 139

F
Falkenstein 279
Fischbach 228
Flaggenturm 67
Fleckenstein 226
Föckelberg 248
Forst 79, 80
Forsthaus Heldenstein 135
Forsthaus Lindemannsruhe 46
Forsthaus Silbertal 69
Frankenstein 71
Frankenthal 36
Frankweiler 155
Freies Camping 296
Freinsheim 51
Friedensdenkmal , 132

G
Ganerbenburg 71
Geiswiese 114
Germersheim 212
Giftgas 110
Gimmeldingen 86
Glan-Münchweiler 246
Gleisweiler , 154
Gleiszellen-Gleishorbach 192
Göllheim 284

GPS 299
Gräfensteinhütte 113
Gries 246
Großkarlbach 54
Grünstadt 40
Guttenberg 201

H
Hambacher Fest 92
Hambacher Schloss 92
Hans Trapp 222
Hardenburg 66, 73
Haßloch 30
Hauenstein 171
Haus der Nachhaltigkeit 102
Heidenlöcher 84
Heldensteine , 136
Hellerhütte 99
Helmbachweiher 115
Hermersbergerhof 170
Herxheim am Berg 57
Herxheim bei Landau 210
Herxheim-Hayna 211
Hilschweiher 135
Hinterweidenthal 175
Historische Walddusche 153, 154
Hohenburg 227
Holiday Park 30
Höningen 45
Hornbach 241
Hornesselwiese 114

I
Imsbach 279
Ingenheim 219
Isenach-Weiher 72

J
Jockgrim 208
Johanniskreuz 102
Jüngstberg 187

K
Kallstadt 49
Kalmit 94, 97, 122
Kandel 209
Kanutour 267
Kapelle St. Cyriacus 69
Karlstal 105
Keltendorf 283
Kindsbach 245
Klapprad-Cup 98
Kleiner Hahnstein 166
Kletterpark Fun Forest 209
Klima 302
Klingenmünster 168
Kloster Disibodenberg 271
Klosterruine Limburg 66, 75
Kneispermühle 242
Kollersee 32
Kolmerberg-Kapelle 200
Koloss von Böchingen 149
Königsbach 86
Kriemhildenstuhl 47, 66
Kropsburg 122
Kuckucksbähnel 100
Kurpfalz 19
Kurpfalzpark 68
Kusel 249

L
Lambrecht 69
Lambsheim 36
Landau 217
Landeck 167
Landkarten 301
Landstuhl 244
Landstuhler Bruch 244
Lauterecken 257
Leiningerland 40
Leinsweiler 160
Leistadt 51
Lemberg 235
Limburg 66
Lindelbrunn , 189
Lindemannsruhe 46
Lingenfeld 215
Literatur 301
Ludwigshafen 35
Ludwigshöhe 126
Ludwigswinkel 232
Luitpoldturm 171

M
Madenburg , 162
Maikammer 116
Mammutbäume 243
Marienthal 281
Martinsturm 168
Mechtersheim 215
Meckenheim 81
Medard 268
Meisenheim 262
Merzalben 112
Modenbachtal 136
Moosalbe 108
Mundatwald 202
Münz 163
Musikantenland 251

N
Nachtweideweiher 36
Navigation 299
Neidenfels 70
Neuburg 207
Neuleiningen 41
Neustadt an der Weinstraße 87

Niederkirchen 81
Niederwiesenweiher 31
Nothweiler 224
NW-Diedesfeld 95
NW-Gimmeldingen 86
NW-Haardt 90
NW-Hambach 91
NW-Königsbach 86
NW-Mußbach 86

O
Obermoschel 274
Oberotterbach 203
Odenbach 268
Offenbach-Hundheim 256
Ohmbachsee 246
Orensfelsen 147
Otterberg 289
Otterstadt 33

P
Patersbach 254
Pfälzer Teller 64
Pfälzischer Erbfolgekrieg 181
Pirmasens 234
Pleisweiler-Oberhofen 193
Potzberg 247
P(o)ussierpäddel 127
Puhlstein 189
Purzelmarkt 219

Q
Quelle Kaltenbrunn 157

R
Rad fahren 302
Ramberg 136
Ramsen 286
Ramstein 244
Ranschbach 156
Rehberg 166
Rehborn 267
Reipoltskirchen 260
Reisezeit 302
Restaurants 305
Rheinland-Pfälzisches Freilichtmuseum 269
Rhodt 124
Rietburg 128
Rockenhausen 276
Rodalben 111
Rohrwoog 176
Rosenthal 285
Ruine Altdahn 180
Ruine Drachenfels 186
Ruine Falkenstein 280
Ruine Fleckenstein 226
Ruine Frankenstein 71
Ruine Gräfenstein 113, 179
Ruine Guttenberg , 201
Ruine Hardenburg 74
Ruine Hohenburg 227
Ruine Landeck 167
Ruine Lichtenberg , 250
Ruine Lindelbrunn 188
Ruine Meistersel 136
Ruine Moschellandsburg 274
Ruine Nanstein 244
Ruine Neidenfels 70
Ruine Neu-Dahn 177
Ruine Neuscharfeneck 139, 148
Ruinen Lichtenstein 70
Ruine Ramburg 137
Ruine Wachtenburg 77
Ruine Wegelnburg 226
Ruine Wildenstein 282
Ruine Wolfsburg 94
Rülzheim 212
Ruppertsberg 82

S
Saarbacher Hammer 231
Sägmühleweiher 107
Sankt Julian 255
Saupferch 73
Schiersfeld 274
Schifferstadt 32
Schlüsselfels 187
Schöntalweiher 230, 232
Schoppe 130
Schweigen-Rechtenbach 203
Sea Life 26
Seehofweiher 223
Sickinger Höhe 242
Silz 190
Skulpturenpfad 127
Slevogtfelsen 158
Slevogthof 160
Sondernheim 212
Speyer 20
Spirkelbach 170
Stäffelsberg 200
Staudernheim 270, 273
St. Cyriacus 69
Steinbach 283
Stellplätze 296
Stilles Tal 114
St. Johann 147
St. Martin 119

T
Taubensuhl 140
Technik-Museum 25
Teufelstisch 174
Thallichtenberg , 250
Toiletten 306
Totenkopfhütte 99

Trifels 142, 163
Trippstadt 105

U
Ulmet 255
Unterhammer 105

V
Villa Ludwigshöhe 126

W
Wachenheim a.d. Weinstraße 77
Wachenheim (Zellertal), 293
Walddusche 148, 154
Waldfischbach-Burgalben 109
Waldgrehweiler 275
Waldhambach 165
Waldsee 34
Wallhalbtal 242
Wanderungen 307
Wasser 306
Wegelnburg 226
Weyher 132
Weihermühle 243
Weilach 47, 66
Weilberg 48
Wein 313
Weinfeste 302
Weinstraße 38
Weißenheim am Berg 57
Weltachse 105
Westwall 196
Wild- und Wanderpark 190
Wilgartswiesen 170
Winzerplätze 315
Wolfstein 257

Z
Zell 293
Zeter Berghaus 123
Zweibrücken 237

Bildnachweise:
Autorenfoto: ©Andrea Lossen
S.13 © AdobeStock/hfox
S. 30 © Ralf Schmitz
S. 44 © Altera levatur@wikimedia commons/Altleiningen Ruine von Westen.jpg
S. 55 unten © Telford@wikimedia commons/Blitzröhren Battenberg.jpg
S. 60 © Karl-Heinz Lachmann
S. 70 © Immanuel Giel
S. 74 oben © Muck@wikimedia commons/Hardenburg-06-Schlosshof.jpg
S. 74 unten © AdobeStock/conan28
S. 100 © BlueBreezeWiki@wikimedia commons/120527-Kuckucksbähnel-01.jpg
S. 111 unten und S. 233 oben © Regine Staudt
S. 134 © BlueBreezeWiki@wikimedia commons/180812-Friedensdenkmal-06.jpg
S. 149 und S 166 oben © Reinhard Korn
S. 190 unten © Bernd Fellmer
S. 209 unten © Jörg von Albedyll
S. 244 © gesoe42@ wikimedia commons/Burg Nanstein von oben panoramio.jpg
S. 269 oben © AdobeStock/Armin Hering
S. 281 unten © Muck@wikimedia commons/Ludwigsturm(Donnersberg)-02.jpg
S. 284 unten © Berthold Werner@wikimedia commons/Göllheim BW 2011-05-12 11-27-06.jpg
S. 292 unten © AdobeStock/travelpeter
S. 303 unten © iStock.com/Almond Blossom
bei allen vorstehenden Fotos wurde der Bildinhalt nicht verändert;
sämtliche anderen Fotos: © Ralf Gréus

Info-Blatt aus dem WOMO-Buch: Pfalz '21

Lokalität: Seite: Datum:
(Stellplatz, Campingplatz, Wandertour, Gaststätte, usw.)

unverändert gesperrt/geschlossen folgende Änderungen:

Lokalität: Seite: Datum:
(Stellplatz, Campingplatz, Wandertour, Gaststätte, usw.)

unverändert gesperrt/geschlossen folgende Änderungen:

Lokalität: Seite: Datum:
(Stellplatz, Campingplatz, Wandertour, Gaststätte, usw.)

unverändert gesperrt/geschlossen folgende Änderungen:

Lokalität: Seite: Datum:
(Stellplatz, Campingplatz, Wandertour, Gaststätte, usw.)

unverändert gesperrt/geschlossen folgende Änderungen:

Lokalität: Seite: Datum:
(Stellplatz, Campingplatz, Wandertour, Gaststätte, usw.)

unverändert gesperrt/geschlossen folgende Änderungen:

Lokalität: Seite: Datum:
(Stellplatz, Campingplatz, Wandertour, Gaststätte, usw.)

unverändert gesperrt/geschlossen folgende Änderungen:

Meine Adresse und Tel.-Nummer:

Info-Blatt aus dem WOMO-Buch: Pfalz '21

Lokalität: Seite: Datum:
(Stellplatz, Campingplatz, Wandertour, Gaststätte, usw.)

○ unverändert ○ gesperrt/geschlossen ○ folgende Änderungen:

Lokalität: Seite: Datum:
(Stellplatz, Campingplatz, Wandertour, Gaststätte, usw.)

○ unverändert ○ gesperrt/geschlossen ○ folgende Änderungen:

Lokalität: Seite: Datum:
(Stellplatz, Campingplatz, Wandertour, Gaststätte, usw.)

○ unverändert ○ gesperrt/geschlossen ○ folgende Änderungen:

Lokalität: Seite: Datum:
(Stellplatz, Campingplatz, Wandertour, Gaststätte, usw.)

○ unverändert ○ gesperrt/geschlossen ○ folgende Änderungen:

Lokalität: Seite: Datum:
(Stellplatz, Campingplatz, Wandertour, Gaststätte, usw.)

○ unverändert ○ gesperrt/geschlossen ○ folgende Änderungen:

Lokalität: Seite: Datum:
(Stellplatz, Campingplatz, Wandertour, Gaststätte, usw.)

○ unverändert ○ gesperrt/geschlossen ○ folgende Änderungen:

Meine sonstigen Tipps und Verbesserungswünsche:

Wir bestellen: (Preisänderungen vorbehalten)

- ☐ Wohnmobil Handbuch .... 12,00 €
- ☐ Wohnmobil Kochbuch .... 12,90 €
- ☐ Heitere Geschichten .... 6,90 €
- ☐ Albanien .... 19,90 €
- ☐ Allgäu .... 19,00 €
- ☐ Andalusien (Spanien Süd) .... 22,00 €
- ☐ Auvergne .... 22,00 €
- ☐ Baden-Württemberg .... 22,00 €
- ☐ Baltikum .... 23,00 €
- ☐ Bayern (Nordost) .... 20,90 €
- ☐ Bayern (Nordwest) .... 20,90 €
- ☐ Bayern (Südost/Oberbayern) 22,00 €
- ☐ Belgien & Luxemburg .... 19,90 €
- ☐ Bretagne .... 20,90 €
- ☐ Burgund .... 19,90 €
- ☐ Dänemark .... 21,00 €
- ☐ Elsass .... 21,00 €
- ☐ England (Nord) .... 19,90 €
- ☐ England (Süd) .... 19,90 €
- ☐ Finnland .... 19,90 €
- ☐ Frankreich Südwest .... 22,00 €
- ☐ Französische Alpen .... 20,90 €
- ☐ Franz. Atlantikküste (Nord) ... 19,90 €
- ☐ Französisches Jura .... 21,00 €
- ☐ Griechenland .... 19,90 €
- ☐ Harz .... 22,00 €
- ☐ Hessen (Nord) .... 22,00 €
- ☐ Hessen (Süd) .... 19,90 €
- ☐ Hunsrück/Mosel/Eifel .... 22,00 €
- ☐ Irland .... 22,00 €
- ☐ Island .... 18,90 €
- ☐ Korsika .... 18,90 €
- ☐ Kroatien / Montenegro .... 19,90 €
- ☐ Languedoc / Roussillon .... 20,90 €
- ☐ Ligurien .... 18,90 €
- ☐ Loire-Tal/Paris .... 17,90 €
- ☐ Lothringen .... 17,90 €
- ☐ Lüneburger Heide .... 22,00 €
- ☐ Marokko .... 22,00 €
- ☐ Meckl. Vorpommern (West) .. 20,00 €
- ☐ Meckl. Vorpommern (Ost) ..... 20,00 €
- ☐ Mittel-Italien .... 19,90 €
- ☐ Namibia .... 20,90 €
- ☐ Neuseeland (Nord + Süd). je 19,90 €
- ☐ Niederlande .... 21,00 €
- ☐ Nord-Frankreich .... 19,90 €
- ☐ Normandie .... 22,00 €
- ☐ Norwegen (Nord) .... 21,00 €
- ☐ Norwegen (Süd) .... 21,00 €
- ☐ Österreich (Ost) .... 22,00 €
- ☐ Österreich (West) .... 17,90 €
- ☐ Ostfriesland .... 20,90 €
- ☐ Peloponnes .... 19,90 €
- ☐ Pfalz .... 21,00 €
- ☐ Piemont/Aosta-Tal .... 22,00 €
- ☐ Polen (Nord/Masuren) .... 21,00 €
- ☐ Polen (Süd/Schlesien) .... 17,90 €
- ☐ Portugal (Nord) .... 21,00 €
- ☐ Portugal (Süd) .... 20,00 €
- ☐ Provence & C. d'Azur (Ost) .. 19,90 €
- ☐ Provence & C. d'Azur (West) 19,90 €
- ☐ Pyrenäen .... 19,90 €
- ☐ Rumänien .... 19,90 €
- ☐ Sachsen .... 22,00 €
- ☐ Sardinien .... 19,90 €
- ☐ Schleswig-Holstein .... 22,00 €
- ☐ Schottland .... 19,90 €
- ☐ Schwarzwald .... 21,00 €
- ☐ Schweden (Nord) .... 19,90 €
- ☐ Schweden (Süd) .... 19,90 €
- ☐ Schweiz (Ost + West) .... je 22,00 €
- ☐ Sizilien .... 19,90 €
- ☐ Slowakei .... 21,00 €
- ☐ Slowenien .... 21,00 €
- ☐ Spanien (Nord/Atlantik) .... 19,90 €
- ☐ Spanien (Ost/Katalonien) ..... 18,90 €
- ☐ Südafrika (Krüger NP) .... 24,90 €
- ☐ Süditalien (Ost/Apulien) .... 21,00 €
- ☐ Süditalien (West/Kalabrien) .. 19,90 €
- ☐ Süd-Tirol .... 20,00 €
- ☐ Thüringen .... 22,00 €
- ☐ Toskana & Elba .... 22,00 €
- ☐ Trentino/Gardasee .... 21,00 €
- ☐ Tschechien .... 20,00 €
- ☐ Umbrien & Marken mit Adria. 19,90 €
- ☐ Ungarn .... 18,90 €
- ☐ Venetien/Friaul .... 19,90 €
- ☐ Wales .... 18,90 €

Absender:

Datum Unterschrift

WOMO-VERLAG

Versandabteilung

OT Mittelsdorf

An der Liethe 4-6

36452 Kaltennordheim

DIE REISE- UND ERLEBNISFÜHRER

* Bequeme Touren durchs ganze Urlaubsland.
* Viele Plätzchen für freie Übernachtungen mit GPS.
* Genaue Hinweise auf viele Trinkwasserstellen.
* Die schönsten Badeplätze, die nicht jeder kennt.
* Bergtouren und Spaziergänge für groß und klein.
* Die besten Anreiserouten, Fähren, usw.
* 300 Tipps und Tricks – für Ausrüstung, Reisevorbereitung und Urlaub.
* Ausgefeilte Profipackliste.
* Spezialkarten mit präzisen Einträgen der freien Stellplätze, Trinkwasser- und Entsorgungsstellen.

DAS KOCHBUCH

* Einrichtung der WOMO-Küche.
* Lebensmittel-Grundausstattung.
* Konserven selbst gemacht.
* Backen in der Bratpfanne – Kuchen, Pizza, Brote.
* Viele, viele WOMO-Rezepte für zwei Gasflammen – einfach, schnell und lecker!
* Einkochen im Urlaub.
* Spezialrezepte für den Dampftopf.
* Der WOMO-Pfannenknecht.

DAS HANDBUCH

* Beratung bei Kauf und Miete.
* Gas-, Wasser-, Elektroinstallation.
* Einrichten des Wohnmobils.
* Tipps & Tricks fürs Wochenende.
* 3200 freie deutsche Stellplätze.
* 700 deutsche Entsorgungsstationen.
* Urlaubsvorbereitung, Profipackliste.
* .Stellplatz-Infos für ganz Europa.
* Wohnmobil und Wintersport.
* Der WOMO-Urlaubspartner-Service.
* Gastankstellen in ganz Europa.

Unsere Bücher erhalten Sie in jeder Buchhandlung oder auf Rechnung direkt vom Verlag. Hier gibt's auch die aktuellen Infos über unsere ständigen Neuerscheinungen. (Versandkosten 1,20€, ab 10€ portofrei/Ausland 7,50€, Preisänderungen vorbehalten).

Bestell-Telefon: 036946-20691 * Fax: 036946-20692**
Internet: www.womo.de * eMail: verlag@womo.de**